Unternehmen Krankenhaus

Herausgegeben von

Andreas Goepfert
Claudia B. Conrad

Mit Beiträgen von

S. Bauer
H. Bothe
C. B. Conrad
P. Gausmann
A. Goepfert
R. Hildebrandt
M. Korn
S. Kühlem

A. Lang-Gehring
J. Petersik
C. Pflug
B. Riedel
J. Schürmeyer
N. K. Schurz
S. Uick
N. F. Wittig

36 Abbildungen

Georg Thieme Verlag
Stuttgart · New York

Impressum

Bibliografische Information
der Deutschen Nationalbibliothek

Die Deutsche Nationalbibliothek verzeichnet diese Publikation in der Deutschen Nationalbibliografie; detaillierte bibliografische Daten sind im Internet über http://dnb.d-nb.de abrufbar.

Wichtiger Hinweis: Wie jede Wissenschaft ist die Medizin ständigen Entwicklungen unterworfen. Forschung und klinische Erfahrung erweitern unsere Erkenntnisse, insbesondere was Behandlung und medikamentöse Therapie anbelangt. Soweit in diesem Werk eine Dosierung oder eine Applikation erwähnt wird, darf der Leser zwar darauf vertrauen, dass Autoren, Herausgeber und Verlag große Sorgfalt darauf verwandt haben, dass diese Angabe **dem Wissensstand bei Fertigstellung des Werkes** entspricht.

Für Angaben über Dosierungsanweisungen und Applikationsformen kann vom Verlag jedoch keine Gewähr übernommen werden. **Jeder Benutzer ist angehalten**, durch sorgfältige Prüfung der Beipackzettel der verwendeten Präparate und gegebenenfalls nach Konsultation eines Spezialisten festzustellen, ob die dort gegebene Empfehlung für Dosierungen oder die Beachtung von Kontraindikationen gegenüber der Angabe in diesem Buch abweicht. Eine solche Prüfung ist besonders wichtig bei selten verwendeten Präparaten oder solchen, die neu auf den Markt gebracht worden sind. **Jede Dosierung oder Applikation erfolgt auf eigene Gefahr des Benutzers.** Autoren und Verlag appellieren an jeden Benutzer, ihm etwa auffallende Ungenauigkeiten dem Verlag mitzuteilen.

© 2013 kma Medien in Georg Thieme Verlag KG
Rüdigerstraße 14
70469 Stuttgart
Deutschland
Telefon: +49/(0)711/8931-0
Unsere Homepage: www.thieme.de

Printed in Germany

Zeichnungen: Ziegler und Müller, Kirchentellinsfurt
Umschlaggestaltung: Thieme Verlagsgruppe
Umschlagabbildungen: © bluedesign – Fotolia.com und VILevi – Fotolia.com
Satz: Ziegler und Müller, Kirchentellinsfurt
gesetzt aus APP/3B2, V. 9 Unicode
Druck: Grafisches Centrum Cuno, Calbe

ISBN 978-3-13-167321-3   1 2 3 4 5 6
Auch erhältlich als E-Book:
eISBN (PDF) 978-3-13-167331-2

Geschützte Warennamen (Warenzeichen) werden **nicht** besonders kenntlich gemacht. Aus dem Fehlen eines solchen Hinweises kann also nicht geschlossen werden, dass es sich um einen freien Warennamen handelt.

Das Werk, einschließlich aller seiner Teile, ist urheberrechtlich geschützt. Jede Verwertung außerhalb der engen Grenzen des Urheberrechtsgesetzes ist ohne Zustimmung des Verlags unzulässig und strafbar. Das gilt insbesondere für Vervielfältigungen, Übersetzungen, Mikroverfilmungen und die Einspeicherung und Verarbeitung in elektronischen Systemen.

Geleitwort

Ordnung im Umbruch

Oberamtsrat in der Friedhofs- oder der Krankenhausverwaltung war das begehrte Karriereziel der besten Kommunalbeamten ihres Jahrgangs im gehobenen Dienst. Diese Zeiten sind noch nicht allzu lange Vergangenheit. Einfach nur verwalten reicht im Krankenhaus von heute nicht mehr. Die aufgehende Schere zwischen steigender Nachfrage nach Gesundheitsleistungen und begrenzten Mitteln aus dem Sozialtransfer einerseits sowie wachsenden Qualitätsanforderungen der Patienten auf der Basis vermehrter Transparenz andererseits stellen ganz neue Herausforderungen an die Verantwortlichen. Aus Verwaltungen werden mehr und mehr Betriebe. Unternehmerisches Engagement ist für die Manager von Gesundheitsanbietern deshalb das Gebot der Stunde.

Im Zentrum des künftigen Wettbewerbs steht die Medizin. Sie ist es, die den Patienten wirklich interessiert. Wenn der Patient auch Konsument wird, müssen sich die Experten im System darauf einstellen. Sie müssen dafür sorgen, dass eine konsequente Patientenorientierung ihres Krankenhauses zum entscheidenden Erfolgsfaktor wird. Deshalb sind Gesundheitsbetriebe in einem tief greifenden Umbruch begriffen. Vieles von dem, was früher galt, ist heute infrage gestellt. Nichts ist mehr so, wie es einmal war. Die Veränderungsgeschwindigkeit nimmt weiter zu. Da ist es gut, dass Dr. Andreas Goepfert und Claudia B. Conrad, die beiden Herausgeber der hier vorgelegten Publikation, das weit verzweigte Geflecht, in dem das Unternehmen Krankenhaus eingebettet ist, von kompetenten Autoren konsequent analysieren und systematisieren lassen. Die Agenda weist dazu die diversen Aspekte der äußeren und inneren Rahmenbedingungen, der differenzierten Ausprägungen der Organisation sowie der sachlichen und personellen Faktoren der Prozesse aus. Ziel ist es, die Komplexität der Struktur stationärer Gesundheitsbetriebe überschaubar und damit begreifbar zu machen.

Jeder, der mit Krankenhäusern, in welcher Funktion auch immer, zu tun hat, wird die komplexen Informationen der Veröffentlichung mit Gewinn für sich und seine Tätigkeit lesen. Das Buch sei deshalb den Managern und Unternehmern der Gesundheitswirtschaft sehr zur Lektüre empfohlen.

Prof. Heinz Lohmann

Anschriften

Herausgeber

Conrad, Claudia B.
Goepfert, Andreas, Dr.

Verbundklinikum Landkreis Ansbach
Crailsheimer Str. 6
91550 Dinkelsbühl
und
Klinikum Ansbach
Escherichstr. 1
91522 Ansbach

Autoren

Bauer, Stefan F., Prof. Dr. med. MBA
Bottenbrunnenstr. 6
77933 Lahr

Bothe, Heidrun
Verbundklinikum Landkreis Ansbach
Crailsheimer Str. 6
91550 Dinkelsbühl

Conrad, Claudia B.
Verbundklinikum Landkreis Ansbach
Crailsheimer Str. 6
91550 Dinkelsbühl
und
Klinikum Ansbach
Escherichstr. 1
91522 Ansbach

Gausmann, Peter, Prof. h. c. Dr.
GRB Gesellschaft für
Risikoberatung mbH
Klingenbergstr. 4
32758 Detmold

Goepfert, Andreas, Dr.
Verbundklinikum Landkreis Ansbach
Klinik Dinkelsbühl
Crailsheimer Str. 6
91550 Dinkelsbühl
und
Klinikum Ansbach
Escherichstr. 1
91522 Ansbach

Hildebrandt, Rolf, Dr.
Alfred-Hess-Str. 23
99094 Erfurt

Korn, Michael
Klinikum Ansbach
Escherichstr. 1
91522 Ansbach

Kühlem, Silvia, Dipl.-Wirt.-Ing. (FH)
Bahnhofplatz 2
82319 Starnberg

Lang-Gehring, Alexandra
Klinikum Ansbach
Escherichstr. 1
91522 Ansbach

Petersik, Jana
TÜV NORD
Große Bahnstr. 31
22525 Hamburg

Pflug, Claus
Klinikum Ansbach
Escherichstr. 1
91522 Ansbach

Riedel, Bruno
Hesselbergstr. 7
91602 Dürrwangen

Schürmeyer, Johannes
Verbundklinikum Landkreis Ansbach
Klinikum Ansbach
Escherichstr. 1
91522 Ansbach

Schurz, Nina K., Dipl.-Betriebsw. (FH) M. A.
Verbundklinikum Landkreis Ansbach
Klinikum Dinkelsbühl
Crailsheimer Str. 6
91550 Dinkelsbühl

Uick, Silvan
sinopsis ag
Agrippinawerft 26
50968 Köln

Wittig, Nils F.
Verbundklinikum Landkreis Ansbach
Klinikum Dinkelsbühl
Crailsheimer Str. 1
91550 Dinkelsbühl

Inhaltsverzeichnis

1	**Das Drumherum**	1
1.1	**Relevante Gesetze und Verordnungen**	1
	Rolf Hildebrandt	
1.1.1	Vorbemerkung	1
1.1.2	Krankenhäuser mit gesetzlichem Versorgungsauftrag	3
1.1.3	Stationäre Krankenhausbehandlung unter rechtlichen Gesichtspunkten	7
1.1.4	Ambulante Behandlung im Krankenhaus	12
1.1.5	Teilnahme an der integrierten Versorgung	15
1.2	**Marktregulierende Mechanismen**	16
	Johannes Schürmeyer	
1.2.1	Krankenhausplanung	16
1.2.2	Budgetierung und Finanzierung	18
1.2.3	Zulassungsbeschränkungen und Mindestmengen	29
1.3	**Träger und Unternehmensformen**	32
	Andreas Goepfert	
1.3.1	Ursprung und Rechtsformen	32
1.3.2	Kommunal- und freigemeinnützige Träger	37
1.3.3	Private Träger	46
1.4	**Krankenhausmarkt**	51
	Alexandra Lang-Gehring	
1.4.1	Angebot und Nachfrage	51
1.4.2	Marktbegleiter (Mitbewerber)	55
1.4.3	Partner	61
1.5	**Äußere Einflüsse**	65
	Nils F. Wittig	
1.5.1	Medien	67
1.5.2	Politik	71
1.5.3	Öffentlichkeit	75

2 Von außen nach innen ... 79

2.1 Auswirkungen und Gebäudestrukturen ... 79
Bruno Riedel

- 2.1.1 Gebäudefunktionsbereiche ... 79
- 2.1.2 Wegeführung ... 85
- 2.1.3 Raumausstattung ... 90

2.2 Leistungsbereiche ... 93
Silvia Kühlem

- 2.2.1 Primärer Leistungsbereich ... 98
- 2.2.2 Sekundärer Leistungsbereich ... 102
- 2.2.3 Tertiärer Leistungsbereich ... 103

2.3 Organisation Krankenhaus – Balanceakt zwischen Spezialisierung und Koordination ... 107
Claudia B. Conrad

- 2.3.1 Klassische Organisationsstrukturen in Krankenhäusern ... 108
- 2.3.2 Modifizierte Organisationsstrukturen der primären und sekundären Leistungsbereiche ... 113
- 2.3.3 Krankenhausverwaltung: zentral versus dezentral, Dienstleistungszentren versus Outsourcing ... 117

3 Von oben nach unten ... 123

3.1 Aufbauorganisation ... 123
Heidrun Bothe

- 3.1.1 Organigramme ... 126
- 3.1.2 Hierarchien ... 132
- 3.1.3 Inoffizielle Strukturen ... 135

3.2 Kommunikation und Entscheidungsstrukturen ... 137
Michael Korn

- 3.2.1 Allgemein: Kommunikation und Patienten ... 137
- 3.2.2 Allgemein: Kommunikation und Mitarbeiter ... 138
- 3.2.3 Interne Kommunikation ... 138
- 3.2.4 Interne formelle Kommunikation ... 138
- 3.2.5 Beispiele für interne formelle Kommunikation ... 140
- 3.2.6 Interne informelle Kommunikation ... 140
- 3.2.7 Hierarchien und Entscheidungen ... 142
- 3.2.8 Direktionsrechte und Weisungsbefugnisse ... 143
- 3.2.9 Nochmals: Entscheidungen und Organisation ... 144
- 3.2.10 Zusammenfassung ... 145

3.3	Zuständigkeiten und Verantwortungen – oder wie funktioniert ein Krankenhaus heute?	146
	Stefan Bauer	
3.3.1	Einleitung	146
3.3.2	Was ist ein Krankenhaus?	147
3.3.3	Wertschöpfung im Krankenhaus	148
3.3.4	Hierarchie im Krankenhaus	148
3.3.5	Betreiberformen im Krankenhaus	149
3.3.6	Vorteile privater Krankenhäuser	150
3.3.7	Eminenz versus Evidenz	150
3.3.8	Wie sieht das Krankenhaus der Zukunft aus? Eine Perspektive	151
3.3.9	Die Ablauforganisation der Kliniken wird sich verändern	152
3.3.10	Ist größer immer besser?	153
3.4	Arbeitszeitstrukturen	154
	Claus Pflug	
3.4.1	Arbeitszeitvorschriften	154
3.4.2	Arbeitszeitmodelle	159
3.4.3	Kosten der Arbeitszeit	164
4	**Kreuz und quer**	**168**
4.1	Prozesse	168
	Michael Korn	
4.1.1	Prozesse allgemein	168
4.1.2	Ausrichtung der Prozesse	169
4.1.3	Kernprozesse	170
4.1.4	Sekundärprozesse	171
4.1.5	Tertiäre Prozesse	172
4.1.6	Prozesse im Überblick	173
4.1.7	Logistik	173
4.1.8	Facility Management	174
4.1.9	Managementprozess	175
4.1.10	Zusammenfassung	176
4.2	Der menschliche Faktor	177
	Nina K. Schurz	
4.2.1	Der Faktor Mensch – vom Kostenfaktor zum Erfolgsfaktor	177
4.2.2	Der arbeitende Mensch im Krankenhaus – ein komplexes Wesen	179
4.2.3	Der Mensch im Fokus des Human Resources Management	186

4.3	Zahlen – Daten – Fakten	194
	Silvan Uick	
4.3.1	Controlling	194
4.3.2	Medizincontrolling	202
4.3.3	Zertifizierungen	206
	Jana Petersik	
4.4	**Sicherheit**	**213**
	Peter Gausmann	
4.4.1	Patient	213
4.4.2	Mitarbeiter	221
4.4.3	Unternehmen	222

Abkürzungen

ÄAppO	Ärzte-Approbationsordnung
ACH	Allgemeinchirurgie
AdöR	Anstalt des öffentlichen Rechts
AG	Aktiengesellschaft
AkkStelleG	Akkreditierungsstellengesetz
ANÄ	Anästhesie
AO	Abgabenordnung
APS	Aktionsbündnis Patientensicherheit
ArbZG	Arbeitszeitgesetz
AÜG	Arbeitnehmerüberlassungsgesetz
BÄO	Bundesärzteordnung
BGB	Bürgerliches Gesetzbuch
BPflV	Bundespflegesatzverordnung
CA	Chefarzt
CCC	Comprehensive Cancer Center
CIRS	Critical Incident Reporting System
CT	Computertomograf
DAkkS	Deutsche Akkreditierungsstelle
DKG	Deutsche Krankenhausgesellschaft
DEBA	Deutsche Employer Branding Akademie
DIN	Deutsche Industrie-Norm
DLZ	Dienstleistungszentrum
DLZ-HR	Dienstleistungszentrum Human Resources
DRGs	Diagnosis Related Groups
EBM	evidenzbasierte Medizin
EDV	elektronische Datenverarbeitung
EEG	Elektroenzephalogramm
eG	eingetragene Genossenschaft
EG	Europäische Gemeinschaft
EKG	Elektrokardiogramm
EN	Europäische Norm

F & C	Finanzen und Controlling
FA	Fachabteilung
FPG	Fallpauschalengesetz
FM	Facility Management
FPV	Fallpauschalenvereinbarung
gAG	gemeinnützige Aktiengesellschaft
G-BA	Gemeinsamer Bundesausschuss
GbR	Gesellschaft bürgerlichen Rechts
G-DRG-System	German DRG System (= Deutsches Fallpauschalensystem)
GEWO	Gewerbeordnung
GG	Grundgesetz
GKV	Gesetzliche Krankenversicherung
GKV FinG	Gesetz zur nachhaltigen und sozial ausgewogenen Finanzierung der gesetzlichen Krankenversicherung – GKV Finanzierungsgesetz
GKV	Gesundheitsreformgesetz-2000; Gesetz zur Reform der gesetzlichen Krankenversicherung ab dem Jahr 2000
gGmbH	gemeinnützige GmbH
GmbH	Gesellschaft mit beschränkter Haftung
GmbH & Co. KG	Gesellschaft mit beschränkter Haftung & Compagnie Kommanditgesellschaft
GMG	Gesetz zur Modernisierung der gesetzlichen Krankenversicherung (GKV-Modernisierungsgesetz)
GOÄ	Gebührenordnung für Ärzte
GSG	Gesetz zur Sicherung und Strukturverbesserung der gesetzlichen Krankenversicherung (Gesundheitsstrukturgesetz)
HGB	Handelsgesetzbuch
HNO	Hals-Nasen-Ohren-Heilkunde
HR	Human Resources
HRO	High Reliability Organisation
ICD	International Classification of Diseases
ILV	innerbetriebliche Leistungsverrechnung
InEK	Institut für das Entgeltsystem im Krankenhaus
INN	Innere Medizin
ISO	International Standards Organisation
IT	Informationstechnologie
KG	Kommanditgesellschaft
KGaA	Kommanditgesellschaft auf Aktien
KH	Krankenhaus
KHBV	Krankenhausbuchführungsverordnung
KHEntgG	Krankenhausentgeltgesetz
KHG	Krankenhausfinanzierungsgesetz

Abkürzungen

KHRG	Krankenhausfinanzierungsreformgesetz
KrPflAPrV	Ausbildungs- und Prüfungsverordnung für die Berufe in der Krankenpflege
KrPflG	Krankenpflegegesetz
KTQ	Kooperation für Transparenz und Qualität im Gesundheitswesen
KVP	kontinuierlicher Verbesserungsprozess
LHK	Linksherzkathetermessplatz
MDK	medizinischer Dienst der Krankenversicherung
MPBetreibV	Medizinprodukte-Betreiberverordnung
MRT	Magnetresonanztomografie
MTA	medizinisch-technische Assistentin, medizinischtechnischer Assistent
MV	Mitgliederversammlung
MVZ	medizinisches Versorgungszentrum
NUB	neue Untersuchungs- und Behandlungsmethoden
OHG	offene Handelsgesellschaft
OHSAS	Occupational Health and Safety Standard
OP	Operationssaal
OTA	operationstechnische Assistentin, operationstechnischer Assistent
p. a.	pro anno
PartG	Partnerschaftsgesellschaft
PET	Positronenemissionstomograf, -tomografie
PJ	praktisches Jahr
PPP	Private public partnership
RAD	Radiologie
SGB	Sozialgesetzbuch
SGB V	Sozialgesetzbuch Fünftes Buch (Gesetzliche Krankenversicherung)
SLA	Service Level Agreement
SOP	Standard Operating Procedure
TV-Ä/VKA	Tarifvertrag für Ärzte
TVöD-K	Tarifvertrag für den öffentlichen Dienst – Besonderer Teil Krankenhäuser
UCH	Unfallchirurgie
URO	Urologie
VÄndG	Vertragsarztänderungsgesetz
VV	Vertreterversammlung
VVag	Versicherungsverein auf Gegenseitigkeit

1 Das Drumherum

1.1 Relevante Gesetze und Verordnungen

Rolf Hildebrandt

1.1.1 Vorbemerkung

Ein einheitliches Krankenhausrecht im Sinne eines allumfassenden Gesetzestextes existiert nicht. So vielfältig wie die Rechtsbeziehungen des Krankenhauses sein können, so vielfältig sind deren rechtliche Grundlagen. Die Mehrzahl der in Deutschland existierenden Krankenhäuser ist berechtigt und verpflichtet, gesetzlich versicherte Personen zu behandeln. Die Zulassung, Finanzierung und Leistungsabrechnung solcher Einrichtungen unterliegt anderen Regelungen als der Betrieb einer reinen Privatklinik, also einer Klinik, die ausschließlich darauf ausgerichtet ist, privat Versicherte zu behandeln. Aber auch die Krankenhäuser, die einen gesetzlichen Versorgungsauftrag wahrnehmen, dürfen privat Versicherte behandeln. Vor dem Hintergrund, dass die meisten Krankenhäuser in Deutschland berechtigt sind, gesetzlich Versicherte zu behandeln, soll sich das folgende Kapitel nur mit diesen Einrichtungen auseinandersetzen. Eine weitere Differenzierung erfolgt hinsichtlich der ambulanten und stationären Behandlung. Krankenhäuser sind längst nicht nur Erbringer stationärer, sondern auch ambulanter Leistungen. Insofern unterliegt aber die ambulante Behandlung anderen Bestimmungen als die stationäre Behandlung. Diese maßgebliche Differenzierung soll diesem Kapitel zugrunde gelegt werden. Darüber hinaus ist festzustellen, dass das Krankenhaus in einem Rechtsverhältnis zu seinen Patienten steht. In der Regel wird vor der stationären Behandlung mit dem gesetzlich Versicherten ein Krankenhausaufnahmevertrag geschlossen. Ein direktes vertragliches Schuldverhältnis zu den behandelnden Ärzten besteht in diesem Fall nicht. Das Krankenhaus verpflichtet sich zur Behandlung des Patienten. Das Krankenhaus haftet für die mit der Durchführung der Behandlung beauftragten Ärzte. Diese haften selbst nach Maßgabe des Deliktsrechts. Die Vergütung erhält das Krankenhaus hingegen von der Krankenkasse, bei der der Patient gesetzlich versichert ist (Abb. 1.1). Auch das Rechtsverhältnis des Krankenhauses zu den angestellten Ärzten sowie zu dem sonstigen medizinischen und nicht medizinischen Personal stellt im Wesentlichen ein zivilrechtliches Rechtsverhältnis dar. Damit finden auch hier die allgemeinen Regelungen des Zivil- bzw. Arbeitsrechts Anwendung. Darüber hinaus ist das Krankenhaus nicht nur Behandlungsstation, sondern auch eine Einrichtung, in der geforscht und ausgebildet wird.

1 Das Drumherum

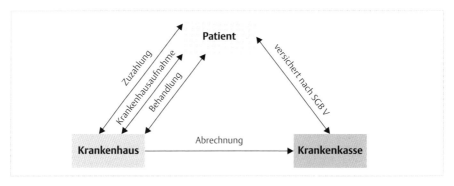

Abb. 1.1   Leistungsdreieck – Krankenhaus mit gesetzlichem Versorgungsauftrag.

Auch hierfür existieren spezialgesetzliche Grundlagen. Eine weitere Differenzierung erfährt das Krankenhausrecht aufgrund der im Grundgesetz niedergelegten Verteilung der Gesetzgebungszuständigkeiten zwischen Bund und Ländern. So verfügt etwa der Bund über die konkurrierende Gesetzgebungskompetenz[1] hinsichtlich der wirtschaftlichen Sicherung der Krankenhäuser, die Regelung der Pflegesätze[2], des Sozialversicherungsrechts sowie des Rechts betreffend die Zulassung zu den ärztlichen und anderen Heilberufen[3]. Im Ergebnis konzentriert sich die Gesetzgebungskompetenz des Bundes im Krankenhausrecht auf Fragen der Finanzierung der Krankenhäuser und den Bereich der gesetzlichen Krankenversicherung[4]. Hinsichtlich der Krankenhausplanung, also hinsichtlich der Frage, an welchem Standort und in welchem Umfang ein Krankenhaus zur Behandlung gesetzlich Versicherter berechtigt ist, sieht das Grundgesetz mangels einer Zuweisung an den Bund die Zuständigkeit der einzelnen Länder vor. Darüber hinaus ergibt sich die Zuständigkeit der Länder hinsichtlich weiterer krankenhausrelevanter Regelungsbereiche, wie etwa dem Krankenhausdatenschutz oder der Krankenhaushygiene. Für das Krankenhaus relevante Gesetze auf Bundes- und Landesebene lassen sich nachfolgender Darstellung entnehmen (Tab. 1.1). Aufgrund der Vielzahl an, teils spezialgesetzlichen, Rechtsgrundlagen beschränkt sich dieses Kapitel auf eine Darstellung des wesentlichen Rechtsrahmens. Entsprechend der weiteren Gliederung dieses Buches soll orientiert am medizinischen Leistungsgeschehen des Krankenhauses – insbesondere der stationären und ambulanten Behandlung – eine Erläuterung der gesetzlichen und untergesetzlichen Rechtsgrundlagen erfolgen. Zentrale Gesetze bilden hierbei das SGB V und das KHG. Das SGB V – das Fünfte Sozialgesetzbuch – beinhaltet das Recht der gesetzlichen Krankenversicherung und definiert maßgeblich Art und Umfang der Krankenhausleistungen sowie das Rechtsverhältnis der Krankenhäuser zu anderen Leistungser-

---

[1] Gesetzgebungskompetenz des Bundes gem. Art. 72, 74 GG, soweit auf Landesebene noch keine Regelung in den in Art. 72 GG benannten Materien erfolgt ist. Eine Abweichungskompetenz der Länder besteht in den benannten Materien nicht.
[2] Vergütung für stationäre Krankenhausleistungen.
[3] z. B. Approbationsordnung für Ärzte
[4] Wenzel, Handbuch des Fachanwalts Medizinrecht, Luchterhand 2007, S. 1116.

Tabelle 1.1 Krankenhausrelevante Gesetze und Verordnungen.

auf Bundesebene	auf Landesebene (am Bsp. Baden-Württemberg)
Fünftes Sozialgesetzbuch – SGB V	Krankenhausgesetz des Landes Baden-Württemberg – LKHG
Krankenhausfinanzierungsgesetz – KHG	
Krankenhausentgeltgesetz – KHentgG	Krankenhaus-Pauschalförderungsverordnung – KHPauschFVO
Bundespflegsatzverordnung – BPflV	
Bundesdatenschutzgesetz – BDSchG	Krankenhaus-Zuständigkeitsverordnung – KHZuVO
Apothekengesetz – ApothG	Krankenhaushygieneverordnung – KHHygieneVO
Gebührenordnung für Ärzte – GOÄ	Verordnung der Landesregierung über die Schiedsstelle für die Festsetzung der – PflSSchStVO
Ärztezulassungsverordnung – Ärzte-ZV	Krankenhausrechnungsverordnung – KrHRVO
Bedarfsplanungsrichtlinie – BPlRi	
Bundesmantelvertrag-Ärzte – BMV-Ä	

bringern und den Krankenkassen. Die Finanzierung der Krankenhäuser wird durch das KHG – das Gesetz zur wirtschaftlichen Sicherung der Krankenhäuser und zur Regelung der Krankenhauspflegesätze – geregelt.

1.1.2 Krankenhäuser mit gesetzlichem Versorgungsauftrag

1.1.2.1 Krankenhausbegriff

Der Begriff des Krankenhauses wird sowohl im Krankenhausfinanzierungsgesetz (KHG) als auch im SGB V definiert. Nach § 2 Nr. 1 KHG sind Krankenhäuser:

„... Einrichtungen, in denen durch ärztliche und pflegerische Hilfeleistung Krankheiten, Leiden oder Körperschäden festgestellt, geheilt oder gelindert werden sollen oder Geburtshilfe geleistet wird und denen die zu versorgenden Personen untergebracht und verpflegt werden können,..."

§ 107 Abs. 1 SGB V umschreibt Krankenhäuser als

„... Einrichtungen, die 1. der Krankenhausbehandlung oder Geburtshilfe dienen, 2. fachlich medizinisch unter ständiger ärztlicher Leitung stehen, über ausreichende, ihrem Versorgungsauftrag entsprechende diagnostische und therapeutische Möglichkeiten verfügen und nach wissenschaftlich anerkannten Methoden arbeiten, 3. mit Hilfe von jederzeit verfügbarem ärztlichem, Pflege-Funktions- und medizinisch-technischem Personal darauf eingerichtet sind, vorwiegend durch ärztliche und pflegerische Hilfeleistung Krankheiten der Patienten zu erkennen, zu heilen, ihre Verschlimmerung zu verhüten, Krankheitsbeschwer-

den zu lindern oder Geburtshilfe zu leisten, und in denen 4. die Patienten untergebracht und versorgt werden können."

Die Definition nach dem SGB V ist im Wesentlichen enger als die Definition im KHG. Eine rechtliche Bedeutung kommt diesen unterschiedlichen Definitionen jedoch nicht zu. Zwar werden durch die im KHG, welches im Wesentlichen die Krankenhausfinanzierung regelt, enthaltene Definition auch sogenannte „Vorsorge- und Rehabilitationseinrichtungen"[5] als Krankenhäuser erfasst. Da „Vorsorge- und Rehabilitationseinrichtungen" im Hinblick auf die Finanzierung und Abrechnung Sonderregelungen unterliegen, werden die unterschiedlichen Definitionen jedoch in der Rechtsfolge wieder harmonisiert.

Darüber hinaus kann zwischen den unterschiedlichen Arten von Krankenhäusern unterschieden werden:

- Hochschul- und Universitätskliniken
  In Hochschul- und Universitätskliniken werden nicht nur Kranke behandelt. Zu dem Aufgabenbereich dieser Krankenhäuser gehört auch die medizinische Forschung und Ausbildung. Eine Besonderheit ergibt sich insofern bei der Finanzierung der Investitions- und Erhaltungskosten dieser Kliniken. Hochschul- und Universitätskliniken werden in der Regel nicht nach dem KHG gefördert. Eine Förderung erfolgt auf spezialgesetzlicher Grundlage.
- Allgemeine Krankenhäuser
  Die Aufgabe von Allgemeinkrankenhäusern ist die stationäre Versorgung der Patienten. Allgemeinkrankenhäuser verfügen in der Regel über mehrere medizinische Fachrichtungen und sind in erster Linie Anlaufpunkt für die stationäre Aufnahme von Patienten, auch in Notfällen.
- Fachkrankenhäuser/Spezialkrankenhäuser
  Darüber hinaus existiert eine Vielzahl von sogenannten Spezial- oder Fachkrankenhäusern, die im Rahmen ihrer Versorgung auf eines oder mehrere bestimmte Fachgebiete spezialisiert ist (z. B. Rheumatologie oder Psychiatrie).
- Belegkrankenhäuser bzw. Belegabteilungen
  Bei sogenannten Belegabteilungen bzw. Belegkrankenhäusern werden die ärztlichen Leistungen durch nicht beim Krankenhausträger angestellte Vertragsärzte erbracht. Die Leistungspflicht des Krankenhauses beschränkt sich lediglich auf solche aus dem nicht ärztlichen Bereich (Unterkunft, Verpflegung, pflegerische Betreuung). Die Abrechnung der ärztlichen Leistung erfolgt gegenüber der Kassenärztlichen Vereinigung. Die Leistung des Krankenhauses wird gegenüber den Krankenkassen abgerechnet.
- Tages- und Nachtkliniken
  Bei Tages- und Nachtkliniken handelt es sich um solche Einrichtungen, bei denen eine ärztliche Leistung bzw. die nach der Krankenhausdefinition zugehörige pflegerische und grundlegende Betreuung ausschließlich zur Tages- bzw. ausschließlich zur Nacht-

---

[5] Bei Vorsorgeeinrichtungen handelt es sich um solche Einrichtungen, die allein zur Verhütung von Krankheiten berechtigt sind – also präventiv – tätig sind. Rehabilitationseinrichtungen dienen zur Sicherung eines ärztlichen Behandlungserfolgs.

zeit erfolgt. Sie zählen zu den teilstationären Klinikeinrichtungen und verfügen meist über eine Spezialisierung. Typischerweise existieren solche Einrichtungen in den Fachbereichen der Geriatrie und Psychiatrie.

- Praxiskliniken
Gemäß § 115 Abs. 2 Nr. 1 SGB V handelt es sich bei einer Praxisklinik um eine Einrichtung, in der die Versicherten durch Zusammenarbeit mehrerer Vertragsärzte ambulant und stationär versorgt werden können. Im Unterschied zu Belegkrankenhäusern besteht eben die Möglichkeit sowohl der stationären als auch ambulanten Versorgung. Die Einrichtung von Praxiskliniken erfolgt insbesondere dann, wenn die ärztliche Behandlung aufgrund der Erkrankung auf eine kurze Verweildauer beschränkt ist. In der Regel erfolgen ambulante Voruntersuchungen in der Praxisklinik. Zur Einsparung eines erneuten präoperativen Untersuchungsaufwands erfolgt sodann die stationäre Behandlung in der Praxisklinik. Gerade bei kurzen Verweildauern ist die stationäre Versorgung in einer Praxisklinik in der Regel preisgünstiger als in einer anderen stationären Einrichtung.

Krankenhäuser können zudem in unterschiedlichen Rechtsformen betrieben werden bzw. unterschiedlicher Trägerschaft stehen. Insoweit unterscheidet man die private, freigemeinnützige und öffentliche Trägerschaft. Krankenhäuser in privater Trägerschaft werden durch eine juristische oder durch eine natürliche Person des Privatrechts und damit verbunden nach betriebswirtschaftlichen Erfordernissen betrieben. Die Trägerschaft des privat betriebenen Krankenhauses bedarf der gewerberechtlichen Genehmigung nach § 30 Gewerbeordnung. Bei freigemeinnützigen Krankenhäusern erfolgt die Trägerschaft in der Regel durch eine religiöse oder sonstige soziale Vereinigung auf satzungsrechtlicher Basis. Träger öffentlicher Krankenhäuser können Städte, Landkreise oder sonstige kommunale Gebietskörperschaften sein. Hier sind neben juristischen Personen des Privatrechts (z. B. GmbH) mögliche Rechtsformen wie Körperschaft, Anstalt oder Stiftung des öffentlichen Rechts denkbar. Das SGB V und auch das KHG differenzieren hinsichtlich der Trägerschaft nicht. Im Gegenteil, gemäß § 1 Abs. 2 KHG ist die Vielfalt der Krankenhausträger im Rahmen der Krankenhausfinanzierung zu beachten und die wirtschaftliche Sicherung der Krankenhäuser in freigemeinnütziger und privater Trägerschaft zu gewährleisten. Die jeweilige Unterscheidung spielt jedoch für die innere Betriebsorganisation und für die Gewinnausrichtung eine wesentliche Rolle. Beispielsweise dürfen freigemeinnützige Krankenhäuser nur in sehr eingeschränktem Umfang Gewinne erwirtschaften, die zeitnah wieder dem gemeinnützigen Zweck zuzuführen sind.

1.1.2.2 Formen der Krankenhausbehandlung
Die Krankenhausbehandlung erfolgt nicht nur noch im klassischen Sinne stationär. Sie kann gemäß § 39 SGB Abs. 1 SGB V auch teilstationär oder ambulant erbracht werden. Die Abgrenzung der einzelnen Arten der Krankenhausbehandlung – insbesondere stationär und teilstationär einerseits und ambulant andererseits – ist von besonderer Bedeutung, da sich auch die Vergütung der Krankenhausbehandlung nach besagten einzelnen Arten richtet. Eine vollstationäre Behandlung ist nach ständiger und höchstrichterlicher Rechtsprechung dann gegeben, wenn der Patient mindestens einen Tag und eine Nacht

ununterbrochen im Versorgungssystem des Krankenhauses psychisch und organisatorisch eingegliedert ist[6]. Ob und wann die Entscheidung hinsichtlich des Verbleibs des Patienten im Krankenhaus getroffen wird, ist für die Einstufung hinsichtlich der stationären Behandlung unerheblich. Zwar wird diese Entscheidung in der Regel zu Beginn der Behandlung vom Krankenhausarzt getroffen, sie kann aber im Einzelfall auch noch später erfolgen. Damit ist ein ursprünglich als ambulante Behandlung geplanter Eingriff, der aufgrund von Komplikationen stationär fortgesetzt werden muss, insgesamt als stationärer Eingriff zu behandeln. Nach der Rechtsprechung der Sozialgerichte gilt dies jedoch nicht, soweit es sich um eine abgebrochene stationäre Behandlung handelt.[7] Damit liegt eine ambulante Behandlung immer dann vor, wenn der Patient nicht länger als einen Tag und eine Nacht in die Versorgungsstrukturen des Krankenhauses integriert wird. Eine teilstationäre Behandlung liegt vor, soweit eine Behandlung im Krankenhaus nicht auf einen Tagesaufenthalt beschränkt ist. Der Krankenhausaufenthalt erstreckt sich im Fall der teilstationären Behandlung immer über einen längeren Zeitraum, ohne dass der Patient dauerhaft im Krankenhaus verbleiben muss.

1.1.2.3 Versorgungsauftrag

Nicht jedes Krankhaus ist berechtigt, gesetzlich Versicherte zu behandeln. Gemäß § 108 SGB V verfügen nur solche Krankenhäuser über eine Berechtigung, die nach den landesrechtlichen Vorschriften als Hochschulkliniken anerkannt sind (1.), Krankenhäuser, die in den Krankenhausplan eines Landes aufgenommen wurden – sogenannte Plankrankenhäuser (2.) und Krankenhäuser, die einen Versorgungsvertrag mit den Landesverbänden der Krankenkassen und den Verbänden der Ersatzkassen abgeschlossen haben (3.). Die vorstehend benannten Einrichtungen haben einen gesetzlichen Versorgungsauftrag; das bedeutet auch, dass sie verpflichtet sind, gesetzlich versicherte Patienten zu behandeln. Der gesetzliche Versorgungsauftrag bestimmt nicht nur, welche Klinik gesetzlich Versicherte behandeln darf, sondern auch in welchem Umfang und in welchen Fachbereichen. Die Abgrenzung, welche Leistung welchem Fachbereich zuzuordnen ist, hat im Einzelnen anhand der jeweils auf Landesebene geltenden Weiterbildungsordnung der Landesärztekammer zu erfolgen.

- Hochschul- bzw. Universitätskliniken:
  Gemäß § 108 Nr. 1 SGB V erhalten die Hochschul- bzw. Universitätskliniken ihre Berechtigung zur Behandlung gesetzlich Versicherter über die Aufnahme ins Hochschulverzeichnis. Inhalt bzw. Umfang des Versorgungsauftrags einer Hochschulklinik muss sich also aus den Aussagen zur Aufnahme in das Hochschulverzeichnis einschließlich etwaiger Einzelentscheidungen nach dem HBFG ergeben. Mithin bleibt im Ergebnis festzuhalten, dass alle Hochschuluniversitätskliniken zur Behandlung gesetzlich Versicherter berechtigt sind.

---

[6] BSG-Urteil vom 04.03.2004, Az.: B 3 KR 4/03 R.
[7] BSG-Urteil vom 04.03.2004, Az.: B 3 KR 4/03 R.

- Plankrankenhäuser:
Sogenannte Plankrankenhäuser erhalten ihren Versorgungsauftrag durch die Aufnahme in einem sogenannten Krankenhausplan. Der Krankenhausplan stellt eine landesspezifische Planungsentscheidung hinsichtlich der Anzahl, Standorte (der jeweiligen Fachabteilungen) und Bettenanzahl[8] dar. Bei dem Krankenhausplan handelt es sich zunächst um ein reines Verwaltungsinternum ohne rechtsverbindliche Wirkung. Die Rechtsverbindlichkeit wird durch einen Aufnahmebescheid umgesetzt. Erhält ein Krankenhaus einen Aufnahmebescheid, ist es zur Behandlung gesetzlich Versicherter hinsichtlich der ausgewiesenen Fachbereiche berechtigt. Wie weit der jeweilige Versorgungsauftrag eines Krankenhauses reicht, ist oftmals rechtlicher Streitpunkt zwischen den Krankenhäusern und den gesetzlichen Krankenkassen, da das Krankenhaus nur dann einen Vergütungsanspruch gegen die Krankenkasse geltend machen kann, wenn die betreffende Behandlung auch von Versorgungsauftrag umfasst ist.
- Vertragskrankenhäuser:
§ 108 Nr. 3 SGB V sieht vor, dass auch neben den Hochschulkliniken und Plankrankenhäusern weitere Krankenhäuser zur stationären Versorgung berechtigt werden können. Hierfür muss das entsprechende Krankenhaus einen Versorgungsvertrag mit den Landesverbänden der Krankenkassen sowie den Verbänden der Ersatzkassen abschließen. Inhalt, Umfang und Vergütung müssen ebenfalls in dem sogenannten Versorgungsvertrag geregelt werden. Die Bedeutung solcher Vertragskrankenhäuser ist gering, da insbesondere die Länder eine umfassende Krankenhausplanung vornehmen und unter Bedarfsaspekten nur in seltenen Fällen weitere Einrichtungen für die Sicherstellung der stationären Versorgung erforderlich sind.

1.1.3 Stationäre Krankenhausbehandlung unter rechtlichen Gesichtspunkten

1.1.3.1 *Umfang der stationären Krankenhausbehandlung*
Die zentrale Norm hinsichtlich der Art und des Umfangs der stationären Krankenhausbehandlung legt § 39 SGB V dar. Versicherte haben demnach Anspruch auf vollstationäre Behandlung in einem zugelassenen Krankenhaus,[9] wenn die Aufnahme nach Prüfung durch das Krankenhaus erforderlich ist, weil das Behandlungsziel nicht durch teilstationäre, vor- und nachstationäre oder ambulante Behandlung einschließlich häuslicher Krankenpflege erreicht werden kann. Die damit zum Ausdruck kommende Subsidiarität der stationären Behandlung ist Ausprägung des gemäß § 12 SGB V für alle Leistungserbringer des Gesundheitswesens geltenden Wirtschaftlichkeitsgebots. Gemäß § 12 Abs. 1 SGB V müssen die erbrachten Leistungen ausreichend, zweckmäßig und wirtschaftlich sein; sie dürfen das Maß des Notwendigen nicht überschreiten. Leistungen, die nicht notwendig oder unwirtschaftlich sind, können Versicherte nicht beanspruchen und dürfen vom Krankenhaus nicht erbracht werden. Hintergrund der Regelung ist, dass die stationäre Aufnahme im Vergleich zu anderen Versorgungsformen in der Regel preisinten-

---
[8] Nur noch zum Teil, z. B. in Thüringen.
[9] Vgl. § 108 SGB V.

siver ist. Ob eine stationäre Aufnahme erforderlich ist, entscheidet zunächst der behandelnde Krankenhausarzt. Seiner Entscheidung kommt jedoch keine Bindungswirkung zu, und sie unterliegt der vollen gerichtlichen Überprüfbarkeit. Gerichtlicher Überprüfungsmaßstab ist hier der vernünftig handelnde und nach dem aktuellen Stand der medizinischen Wissenschaft ausgebildete Arzt. Gemäß § 39 SGBV umfasst die Krankenhausbehandlung im Rahmen des Versorgungsauftrags des Krankenhauses alle Leistungen, die im Einzelfall nach Art und Schwere der Krankheit für die medizinische Versorgung der Versicherten im Krankenhaus notwendig sind, insbesondere ärztliche Behandlung, Krankenpflege, Versorgung mit Arznei-, Heil- und Hilfsmitteln, Unterkunft und Verpflegung. Die akutstationäre Behandlung beinhaltet auch die im Einzelfall erforderlichen und zum frühestmöglichen Zeitpunkt einsetzenden Leistungen zur Frührehabilitation. Die Krankenhausbehandlung umfasst auch ein Entlassmanagement zur Lösung von Problemen beim Übergang in die Versorgung nach der Krankenhausbehandlung. Weitere Einzelheiten, insbesondere zur Konkretisierung der gesetzlichen Vorgaben hinsichtlich Art, Umfang und Erforderlichkeit – insbesondere der stationären – Krankenhausbehandlung, werden gemäß § 112 SGB V auf Landesebene zwischen Landeskrankenhausgesellschaft und den Verbänden der Kranken- und Ersatzkassen vereinbart. In Baden-Württemberg sind die Verträge (z.B. Landesvertrag zu den Allgemeinen Bedingungen der Krankenhausbehandlung, Landesvertrag zur Überprüfung der Notwendigkeit und Dauer der Krankenhausbehandlung) auf der Internetplattform der Baden-Württembergischen Krankenhausgesellschaft einzusehen.[10]

1.1.3.2 Vor- und nachstationäre Krankenhausbehandlung
Die Möglichkeit der vor- und nachstationären Behandlung ist in § 115a SGB V niedergelegt. Sie ist der Form nach der ambulanten Behandlung durch das Krankenhaus zuzuordnen, da eine Aufnahme des Patienten unter Nutzung von Verpflegung und Unterkunft im Krankenhaus nicht erfolgt. Eine rechtlich eindeutige Zuordnung ist jedoch nicht möglich, überwiegend wird die Behandlung als Krankenhausbehandlung eigener Art angesehen.[11]

Im Rahmen der vorstationären Behandlung soll abgeklärt werden, ob eine stationäre Aufnahme erforderlich ist. Wird hierbei festgestellt, dass die Krankenhausbehandlung auch in teilstationärer Form oder ambulant erfolgen kann, hat der Patient keinen Anspruch auf stationäre Aufnahme. Eine Weiterbehandlung durch das Krankenhaus ist unzulässig – gegebenenfalls kann z.B. eine Operation im Krankenhaus gemäß § 115 b SGB V noch ambulant erfolgen. Wird hingegen die Erforderlichkeit der stationären Aufnahme festgestellt, können auch notwendige Voruntersuchungen im Rahmen der vorstationären Behandlung (z.B. MRT-Untersuchung) durchgeführt werden. Darüber hinaus dient die vorstationäre Behandlung der Vorbereitung der stationären Behandlung. Ambulante Untersuchungen bei der vorstationären Behandlung sind innerhalb von 5 Tagen vor der stationären Aufnahme an bis zu 3 Tagen möglich. Die Vergütung seitens der Krankenkassen erfolgt pauschaliert und ist auf Landesebene zwischen den Landesverbänden der

---
[10] http://www.bwkg.de/
[11] Quaas in Prütting, Fachanwaltskommentar Medizinrecht, § 115 b SGB, Rn. 2.

1.1 Relevante Gesetze und Verordnungen

Krankenkassen, den Ersatzkassen und dem Landesausschuss des Verbands der privaten Krankenversicherung sowie der Landeskrankenhausgesellschaft zu vereinbaren. Der Spitzenverband Bund der Krankenkassen und die Deutsche Krankenhausgesellschaft geben hierfür Empfehlungen ab. Können sich die Vertragspartner auf Landesebene nicht einigen, gelten insoweit die bundeseinheitlichen Empfehlungen der Beteiligten auf Landesebene.

Die nachstationäre Behandlung erfolgt unmittelbar im Anschluss an eine stationäre Behandlung und darf dann erfolgen, wenn die vollstationäre Behandlung nicht mehr notwendig ist, jedoch zur Sicherstellung des Behandlungserfolgs eine Nachbehandlung durch das Krankenhaus erforderlich bleibt. Die nachstationäre Behandlung beschränkt sich auf 7 Behandlungstage innerhalb von 14 Tagen nach Beendigung der stationären Krankenhausbehandlung. Eine Verlängerung von bis zu 3 Monaten ist im Einzelfall möglich, bedarf aber zwingend einer Absprache mit dem den Patienten einweisenden Arzt. Die Vergütung der nachstationären Behandlung erfolgt entsprechend der zur vorstationären Behandlung dargestellten Grundsätze.

1.1.3.3 Vergütung stationärer Leistungen gesetzlich Versicherter

Die Rechtsgrundlage für die Vergütung stationärer Krankenhausleistungen an gesetzlich Versicherten bilden das KHG, das Krankenhausentgeltgesetz (KHEntG) und die Bundespflegesatzverordnung (BPflV). Die Vergütung erfolgt gemäß §§ 16 ff KHG über sogenannte Pflegesätze. Der Begriff ist zunächst irreführend, da derzeitig die Vergütung für psychiatrische und psychosomatische Krankenhäuser nach der BPflV im Wesentlichen über tagesgleiche Pflegesätze und für die somatischen – und damit für den Großteil der – Krankenhäuser nach dem KHEntgG über sogenannte Fallpauschalen erfolgt. Die Begriffsbezeichnung „Pflegesatz" im KHG erfasst beide Systematiken und erklärt sich vor dem Hintergrund, dass vor Einführung der sogenannten Fallpauschalen auf Grundlage des DRG-Systems im Jahre 2003 alle Krankenhausleistungen über tagesgleiche und abteilungsspezifische Pflegesätze vergütet wurden. Der Gesetzgeber hat bei Einführung der Fallpauschalen das bereits zu diesem Zeitpunkt bestehende KHG lediglich – insbesondere durch § 17a KHG – ergänzt, ohne die gesetzlichen Begrifflichkeiten einer Überarbeitung zuzuführen.

- Fallpauschalen – das DRG-System:
  Ausgehend von § 17a KHG und § 8 KHEntgG erfolgt die Vergütung der stationären Leistungen somatischer Krankenhäuser über sogenannte Fallpauschalen. Oft wird fälschlicherweise der Begriff DRG-Vergütung verwendet. Die DRGs, die sogenannten Diagnosis related Groups – geben für sich genommen noch keine Auskunft über die Höhe der jeweiligen Vergütung der erbrachten stationären Leistung. Die DRG bildet zunächst nur ein reines Klassifikationssystem, das einen Bestandteil der in Deutschland angewandten Vergütungssystematik der Fallpauschalen bildet. Anhand von Haupt- und Nebendiagnosen sowie weiterer Faktoren (wie z.B. bestimmte Komplikationen, Alter) werden im Kostenaufwand möglichst ähnliche Fallgruppen gebildet. Diese Fallgruppen werden untereinander hinsichtlich Aufwand und Kosten der jeweilig erfassten Prozeduren ins Verhältnis gesetzt. Jede DRG wird damit einer Art Faktor – der so-

genannten Bewertungsrelation – zugeordnet. Die tatsächliche Vergütungshöhe errechnet sich im Einzelfall dann aus dem Produkt von der der jeweiligen DRG zugehörigen Bewertungsrelation und einem Basisfallwert (Landesbasisfallwert), der derzeitig gemäß § 10 Abs. 1 KHG auf Landesebene einheitlich berechnet und von den Krankenkassen und Krankenhausgesellschaften auf Landesebene vereinbart wird. Dabei soll die voraussichtliche Kostenentwicklung, Wirtschaftlichkeitsreserven und Leistungsveränderungen berücksichtigt werden.

Mit Einführung der Vergütung von Krankenhausleistungen auf der Grundlage von Diagnosis related Groups im Jahr 2003 wurden zunächst für jedes Krankenhaus individuelle Basisfallwerte vereinbart. Diese wurden von 2005 bis Ende 2009 schrittweise an den im jeweiligen Bundesland geltenden Landesbasisfallwert angeglichen. Mit dem Ziel, gleiche Leistungen auch gleich zu vergüten, wurden in einer Konvergenzphase ab 2005 die krankenhausindividuellen Basisfallwerte schrittweise an ein landesweites Vergütungsniveau, den Landesbasisfallwert, angeglichen. Die Konvergenzphase, die ursprünglich 2009 enden sollte, wurde durch das Krankenhausfinanzierungsreformgesetz um ein Jahr verlängert. Ferner wurde mit diesem Gesetz eine weitere Konvergenzphase eingeführt. Die bundesweit unterschiedlichen Landesbasisfallwerte sind nunmehr von 2010 bis 2014 in 5 gleichen Konvergenzschritten an einen Basisfallwertkorridor um einen bundesweit einheitlichen Basisfallwert (Bundesbasisfallwert) anzugleichen.

Die DRGs werden gemäß § 19 Abs. 1 Nr. KHEntG zwischen dem Spitzenverband Bund der Krankenkassen und dem Verband der privaten Krankenversicherung sowie mit der Deutschen Krankenhausgesellschaft gemeinsam vereinbart. Hierbei werden die Beteiligten durch das InEK, dem Institut für das Entgeltsystem im Krankenhaus, das 2001 von den vorbenannten Beteiligten gegründet wurde, unterstützt. Das InEK ist derzeitig insbesondere für die Fortentwicklung und Anpassung der DRG-Bewertungssystematik verantwortlich.

- Die Vergütung nach Pflegesätzen

Für psychiatrische und psychosomatische Krankenhäuser erfolgt die Vergütung der voll- und teilstationären Krankenhausleistungen derzeitig noch nach der Bundespflegesatzverordnung über Pflegesätze (Basis- und Abteilungspflegesätze). Mit dem Gesetz zum ordnungspolitischen Rahmen der Krankenhausfinanzierung ab dem Jahr 2009 (Krankenhausfinanzierungsreformgesetz – KHRG) hat der Gesetzgeber eine neue Regelung für die stationären Einrichtungen der Psychiatrie und Psychosomatik geschaffen. So soll nach § 17d KHG für psychiatrische und psychosomatische Leistungen ein neues, tagesbezogenes, pauschalierendes Vergütungssystem (PSY-Entgeltsystem) entwickelt. Die Einführung des neuen Entgelts soll in mehreren Schritten erfolgen und bis 2021 abgeschlossen sein. Bereits ab 2013 können die psychiatrischen Einrichtungen ihre Abrechnung auf die neue Systematik umstellen. Ab 2015 ist die Abrechnung nach der neuen Systematik verpflichtend. Die Budgets psychiatrischer Einrichtungen werden erst ab 2017 auf Grundlage der neuen Vergütungssystematik verhandelt.

1.1.3.4 Krankenhausbudget

Unabhängig von der Höhe des Entgelts nach der Fallpauschalensystematik werden Krankenhausleistungen nicht unbudgetiert vergütet. Jedes Krankenhaus unterliegt gemäß § 11 KHEntgG einem individuellen Erlösbudget, welches mit den Krankenkassen jährlich zu verhandeln ist. Verhandlungsgrundlage bilden die vom Krankenhaus beantragten DRGs, welche dem Versorgungsauftrag entsprechen müssen. Der Versorgungsauftrag, der vom jeweiligen Bundesland festgelegt wird, bestimmt insbesondere, welche Leistungen – mit Ausnahme von Notfällen – ein Krankenhaus erbringen darf. Aus der Menge der DRGs wird der Casemix als Summe der Bewertungsrelationen des einzelnen Krankenhauses errechnet. Das jährliche Krankenhausbudget ergibt sich nunmehr aus der Multiplikation des Casemix mit dem Landesbasisfallwert. Durch Leistungsabweichungen von der vereinbarten Leistungsmenge kann ein Krankenhaus Mehr-, aber auch Mindererlöse bezogen auf das Budget erzielen; hierfür findet im darauffolgenden Jahr ein sogenannter Erlösausgleich statt.

1.1.3.5 Vergütung stationärer Leistungen privat Versicherter

Krankenhäuser mit einem gesetzlichen Versorgungsauftrag sind auch berechtigt, privat Versicherte zu behandeln. Die Behandlungspflicht in Bezug auf gesetzlich Versicherte schließt das Recht zur Behandlung von Privatpatienten nicht aus. Die Besonderheit im Verhältnis zu Privatpatienten liegt darin, dass der Vergütungsanspruch für die Behandlung nicht gegenüber der Krankenkasse besteht, sondern direkt gegenüber dem privat versicherten Patienten. Dem privat Versicherten steht unter Berücksichtigung des in seinem Versicherungsvertrag vereinbarten Leistungsumfangs ein Kostenerstattungsanspruch gegenüber seiner Krankenversicherung zu. Dies bedeutet jedoch nicht, dass die Abrechnung stationärer Leistungen gegenüber privat Versicherten keinen Reglementierungen unterliegt. Grundsätzlich findet auch im Verhältnis zwischen Krankenhaus und privat Versicherten das sogenannte Fallpauschalensystem Anwendung. Sofern der Patient eine Wahlleistungsvereinbarung mit dem Krankenhaus abgeschlossen hat, entsteht ein weiterer Vergütungsanspruch. Bei einer Wahlleistung, die in § 17 KHEntgG näher geregelt ist, handelt es sich um eine Vereinbarung über Zusatzangebote des Krankenhauses, die in der Regel eine gesonderte Unterbringung, eine nicht medizinisch erforderliche Zusatzleistung oder eine ärztliche Leistung durch einen bestimmten Arzt (sogenannte Chefarztbehandlung) zum Gegenstand hat. Die Vergütung für Unterbringungsleistungen und nicht medizinisch indizierte Leistungen, die neben einer gebotenen Behandlung erbracht werden (z. B. Massagen, zusätzliche Laboruntersuchungen) dürfen gemäß § 17 Abs. 1 KHEntgG in keinem unangemessenen Verhältnis zu der erbrachten Leistung stehen. Die Deutsche Krankenhausgesellschaft und der Verband der privaten Krankenversicherung können hinsichtlich der Höhe Empfehlungen abgeben. Die derzeitig geltenden Empfehlungen sind auf dem Internetauftritt der Deutschen Krankenhausgesellschaft abrufbar.[12] Die Vergütung für die sogenannte Chefarztbehandlung sowie für insgesamt medizinisch nicht indizierte Eingriffe richtet sich nach der Gebührenordnung für Ärzte.

---

[12] http://www.dkgv.de

1 Das Drumherum

1.1.4 Ambulante Behandlung im Krankenhaus

1.1.4.1 Ambulantes Operieren

Die ambulante Behandlung durch Krankenhäuser kann in verschiedenen Formen stattfinden. Krankenhäuser verfügen gemäß § 115b SGB V über die Möglichkeit, ambulante Operationen und sonstige stationsersetzende Eingriffe durchzuführen. Eine Versorgungsverpflichtung zur Durchführung ambulanter Operationen und stationsersetzende Eingriffe seitens der Krankenhäuser besteht nicht. Möchten Krankenhäuser ambulante und stationsersetzende Eingriffe durchführen, ist eine Mitteilung des Krankenhauses an die Landesverbände der Krankenkassen und die Ersatzkassen, die Kassenärztliche Vereinigung und den Zulassungsausschuss erforderlich. Welche Eingriffe ambulant durchgeführt werden können, regelt eine auf Bundesebene zwischen dem Spitzenverband Bund der Krankenkassen, der Deutschen Krankenhausgesellschaft und der Kassenärztlichen Bundesvereinigung geschlossene Vereinbarung. Diese stellt derzeitig der AOP-Vertrag dar, der über die Auflistung möglicher Eingriffe auch weitere Besonderheiten hinsichtlich Art und Durchführung des ambulanten Operierens beinhaltet. Die Vergütung erfolgt direkt durch die Krankenkasse des Versicherten nach einheitlichen Tarifen, die keiner Budgetierung unterliegen. Nachdem der Gesetzgeber mit Inkrafttreten des GKV-Versorgungsstrukturgesetzes[13] in § 115b SGB V klargestellt hat dass ambulante Operationen in Krankenhäusern nicht nur durch angestellte Ärzte und Belegärzte, sondern nunmehr auch durch niedergelassene Vertragsärzte, selbst in deren Praxisräumen, zulässig sind, haben sich die bisher bestehenden Abrechnungsstreitigkeiten mit den Krankenkassen erledigt.[14]

1.1.4.2 Medizinische Versorgungszentren

Krankenhäuser können sich an der vertragsärztlichen – also an der ambulanten – Versorgung durch die Gründung eines medizinischen Versorgungszentrums (MVZ) beteiligen. Ein MVZ stellt gemäß § 95 SGB V eine fachübergreifende ärztlich geleitete Einrichtung dar, die ambulant tätig ist. Bei einem MVZ können sowohl freiberufliche als auch angestellte Ärzte tätig sein. Ein MVZ muss immer fachübergreifend sein, also mindestens 2 ärztliche Fachrichtungen aufweisen. Hierfür genügen mindestens 2 Ärzte mit unterschiedlicher Schwerpunktbezeichnung. Es fehlt an der fachübergreifenden Tätigkeit, wenn beide Ärzte für den hausärztlichen Versorgungsbereich zugelassen oder Ärzte bzw. Psychotherapeuten der psychotherapeutischen Arztgruppe zuzurechnen sind. Das MVZ bedarf einer Zulassung zur vertragsärztlichen Versorgung durch den Zulassungsausschuss bei der jeweiligen Kassenärztlichen Vereinigung unter Beachtung der weiteren Voraussetzungen der Ärzte-Zulassungsverordnung und der Bedarfsplanungsrichtlinie.

Die medizinischen Versorgungszentren unterliegen wie alle Vertragsärzte damit auch der Bedarfsplanung. D. h. ein Krankenhaus kann ein MVZ nur dort und mit den Fachrich-

---
[13] 01.01.2012
[14] Dies war zuvor nicht zulässig, vgl. BSG Urteil vom 23.03.2011, Az.: B 6 KA 1110/10 R.

tungen gründen, wo keine Zulassungsbeschränkungen bestehen. Alternativ besteht die Möglichkeit, Praxen bereits zugelassener Ärzte zu erwerben und die Zulassungen in das MVZ einzubringen. Ein MVZ kann in Gestalt einer BGB-Gesellschaft oder in Form einer GmbH gegründet werden. Kommt die GmbH – wie bei Krankenhäusern üblich – als Träger des MVZ zum Einsatz, ist es erforderlich, dass alle Gesellschafter eine persönliche Bürgschaftserklärung für Verbindlichkeiten des MVZ gegenüber den Krankenkassen und Kassenärztlichen Vereinigungen abgeben, um eine Gleichstellung mit den persönlich haftenden Vertragsärzten zu gewährleisten. Ferner bedarf jedes MVZ eines ärztlichen Leiters, der persönlich im MVZ tätig sein muss. Weitere Gründungs- und Betriebsvoraussetzungen sind in der Ärzte-Zulassungsverordnung und in der Bedarfsplanungsrichtlinie geregelt.

Mit der Teilnahme an der vertragsärztlichen Versorgung sind die für das Krankenhaus im MVZ tätigen Ärzte umfassend an das Vertragsarztrecht gebunden. Wichtige Rechtsgrundlagen bilden hierbei der Bundesmantelvertrag Ärzte und der Bundesmantelvertrag Ärzte/Ersatzkassen. Diese Verträge konkretisieren wesentliche Pflichten der Vertragsärzte und damit auch der im MVZ tätigen Ärzte. Eine zentrale Norm ist § 15 Bundesmantelvertrag Ärzte bzw. § 14 Bundesmantelvertrag Ärzte/Ersatzkassen. Hier wird der Grundsatz der persönlichen Leistungserbringung niedergelegt. Dies bedeutet, dass der im MVZ tätige Arzt seine Leistungen selbst ausführen muss und sich nur im Ausnahmefall – etwa bei Krankheit oder Urlaub – von einem anderen Arzt vertreten lassen darf. Organisatorische Gründe, wie etwa eine starke Belastung im Rahmen der parallel bestehenden klinischen Tätigkeit, rechtfertigen eine Abweichung vom Grundsatz der persönlichen Leistungserbringung nicht.

Die Vergütung in der vertragsärztlichen Versorgung erfolgt auf Grundlage des Einheitlichen Bewertungsmaßstabs (EBM). Ähnlich der DRG-Systematik werden den ärztlichen Leistungen Punktzahlen als Bewertungsrelation zugeordnet. Die EBM-Systematik klassifiziert jedoch nicht verschiedene Fälle, vielmehr werden einzelne medizinische Leistungen – wie z. B. Beratung, kleiner operativer Eingriff – einer Relation zugeführt. Die Zuordnung erfolgt über sogenannte Gebührenordnungspositionen (GOP). Der EBM gilt bundesweit einheitlich. Die Preise ergeben sich aus der Punktzahl, mit der die jeweilige Leistung bewertet ist, multipliziert mit einem Orientierungspunktwert. Für 2009 hat der Erweiterte Bewertungsausschuss diesen Orientierungspunktwert mit 3,5001 Cent und für 2010 und 2011 mit 3,5048 Cent festgelegt. Mit diesem Punktwert, der für alle Kassen und Fachgruppen bundesweit einheitlich gilt, werden die vertragsärztlichen Leistungen vergütet. Ab dem 01.01.2012 wird der Punktwert auf der Grundlage des GKV-Versorgungsstrukturgesetzes nunmehr auf Landesebene vereinbart, sodass es zu regionalen Unterschieden kommen kann. Auch die Vergütung der vertragsärztlichen Versorgung unterliegt der Budgetierung. § 87b Abs. 2 SGB V bestimmt die Pflicht zur Aufnahme mengenbegrenzender Maßnahmen im Honorarverteilungsvertrag jeder Kassenärztlichen Vereinigung. Es obliegt der Satzungsgewalt der Kassenärztlichen Vereinigung, ob sogenannte Regelleistungsvolumina oder Praxisbudgets zur Begrenzung der übermäßigen Ausdehnung vertragsärztlicher Leistungen eingeführt werden. Beide mengenbegrenzenden Maßnahmen stellen im Regelfall auf das individuelle Leistungsgeschehen des Vorjahresquartals des jeweiligen Arztes ab und gestatten im Abrechnungszeitraum entweder seine oder nur eine geringfügige Steigerung der Leistungsmenge. Innerhalb des Budgets erbrachte Leistungen werden zum vollen Punktwert, Überschreitungen nur noch mit einem abgestaffelten Punktwert, der im fachärztlichen Bereich teilweise im einstelligen Prozentbereich liegt, vergütet. Ausgenommen von der Budgetierung sind beispielsweise präventive Leistungen, Leistungen im Notdienst und das ambulante Operieren.

1.1.4.3 Ermächtigung zur Teilnahme an der vertragsärztlichen Versorgung
Darüber hinaus besteht die Möglichkeit des Krankenhauses sowie der im Krankenhaus tätigen Ärzte, an der ambulanten Versorgung im vertragsärztlichen Bereich durch sogenannte Ermächtigungen teilzunehmen. Rechtsgrundlage hierfür ist §§ 116, 116a SGB V in Verbindung mit der Ärztezulassungsverordnung. Da eine Tätigkeit im ambulanten Sektor ausgeführt wird, sehen die Ärzte-Zulassungsverordnung sowie der Bundesmantelvertrag für Ärzte spezielle Regelungen für die Ermächtigung von Krankenhausärzten und im Ausnahmefall auch für Krankenhäuser vor. Die Ermächtigung von Krankenhausärzten ist stets nachrangig gegenüber der Zulassung zur vertragsärztlichen Tätigkeit und soll nur im Ausnahmefall erfolgen. Eine Ermächtigung setzt einen bestimmten qualitativen oder quantitativen Versorgungsbedarf voraus.

Die einzelnen Ermächtigungstatbestände hinsichtlich der Beteiligung von Krankenhausärzten und auch Krankenhäusern sind in der Ärztezulassungsverordnung in den §§ 31, 31a niedergelegt. Ermächtigungen werden im Gegensatz zu Zulassungen zeitlich befristet, um regelmäßig das Fortbestehen des Versorgungsbedarfs prüfen zu können. Weitere Ermächtigungstatbestände ergeben sich aus § 31 Abs. 2 Ärztezulassungsverordnung. Z. B.
- in Verbindung mit § 5 Abs. 2 BMV-Ä bzw. § 9 Abs. 2 EKV-Ä (zytologische Diagnostik von Krebserkrankungen)
- in Verbindung mit § 5 Abs. 4 BMV-Ä bzw. § 9 Abs. 3 EKV-Ä (Mammografie-Screening)
- in Verbindung mit § 6 BMV-Ä bzw. § 10 EKV-Ä (Fachzahnärzte für Kieferchirurgie),
- in Verbindung mit § 7 BMV-Ä bzw. § 11 EKV-Ä (Fachwissenschaftler der Medizin).

Die Abrechnung erfolgt nach den Grundsätzen der vertragsärztlichen Versorgung, also über den Einheitlichen Bewertungsmaßstab in Verbindung mit dem Honorarverteilungsmaßstab gegenüber der Kassenärztlichen Vereinigung. Damit unterliegt der Krankenhausarzt im Rahmen seiner Ermächtigung auch der Budgetierung. Ist ein Krankenhausarzt ermächtigt und führt er die Leistungen im Krankenhaus aus, muss zwischen Krankenhaus und Arzt die Vergütung für die Inanspruchnahme des Personals und der Räumlichkeiten vertraglich geregelt werden, da der ermächtigte Arzt – und nicht etwa das Krankenhaus – gegenüber der Kassenärztlichen Vereinigung abrechnet. Der ermächtigte Arzt unterliegt auch der Pflicht, die Leistungen persönlich zu erbringen. Hohe Arbeitsbelastungen des Chefarztes oder organisatorische Probleme rechtfertigen mit Ausnahme von krankheits-, urlaubs- oder weiterbildungsbedingter Abwesenheit keine Vertretung durch andere Krankenhausärzte.

1.1.4.4 Ambulante spezialfachärztliche Versorgung

Eine weitere Möglichkeit des Krankenhauses, an der ambulanten Versorgung teilzunehmen, sieht § 116 b SGB V vor. Krankenhäuser dürfen aufgrund ihrer speziellen Ausstattung die ambulante Behandlung bestimmter Krankheiten sowie die Durchführung spezieller Geräteleistungen übernehmen. Entsprechend sieht § 116b SGB V die Teilnahme an der ambulanten Behandlung bestimmter Krankheiten mit schweren Verlaufsformen und besonderen Krankheitsverläufen (z. b. onkologischen Erkrankungen, Kinderkardiologie, HIV/AIDS) sowie seltene Erkrankungen und Erkrankungszustände mit entsprechend geringen Fallzahlen (z. B. Tuberkulose, Mukoviszidose) vor. Hinsichtlich der hochspezialisierten Leistungen besteht die Möglichkeit der Teilnahme an der ambulanten Versorgung bei CT/MRT-gestützten interventionellen schmerztherapeutischen Leistungen und der Brachytherapie. Die Zulassung zu der ambulanten spezialfachärztlichen Versorgung erfolgt bedarfsunabhängig und setzt lediglich den Nachweis der personellen, räumlichen und geräteseitigen Standards voraus. Einzelheiten hierzu hat der Gemeinsame Bundesausschuss (G-BA) in einer Richtlinie zu regeln, die voraussichtlich Mitte 2013 in Kraft treten wird.

1.1.5 Teilnahme an der integrierten Versorgung

Auch im Rahmen der integrierten Versorgung gemäß §§ 140a ff SGB V besteht ein Tätigkeitsfeld des Krankenhauses. Die Integrierte Versorgung ist weder der stationären noch der ambulanten Behandlung zuzuordnen und stellte einen Versorgungstyp eigener Art dar. Die Idee der integrierten Versorgung liegt in einer „sektorenübergreifenden" Versorgungsform im Gesundheitswesen. Sie soll eine stärkere Vernetzung der verschiedenen Fachdisziplinen und Sektoren (Hausärzte, Fachärzte, Krankenhäuser und Rehaklinik, aber auch unter Einbeziehung von Apotheken und anderen Leistungserbringern) fördern, um die Qualität der Patientenversorgung zu verbessern und gleichzeitig die Gesundheitskosten zu senken. Erforderlich ist hierfür ein Vertragsabschluss mit den Krankenkassen, der Gegenstand, Umfang und Vergütung der neuen Versorgungsform ausgestalten muss. Folgende Leistungserbringer können neben Vertragsärzten und Krankenhäusern Vertragspartner im Rahmen der integrierten Versorgung sein:
- Rehakliniken,
- medizinische Versorgungszentren
- Pflegekassen und zugelassene Pflegeeinrichtungen auf der Grundlage des § 92b des SGB XI,
- Praxiskliniken nach § 115 Absatz 2 Satz 1 Nr. 1 SGB V
- Gemeinschaften der vorgenannten Leistungserbringer

Die meisten integrierten Versorgungsverträge nach § 140a bis § 140d SGB V beziehen sich auf bestimmte Indikationsgebiete, es ist jedoch auch möglich, sog. populationsgestützte Verträge für ganze Bevölkerungsgruppen abzuschließen. Populationsgestützte Versorgung bedeutet im Gegensatz zur indikationsspezifischen Versorgung, dass die Leistungserbringer über Kopfpauschalen bzw. Gesundheitsprämien pro eingeschriebenem Versicherten vergütet werden, ggfs. beschränkt auf eine bestimmte Region. Die Teilnahme an der integrierten Versorgung bietet den Leistungserbringern den großen Vorteil, nicht an den eigenen Zulassungsstatus gebunden zu sein. Notwendig, aber auch ausreichend ist es, über einen Zulassungsstatus zu verfügen. Lässt der integrierte Versorgungsvertrag eine Leistung außerhalb des eigenen Zulassungsstatus zu, können die Beteiligten unter Umgehung der Bedarfsplanung sowie der Krankenhausplanung neue Leistungsbereiche erobern.

1.2 Marktregulierende Mechanismen

Johannes Schürmeyer

Die meisten der in Deutschland tätigen Krankenhäuser beteiligen sich an der Sicherstellungsfunktion der Gesundheitsversorgung durch die öffentliche Hand. Damit sind sie nicht als unabhängige Marktteilnehmer tätig, sondern agieren in einer Vielzahl komplexer und vielschichtiger marktregulierender Mechanismen. Diese Rahmenbedingungen waren in den letzten Jahrzehnten vor allem durch die staatlich regulierte Daseinsfürsorge mit einem solidarischen Grundprinzip gekennzeichnet. Zunehmend sind Krankenhäuser jedoch mit politisch gewollten gegenläufigen Tendenzen konfrontiert, in Richtung eines vom Wettbewerb gekennzeichneten Marktes, dessen Finanzierung zunehmend von der Leistungsfähigkeit des einzelnen Krankenhauses bestimmt ist. Diese Entwicklung wird in Kapitel 1.2.2. anhand der Entwicklung der Krankenhausfinanzierung in Deutschland näher beleuchtet.

Das Management eines Krankenhauses kann nur dann erfolgreich sein, wenn es dem Spannungsfeld zwischen einer starken Regulierung einerseits und einem zunehmenden Wettbewerb andererseits gleichermaßen gerecht wird. Die grundlegendste ordnungspolitische Rahmenbedingung stellt dabei die Aufnahme in den Krankenhausplan eines Bundeslands dar.

1.2.1 Krankenhausplanung

In Deutschland sind die Länder für eine angemessene und flächendeckende Versorgung mit Krankenhausbetten und -leistungen verantwortlich. Das Krankenhausfinanzierungsgesetz (§ 6 KHG) verpflichtet die Bundesländer, Krankenhauspläne mit fachgebietsbezogenen Bettenzahlen aufzustellen. Per Feststellungsbescheid wird die Aufnahme eines Krankenhauses in den Krankenhausplan rechtswirksam. Dieser unterteilt die Versorgung je nach Bundesland in unterschiedliche Versorgungsstufen. Beispielhaft sei an dieser Stelle Bayern genannt, wo die Krankenhäuser anhand ihrer Versorgungsaufgaben in die 3 Stufen Grundversorgung, Schwerpunktversorgung und Maximalversorgung unterteilt werden (DKG 2010). Entscheidend für die Zuordnung zu einer Versorgungsstufe können die Bettenzahl, die Breite der vorgehaltenen Fachabteilungen und das Einzugsgebiet sein. Inzwischen sind die Bindungen des Krankenhausmanagements aufgrund dieser Einteilung von abnehmender Bedeutung. So kann es die Planbetten zunehmend selbstständig innerhalb seines Hauses den Fachabteilungen zuweisen. Den Häusern der Grundversorgung ist es verstärkt möglich, spezialisierte medizinische Leistungen als Alleinstellungsmerkmal in einer Region anzubieten.

Die Aufnahme in den Krankenhausplan bedeutet für ein Krankenhaus, durch einen Versorgungsauftrag an der Daseinsfürsorge beteiligt zu werden. Dadurch hat es die Möglichkeit, seine Leistungen über Sozialversicherungsgelder und Steuergelder zu finanzieren. Grundsätzlich gilt dabei das Prinzip der dualen Finanzierung, nach dem die Betriebskosten eines Krankenhauses von den Krankenkassen und die Investitionskosten von den Bundesländern getragen werden.

Mit der Einführung der dualen Finanzierung war die Verpflichtung der Bundesländer verbunden, eine flächendeckende und wohnortnahe stationäre Gesundheitsversorgung sicherzustellen. Die Länderplanung sollte eine gezielte bedarfsnotwendige Förderung ermöglichen, die in dieser Form durch eine indirekte Investitionsförderung nicht möglich gewesen wäre.

Das Kerngeschäft des Krankenhauses stellt die stationäre Patientenversorgung dar. Dieses begründet sich aus dem gesetzlichen Versorgungsauftrag zur Sicherstellung eines definierten stationären Leistungsangebots. Die Versorgungsaufträge werden durch das Fünfte Sozialgesetzbuch (SGB V) Gesetzliche Krankenversicherung manifestiert. So definiert der § 108 SGB V das Recht und die Pflicht eines bestimmten stationären Leistungsangebots für zugelassene Krankenhäuser. Die Zulassung ist erst dann gegeben, wenn ein Krankenhaus in den Krankenhausplan eines Landes aufgenommen ist. SGB V § 117 regelt den darüber hinausgehenden besonderen Forschungs- und Lehrauftrag von Hochschulambulanzen. Weitere Versorgungsaufträge existieren z. B. für die Unfallkrankenhäuser der Berufsgenossenschaften (Freytag 2010).

Der Krankenhausplan eines Bundeslands weist diejenigen Krankenhäuser aus, die einen Anspruch auf Förderung ihrer Investitionskosten haben. Dabei ist es unerheblich, ob es sich um öffentliche, freigemeinnützige oder private Krankenhausträger handelt. Mit der Aufnahme in den Krankenhausplan ist ein Versorgungsvertrag geschlossen, der für alle Krankenkassen verbindlich ist.

1.2.2 Budgetierung und Finanzierung

Nach dem Zweiten Weltkrieg bestand die aus krankenhausplanerischer Sicht vordringlichste Aufgabe darin, eine leistungsfähige stationäre Versorgung aufzubauen und sicherzustellen. Dementsprechend wurde auch der ordnungspolitische und sozialrechtliche Rahmen ausgestaltet. So sicherte die Bundespflegesatzverordnung von 1954 den Krankenhäusern die Deckung ihrer Selbstkosten zu, ein Prinzip, das erst nach einigen Jahrzehnten wieder aufgegeben wurde.

Am 29.07.1972 trat das Gesetz zur wirtschaftlichen Sicherung der Krankenhäuser und zur Regelung der Krankenhauspflegesätze (Krankenhausfinanzierungsgesetz, KHG) in Kraft. Mit ihm wurde das duale Finanzierungssystem eingeführt. Die wirtschaftliche Sicherung der Krankenhäuser wurde damit auf 2 Säulen verankert:
a) Krankenhausförderung/Finanzierung der Investitionskosten
b) Budgetierung/Finanzierung der Betriebskosten

Mit der Neustrukturierung Anfang der 1970er-Jahre ging ein hohes Maß an Regulierungen einher. So wurde es notwendig, die mit der dualen Finanzierung verbundene Aufgliederung in Investitions- und Instandhaltungskosten buchhalterisch transparent zu erfassen. Den Rahmen dafür lieferte die Verordnung über die Rechnungs- und Buchführungspflichten von Krankenhäusern (Krankenhausbuchführungsverordnung, KHBV) vom 10.04.1978.

Darüber hinaus sind beide Finanzierungswege dadurch gekennzeichnet, dass die Gesamtausgaben mithilfe regulatorischer Mechanismen gedeckt sind, woraus für das einzelne Krankenhaus eine Budgetierung beider Bereiche resultiert.

> **Krankenhausförderung/Finanzierung der Investitionskosten**
>
> Die Bundesländer wurden neben der Planung der stationären Versorgung auch zur Finanzierung der damit verbundenen Investitionen verpflichtet. Dadurch sollte der damals bestehende erhebliche Investitionsstau abgebaut werden. Krankenhäuser haben seitdem einen Anspruch darauf, dass ihre notwendigen Investitionskosten wie z. B. für Bauvorhaben und medizinische Geräte von dem jeweiligen Bundesland übernommen werden (Krankenhausförderung). Die Förderung bezieht sich ausschließlich auf die akutstationäre Versorgung, für ambulante Leistungen, aber auch für Rehabilitationseinrichtungen, und im universitären Bereich gelten gesonderte Finanzierungswege.
>
> Neben der Verpflichtung zur Erstellung eines Krankenhausplans muss jedes Bundesland auch einen Investitionsplan aufstellen. Dieser teilt sich in 2 Bereiche, die Einzelförderung und die Pauschalförderung:

1.2 Marktregulierende Mechanismen

- Am kostenträchtigsten ist die Errichtung von Krankenhäusern (Neubau, Umbau Erweiterungsbau) und die Anschaffung der zum Krankenhaus gehörenden Wirtschaftsgüter. (DKG 2010). Die Verteilung erfolgt in der Regel über das jeweilige Jahreskrankenhausbauprogramm eines Landes.
- Daneben erhalten die Krankenhäuser jährlich pauschale Fördermittel, die sie in eigener Verantwortung zur Beschaffung kurzfristiger Anlagegüter einsetzen. Sie dienen vorwiegend zur Erneuerung medizinischer Geräte, aber auch zur Beschaffung infrastruktureller Ausstattung (z. B. EDV). Der Jahresbetrag der Pauschalmittel war früher allein an der Bettenzahl orientiert und damit aufgabenbezogen. Mittlerweile spielen leistungsorientierte Komponenten wie der Case Mix, d. h. die nach der durchschnittlichen Fallzahl gewichteten Fallzahlen, eine größere Rolle.
- Beispiele für weitere Fördertatbestände sind z. B. pauschale Ausgleichsleistungen, die für die Schließung eines Krankenhauses oder die Umstellung des Betriebs auf Nutzungen außerhalb der akutstationären Versorgung gewährt werden.

Die von den Ländern bereitgestellten Investitionsmittel decken jedoch schon seit Längerem nicht mehr den Bedarf der Krankenhäuser. Diese müssen Wartezeiten von bis zu 10 Jahren einkalkulieren, bevor eine Bau- oder andere Investitionsmaßnahme vom jeweiligen Bundesland finanziert wird. Darüber hinaus wird die Finanzierung in der Regel nicht bei Baubeginn, sondern erst in späteren Raten gewährt. Dies hat zur Folge, dass die Krankenhäuser wichtige Investitionsmaßnahmen zunehmend selbst finanzieren und in jedem Fall die Vor- und Zwischenfinanzierung einschließlich der damit verbundenen Zinsbelastung sicherstellen müssen.

Die Investitionsförderung wurde in den letzten Jahren von bundesweit 3,4 Mrd. € im Jahre 2000 auf 2,8 Mrd. € in 2010 reduziert (DKG 2011). Den daraus resultierenden Investitionsstau bezifferte die Deutsche Krankenhausgesellschaft (DKG) bereits im Jahr 2009 auf 50 Mrd. € (DKG 2009). Aufgeschobene Investitionen wirken sich auch auf die Betriebsprozesse aus, indem die Wettbewerbsfähigkeit eines Hauses eingeschränkt wird oder Rationalisierungspotenziale nicht ausgeschöpft werden können.

Die dualistische Krankenhausfinanzierung ist umstritten, da, neben den nicht ausreichenden Mitteln, sich die Förderung nicht an der Leistungsfähigkeit eines Hauses orientiert. Durch die jährliche Zuweisung ist es für das einzelne Krankenhaus nur schwer möglich, eine langfristige Investitionsplanung auf Basis verlässlich verfügbarer Mittel durchzuführen. Andererseits ist aus krankenhausplanerischer Sicht keine gezielte projektbezogene Förderung besonders dringlicher Maßnahmen möglich, sondern die Finanzmittel werden auch an die Häuser verteilt, die zu diesem Zeitpunkt keinen außergewöhnlichen Investitionsbedarf haben. Das Alternativsystem stellt die monistische Finanzierung dar, die bis 1972 Anwendung fand und bei der die Betriebs- und Investitionskosten bei den Krankenkassen als den alleinigen Finanzierungsträgern gebündelt werden.

1 Das Drumherum

Im Zusammenhang mit dem Krankenhausfinanzierungsreformgesetz (KHRG) erhielt das Institut für das Entgeltsystem im Krankenhaus (InEK) 2009 den Entwicklungsauftrag zur Reform der Investitionsfinanzierung. Ab 2012 sollten Investitionspauschalen leistungsbezogen an die Fallpauschalen gekoppelt werden (ab 2014 für psychiatrische und psychosomatische Krankenhäuser). Sie sind das Produkt aus leistungsorientierten Investitionsbewertungsrelationen und einem Investitionsbasisfallwert, der vom jeweiligen Bundesland festgelegt wird. Da der Umstieg auf die Investitionspauschalen im Ermessen der Länder liegt, besteht zurzeit ein uneinheitliches Vorgehen: So erprobt Nordrhein-Westfalen zurzeit die Investitionspauschalen, während in Bayern die Investitionsförderung wie bisher erfolgt. Grundsätzlich bedeuten beide Wege (noch) die Beibehaltung der dualen Krankenhausfinanzierung, denn auch die Investitionspauschalen werden von den Ländern gezahlt (Grabow 2009).

> **Budgetierung/Finanzierung der Betriebskosten**
>
> Die Finanzierung der laufenden Betriebskosten wird aus den Erlösen der Patientenbehandlung und damit vor allem durch die Krankenkassen finanziert. Darunter fallen unter anderem Personal- und Sachkosten wie der medizinische Bedarf. Hierfür bestehen detaillierte gesetzliche Vorgaben (Vergütungssysteme).

Der starke Kostenanstieg der gesetzlichen Krankenversicherung für Krankenhausbehandlungen in den 1970er- und 80er-Jahren in der Bundesrepublik von 3,1 Mrd. € im Jahre 1970 auf 22,8 Mrd. € in 1990 machte zunehmend andere marktregulierende Mechanismen erforderlich (DKG 2011). So wurden im Rahmen der Bundespflegesatzverordnung (BPflV) 1986 erste Ansätze zu mehr Transparenz, leistungsorientierter Vergütung und Wirtschaftlichkeit sowie die Stärkung der Verhandlungskompetenz von Kostenträgern und Krankenhäusern verwirklicht.

Die vollständige Aufgabe des Prinzips der Selbstkostendeckung erfolgte durch das Gesetz zur Sicherung und Strukturverbesserung der gesetzlichen Krankenversicherung (Gesundheitsstrukturgesetz, GSG) vom 21.12.1992. Damit löste die Verhandlung eines prospektiven Budgets das Prinzip der retrospektiven Kostendeckung ab. Das GSG entstand auch vor dem Hintergrund des in den neuen Bundesländern vorhandenen Investitionsstaus in Höhe von ca. 31 Mrd. DM. Um das entsprechende Finanzierungsvolumen langfristig, d.h. von 1994 bis 2004, für Bund und Länder planen zu können, wurden die damaligen Budgethöhen bis auf die Ebene des einzelnen Krankenhauses gedeckelt (DKG 2010, S.5).

Vergütungssysteme von Gesundheitsleistungen sind dadurch gekennzeichnet, dass sie je nach Ausgestaltung ganz unterschiedliche Anreizelemente beinhalten. Die gesundheitspolitische Gesetzgebung der letzten Jahrzehnte bewegte sich, abhängig von den ordnungspolitischen Zielsetzungen, in unterschiedlicher Ausprägung immer zwischen folgenden Extremen:

Ein vollständig pauschaliertes Vergütungssystem deckt alle Leistungen eines Gesundheitsanbieters in einem bestimmten Zeitraum durch ein Gesamtbudget ab. Somit besteht zwar ein Anreiz, den Versorgungsauftrag mit einem möglichst geringen Ressourcenaufwand umzusetzen, allerdings profitieren davon nicht die Kostenträger. Hat die Ressourceneinsparung dagegen eine Budgetabsenkung zur Folge, besteht kein Anreiz mehr zur einer erhöhten Wirtschaftlichkeit.

Extrem leistungsgerecht ist im Gegensatz dazu eine komplette Abrechnung von Einzelleistungen. Sie bietet für den Leistungsanbieter allerdings einen Anreiz zur Leistungsexpansion, was ordnungspolitisch wiederum Mechanismen zur Leistungsbeschränkung erforderlich macht.

Da ordnungspolitische Ziele immer divergierend sind und sich oft sogar widersprechen (z. B. flächendeckende Versorgung vs. Beitragssatzstabilität), resultiert das jeweilige Vergütungssystem immer aus einer Mischung verschiedener Anreizelemente mit unterschiedlicher Gewichtung.

Im Rahmen des GSG wurde 1993 ein Mischfinanzierungssystem eingeführt, das zum Großteil tagesgleiche Pflegesätze umfasst, d. h. feste Beträge für jeden Tag des Krankenhausaufenthalts eines Patienten. Für etwa ein Viertel der Fälle, überwiegend in der Chirurgie, wurden Fallpauschalen eingeführt, die sich an abteilungsspezifischen Aufwandsstrukturen orientierten. Damit war der Weg für eine leistungsgerechtere Vergütung geebnet. Da die Budgets in den Folgejahren jedoch gedeckelt waren, konnte dieses Prinzip kaum seine Wirkung entfalten. Krankenhäuser, die mit niedrigen Budgets in die Jahre der Deckelung gingen, hatten kaum Möglichkeiten, dies grundlegend zu verändern. Dies wurde erst mit der Konvergenzphase möglich, die ab 2005 die Einführung des DRG-Systems begleiten sollte.

Das **System der Diagnosis Related Groups (DRGs)** ist ein fallpauschalierendes System, das Merkmale von Pauschal- und Einzelleistungsvergütungen beinhaltet. Die Fallpauschale bildet als zentrales Vergütungselement den Ressourcenaufwand ab, der einem Behandlungsfall aufgrund einer Bewertungssystematik zugeordnet wird. Dabei wirkt ein diagnostischer oder therapeutischer Mehraufwand zwar vergütungserhöhend, nicht jedoch auf Basis einer Bewertung von Einzelleistungen. So kommt es bei den meisten Behandlungsfällen entweder zu einer Unter- oder einer Überbewertung des Behandlungsfalls. Für das Krankenhaus als Leistungserbringer resultiert daraus die Notwendigkeit, insgesamt so zu arbeiten, dass die Zahl der „Profitlier" die der „Costlier" überwiegt, denn nur so ist eine wirtschaftliche Existenzsicherung möglich.

Seinen Ursprung hatte das DRG-System 1977 in den USA, als erstmalig ein Klassifikationssystem für Versicherungsfälle entwickelt wurde. Klassifiziert werden sollten Versicherte, deren Diagnosen nach der International Classification of Diseases (ICD) zu ähnlichen Behandlungskosten führen. Einander ähnelnde Fälle sollten gleichwertig und damit annähernd leistungsgerecht vergütet werden. Die daraus resultierenden Klassen werden als Diagnosis Related Groups bezeichnet und in einem DRG-System erfasst.

Die Grundlage für das deutsche G-DRG-System bildete das Gesetz zur Reform der gesetzlichen Krankenversicherung ab dem Jahr 2000 (GKV Gesundheitsreformgesetz-2000) vom 22.12.1999. Dieses sah ein fallpauschalierendes Entgeltsystem vor, d.h. eine Vergütungspauschale, die an den Kriterien des einzelnen Falles anstatt am Pflegetag oder an der Fachabteilung ausgerichtet ist. Die Krankenhausfinanzierung bewegte sich damit weg von einer Pauschal- hin zu einer Einzelvergütung.

Damit war zum einen eine höhere Leistungsgerechtigkeit verbunden, da die bei einer Patientenbehandlung vorhandenen Komplexitäten und Komorbiditäten Auswirkungen auf die Erlöshöhe haben. Gleichzeitig sollte das G-DRG-System jedoch auch den ökonomischen Druck auf diejenigen Krankenhäuser erhöhen, die mit einheitlichen Fallpauschalen nicht kostendeckend arbeiten können. Mit einer fallbezogenen Vergütung ist zudem ein Anreiz zu einer kürzeren Behandlungsdauer verbunden, wohingegen Tagespflegesätze eine lange Verweildauer finanziell belohnen. Der Fall sollte nun weitgehend unabhängig von seiner Behandlungsdauer vergütet werden. Schließlich sollte das System durchgängig sein, d.h. alle stationären und teilstationären Leistungen abbilden.

Im Rahmen der Gesetzesinitiative zur Einführung eines diagnoseorientierten Fallpauschalensystems für Krankenhäuser (Fallpauschalengesetz, FPG) vom 23.04.2002 wurde auch das Gesetz über die Entgelte für voll- und teilstationäre Krankenhausleistungen (Krankenhausentgeltgesetz, KHEntgG) in Kraft gesetzt. Seitdem wird der Großteil der stationären Leistungen vom Deutschen Fallpauschalensystem (German DRG System) abgedeckt. Es basiert auf dem australischen DRG-System, das nach einem Vergleich der bereits international angewendeten DRG-Systeme als am geeignetsten für die deutschen Verhältnisse erschien.

Für die Gruppenzuordnung eines Falles ist es erforderlich, einen Basisdatensatz zu definieren. Dies ist der Datensatz nach § 21 KHEntgG, der die Diagnosen und Prozeduren, die patientenbezogenen Eigenschaften und weitere Parameter wie Beatmungsdauer, Verweildauer sowie Aufnahme- und Entlassstatus ausweist.

Die dem zugrunde liegende Systematik wird durch die jährlich aktualisierte Vereinbarung zum Fallpauschalensystem für Krankenhäuser (Fallpauschalenvereinbarung, FPV) erfasst. Sie umfasst neben den detaillierten Abrechnungsbestimmungen den Katalog der Fallpauschalen, der mit Bewertungsrelationen für stationäre Leistungen von Haupt- und Belegabteilungen versehen ist. Diese Daten werden fortlaufend auf Basis von freiwillig an dieser Kalkulation teilnehmenden Krankenhäusern aktualisiert. Sie enthält auch Bewertungsrelationen für teilstationäre Leistungen, Zusatzentgelte sowie individuell zu vereinbarende Leistungen und bildet somit den Großteil der im Krankenhaus erbrachten Leistungen ab.

1.2 Marktregulierende Mechanismen

Die Deutschen Kodierrichtlinien legen die allgemeinen und speziellen Regeln für die korrekte Dokumentation von Krankenhausbehandlungen zu Abrechnungszwecken fest und gewährleisten, dass die Leistungsdokumentation nach gleichen Anwendungsregeln erfolgt. Die Einhaltung dieser Regeln führt bei der Kodierung eines Falles in die vom InEK ermittelte korrekte Fallpauschale.

Das Kalkulationshandbuch legt fest, wie die für die Vergütungshöhe relevanten Behandlungskosten ermittelt werden. Es beschreibt, welche Behandlungskosten in welchen Verrechnungsschritten einem Behandlungsfall als Kostenträger zuzurechnen sind. So wird beispielsweise ausgeschlossen, dass ambulante Behandlungs- oder Investitionskosten über die Fallpauschalen vergütet werden.

Die jährliche Überarbeitung des DRG-Klassifikationssystems liegt in den Händen des InEK. Es sammelt die von den Kalkulationshäusern gelieferten Behandlungs- und Kostendaten pro Fall und ermittelt aus der Klassifikation dieser Daten die DRG-Struktur mit ihren verschiedenen Ausprägungen nach Schweregraden. Die einzelne DRG erhält ein Kostengewicht bzw. eine Bewertungsrelation, deren Multiplikation mit dem Landesbasisfallwert den Erlös für den betroffenen Behandlungsfall ergibt. Die jährliche Überarbeitung kann zu einer anderen Klassifizierung und Vergütung der medizinischen Grundleistungen führen. Über das gesamte DRG-Spektrum gesehen spricht man von einem „Katalogeffekt", der das Gesamtbudget des einzelnen Krankenhauses ohne eine Änderung seines Leistungsspektrums maßgeblich beeinflussen kann. In den letzten Jahren ist dabei eine Tendenz zu einer Abwertung niedrig bewerteter Leistungen festzustellen, was insbesondere die Häuser der Grundversorgung wirtschaftlich schwächt.

Im Jahre 2003 konnten die deutschen Krankenhäuser das DRG-System bereits optional zur Abrechnung anwenden. Ab 2004 war die DRG-Einführung verpflichtend für alle Häuser. Damit galt fortan das KHEntgG statt der BPflV. Die Einführung erfolgte bis 2004 budgetneutral, ab 2005 in einer ursprünglich 3-jährig geplanten Konvergenzphase, die letztendlich aber erst Ende 2009 endete. In dieser Zeit wurden die krankenhausindividuellen Basisfallwerte jährlich schrittweise an die landesweiten Basisfallwerte angepasst. Krankenhäuser waren entweder Konvergenzgewinner oder -verlierer, je nachdem, ob ihre Basisfallwerte aufgrund der aus dem bis 2003 gedeckelten Budget unter- oder oberhalb des Landesbasisfallwerts lagen. Letztendlich wurde die Konvergenzphase vor allem zur Schonung der Konvergenzverlierer verlängert, d.h. erst seit 2010 wird eine Behandlung, die in 2 Krankenhäusern eines Bundeslands in eine DRG-Fallgruppe eingruppiert ist (die also den gleichen ökonomischen Ressourcenaufwand erfordert) mit dem gleichen Basisfallwert vergütet. In einem nächsten Schritt sollen in den nächsten Jahren die Landesbasisfallwerte konvergieren, um einen bundeseinheitlichen Basisfallwert zu erreichen.

Das DRG-System wird seit seiner Einführung kontinuierlich weiterentwickelt und ausdifferenziert. Im Jahr 2003/04 enthielt der Katalog 664 DRGs und 26 Zusatzentgelte, 2012 waren es 1193 DRGs und 150 Zusatzentgelte. Ebenso nahm die Komplexität der Gruppierungsalgorithmen deutlich zu. Die Zuordnung eines Falles zu einer DRG erfolgt mithilfe einer Gruppierungssoftware, die alle relevanten Daten wie Nebendiagnosen, Prozeduren, Alter, Geschlecht etc. berücksichtigt. Dies hat zum einen den administrativen Aufwand aufseiten der Krankenhäuser deutlich erhöht, denn die Vergütung einer stationären Behandlung erfordert ein hochspezialisiertes Wissen im Bereich der Vergütungslogik und eine umfassende Dokumentation der erbrachten Leistungen. Da eine derartige Systematik aber auch fehleranfällig ist oder sogar zur Abrechnung nicht notwendiger oder angemessener Leistungen führen kann, hat sich auch der Prüf- und Kontrollaufwand bei den Kostenträgern deutlich erhöht.

Die Budgetierung der Betriebskosten resultiert neben der Pauschalierung der Fallvergütungen auch aus dem krankenhausindividuellen Erlösbudget. Dieses folgt aus der Leistungsplanung, die jährlich mit den Kostenträgern in den Entgeltverhandlungen zu vereinbaren ist. Das stationäre Leistungsspektrum wird verschiedenen Budgettöpfen zugeordnet. Das Krankenhaus verhandelt die Leistungsmenge seiner Einzelleistungen, vor allem den Case Mix, also die Summe der effektiven Bewertungsrelationen der Fallpauschalen, sowie die bewerteten Zusatzentgelte. Die Bewertungsrelationen werden mit dem abzurechnenden Landesbasisfallwert multipliziert, insgesamt ergibt sich daraus das Erlösbudget nach § 4 KHEntgG. Wenn beide Vertragspartner keine Einigung erzielen, besteht die Möglichkeit, eine Schiedsstelle hinzuzuziehen.

Gesetzlich besteht zwar eine Verpflichtung der Vertragsparteien zur Vereinbarung eines prospektiven Budgets, in der Praxis geschieht dieses jedoch meist erst unterjährig. Es handelt sich aus Sicht des Krankenhauses jedoch immer noch um eine Schätzung seines voraussichtlichen Leistungsvolumens. Mehrleistungen gegenüber der Vereinbarung dürfen zwar erbracht werden, sind jedoch mit Ausgleichen verbunden, die für den Hauptteil des Leistungsspektrums eine Erlösrückzahlung von 65 % bedeutet. Im Gegensatz dazu ist ein Mindererlösausgleich in Höhe von 20 % möglich, sofern die Leistungsplanung nicht erreicht wird.

Die **Zusatzentgelte** wurden 2004 durch den § 17b KHG als ergänzende Einzelleistungsvergütungen eingeführt, durch die Sonderleistungen wie teure Arzneimittel oder Implantate gesondert vergütet werden können. Sie werden von Krankenhäusern und anderen Instituten zur Aufnahme in die Anlagen der FPV vorgeschlagen. Nach einem Prüfungsverfahren durch das InEK, das u. a. die Abstimmung mit den Fachgesellschaften und die Kalkulation des Ressourcenaufwands beinhaltet, erfolgt ggf. die Katalogaufnahme. Für das Erlösvolumen der Zusatzentgelte erfolgt jedoch keine zusätzliche Bereitstellung von Mitteln. Die Erlöse sind vielmehr aus dem Kalkulationsvolumen der Fallpauschalen ausgegliedert, stellen also eine zielgerichtete Vergütung einer tatsächlich in Anspruch genommenen Leistung dar.

Unter § 6 Abs. 3 KHEntgG lassen sich zudem **sonstige Entgelte** vereinbaren, was eine ergänzende Finanzierung von Spezialleistungen mit individuell verhandelten Entgeltbeträgen ermöglicht.

1.2 Marktregulierende Mechanismen

Da das DRG-System retrospektiv die Kalkulationsdaten der an der Erfassung beteiligten Krankenhäuser berücksichtigt, ist eine Abbildung neuer Leistungen erst zeitversetzt möglich. Aus diesem Grund wurde es den Krankenhäusern ab 2005 im §6 Abs.2 KHEntgG ermöglicht, **neue Untersuchungs- und Behandlungsmethoden (NUB)** zu vereinbaren. Entsprechende Anträge müssen beim InEK bis zum 31.10. des Vorjahrs eingereicht werden. Hat das Krankenhaus das Antragsverfahren in den Folgemonaten erfolgreich durchlaufen, kann es eine NUB im Rahmen der Budgetverhandlungen mit den Kostenträgern vereinbaren. Dies erfolgt für ein Jahr und ohne Ausgleichszahlungen. Das InEK hat danach die Aufgabe, die Leistungen bei einer entsprechenden Relevanz ins DRG-System zu integrieren.

Einer der markantesten Steuerungsparameter einer stationären Krankenhausbehandlung ist die Verweildauer. Sie beeinflusst maßgeblich das Gesamtvolumen der Behandlungstage und damit die Gesamtmenge der vorgehaltenen Bettenkapazitäten eines Gesundheitssystems. Auf diese Weise hat sie sowohl Einfluss auf die Gesundheitsausgaben einer Volkswirtschaft als auch die einer einzelnen Klinik. Vor der Einführung des DRG-Systems war das deutsche Gesundheitssystem durch seine im internationalen Vergleich überdurchschnittlich langen Verweildauern gekennzeichnet. Durch die nun weitgehend verweildauerunabhängige Fallfinanzierung wurde ein Anreizsystem zur Reduzierung der Behandlungsdauer geschaffen.

Im G-DRG-System ist die Verweildauer ein gruppierungsrelevantes Kriterium, d.h. es beeinflusst die Zuordnung zu einer Fallpauschale und damit die Entgelthöhe direkt. Innerhalb eines Verweildauerkorridors bleibt, wie in Abb. 1.2 dargestellt, der Fallerlös gleich, während er jenseits dieser Grenzen, die als untere und obere Grenzverweildauer bezeichnet werden, mit Zu- oder Abschlägen versehen ist. Die mittlere Verweildauer stellt für das

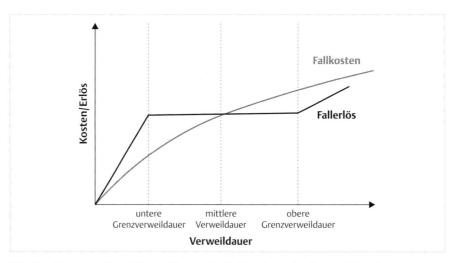

Abb. 1.2 Der pauschalierte Erlös- und Kostenverlauf während einer Krankenhausbehandlung.

Krankenhaus einen Orientierungswert dar, ab welcher Behandlungsdauer ein Behandlungsfall grundsätzlich nicht mehr kostendeckend behandelt wird. Dabei wird ein Verlauf der Fallkosten angenommen, der zu Beginn durch einen hohen Ressourcenverbrauch gekennzeichnet ist aufgrund der kostenträchtigsten Untersuchungs- und Behandlungsmaßnahmen. Im Verlaufe der Behandlung nehmen dann die Grenzkosten, also die fallvariablen Kosten, ab. Oberhalb der oberen Grenzverweildauer reichen die wieder zunehmenden Grenzerlöse typischerweise nicht mehr aus, um die Fallkosten zu decken.

Für jede DRG werden die jeweiligen Verweildauerwerte im Fallpauschalenkatalog ausgewiesen und jährlich angepasst. Dies erfolgt durch komplexe Berechnungsformeln, mit deren Hilfe das InEK die von den Kalkulationskrankenhäusern gelieferten Daten verwertet. Reduzieren diese also ihre Verweildauer, führt dies zu einer schrittweisen Absenkung der Normwerte, was wiederum Reduzierungen in der Praxis nach sich zieht.

Auch wenn die Beeinflussung der Verweildauer einen nicht unbedeutenden Steuerungsparameter zur wirtschaftlichen Führung eines Krankenhauses darstellt, ist dies mit der Einschränkung verbunden, dass es sich bei den Katalogrichtwerten um Durchschnittswerte einer homogenen Fallgruppe handelt. Bezogen auf den Einzelfall ist die Länge einer Behandlung zwar bezüglich seiner Notwendigkeit zu hinterfragen, eine ökonomische Relevanz ergibt sich jedoch erst aus der Betrachtung einer Fallgruppe. Die Steuerung im Krankenhaus setzt jedoch bereits auf Fallebene an, z. B. durch das neue Berufsbild der Case Manager, die neben anderen Aufgaben auch die Funktion haben, den Status der Behandlungsdauer vor dem Hintergrund der medizinischen Notwendigkeit zu prüfen.

Die ordnungspolitisch intendierten Anreize zu mehr Wettbewerb, Abbau von Krankenhauskapazitäten und Verkürzung der Verweildauern verfehlten ihre Wirkung nicht. Von 1990 bis 2009 sank die Zahl der Krankenhäuser von 2447 auf 2084 und die der Krankenhausbetten von 685 976 auf 503 341. Die Pflegetage reduzierten sich von 210,4 auf 142,4 Mio. Parallel dazu stieg die Zahl der stationären Patienten von 14,3 auf 17,8 Mio. (DKG 2011). Krankenhäuser sind daher gleich 2-fach Entwicklungen ausgesetzt, die eine erhebliche Leistungsverdichtung bedeuten. Dies kann nur durch optimierte Strukturen und Prozesse ermöglicht werden, z. B. durch eine hohe Auslastung von OP- und Intensivkapazitäten.

Vor dem Hintergrund einer guten gesamtwirtschaftlichen Entwicklung und als Ergebnis umfangreicher gemeinschaftlicher Aktionen von Gewerkschaften, Krankenhausverbänden und Arbeitgebervertretern sah das Gesetz zum ordnungspolitischen Rahmen der Krankenhausfinanzierung ab dem Jahr 2009 (Krankenhausfinanzierungsreformgesetz, KHRG) erstmals wieder Entlastungen für die Krankenhäuser vor. Unter anderem wurden die damaligen Tariferhöhungen einmalig im Landesbasisfallwert berücksichtigt, die Veränderung der Krankenhausbudgets sollte sich zukünftig an den krankenhausspezifischen Kostensteigerungen orientieren (Orientierungswert) und zusätzliche Personalstellen in der Krankenpflege konnten über ein Pflegestellenprogramm zum Großteil extrabudgetär finanziert werden.

Dies bedeutete aus Sicht der Krankenhäuser jedoch höchstens eine Entlastung. Es ist offen, ob der Orientierungswert die Grundlohnrate ab 2013 tatsächlich ersetzt und Kostensteigerungen vollständig abdeckt werden. Leistungssteigerungen in Form eines größeren Case-Mix-Volumens wirken sich gleich 2-fach negativ aus, da sie absenkend auf die Kalkulation des Landesbasisfallwerts wirken und auf Ortsebene mit Abschlägen behaftet vereinbart werden.

Akutstationäre Versorgung außerhalb des G-DRG-Systems

Vom fallpauschalierenden Vergütungssystem waren bislang die Psychiatrie und Psychosomatik sowie einige wenige hochspezialisierte Krankenhausabteilungen (z. B. Kinderrheumatologie, Abteilung für Tropenerkrankungen) ausgenommen. Sie rechnen derzeit noch entsprechend der BPflV nach tagesgleichen Pflegesätzen ab. Das KHG erfuhr 2009 eine Erweiterung um den § 17d, der die Einführung eines pauschalierenden Entgeltsystems für psychiatrische und psychosomatische Einrichtungen vorsieht. Bis Ende 2012 sollen tagesbezogene Entgelte unter Einbezug von Experten aus den Medizinischen Diensten entwickelt werden, um im Jahr 2013 den budgetneutralen Systemwechsel vollziehen zu können (Stranz 2010).

Das KHG sieht weiterhin vor, dass zeitlich befristet besondere Einrichtungen aus dem pauschalierenden Entgeltsystem ausgenommen werden. So können Krankenhäuser einzelne Fachrichtungen wie die Palliativmedizin dann als besondere Einrichtung verhandeln, wenn deren Versorgungsstruktur nicht sachgerecht durch das DRG-System abgebildet und vergütet ist. Dabei ist jedoch vorgesehen, diese Einrichtungen schrittweise ins DRG-System einzugliedern, was in der jährlich aktualisierten Vereinbarung zur Bestimmung von besonderen Einrichtungen (VBE) festgelegt wird.

Die Einführung des DRG-System bedeutete zwar einen erheblichen Paradigmenwechsel innerhalb der stationären Leistungserbringung. Ein Hauptmerkmal des deutschen Gesundheitswesens bleibt jedoch die systematische Trennung von ambulanter und stationärer Versorgung trotz vereinzelter Ansätze, dieses zu ändern. Das am 14.11.2003 in Kraft getretene Gesetz zur Modernisierung der gesetzlichen Krankenversicherung (GKV-Modernisierungsgesetz, GMG) ermöglichte den Krankenhäusern beispielsweise den unternehmerischen Einstieg in den ambulanten Markt durch die Gründung Medizinischer Versorgungszentren (MVZ). Seit dem am 01.01.2007 in Kraft getretenen Vertragsarztänderungsgesetz (VÄndG) wurde es darüber hinaus möglich, Ärzte sowohl im Krankenhaus als auch im MVZ anzustellen.

Die Anschubfinanzierung zur Förderung von integrierten Versorgungsverträgen sollte nach § 140d SGB V ab 2004 den Krankenhäusern Anreize bieten, selektive Leistungsangebote direkt mit den Kostenträgern zu vereinbaren. Ihre Finanzierung erfolgte bis 2007 durch eine 1-prozentige Kürzung ambulanter und stationärer Budgets.

Eine weitere Neuerung besteht seit 2009 in der erweiterten Möglichkeit, sich mit nicht am Krankenhaus angestellten Ärzten zu verstärken: Neben den Belegarztverträgen können Krankenhäuser zukünftig auch Honorararztverträge mit niedergelassenen Ärzten abschließen.

> **Ambulante Erlöse**
>
> Zunehmender Wettbewerb und die dargestellten diversen Mechanismen zur Beschränkung der stationären Kostenentwicklung haben zur Folge, dass sich Krankenhäuser zunehmend Erlösfelder außerhalb des stationären Erlösbudgets erschließen müssen. Im Folgenden soll ein Überblick über die wesentlichsten ambulanten Erlösformen gegeben werden.

Der § 115b SGB V ermöglicht es den Krankenhäusern, ambulante Operationen und stationsersetzende Maßnahmen zu erbringen. Der Leistungskatalog ist im AOP-Vertrag festgelegt, der zwischen den Krankenkassen, Krankenhäusern und Vertragsärzten geschlossen wird. Dadurch sollen nicht notwendige stationäre Eingriffe vermieden werden. Das einzelne Krankenhaus muss die geplante ambulante Operationstätigkeit den Kostenträgern, der Kassenärztlichen Vereinigung und dem Zulassungsausschuss anzeigen.

Stehen die Maßnahmen in einem engen Zusammenhang mit einem stationären Eingriff, indem sie innerhalb einer Vorlaufzeit von 5 Tagen dessen Notwendigkeit klären oder ihn vorbereiten, besteht nach § 115a SGB V die Möglichkeit einer vorstationären Behandlung. Ebenso kann eine nachstationäre Behandlung den Erfolg im Anschluss sichern. Ziel ist dabei die Verkürzung der Verweildauer und die ambulante Erbringung von Krankenhausleistungen ohne die aufwendigen Unterbringungskosten. Auch hierfür werden die Vergütungen zwischen den Vertragsparteien des AOP-Vertrags festgelegt.

Der ambulante Sektor ist auch durch den § 116b SGB V weiter geöffnet worden. Er ermöglicht eine indikationsspezifische Zulassung des Krankenhauses für hochspezialisierte Leistungen beim zuständigen Sozialministerium, beispielsweise zur Behandlung onkologischer Erkrankungen. Alle 2 Jahre überarbeitet der Gemeinsame Bundesausschuss den Katalog dieser Leistungen.

> **Wahlleistungen**
>
> Mit Fallpauschalen, Zusatzentgelten und Pflegesätzen sind alle als bedarfsnotwendig definierten Leistungen für den Patienten bezahlt. Ein größerer Gestaltungsspielraum besteht beim Angebot von Wahlleistungen, die nicht dem Versorgungsauftrag unterliegen. Wenn Patienten auch ohne medizinische Notwendigkeit vom Chefarzt behandelt (Wahlleistung Arzt) oder in einem Ein- oder Zweibettzimmer (Wahlleistung Unterkunft) untergebracht werden möchten, können sie das bei der Aufnahme mit dem Krankenhaus bzw. dem Chefarzt gesondert vereinbaren.

Bei einer vereinbarten Wahlleistung Arzt kann dieser im Falle einer eigenen Liquidationsberechtigung selber mit dem Patienten abrechnen und ein Nutzungsentgelt ans Krankenhaus abführen, anderenfalls rechnet das Krankenhaus ab und beteiligt den Wahlarzt an den Einnahmen. Ähnlich verfahren auch die vom Chefarzt mit Funktions- und Konsilleistungen beauftragten Ärzte (z.B. Röntgen, Labor). Grundlage der Abrechnung ist dann die Gebührenordnung für Ärzte (GOÄ) (Freytag 2010).

In der Regel werden die in Anspruch genommenen Wahlleistungen über private Versicherungen oder Zusatzversicherungen finanziert. Für seine Wahlleistung Unterkunft kann das Krankenhaus neben Basispreisen für das Ein- oder Zweibettzimmer auch Komfortelemente mit der PKV vereinbaren, die alle zusätzlichen Komfortelemente nach einem eigenen Vergütungskatalog bewertet.

1.2.3 Zulassungsbeschränkungen und Mindestmengen

Der Gemeinsame Bundesausschuss ist das oberste Beschlussgremium der gemeinsamen Selbstverwaltung der Ärzte, Zahnärzte, Psychotherapeuten, Krankenhäuser und Krankenkassen in Deutschland. Er hat nach § 137 SGB V die Möglichkeit, Mindestmengen für planbare Leistungen festzulegen. Krankenhäuser, die diese Mengen nicht erfüllen, dürfen diese Leistungen nicht mehr durchführen. Die Richtlinien des G-BA haben den Charakter von untergesetzlichen Normen und sind für alle zugelassenen Krankenhäuser bindend. Das Hauptargument für die Einführung von Mindestmengen ist die Annahme, dass es qualitative Vorteile bei Operationen gibt, wenn diese häufig durch ein Krankenhaus oder einen Operateur durchgeführt werden. Demzufolge könnten Patienten in Krankenhäusern mit vielen Operationen mit besseren Ergebnissen rechnen als in solchen mit wenig Erfahrung.

Seit dem 01.01.2004 gelten in Deutschland bereits konkrete Mindestmengen für eine Reihe von Operationen. Tab. 1.**2** stellt die einzelnen Leistungsbereiche dar.

Das Ziel der Festsetzung dieser Mindestmengen war es, Qualität zu sichern und zu verbessern. In den letzten Jahren erfolgte eine sehr kontroverse Diskussion darüber, ob es einen Zusammenhang gibt zwischen der Menge der Operationen und der Qualität des Ergebnisses. Es ist jedoch schwierig, evidenzbasiert festzulegen, ob und in welcher Menge ein Zusammenhang zwischen Menge und Qualität besteht. Eine erste Ergebnisstudie des G-BA konnte keine messbare Veränderung bei der Ergebnisqualität nachweisen (Blum et al. 2008).

Hinzu kommt, dass die Einführung von Mindestmengen auch Nachteile haben kann, die nur zu rechtfertigen wären durch einen eindeutigen qualitativen Nutzen. So müssen Patienten weitere Anfahrtswege in Kauf nehmen, wenn das Krankenhaus in ihrer Nähe die Operation nicht mehr durchführen darf. Für das betroffene Krankenhaus bedeutet die Beschränkung einen Imageverlust sowie einen Wegfall der entsprechenden Erlöse.

Tabelle 1.2 Mindestmengen des G-BA.

Leistungsbereich	Mindestmenge pro Jahr und Krankenhaus
Lebertransplantation	20
Nierentransplantation	25
komplexe Eingriffe am Organsystem Ösophagus	10
komplexe Eingriffe am Organsystem Pankreas	10
Stammzelltransplantation	25
Kniegelenk Totalendoprothesen (Knie-TEP)	50
koronarchirurgische Eingriffe	Katalogaufnahme vorerst ohne Mengenfestlegung
Versorgung von Früh- und Neugeborenen unter 1250 g	30

Im Frühjahr 2012 waren die Mindestmengenregelungen grundsätzlich noch gültig, die der Implantation von Knie-TEPs und der Versorgung von Frühgeborenen sind aber aufgrund von Klagen ausgesetzt. So stellte das LSG Berlin-Brandenburg die Nichtigkeit der Knie-Regelung fest, da kein besonderer Zusammenhang zwischen Menge und Ergebnisqualität gegeben ist (LSG-Entscheidung vom 17.08.2011). Der G-BA beschloss daraufhin im September 2011, die Mindestmengenregelung bis zur Entscheidung des Bundessozialgerichts auszusetzen. Die vom G-BA geplante Erhöhung der Mindestmenge von 14 auf 30 für Frühgeborene ist laut Urteil des LSG Berlin-Brandenburg vom 21.12.2011 nichtig und rechtswidrig, da die Menge von 30 nicht wissenschaftlich abgesichert ist.

Weitere Leistungseinschränkungen für Krankenhäuser entstehen neben den G-BA-Mindestmengen auch durch die Verpflichtung, bestimmte Strukturmerkmale (z.B. in der Geburtshilfe) durch Checklisten oder Konformitätserklärungen gegenüber den Krankenkassen nachzuweisen. Erfolgt dies nicht, können die Krankenkassen die Vereinbarung entsprechender DRGs ablehnen bzw. die Vergütung der Abrechnung verweigern (Terrahe 2010).

Leistungseinschränkend wirken sich auch Zertifikate der Fachgesellschaften aus. So muss ein zertifiziertes Brustzentrum mindestens 150 Erstoperationen bei Neuerkrankungen nachweisen.

Beschränkungen für das Leistungsspektrum der Krankenhäuser ergeben sich auch durch die Landeskrankenhausplanung. Die Länder können Fachprogramme und Strukturvorgaben festlegen, die die Versorgungsqualität durch die Konzentration von Versorgungsangeboten in ausgewiesenen Zentren erhöhen sollen. Beispielhaft seien hier genannt:
- Vorgaben für Kompetenzzentren für Schlaganfallversorgung und überregionale Stroke Units
- das Fachprogramm Akutgeriatrie des Freistaats Bayern
- das Fachprogramm Palliativversorgung des Freistaats Bayern

Die damit verbundenen Vorgaben zur Strukturqualität sind umfassend und oft verbunden mit baulichen und gerätetechnischen Voraussetzungen, der Vorhaltung von Fachabteilungen, Qualifikationen des ärztlichen und Pflegepersonals etc.

Die Beteiligung an diesen Fachprogrammen stellt daher eine strategische Unternehmensentscheidung dar, die eine umfassende Analyse des Nachfragepotenzials und der wirtschaftlichen Auswirkungen erfordert.

Die dargestellte starke Regulierung des Krankenhausmarkts, die budgetäre Deckelung der Finanzmittel und die Zulassungsbeschränkungen limitieren die Entwicklungsmöglichkeiten des Krankenhausmanagements. Dennoch ist es angesichts einer zunehmenden Intensivierung des Wettbewerbs unumgänglich, sich inner- und außerhalb des stationären Kerngeschäfts zusätzliche Erlösquellen zu erschließen.

Literatur

Blum K, de Cruppé W, Ohmann C et al. Mindestmengen im Krankenhaus. Arzt und Krankenhaus 2008; 4: 99–103

Deutsche Krankenhausgesellschaft (DKG). Bestandsaufnahme zur Krankenhausplanung und Investitionsfinanzierung in den Bundesländern. 2010

Freytag S. Eine Systematik der Erträge des Krankenhauses. In: Debatin JF, Ekkernkamp A, Schulte B, Hrsg. Krankenhausmanagement: Strategien, Konzepte, Methoden. 1. Aufl. Berlin: MVV; 2010: 195–232

Grabow I. Die Baupauschale – Ausweg aus dem Investitionsdilemma? KU Gesundheitsmanagement 2009; 6: 36–39

Pressemitteilung „Gesundheitspolitik muss die Krankenhäuser stärken" der Deutschen Krankenhausgesellschaft vom 15.07.2009

Deutsche Krankenhausgesellschaft. Zahlen, Daten Fakten; Berlin: Deutsche Krankenhaus Verlagsgesellschaft mbH; 2011

Stranz S. Künftig leistungsbezogen und pauschaliert. KU Special 2012; 1b: 29–32

Terrahe M. Produktdefinition im Krankenhaus. In: Debatin JF, Ekkernkamp A, Schulte B, Hrsg. Krankenhausmanagement: Strategien, Konzepte, Methoden. 1. Aufl. Berlin: MVV; 2010: 49–62

1 Das Drumherum

1.3 Träger und Unternehmensformen

Andreas Goepfert

1.3.1 Ursprung und Rechtsformen

Krankenhäuser sind heute große Dienstleistungsunternehmen mit zumeist mehreren Hundert bis Tausend Beschäftigten und Millionen Umsätzen. Im Gesundheitswesen kommt ihnen eine zentrale Funktion zu. Gut ein Viertel der gesamten Gesundheitsausgaben des Jahres 2010 entfällt auf den Krankenhaussektor.

Im Jahr 2010 gab es 2065 Einrichtungen. Gegenüber 1991 hat sich die Zahl infolge von Stilllegungen kleiner Einrichtungen oder von Zusammenschlüssen um 346 verringert. Auch die Zahl der Betten ist rückläufig. 2010 wurden noch etwa 503 000 Betten gezählt, das entspricht 61,5 Betten je 10 000 Einwohner.

Der *Krankenhausträger* ist der Betreiber des Krankenhauses.

Betreiber und Eigentümer des Krankenhauses können personell auseinanderfallen.

Krankenhausträger können juristische oder natürliche Personen sein.

Bei der Trägerschaft unterscheidet man zwischen *öffentlichen Trägern* (Gemeinden, Gemeindeverbänden, Bundesländern, Sozialversicherungsträgern), *freigemeinnützigen Trägern* (Wohlfahrtsverbänden, Kirchen) und *privatwirtschaftlichen Trägern* (Einzelunternehmen bis hin zu großen Konzernen).

Bei den öffentlichen Krankenhausträgern unterscheidet man wieder zwischen kommunalen Trägern (Stadt oder Landkreis), den Ländern (Bundesland) als den Trägern der Universitätskliniken und dem Bund (Staat) als Träger der Bundeswehrkrankenhäuser.

Weitere öffentliche Krankenhausträger sind die Träger der gesetzlichen Unfallversicherung, welche die berufsgenossenschaftlichen Unfallkrankenhäuser tragen.

Der Krankenhausträger beziehungsweise sein gesetzlicher Vertreter ist der offizielle Partner der Krankenkassen im Hinblick auf die Vereinbarung von Budgets, Pflegesätzen bzw. Basisfallwerten. Er ist auch Adressat des Versorgungsvertrags für ein Krankenhaus.

Die Trägerschaft von Krankenhäusern sagt heute meist nichts mehr über die Rechtsform aus, in der das Krankenhaus betrieben wird. So gibt es durchaus kommunale GmbHs und Aktiengesellschaften ebenso wie gemeinnützige Aktiengesellschaften bei freigemein-

1.3 Träger und Unternehmensformen

nützigen Trägern. Synonym werden die Begriffe Krankenhausbetreiber oder Klinikbetreiber verwendet.

Die Entwicklung der Krankenhauslandschaft in Deutschland ist durch einen zunehmenden ökonomischen Druck geprägt. Dieser führt auch zu einem vermehrten Wechsel der Trägerstrukturen. In den vergangenen Jahren entwickelte sich insbesondere ein Wandel der Trägerschaft von (öffentlichen und freigemeinnützigen) nicht profitorientierten Trägern hin zu profitorientierten (privaten) Trägerschaften. Der Anteil der öffentlichen Einrichtungen ist seit 1991 stetig rückläufig von 46 auf 30% gesunken. Immer häufiger veräußern Kommunen oder auch Bundesländer (Universitätskliniken) ihre Klinikeinrichtungen an private gewinnwirtschaftlich orientierte Unternehmen.

Die Krankenhäuser heutiger Prägung gibt es erst seit gut 200 Jahren. Sie gehören zu den großen Innovationen unserer modernen Zeit. Die rasche Entwicklung der wissenschaftlichen Medizin seit dem Ende des 18. Jahrhunderts und dem Beginn des 19. Jahrhunderts weckte den Bedarf, Kranke nicht nur unterzubringen und zu pflegen, sondern ihnen auch Diagnostik und Therapie zu eröffnen. Der medizinische Fortschritt durch Forschung und Lehre konnte somit in neu entstandenen universitären Häusern vorangetrieben werden.

Seit dem Mittelalter existierte eine jahrhundertelange Alimentierung der Krankenhäuser aus Orden und anderen karitativen Zuwendungen. In den Jahren 1960 bis 1972 drohte der wirtschaftliche Zusammenbruch des Krankenhaussystems in Deutschland. Die mangelhafte wirtschaftliche Sicherung der Krankenhäuser und ein immer weiter fortschreitender Verfall ihrer baulichen Substanz veranlassten den Bund 1972 zur Einführung des Selbstkostendeckungsprinzips im Krankenhausfinanzierungsgesetz (KHG).

Die Folge des Selbstkostendeckungsprinzips waren kostenexpansive Wirkungen im gesamten System, da wirtschaftliches Handeln noch nicht gefordert war. Deshalb wurde dieses Prinzip mit dem Gesundheitsstrukturgesetz (GSG) von 1993 wieder verlassen. Das Gesetz hob den Anspruch des Krankenhauses auf Festsetzung eines prospektiv kalkulierten, Betriebskosten deckenden wirtschaftlichen Budgets auf. An seine Stelle trat der Anspruch des Krankenhauses auf medizinisch leistungsgerechte Pflegesätze, die einem Krankenhaus die Erfüllung des Versorgungsauftrags ermöglichen sollten. Die Beachtung des Grundsatzes der Beitragssatzstabilität in der gesetzlichen Krankenversicherung wurde für die Ermittlung der Pflegesätze gesetzlich vorgegeben.

An die Stelle der bis dahin gültigen tagesgleichen pauschalierten Pflegesätze trat ein differenziertes Entgeltsystem aus Fallpauschalen, Sonderentgelten, Abteilungs- und Basispflegesätzen. Mit einem Mal sollte nun eine völlig andere Philosophie gelten. Krankenhäuser sollten nicht länger ausschließlich soziale Einrichtungen sein, sondern sie sollten sich zu Dienstleistungsunternehmen im Gesundheitswesen weiterentwickeln. Sie seien wie normale Wirtschaftsbetriebe zu führen. Gewinn und Verlust werden bestimmt von der Qualität des Managements, der Motivation, der Kompetenz der Mitarbeiter und vor allem dem Zuspruch der Kunden. Über die Existenz eines Krankenhauses und sein Leistungsspektrum entscheiden mittelfristig möglicherweise nicht mehr die Politik und der öffentlich verantwortete Krankenhausplan, sondern Soll und Haben in der jeweiligen Bilanz. Einen erheblichen Einfluss erhielten die als Einkäufer von Krankenhausleistungen auftretenden und ihrerseits im Wettbewerb zueinander stehenden Krankenkassen.

Aufseiten der kommunalen und konfessionellen Krankenhausträger wurde die neue Herausforderung unterschiedlich gut bewältigt. Bei einer Überforderung der kommunalen Haushalte durch Defizite im Krankenhaus wurde nach alternativen Möglichkeiten gesucht.

Private Krankenhausinvestoren boten sich als neue Träger oder Partner in Managementverträgen an, um so eine Fortführung von sonst von Defizit und Schließung bedrohten Krankenhäusern zu erreichen.

Ermöglicht wurde dies durch ein größeres investives Engagement. Die Folge war eine höhere betriebswirtschaftliche Konsequenz bei der Erbringung von Krankenhausleistungen. Diese Entwicklung dauert bis heute an und wird sich noch weiter verstärken. Es ist jedoch festzustellen, dass die genannten privaten Investoren nach ihren inzwischen gelungenen Einstiegen in die Krankenhausversorgung stärker als früher auf die strategische Auswahl der zur Übernahme in Betracht kommenden Krankenhäuser setzen. Daher ist man längst nicht mehr bereit, jedes wirtschaftlich notleidende Krankenhaus zu übernehmen und weiterzuführen.

Bevor auf die verschiedenen möglichen Rechtsformen der einzelnen Krankenhausunternehmen eingegangen werden kann, muss die Frage geklärt werden, was man unter *Krankenhaus* in rechtlicher Hinsicht versteht.

Krankenhäuser sind nach § 2 Nr. 1 KHG Einrichtungen, in denen durch ärztliche und pflegerische Hilfeleistung Krankheiten, Leiden oder Körperschäden festgestellt, geheilt oder gelindert werden sollen oder Geburtshilfe geleistet wird und in denen die zu versorgenden Personen untergebracht und verpflegt werden können.

Man kann hier von einem finanzierungsrechtlichen Krankenhausbegriff sprechen.

Das KHG bezweckt die wirtschaftliche Sicherung der Krankenhäuser, um eine bedarfsgerechte Versorgung der Bevölkerung mit leistungsfähigen, eigenverantwortlich wirtschaftenden Krankenhäusern zu gewährleisten. Dabei sollen die Pflegesätzen in einem sozial tragbaren Bereich stabil gehalten werden.

§ 107 Abs. 1 im Fünften Buch des Sozialgesetzbuchs (SGB V) definiert Krankenhäuser als Einrichtungen, die

- der Krankenhausbehandlung oder Geburtshilfe dienen,
- fachlich medizinisch unter ständiger ärztlicher Leitung stehen, über ausreichende ihrem versorgungsauftragentsprechende diagnostische und therapeutische Möglichkeiten verfügen und nach wissenschaftlich anerkannten Methoden arbeiten,
- mithilfe von jederzeit verfügbarem ärztlichem, Pflege, Funktions- und medizintechnischem Personal darauf eingerichtet sind, vorwiegend durch ärztliche und pflegerische Hilfeleistung Krankheiten der Patienten zu erkennen, zu heilen, ihre Verschlimmerung zu verhüten, Krankheitsbeschwerden zu lindern oder Geburtshilfe zu leisten, und in denen
- die Patienten untergebracht und verpflegt werden können.

Die Bestimmung des § 107 Abs. 1 des SGB V konkretisiert, ausgehend von der Definition des § 2 Nr. 1 KHG, den Krankenhausbegriff anhand weiterer organisatorischer und funktioneller Merkmale. Dies erfolgt in erster Linie zur Abgrenzung von Vorsorge- oder Rehabilitationseinrichtung im Sinne des § 107 Abs. 2 SGB V.

Da in SGB V das Recht der gesetzlichen Krankenversicherung geregelt ist, spricht man hier vom sozialversicherungsrechtlichen oder leistungsrechtlichen Krankenhausbegriff.

Nach § 30 Gewerbeordnung (GEWO) bedürfen Unternehmer von Privatkranken- und Privatentbindungsanstalten sowie von Privatnervenkliniken einer Konzession der zuständigen Behörde.

Diese Bestimmung verwendet den Begriff der *Privatkrankenanstalt* nicht im finanzierungs- oder sozialversicherungsrechtlichen Sinne, sondern um gesundheitspolitische Erfordernisse für die Abteilung der Betriebskonzession zu definieren.

Krankenhäuser im Sinne des § 5 Arbeitszeitgesetz (ARBZG) sind öffentliche oder private Einrichtungen des Gesundheitswesen zur stationären Aufnahme, Untersuchung, Überwachung und Behandlung erkrankter Menschen, die daneben auch in begrenztem Umfang der ambulanten medizinischen Versorgung dienen.

Die Bezeichnung *Krankenhaus* ist weder in § 67 Abgabenordnung (AO) noch in sonstigen Steuergesetzen definiert. Die Definition entspricht vielmehr der Definition des § 2 Nr. 1 KHG.

Der Begriff *Krankenhausrecht* ist gesetzlich nicht definiert. Es existiert in Deutschland auch kein einheitliches Krankenhausgesetz. Vielmehr ergibt er sich aus einer Vielzahl von einzelnen Gesetzen aus Bundes- und Länderebenen.

In Deutschland besteht keine alleinige Gesetzgebungszuständigkeit für das Krankenhausrecht. Im Rahmen der konkurrierenden Gesetzgebung Art. 72 und 74 GG, ist der Bund zuständig für:

- die Sozialversicherung,
- Maßnahmen gegen gemeingefährliche oder übertragbare Krankheiten bei Menschen und Tieren
- die Zulassung zu ärztlichen und anderen Heilberufen und zum Heilgewerbe,
- für das Recht des Apothekenwesens, der Arzneien, der Medizinprodukte, der Heilmittel, der Betäubungsmittel und der Gifte sowie
- die wirtschaftliche Sicherung der Krankenhäuser und die Regelung der Krankenhauspflegesätze.

Die Krankenhausplanung (Festlegung von Bedarf, Ort und Umfang) ist dagegen grundsätzlich Angelegenheit der einzelnen Bundesländer.

Die Rechtsform eines Unternehmens hat grundsätzliche Auswirkungen. Je nach Rechtsformwahl werden betriebswirtschaftliche Betrachtungen, operative Führungsthematiken, der Außenauftritt, die Binnenkultur des Unternehmens, die Zukunftsfähigkeit und die Finanzierungskraft unterschiedlich beeinflusst.

Bei Betrieben in privater Rechtsform wird zwischen Einzelunternehmungen, Personengesellschaften (Gesellschaft bürgerlichen Rechts, OHG, KG, Stille Gesellschaft), Kapitalgesellschaften (AG, KGaA, GmbH) sowie Mischformen (GmbH & Co. KG) unterschieden.

Dabei besitzen Einzelunternehmungen und Personengesellschaften keine eigene Rechtspersönlichkeit. Sie sind keine selbstständigen Träger von Rechten und Pflichten.

Während Kapitalgesellschaften grundsätzlich eine eigene Rechtspersönlichkeit besitzen, kann bei Mischformen keine allgemeingültige Aussage getroffen werden. Darüber hinaus unterscheiden sich die genannten Rechtsformen hinsichtlich ihrer Haftung, der Gesellschafterrechte, der Geschäftsführung, der Steuerverpflichtungen sowie ihrer Organisationsstruktur.

Nachfolgend sind die wichtigsten Rechtsformen im Krankenhausbereich dargestellt (Abb. 1.3 und Tab. 1.3):
- Gesellschaft mit beschränkter Haftung (GmbH),
- Aktiengesellschaft (AG),
- Stiftung,
- gemeinsame Kommunalunternehmen,
- Regiebetrieb (nur im öffentlichen Bereich),
- Eigenbetrieb (nur im öffentlichen Bereich);
- das gemeinsame Kommunalunternehmen wird in der Rechtsform einer Anstalt des öffentlichen Rechts (AdöR) geführt.

GmbHs und Aktiengesellschaften können auch unter gewissen Aspekten als gemeinnützig anerkannt werden.

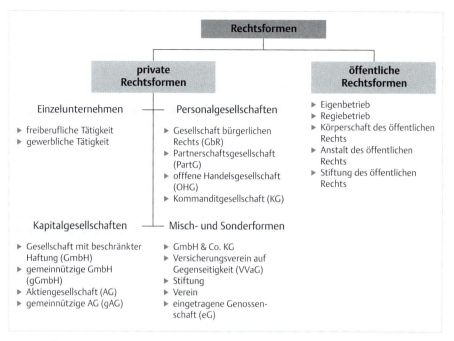

Abb. 1.3 Übersicht der Rechtsformen. Quelle: Greiner et al. 2008.

1.3.2 Kommunal- und freigemeinnützige Träger

1.3.2.1 Kommunale Trägerschaft

Rechtsformen öffentlicher Betriebe können primär in Eigengesellschaften sowie Stiftungen und Körperschaften des öffentlichen Rechts unterschieden werden. Für den Krankenhausbereich sind insbesondere Eigengesellschaften, wie *Regiebetriebe* oder *Eigenbetriebe*, von Bedeutung.

Kommunale Krankenhäuser, die in der Form eines Regiebetriebs geführt werden, sind unselbstständiger Bestandteil der allgemeinen öffentlichen Verwaltung und wirtschaftlich sowie organisatorisch vollständig in die Gemeindeverwaltung integriert. Sie stellen dabei eine Unterabteilung der allgemeinen Gemeindeverwaltung dar. Es erfolgt hierbei eine vollständige Eingliederung in den Gesamthaushalt der Trägerverwaltung, wie beispielsweise der Kommune.

Dabei ist der Haushalt des Regiebetriebs (Krankenhaus) vollständig in den Gesamthaushalt des Trägers (Stadt oder Landkreis) organisatorisch und ökonomisch integriert. Es gelten die Grundsätze der Verwaltungskameralistik.

Tabelle 1.3 Ausgewählte Rechtsformen von Krankenhäusern.

	Beschreibung	Rechtsstellung	Entscheidungsebenen oberhalb der Geschäftsführung	Geschäftsführung (Management)	Haftung
reiner Regiebetrieb	Bestandteil der allgemeinen Verwaltung des kommunalen Trägers: Bruttobetrieb	rechtlich, wirtschaftlich und organisatorisch unselbstständig	▪ Rat/Kreistag ▪ Krankenhausausschuss ▪ oberstes Verwaltungsorgan ▪ Krankenhausdezernat	Krankenhausleitung im Rahmen delegierter Entscheidungsbefugnisse	kommunaler Träger unbegrenzt
Eigenbetrieb	durch Eigenbetriebsrecht geschaffene Betriebsform, ausschließlich bei kommunalen Trägern	rechtlich unselbstständig, wirtschaftlich und organisatorisch selbstständig; Sondervermögen	▪ Rat/Kreistag ▪ Werkausschuss ▪ oberstes Verwaltungsorgan	Werkleitung im Rahmen delegierter Entscheidungsbefugnisse	kommunaler Träger unbegrenzt
Landeshaushaltsordnungsbetrieb (LHO-Betrieb)	durch Landeshaushaltsordnung geschaffene Betriebsform mit Land als Träger	rechtlich unselbstständig, wirtschaftlich und organisatorisch selbstständig; mit/ohne Sondervermögen	▪ Ministerium ▪ Abteilung/Referat	Krankenhausleitung im Rahmen delegierter Entscheidungsbefugnisse	Land unbegrenzt
vollrechtsfähige Anstalt des öffentlichen Rechts	Zusammenfassung sachlicher wie persönlicher Mittel zur Erfüllung eines besonderen Zweckes	rechtlich, wirtschaftlich und organisatorisch selbstständig	Verwaltungsrat	Vorstand	Anstaltsvermögen

Tabelle 1.3 *Fortsetzung*

	Beschreibung	Rechtsstellung	Entscheidungsebenen oberhalb der Geschäftsführung	Geschäftsführung (Management)	Haftung
Körperschaften des öffentlichen Rechts	durch staatlichen Hoheitsakt errichteter Verband zur Erfüllung öffentlicher Aufgaben	rechtlich, wirtschaftlich und organisatorisch selbstständig	Mitglieder-/Vertreterversammlung (MV/VV)	▪ Grundsatzentscheidungen: MM/VV ▪ laufende Geschäfte: Verwaltungsorgan	Körperschaftsvermögen
Stiftung des öffentlichen Rechts	durch Stiftungsakt zur Erfüllung eines bestimmten Stiftungszwecks geschaffen		Kuratorium	Vorstand	Stiftungsvermögen
Stiftung des privaten Rechts	zur Erfüllung eines bestimmten Zweckes verselbstständigte Vermögensmasse	eigene Rechtspersönlichkeit; rechtlich, wirtschaftlich und organisatorisch selbstständig	Kuratorium	Vorstand	Stiftungsvermögen
GmbH/gGmbH	Kapitalgesellschaft, mind. ein Gründer, Grundkapital mind. 25 000 €		▪ Gesellschafterversammlung ▪ fakultativ: Aufsichtsrat	Geschäftsführer	Gesellschaftsvermögen
Aktiengesellschaft	Kapitalgesellschaft, mind. 5 Gründer, Grundkapital mind. 50 000 €		▪ Hauptversammlung ▪ Aufsichtsratsrat	Vorstand	Gesellschaftsvermögen

Mit der Eigenbetriebsverordnung verlor die öffentliche Rechtsform des Regiebetriebs jedoch an Bedeutung, sodass sich meist nur noch kleine Hilfs- und Nebenbetriebe dieser Rechtsform bedienen. In diesem Zuge trat vielerorts die Rechtsform des Eigenbetriebs an die Stelle des Regiebetriebs.

Doch auch die Form des Eigenbetriebs, der zwar wirtschaftlich und organisatorisch selbstständig ist, hat keine eigene Rechtspersönlichkeit. Diese fehlende Rechtspersönlichkeit hat die rechtliche Einbindung des Trägerbetriebs in die Trägergemeinde zur Folge. Handlungen des Eigenbetriebs stellen rechtlich immer auch Handlungen der Gemeinde dar. Der Eigenbetrieb verfügt zudem über eine eigenverantwortliche Betriebsleitung. Dieser ist jedoch einem Betriebsausschuss beigeordnet, der sich aus dem Gemeinderat rekrutiert. Finanzwirtschaftlich betrachtet ist der Eigenbetrieb, im Gegensatz zum Regiebetrieb, nicht mehr vollständig in den kommunalen Haushalt eingebettet. Lediglich der Gewinn oder der Verlust einer Periode werden im Trägerhaushalt erfasst.

Ein grundlegendes Problem kommunaler Krankenhäuser ist die enge Bindung an öffentliche Verwaltungsstrukturen. Dabei sind kommunale Krankenhäuser in der Rechtsform des Regiebetriebs am engsten in öffentliche Veraltungsstrukturen integriert. Im Zuge der Verwaltungskameralistik werden Einnahmen und Ausgaben des Krankenhauses vollständig im Haushalt des Trägers ausgewiesen. Eine separate wirtschaftliche Betrachtung des Unternehmens Krankenhaus ist demzufolge beinahe unmöglich.

Weiterhin hat das Krankenhaus, als unselbstständiger Verwaltungsteil, sämtliche öffentlich-rechtlichen Verwaltungsvorschriften zu beachten. Es wird demzufolge nach den Grundsätzen der öffentlichen Verwaltung geführt. Diese Anbindung an langwierige und bürokratische Verwaltungsstrukturen erschwert flexible, dynamische Reaktionen auf Marktveränderungen, wie beispielsweise Nachfrageveränderungen oder Änderungen im Vergütungssystem. Auch hinsichtlich der Aufbau- und Organisationsstruktur lassen sich fundamentale Defizite konstatieren. Nicht der Krankenhausdirektor ist das oberste Leitungsorgan, sondern die öffentlichen Organe der Ratsversammlung und des Magistrats. Entscheidungen bezüglich Personal, Rechts- oder Finanzierungsfragen fallen somit in die Kompetenz der zentralen Stadt- oder Landkreisverwaltung. Diese Verlagerung von Entscheidungskompetenzen führt zu einer kommunalpolitischen Mitsprache, in der Partei- und allgemeinpolitische Interessen die sachlichen Entscheidungsgründe überlagern bzw. direkt beeinflussen.

Trotz seiner wirtschaftlichen und organisatorischen Selbstständigkeit weist auch der Eigenbetrieb hinsichtlich seiner Rechtsform grundlegende strukturelle Defizite auf. Auch hier besitzt die Gemeindevertretung als oberstes Entscheidungsorgan wesentliche Einflussmöglichkeiten.

Dem Krankenhaus werden lediglich Entscheidungskompetenzen hinsichtlich untergeordneter Entscheidungen zugestanden. Maßgebliche Entscheidungen, die erhebliche finanzielle Auswirkungen auf den Krankenhausbetrieb haben, sowie wichtige Personalentscheidungen (z. B. Einstellung von Chefärzten) fallen weiterhin in den Aufgabenbereich der Gemeindevertretung. Da selbst beim Eigenbetrieb eine kommunalpolitische Einflussnahme auf das laufende Geschäft möglich ist, kann von einer autonomen Unternehmensführung, losgelöst von öffentlichen und bürokratischen Strukturen, auch formal keine Rede sein. Es kann folglich die Schlussfolgerung gezogen werden, dass die Unterschiede zwischen Regie- und Eigenbetrieb lediglich marginal sind. Weder der Regiebetrieb noch der Eigenbetrieb erlauben eine flexible Reaktion auf Marktveränderungen in einem zunehmend wettbewerblich orientierten Umfeld. Komplexe und vielfach undurchsichtige Entscheidungsstrukturen erschweren das unternehmerische Handeln. In der Regel mangelt es den entsprechenden kommunalpolitischen Entscheidungsträgern auch an der nötigen Fachkompetenz, um im Sinne des Krankenhauses klare und wirtschaftliche Entscheidungen zeitnah treffen zu können.

Um eine Abkopplung von der politischen Entscheidungsebene zu erwirken, besteht die Lösung oftmals in einer formal rechtlichen Privatisierung. Dies führt dann häufig auch zu einem Rechtsformwechsel. Dabei wird die Gesellschaft aus dem öffentlichen Verwaltungsrecht in eine privatrechtliche Rechtsform des Bürgerlichen Gesetzbuchs (BGB) überführt. Resultat ist eine höhere Flexibilität und Effektivität im unternehmerischen Handeln. Die Rolle kommunalpolitischer Amts- und Mandatsträger wird aus dem operativen Geschäft auf eine Kontrollfunktion im Rahmen der privatrechtlichen Aufsichtsgremien beschränkt. Weiterhin lassen sich positive Effekte auf die Ablauforganisation und Entscheidungsfindung festmachen. Eine veraltete an Verwaltungsvorbildern orientierte innerbetriebliche Organisation wird durch eine moderne Unternehmensführung ersetzt. Ein Rechtsformwechsel hat dabei keine negativen Auswirkungen auf den Versorgungsauftrag, da es sich lediglich um einen Wechsel der Organisationsform handelt. Eigentumsverhältnisse am Krankenhausbetrieb und der Trägergesellschaft ändern sich dadurch grundsätzlich nicht.

Als *Kommunalunternehmen* bezeichnen die jeweils maßgeblichen Vorschriften des Gemeindewirtschaftsrechts (im Freistaat Bayern und in den Ländern Mecklenburg-Vorpommern, Nordrhein-Westfalen, Sachsen-Anhalt und Schleswig-Holstein) rechtlich selbstständige Unternehmen in der Rechtsform einer *Anstalt des öffentlichen Rechts*, die von einer Gemeinde errichtet oder aus bestehenden Regie- oder Eigenbetrieben im Wege der Gesamtrechtsnachfolge in Kommunalunternehmen umgewandelt werden.

Der Gesetzgeber wählte für diese Rechtsform den Namen *Kommunalunternehmen*, um den im Wirtschaftsleben ungebräuchlichen Begriff der *Anstalt* zu vermeiden.

Die Möglichkeit für eine Gemeinde, die Rechtsform einer *Anstalt des öffentlichen Rechts* für ihre kommunalen Unternehmen zu wählen, wurde erstmals 1995 in Bayern eingeführt. Rheinland-Pfalz folgte dem bayrischen Vorbild 1998, Nordrhein-Westfalen 1999, Sachsen-Anhalt 2001, Schleswig-Holstein 2002, Niedersachsen 2003, Brandenburg 2008 und Mecklenburg-Vorpommern 2011. Vorher war diese Rechtsform für kommunale Unternehmen nur den Sparkassen zugänglich, denen diese Organisationsform in den Landessparkassengesetzen verliehen wurde.

Der Begriff *Kommunalunternehmen* wird als gesetzlicher Begriff in Bayern, Nordrhein-Westfalen, Sachsen-Anhalt und Schleswig-Holstein und in der bundesweiten Literatur einheitlich für alle Länder verwendet und generell auf kommunale Unternehmen in der Rechtsform einer Anstalt des öffentlichen Rechts bezogen, auch wenn Rheinland-Pfalz, Niedersachsen und Brandenburg im Gesetz die Begriffe Anstalt des öffentlichen Rechts und kommunale Anstalt verwenden.

Die Rechtsform einer Anstalt des öffentlichen Rechts wurde als Alternative zu den Rechtsformen des Eigenbetriebs einerseits und der GmbH andererseits geschaffen. Jedoch werden beide aus unterschiedlichen Gründen nicht in jedem Fall als geeignete Rechtsformen für kommunale Unternehmen angesehen. Im Gegensatz zum öffentlichen rechtlichen Eigenbetrieb, der zwar als selbstständiges Sondervermögen der Gemeinde, aber ohne eigene Rechtspersönlichkeit geführt wird, kommt dem Kommunalunternehmen eine eigene Rechtsfähigkeit zu. Es kann daher gegenüber dem Eigenbetrieb freier auf dem Markt auftreten. Infolge seiner öffentlich-rechtlichen Organisationsform darf das Kommunalunternehmen im Rahmen der ihm übertragenen Aufgaben öffentlich-rechtlich handeln. Damit besteht ein Vorteil gegenüber der privatrechtlichen GmbH. Dazu gehört, dass es Verwaltungsakte erlassen und öffentlich-rechtliche Gebühren statt privatrechtlicher Entgelte erheben kann. Die Gemeinde kann dem Kommunalunternehmen das Recht zum Erlass von Satzungen zur Regelung seiner Aufgaben übertragen und, abhängig von der konkreten Aufgabe des Kommunalunternehmens, sogar einen Anschluss- und Benutzungszwang zugunsten des Kommunalunternehmens vorsehen. Ferner kann ein Kommunalunternehmen Dienstherr von Beamten sein.

Die Rechtsverhältnisse der Kommunalunternehmen werden im Einzelnen durch ihre jeweilige Satzung geregelt. Die Vertretungsmacht eines Kommunalunternehmens konzentriert sich beim Vorstand, der das Kommunalunternehmen eigenverantwortlich lenkt. Über den Verwaltungsrat kann die Gemeinde Einfluss nehmen, der sich jedoch nicht auf die Tagespolitik, sondern nur grundsätzlich auf strategische Entscheidungen beziehen soll.

Ein Kommunalunternehmen kann sich auch aktiv an anderen Unternehmen beteiligen, jedoch können andere Private sich nicht unmittelbar an Kommunalunternehmen beteiligen, was teilweise als Nachteil empfunden wird.

Jahresabschluss und Lagebericht werden bei Kommunalunternehmen nach den Vorschriften des Handelsgesetzbuchs aufgestellt. Die Wirtschaftsführung des Kommunalunternehmens ist dabei an die Regelung der Gemeindewirtschaft angelehnt. Ein Kommunalunternehmen ist in den meisten Ländern insolvenzunfähig, weil die Gemeinde als Gewährträger für die Verbindlichkeiten ihres Kommunalunternehmens subsidiär, aber unmittelbar gegenüber Dritten haften muss. Zudem trägt die Gemeinde zumindest nach vorherrschender Auffassung die sogenannte Anstaltslast für das Kommunalunternehmen. Da die Gewährträgerhaftung und die Anstaltslast unionsrechtlich nicht unproblematisch sind, besteht in Niedersachsen und Schleswig-Holstein keine Gewährträgerhaftung mehr. Niedersachsen hat auch die Anstaltslast vollständig abgeschafft, während in Schleswig-Holstein die Gemeinde zumindest verpflichtet ist, den Kommunalunternehmen die notwendigen finanziellen Mittel nach kaufmännischen Grundsätzen zur Verfügung zu stellen.

Nach Einführung des Kommunalunternehmens wurde ein Bedürfnis erkennbar, gemeinsame Kommunalunternehmen mehrerer Gemeinden grenzübergreifend zu errichten. Alle Länder außer Brandenburg haben daher mittlerweile die Möglichkeit geschaffen, dass mehrere Gemeinden, Landkreise und Bezirke ein gemeinsames Kommunalunternehmen durch Vereinbarung einer Unternehmenssatzung errichten können. Bestehende Regie- und Eigenbetriebe können auf das gemeinsame Kommunalunternehmen im Wege der Gesamtrechtsnachfolge ausgegliedert werden. Zumindest kann auch ein Zweckverband in ein gemeinsames Kommunalunternehmen umgewandelt werden.

Mittlerweile gewinnt insbesondere die private Rechtsform der gemeinnützigen GmbH (gGmbH) zusehends an Bedeutung. Als Hauptargument für die gGmbH wird oftmals auf die klar gegliederte, unbürokratische Entscheidungsstruktur verwiesen. Nach dem GmbH-Gesetz sind nur 2 Organe gesetzlich verpflichtend, nämlich Gesellschafterversammlung und Geschäftsführer.

Auch die Bildung eines Aufsichtsrats unterliegt bis zu einer Mindestgröße keiner gesetzlichen Pflicht. Dieser muss erst gebildet werden, wenn mehr als 500 Mitarbeiter beschäftigt sind. Die beschriebene Organisationsstruktur ist zudem durch klare Zuweisungen gekennzeichnet. Während der Geschäftsführer für das operative Krankenhausgeschäft weitgehende Entscheidungsfreiheit besitzt, ist die Gesellschafterversammlung für außergewöhnliche Maßnahmen sowie die Unternehmenspolitik verantwortlich. Darunter fallen beispielsweise die Besetzung von Führungspositionen, die Feststellung des Jahresabschlusses und die Verwendung des Jahresergebnisses. Gleichzeitig trägt der Geschäftsführer ein hohes Maß an Mitverantwortung für das unternehmerische Handeln und demzufolge auch die Wirtschaftlichkeit des Krankenhauses. Es ist seine Pflicht als Organ der Gesellschaft, z. B. im Fall von Zahlungsunfähigkeit oder Überschuldung, Konkurs anzumelden, bzw. zur Abwendung rechtzeitig gegenzusteuern. Gleichzeitig lässt sich aus dieser Tatsache ein weiterer struktureller Vorteil dieser Rechtsform ableiten. Da die GmbH gegenüber einer öffentlichen Rechtsform erhöhte Publizitätspflichten aufweist, können finanzielle Probleme weitaus schneller erkannt und gegebenenfalls behoben werden. Neben den genannten strukturellen Vorteilen zeichnet sich diese Form der Kapitalgesellschaft zusätzlich durch ihre steuerrechtlichen Vorteile aus. Unternehmen in dieser Rechtsform, welche die Anforderungen des Gemeinnützigkeitsrechts erfüllen, sind sowohl von der Körperschafts- als auch von der Gewerbesteuer befreit.

Zusammenfassend lässt sich feststellen, dass mit der Überführung eines Krankenhauses von einer öffentlichen in eine private Rechtsform vor allem die Handlungsfähigkeit des Unternehmens erhöht und die politische Einflussnahme begrenzt werden soll.

In der Praxis jedoch lässt sich dieses Ziel durch einen bloßen Rechtsformwechsel nur begrenzt erreichen. Die Mitsprache sowie die Entscheidungskompetenz bezüglich strategischer und struktureller Entscheidungen des Krankenhauses sind teilweise durch kommunalpolitische Einflüsse geprägt. Politische Entscheidungsträger können durch öffentliches Agieren oder durch Einflussnahme aus Kontrollorganen die Handlungsfreiheit des Managements auch im operativen Geschäft weiterhin einschränken und werden dieses im Einzelfall auch tun. Um die positiven Effekte des Rechtsformwechsels voll und ganz auszuschöpfen, muss sich auch das Verständnis der kommunalpolitischen Gremien ändern.

Diese müssen das Unternehmen Krankenhaus als autonomes Wirtschaftssubjekt begreifen, dessen Erfolg in einem komplexen, hochregulativen Marktumfeld im Interesse der Eigentümer von einer fachlich qualifizierten und im Rahmen der kommunalpolitischen, legitim zu definierenden Unternehmensziele und Politik eigenverantwortlich agierenden Geschäftsführung abhängt.

Erwartungsgemäß ist die Rechtsform nicht allein entscheidend für den wirtschaftlichen Erfolg oder Misserfolg eines Krankenhauses. Analysen der ausgewiesenen Jahresergebnisse der Krankenhäuser lassen keine Rückschlüsse auf die Überlegenheit einzelner Rechtsformen zu.

In allen Rechtsformen sind kommunale Krankenhäuser sowohl mit Jahresüberschüssen als auch mit Jahresfehlbeträgen anzutreffen. Insbesondere dann, wenn die Krankenhausstruktur (ungünstige Abteilungsgrößen, ungenügende Kapazitätsauslastung) problematisch ist, zeigt sich, dass eine Rechtsformänderung alleine noch keine Ergebnisverbesserung garantiert. Dies gilt vor allem dann, wenn die Kommune Vorgaben zur Beibehaltung unwirtschaftlicher Krankenhausstrukturen macht.

Eine allgemeingültige Aussage zur Entwicklung der Jahresergebnisse einzelner Krankenhäuser ab dem Zeitpunkt der Rechtsformänderung lässt sich ebenfalls nicht treffen.

Insgesamt lässt sich jedoch feststellen, dass die Rechtsformänderungen genutzt wurden, um die Voraussetzungen für eine erfolgreiche Geschäftsführung in den Krankenhäusern zu schaffen. Die Kompetenzen wurden bei allen Rechtsformänderungen weitgehend auf die Krankenhausleitungen übertragen. Durch die Verlagerung der Zuständigkeiten und die Herauslösung aus der Trägerverwaltung haben die Krankenhäuser wesentlich an Selbstständigkeit und Dynamik gewonnen.

Die Sicherung des kommunalen Einflusses auf die Krankenhäuser hat durch diese Maßnahmen in der Regel nicht gelitten. Durch die Aufsichts- und Beschlussgremien und deren Vorsitzenden können die Ziele der Kommune in ausreichendem Umfang auch in den

Krankenhäusern mit eigener Rechtspersönlichkeit erreicht werden. Dabei ist für Entscheidungen über die Leistungsstruktur des Krankenhauses in aller Regel nicht die Krankenhausleitung alleine zuständig.

In den Gremien ist eine Versachlichung der Diskussion zu beobachten. Dies gilt insbesondere für den Verwaltungsrat des Kommunalunternehmens und des Aufsichtsrat der GmbH, deren Sitzungen nicht öffentlich sind. Durch die fehlende Öffentlichkeit bieten diese Gremien keine politische Plattform, sodass die Angelegenheiten des Krankenhauses leichter aus den kommunalpolitischen Strömungen herausgehalten werden können. Daneben ist in diesen Organen häufig eine Verpflichtung gegenüber dem Unternehmen Krankenhaus über die Parteigrenzen hinweg anzutreffen.

Grundsätzlich zeigt sich eine Entwicklung hin zu den Rechtsformen, die den Krankenhäusern eine größere Selbstständigkeit gewähren. Soweit Krankenhäuser, die als Eigenbetrieb bereits einen Rechtsformwechsel vollzogen haben, nochmals umgewandelt werden, geschieht dies, um eine Rechtsform mit noch mehr Selbstständigkeit zu wählen.

Daher werden kommunale Krankenhäuser zunehmend in eine private Rechtsform überführt.

1.3.2.2 Freigemeinnützige und gemeinnützige Träger

Eine wesentliche und tragende Rolle in der Krankenversorgung und Pflege haben traditionell in Deutschland die freigemeinnützigen Träger. Sie betreiben vor allem Krankenhäuser, Sozialstationen und Pflegeheime. Als freigemeinnützig gelten vor allem kirchliche Träger sowie Wohlfahrtsverbände und gemeinnützige Stiftungen. Unter den freigemeinnützigen Einrichtungen genießen die Einrichtungen in kirchlicher Trägerschaft besonderen Schutz, da die in Art. 4 des GG garantierte Religionsfreiheit auch die karitative Tätigkeit und insbesondere kirchlich getragene Krankenpflege einschließt.

Gemeinnützigkeit ist ein rein steuerrechtlicher Tatbestand. Sie ist einer der sogenannten steuerbegünstigenden Zwecke und führt zu einer Steuerbegünstigung der entsprechenden Körperschaft. Die Anerkennung der Gemeinnützigkeit erfolgt durch das zuständige Finanzamt, bei Vorliegen entsprechender Tatbestände.

Als freigemeinnützig bezeichnet man Einrichtungen, die von Trägern der kirchlichen und freien Wohlfahrtspflege, Kirchengemeinden, Stiftungen oder Vereinen unterhalten werden.

Die Bedeutung gemeinnütziger Träger für die Krankenhausversorgung wird oft unterschätzt. Das Publikumsinteresse richtet sich vornehmlich auf Probleme im Betrieb und Management öffentlicher Einrichtungen oder auf spektakuläre Übernahmen von vormals öffentlichen Krankenhausbetrieben durch kapitalstarke private Investoren. Der Gemeinnützigkeitsgedanke wird oftmals nicht wirklich verstanden oder aber als veraltet und nicht zukunftsgerichtet abgetan.

Tatsächlich aber bilden freie Träger heute das Rückgrat der stationären Krankenhausversorgung.

Die Möglichkeit der Gemeinnützigkeit im Krankenhaussektor ist an bestimmte Voraussetzungen geknüpft. Jede Körperschaft kann gemeinnützig sein, wenn sie bestimmte formale Voraussetzungen erfüllt und ihre tatsächliche Geschäftsführung darauf ausrichtet. In der Praxis bedeutet dies, dass in einem gemeinnützigen Unternehmen erwirtschaftete Überschüsse unmittelbar in die betriebenen Einrichtungen zurückfließen. Diese Überflüsse dienen ausschließlich der Verbesserung der Patientenversorgung, der Sicherung des Betriebs, dem Erhalt der Arbeitsplätze oder der Erweiterung des Handlungsspielraums der Unternehmensgruppe. Eine Gewinnausschüttung an Gesellschafter oder Investoren findet somit nicht statt.

Eine solche Ausrichtung entspricht dem Stakeholder-Value-Konzept. Stakeholder sind in diesem Zusammenhang vor allem die primären Kunden, also Patienten, Krankenkassen und die einweisenden Ärzte. Gemeinnützige Krankenhäuser sind der Ansicht, dass die Finanzierung einer (nicht mehr zweckgebundenen zu verwendenden) auszuschüttenden Rendite aus Pflegesätzen dem Grundsatz der solidarischen Finanzierung unseres Krankenkassensystems widerspricht. Krankenhausversorgung ist vor allem Bedarfsdeckung für die Bevölkerung einer Region. Dem Land obliegen die Sicherstellung der Versorgung aufgrund seiner Planungshoheit sowie die Finanzierung investiver Kosten. Angesichts leerer öffentlicher Kassen müssen Investitionen zunehmend durch den Krankenhausträger sichergestellt werden. Erfolgreiche gemeinnützige Unternehmen können dies gerade deshalb, da sie mit ihren Überschüssen keine Renditeerwartungen privater Kapitalgeber zu befriedigen haben.

Die Übernahmen von Krankenhäusern aus bisher öffentlicher Trägerschaft werden noch bevorzugt in Richtung privater Träger getätigt. Eine Übernahme kommunaler Einrichtungen durch gemeinnützige Träger wird im Rahmen eines Verkaufs bisher eher selten erwogen, da oftmals kurzfristige finanzielle Interessen der Eigentümer im Vordergrund der Veräußerung stehen.

Tatsächlich aber haben sich in den letzten Jahren zahlreiche gemeinnützige Träger zu leistungsstarken Schwerpunktanbietern ihrer Region entwickelt.

1.3.3 Private Träger

Eine klare Definition, was unter einer privaten Klinikkette zu verstehen ist, gibt es derzeit nicht. Die Gespräche und Diskussionen wurden auf die derzeit größeren Ketten konzentriert. Neben diesen gibt es eine Reihe weiterer Unternehmen sowie Kleinketten, deren zentrales Engagement weniger im Bereich der Akutversorgung, sondern überwiegend im Bereich des Betriebs von Vorsorge- und Rehabilitationseinrichtungen, Seniorenwohnungen und Pflegeeinrichtungen liegt.

1.3 Träger und Unternehmensformen

Der Krankenhausbereich hat sich in den letzten Jahren zu einem sehr dynamischen Markt entwickelt. Durch die sich zunehmend verschärfende Finanzsituation der Kliniken kam es vermehrt zu Kooperationen, Unternehmensverkäufen, Übernahmen und Fusionen. Mittlerweile fusionieren auch größere Privatklinikketten miteinander oder streben dies an (z. B. Asklepios und Mediclin, Helios und Damp, Helios und Rhön).

Man kann dabei 2 Formen der Privatisierung unterscheiden:
- formelle Privatisierung (Wechsel der Rechtsform von einem kommunalen Regiebetrieb in eine gGmbH/GmbH)
- Privatisierung durch Verkauf eines Krankenhauses an einen privaten Krankenhausbetreiber (Share Deal, Asset Deal)

Der defizitäre Betrieb von Kliniken in öffentlicher Trägerschaft wird im Krankenhausmarkt verstärkt als Privatisierungsmotiv angesehen. Mit einer Veräußerung des Klinikbetriebs sollen für die Zukunft Belastungen der öffentlichen Haushalte aus Defiziten solcher Kliniken vermieden werden. Außerdem wird von privaten Klinikketten erwartet, dass diese den Investitionserfordernissen moderner Krankenhäuser besser und schneller gerecht werden können. Hierbei agiert man auch, ohne auf öffentliche Investitionsmittel der Bundesländern angewiesen zu sein. Eine Begründung dafür ist die bessere Refinanzierungsmöglichkeit am privaten Kapitalmarkt.

Die materielle Privatisierung dagegen ist die Veräußerung der Mehrheit oder der gesamten Anteile eines Krankenhauses von einem öffentlichen an einen privaten Klinikträger. Dabei kann es sich durchaus um eine Klinik handeln, die vorher bereits formal privatisiert, also in eine gGmbH, eine GmbH oder eine AG umgewandelt worden war.

Üblicherweise sind private Klinikträger am Erwerb der gesamten Anteile interessiert. Mindestens wird jedoch ein Erwerb der Anteilsmehrheit angestrebt. Der Erwerb eines Minderheitsanteils ist eher selten oder zunächst strategisch und wird zumindest dauerhaft von keinem privaten Klinikträger angestrebt.

Hintergrund ist, dass eine Minderheitsposition in der Klinikgesellschaft normalerweise nicht genügend Einfluss auf das Management und die Entscheidungs- sowie Aufsichtsgremien ermöglicht. Doch auch hierfür gibt es Ausnahmen. Ziel ist hierbei, in einem 1. Schritt über eine Minderheitsbeteiligung in einem 2. Schritt dann Mehrheitsanteile zu erlangen. Minderheitsbeteiligungen können auf einem Weg zur Komplettübernahme als vertrauensbildende Maßnahme dienen. Hierbei wird häufig von einem Privatklinikkonzern zunächst auch eine Managementunterstützung gestellt.

Der Ablauf von Privatisierungstransaktionen ist heute weitgehend standardisiert, soweit es sich um solche Transaktionen handelt, die von Transaktionsberatern begleitet werden und bzw. oder bei denen der Erwerber einer der größeren privaten Klinikkonzerne ist. Solche Transaktionsberater können auf die Vermittlung und den Verkauf von Krankenhäusern spezialisierte Berater sein. Auch große Beratungsunternehmen mit Spezialabteilungen für den Healthcare-Bereich sowie spezialisierte Anwälte können hier tätig werden. Hinzu treten spezialisierte Abteilungen von großen nationalen und international tätigen Wirtschaftsprüfungsgesellschaften sowie von Banken, um das in diesen Fällen häufig zu bewegende Transaktionsvolumen zuverlässig abwickeln zu können.

Bei diesem Prozess ist ein Scheitern des Verkaufs oder der Akquisition eines Krankenhauses auf allen Stufen bis zum letzten Schritt hin immer möglich. Dies stellt für alle Beteiligten ein Risiko dar.

Bei solchen Transaktionen existieren wesentliche Probleme, die unabhängig von der Trägerschaft sind (z. B. Schulden, Investitionsbedarf, weiterbestehender Versorgungsauftrag für die Bevölkerung, hoher Finanzbedarf für die Alterszusatzversorgungen, Diskussion zu Tarifverträgen und Arbeitsplatzgarantien, Konsequenzen für die betroffene Kommune im Falle der Insolvenz des neuen privaten Klinikträgers).

Zu diesen schwierig zu lösenden Anforderungen kommt eine fortbestehende Imageproblematik privater Träger. Die verschiedenen Träger oder Klinikgruppen begegnen dieser durch eine forcierte Lobby- und Öffentlichkeitsarbeit.

Als Ursache für den Verkauf (insbesondere von öffentlich-rechtlichen Krankenhäusern) an private Klinikträger sind verschiedene Konstellationen wiederholt zu verzeichnen (finanzielle Schieflage der betroffenen Kliniken, steigender Personalkostenaufwand, seit langer Zeit bestehender Investitionsstau, Strukturanpassung zur Erhebung von Wirtschaftlichkeitsreserven, nicht unerhebliche Möglichkeiten zur Verbesserung der Qualität der Patientenversorgung, weiterbestehender Versorgungsauftrag).

Befürworter des Verkaufs sind in der Regel die Träger (Kommunen, Kreis oder Land). Gegner sind vielfach organisierte Vertretungen der Beschäftigten, teilweise die Bevölkerung der Region sowie die Personal- und Betriebsräte. Die zugrunde liegenden Befürchtungen beziehen sich auf eine nach Übernahme gegebenenfalls erfolgende Leistungseinschränkung, die Möglichkeit einer Risikokostenselektion sowie insbesondere die Sorge der betroffenen Mitarbeiter vor Personalabbau und Gehaltskürzungen.

Die zu beobachtenden Veränderungen bei den Privatisierungen lassen diese Bedenken als nicht ganz unbegründet erscheinen. So kommt es durchaus nach Übernahmen zu Personalabbau durch Nichtbesetzung freier Stellen, zu Outsourcing von Serviceleistungen oder zu Maßnahmen, deren Folgen eine Arbeitsverdichtung für die betroffenen Berufsgruppen sind.

Jedoch ist vielfach durch Einführung eines professionellen Managements eine Verbesserung der Managementstrukturen festzustellen. Ohne den öffentlichen Einfluss politischer Mandatsträger sind schnellere, effizientere Entscheidungsprozesse möglich. Kombiniert werden diese Schritte mit einer Einführung eines Qualitäts- und Prozessmanagements, durch das insbesondere die Kosten für Verwaltungsaufgaben gemindert werden.

Diese Maßnahmen lassen sich allerdings ebenso als Instrumente einer strategischen Ausrichtung bei Kliniken in öffentlicher, rechtlicher oder freigemeinnütziger Trägerschaft finden. Viele Restrukturierungsmaßnahmen sind letztendlich vollkommen unabhängig von der Trägerschaft umsetzbar.

1.3.3.1 Schritte im Privatisierungsprozess
Die Abfolge innerhalb der Transaktionen bei Privatisierungsprozessen verläuft immer innerhalb bestimmter Phasen, die beispielhaft nachfolgend dargestellt werden.

Phase 1:
- Grundsatzentscheidung des bisherigen Trägers zur Privatisierung des Krankenhauses
- Identifizierung möglicher Privatisierungsobjekte durch Käufer

Phase 2:
- Beauftragung eines Transaktionsberaters sowie Erarbeitung der Privatisierungsziele
- eventuelle Kontaktaufnahme zum Träger eines möglicherweise oder sicher zur Privatisierung anstehenden Krankenhauses durch Käufer

Phase 3:
- Einholung von Interessenbekundungen potenzieller Interessenten
- Abgabe einer Interessensbekundung durch Käufer

Phase 4:
- Erstellung und Versand des Informationsmemorandums über das zu privatisierende Krankenhaus
- Recherche von umfassenden Informationen über das zu akquirierende Krankenhaus sowie sein Konkurrenzumfeld durch Käufer

Phase 5:
- Management bzw. Bieterpräsentationen
- Management bzw. Bieterpräsentationen durch Käufer

Phase 6:
- Einholung und Auswertung indikativer Angebote
- Abgabe eines indikativen Angebots mit Ausstiegsklausel durch Käufer

Phase 7:
- Begrenzung des Bieterkreises
- Entscheidung über Verbleib im Bieterverfahren oder Ausstieg durch Käufer

Phase 8:
- Einrichtung eines Datenraums mit Zusammenstellung der Unternehmensdaten
- Durchführung einer Due-Diligence-Prüfung durch die verbleibenden Bieter

Phase 9:
- Einholung abschließender Angebote
- Abgabe eines verbindlichen Angebots durch Käufer

Phase 10:
- Auswahl der für die eigentlichen Vertragsverhandlungen verbleibenden Bieter
- Entscheidung über Verbleib im Bieterverfahren oder Ausstieg durch Käufer

Phase 11:
- Präsentation eines oder einiger Bieter vor dem Entscheidungsgremium

Phase 12:
- Entscheidung und formaler Beschluss im Entscheidungsgremium des verkaufenden Trägers
- Annahme des Verkaufsangebots gemäß Beschluss des Entscheidungsgremiums des abgebenden Trägers

Phase 13:
- Ausarbeitung und notarielle Beurkundung des endgültigen Kaufvertrags

1.3.3.2 Positive Aspekte einer Privatisierung

Strategie, Entscheidung, professionelle Managementstrukturen, Ziel und Leistungsplanung, Abschaffung des Leitungstriumvirats, Sicherung von Arbeitsplätzen, Tätigung von Investitionen, Kostensenkung (Einkauf und Logistik), Produktionsstandardisierung, Outsourcing/Insourcing von Serviceleistungen, trägerinterne Synergieeffekte, Prozessoptimierung.

1.3.3.3 Negative Aspekte

Stellenabbau, erhebliche Leistungsverdichtung, Entscheidungsspielraum der Führungskräfte, Einführung von Leistungs- und Zielvereinbarungen mit Vergütungsrelevanz, Änderungen der Chefarztverträge, Änderungen der Privatliquidationsberechtigung.

Die Instrumente zur strategischen und wettbewerblichen Neuausrichtung, die im allgemeinen Verständnis eher privaten Trägern zugeordnet werden, wie z. B. Kostenoptimierung durch Konzernstrukturen, Optimierung der Administration, der EDV, des Controllings, des Einkaufs, der Logistik, des Personalmanagements, der Prozessstandardisierung sowie verstärkte Zentrenbildung und Abstimmung des Leistungsspektrums werden zunehmend auch durch öffentlich-rechtliche (aber auch freigemeinnützige Kliniken) umgesetzt. Kommunale Kliniken schließen sich in kommunalen Verbünden/Holdings ebenfalls zusammen.

Die zunehmende Ökonomisierung des Gesundheitswesens wird zukünftig zu einer noch stärkeren Veränderung innerhalb der Trägerstrukturen von Krankenhäusern führen.

Literatur

Greiner W, Graf v.d. Schulenburg JM, Vauth C, Hrsg. Gesundheitsbetriebslehre. 1. Aufl. Bern: Hans Huber; 2008
Schmidt O, Hrsg. Das Krankenhaus in der Beratung. 1. Aufl. Wiesbaden: Gabler; 2010
Deutsches Krankenhaus Institut. Das erfolgreiche kommunale Krankenhaus. 2010
Krankenhausrecht des Bundes 2012. Remagen: AOK Verlag; 2012

1.4 Krankenhausmarkt

Alexandra Lang-Gehring

1.4.1 Angebot und Nachfrage

Der prognostizierte rasche Anstieg der Zahl der Menschen über 80 Jahre stellt deutsche Städte und Gemeinden vor große Herausforderungen. Nach einer neuen Bevölkerungsprognose der Bertelsmann Stiftung wird die Zahl der alten Menschen bis zum Jahr 2030 bundesweit um fast 60% zunehmen. Die Spanne reicht von moderaten 12% (Stadt Coburg, Bayern) bis zu einem Spitzenwert von 139% (Landkreis Bad Doberan, Mecklenburg-Vorpommern).

Nach den Berechnungen der Bertelsmann Stiftung nimmt vor allem die Zahl der alten Männer stark zu. Sie wird um 103% bis zum Jahr 2030 steigen. Die Zahl der über 80-jährigen Frauen wird dagegen nur um knapp 40% zunehmen. Die Alterung in Deutschland schreitet aber auch insgesamt voran. Bis 2030 wird die Hälfte der Einwohner älter als 49 Jahre sein. Besonders stark altern Sachsen-Anhalt und Thüringen. Hier wird die Hälfte der Bevölkerung 2030 älter als 54 Jahre sein (Abb. 1.**4** und 1.**5**).

Die Sicherstellung der Krankenhausversorgung gerade im Hinblick auf die immer älter werdende multimorbide Bevölkerung in Deutschland ist Aufgabe der Landkreise, der kreisfreien Städte und des Landes, wobei sich die Anzahl der Häuser und der im Krankenhausplan erfassten und genehmigten Betten am tatsächlichen Bedarf bemisst. Nur die im Krankenhausplan erfassten Betten werden vom Staat unter Berücksichtigung diverser Auflagen gefördert. Jährlich durchgeführte Krankenhausstatistiken geben hierüber Aufschluss.

Das Angebot auf dem Krankenhausmarkt erstreckt sich derzeit über eine Vielzahl von Leistungserbringern und Leistungsangeboten mit unterschiedlichen Strukturen und Schwerpunkten, die im Wettbewerb zueinander stehen. Um sich von den anderen Krankenhäusern zu differenzieren, bietet der Leistungserbringer bzw. das Krankenhaus nicht

1 Das Drumherum

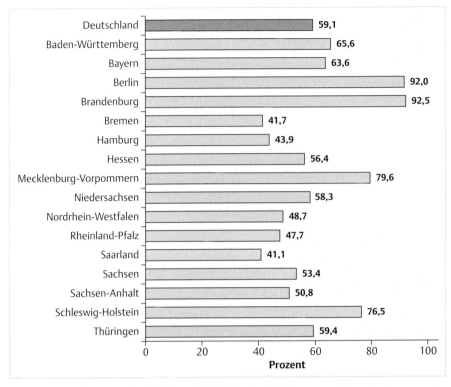

Abb. 1.4 Entwicklung der über 80-Jährigen 2009–2030. Quelle: Bertelsmann-Stifung. Bevölkerungsentwicklung 2009–2030 in Landkreisen und kreisfreien Städten (in %). Im Internet: www. bertelsmannstiftungs.de/cps/rde/xber/SID-C3CC7112-99F77966/bst/xcms_bst_dms_34881_ 34882_2.pdf.

nur allgemeine medizinische Leistungen an, sondern auch, teilweise historisch bedingt, verschiedene Schwerpunkte. Nur über diese Schwerpunkte lässt sich letztlich auch die Nachfrage bestimmen, da der Patient bei Bekanntwerden einer Diagnose und der Maßgabe, diese behandeln zu lassen, eine gezielte Recherche vornimmt und die Leistungserbringer im Detail vergleicht. Der Wettbewerb bzw. der Kampf um den Patienten hat begonnen. Diese Nachfragediskussion hat in Ballungszentren eine größere Intensität als in ländlichen Regionen, da z.B. in München oder Hamburg die Krankenhausdichte wesentlich größer ist.

Der Preiswettbewerb spielt hierbei nur eine untergeordnete Rolle, da die Kosten von der Krankenkasse getragen werden und für den Patienten mittlerweile andere Faktoren, wie z.B. gutes Essen, schöne Unterkunft oder auch der Internetzugang, ausschlaggebend sind. Eine gute medizinische Versorgung wird als selbstverständlich erachtet.

1.4 Krankenhausmarkt

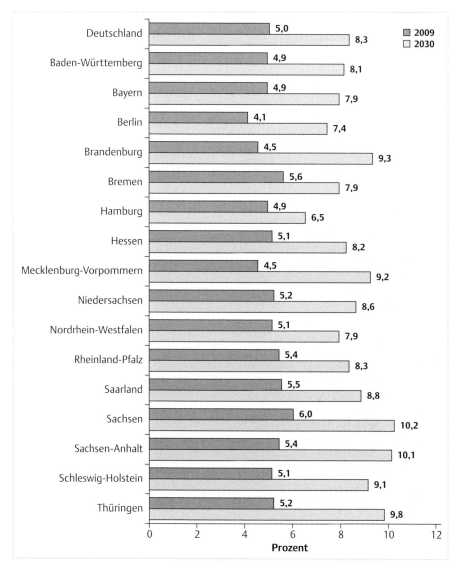

Abb. 1.5 Anteil der über 80-Jährigen an der Gesamtbevölkerung 2009 und 2030. Quelle: Bertelsmann-Stiftung. Bevölkerungsentwicklung 2009–2030 in Landkreisen und kreisfreien Städten (in %). Im Internet: www.bertelsmann-stiftungs.de/cps/rde/xber/SID-C3CC7112-99F77966/bst/xcms_bst_dms_34881_34882_2.pdf.

1.4.1.1 Der Patient als Kunde
Immer mehr Patienten beeinflussen aufgrund ihrer nahezu freien Krankenhauswahl den Wettbewerb unter den Leistungsanbietern. Die demografische Entwicklung der Bevölkerung zeigt zudem eine zunehmende Multimorbidität der Patienten auf, welche die Krankenhäuser vor eine Herausforderung stellt, an die sie sich anpassen müssen. Dies bedeutet für die Krankenhäuser, ein immer komplexer werdendes und anspruchsvolleres Behandlungskonzept anbieten zu müssen, um bei dem Nachfragenden, also dem Patienten als Kunden, attraktiv zu bleiben bzw. es zu werden. Ganzheitliche Lösungen sind gefragt.

Der Patient entscheidet aus freien Stücken, in welches Krankenhaus er sich zur Behandlung begeben möchte. Er favorisiert ein Krankenhaus, das nach seiner Meinung als das Optimum für seine Erkrankung und seine Bedürfnisse erscheint, unabhängig davon, ob es sich hierbei um ein konfessionelles, öffentlich-rechtliches oder privates Haus handelt. Allerdings entscheiden erst im Nachgang Faktoren wie Unterbringung, Verpflegung oder Personal über die definitive Wahl. Ein professioneller Internetauftritt, der Aufschluss über das geschulte Fachpersonal oder erfolgreiche Zertifizierungen gibt, kann dabei für den Leistungserbringer hilfreich sein. Auch Veranstaltungen zur Aufklärung über bestimmte Diagnosen können für den potenziellen Patienten ein Anreiz sein, das Krankenhaus kennenzulernen und erste Kontakte zum ärztlichen Personal zu knüpfen.

Die Entscheidung des Patienten für einen Leistungserbringer beruht nicht nur auf eigenen Kenntnisse und Informationen durch Recherche, sondern kann auch durch die Meinung seines beratenden und einweisenden Arztes, der aufgrund seines fachlichen, medizinischen Know-hows und als Teil seiner ärztlichen Tätigkeit dem Patienten Empfehlungen ausspricht, beeinflusst werden. Der einweisende Arzt als Partner wird in Abschnitt 1.4.1.3 näher erläutert.

Der klassische Notfallpatient hingegen, der durch den Rettungsdienst in das Krankenhaus transportiert wird, hat keinen Einfluss auf die Wahl des Krankenhauses. Er wird zur schnellen und optimalen Versorgung in das nächstgelegene Krankenhaus gebracht. Diese Patienten haben für den Wettbewerb unter den Leistungserbringern und somit als klassische Nachfrager wenig Relevanz für den Krankenhausmarkt. Die Wahl des Krankenhauses wird ihm durch den Rettungsdienst, der im Gesundheitssystem ein fester Bestandteil ist, abgenommen. Der Patient muss schnellstmöglich zum nächstgelegenen Krankenhaus zur Notfallversorgung transportiert werden, dabei spielen nachfrageorientierte Gesichtspunkte keine Rolle. Einzig und allein steht hier der Gesundheitszustand des Patienten im Mittelpunkt. Eine optimale Weiterversorgung, eine reibungslose Übergabe des Patienten, ein optimaler Weiterbetreuungsprozess und auch das Wissen von Fachpersonal können dennoch bei der Wahl des Krankenhauses durch den Rettungsarzt bei gleicher Entfernung der Häuser begünstigende Entscheidungen herbeiführen.

1.4.1.2 Die Krankenkasse als Partner

Zwischen den Krankenkassen und den Krankenhäusern gibt es aufgrund der geschlossenen individuellen Verträge, geregelt im Krankenhausentgeltgesetz (KHEntG), eine eher sachbezogene Nachfragebeziehung. Eine Nachfrage nach der allgemeinen medizinischen Dienstleistung gemäß § 107 Abs. 1 SGB V (Bruckenberger et al. 2006).

Dadurch, dass die Krankenkassen den Krankenhäusern ihre Leistung in Form von diagnosebezogenen Fallpauschalen vergüten und dieses System im SGB V geregelt und bestimmt ist, können die Leistungsanbieter durch eine vermehrte Nachfrage keinen Wettbewerbsvorteil erzielen. So ist z. b. die allgemeine Kostendegression bei einer Fallzahlensteigerung für das Krankenhaus erlösmindernd anzusetzen.

Durch zusätzliche private Investitionen ihrer Versicherten in eine Art Zusatzversorgung bietet die Krankenkasse mittlerweile auch die Möglichkeit einer noch besseren Leistungsversorgung im Krankheitsfall. Auch hier teils mit gemeinsamen Aktionen der Krankenhäuser, z. B. in Form von Vorsorgeuntersuchen, Check-up-Programmen o. ä.

1.4.1.3 Der einweisende Arzt als Partner

Wie bereits erwähnt, ist die Wahl des Patienten unter anderem durch die Meinung seines niedergelassenen Facharztes geprägt. Der einweisende Arzt empfiehlt dem Patienten ein Krankenhaus, mit dem er gegebenenfalls einen Behandlungsvertrag abgeschlossen hat.

Eine gute Beziehung sowohl zu Krankenkassen als auch zu den niedergelassenen Fachkräften kann ein Indikator für eine harmonisierende Zusammenarbeit sein. Dies kann sich z. B. in Form von gemeinsamen Veranstaltungen, Werbematerialien, etc. zeigen, welche als Folge für das Krankenhaus steigende Patientenzuweisungen nach sich ziehen können.

1.4.2 Marktbegleiter (Mitbewerber)

Steigender Wettbewerbsdruck durch Zunahme der immer kritischer werdenden Patientenklientel fordert eine optimale Positionierung des Krankenhauses am Krankenhausmarkt, sowohl unter den privaten und öffentlich-rechtlichen als auch unter den konfessionellen Trägern. Diese Herausforderung gilt es bei zunehmendem Kostendruck zu bewältigen. Die bayerische Statistik zeigt, dass diesem Druck in den letzten Jahren einige Häuser zum Opfer gefallen sind. Das Ansteigen der Krankenhausfälle aufgrund der demografischen Entwicklung und die Reduzierung der Verweildauertage galt es in ein kostenoptimales Verhältnis zu bringen. Sowohl diese Anpassung als auch die Anpassung an den zunehmenden Wettbewerbsdruck stellt die Häuser vor eine enorme Herausforderung, die es zu bewältigen gilt (Krankenhäuser Stand 31.12.2010: 373).

1 Das Drumherum

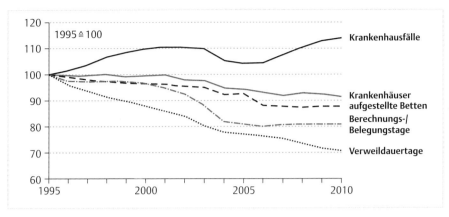

Abb. 1.6 Entwicklung der Krankenhausdaten in Bayern 1995 bis 2010. Quelle: www.statistik.bayern.de/statistik/gesundheitswesen/#.

Der Gesetzgeber hat im Laufe der Zeit einige Möglichkeiten entwickelt, die dem Leistungserbringer als Erweiterung seines Leistungsspektrums zur Verfügung gestellt wurden und neue Wege aufzeigen, langfristig auf dem Krankenhausmarkt standzuhalten. Leider wurden diese Möglichkeiten durch die Restriktionen der Kostenträger in einigen Bundesländern zur Vermeidung einer Fallzahlensteigerung verhindert (Abb. 1.6).

Der immer kritischer werdende Patient beginnt nach Bekanntwerden seiner Diagnose mit dem Vergleich der Leistungsangebote der Krankenhäuser. Sollte das für ihn passende Leistungsangebot nicht in unmittelbarer Nähe angeboten werden, so kann es unter Umständen auch zu Patientenwanderungen in andere Regionen kommen. Die Mobilität der Patienten steigt insbesondere bei den elektiven stationären Eingriffen bzw. Aufenthalten.

Eine schlechte ärztliche Versorgung, lange Wartezeiten oder schlechte Erfahrungen im persönlichen oder familiären Umfeld können dazu beitragen, ein Haus in einer ferner gelegenen Region zu wählen. Auch der niedergelassene Arzt, der im Rahmen seiner beratenden Tätigkeit dem Patienten Empfehlungen für ein bestimmtes Haus ausspricht und letzten Endes auch die Einweisung vornimmt, kann zur Umsteuerung der Patientenströme führen. Schlechte Arztbriefschreibung oder Erreichbarkeit des behandelnden Krankenhausarztes sind diesbezüglich begünstigende Faktoren für die negative Empfehlung des Arztes.

1.4.2.1 Bestehen im Wettbewerb: Patienten-, Mitarbeiter- und Einweiserbefragung
Gewinner im harten Wettbewerb der Krankenhäuser werden mittel- und langfristig die Häuser sein, denen es (neben gutem Kostenmanagement) gelingt, ihren Marktanteil auszubauen. Um eine Einschätzung vornehmen zu können, auf welchem Platz das eigene Krankenhaus im regionalen Vergleich zu seinen Konkurrenten bzw. Mitbewerbern steht, bedient man sich einer Standort- und Wettbewerbsanalyse. Diese gibt Aufschluss über

das Gesamtpotenzial an stationären und ambulanten Fällen, über deren Verteilung unter Einbezug der Mitbewerber und gewährt gleichzeitig Einsicht in eigene Verbesserungspotenziale.

Im Wesentlichen hängt das Image des Hauses von der Beurteilung seines Kunden ab, dem Patienten. Da diese Gruppe wesentlich kritischer ist als die Selbsteinschätzung des Geschäftsführers bzw. der Klinikleitung, bedient man sich diverser Kriterien und Werkzeuge, um ein Meinungsbild zu erfragen, zum Beispiel der sogenannten Patientenbefragung.

Meist handelt es sich hierbei um folgende Abfrageparameter: ärztliche Qualität, Beratung/Freundlichkeit, Pflege, Diagnostik, technische Ausstattung, Küche und Unterkunft und vor allem die Wartezeiten, sei es im ambulanten oder stationären Bereich. Einschlägig bekannte Institute helfen bei der Umsetzung, Auswertung und letztlich bei der Ableitung von Maßnahmen aus den erzielten Umfrageergebnissen. Um die Zahl der Patienten als Kunden langfristig auf einem guten Niveau zu halten, sollten diese Messungen regelmäßig durchgeführt und fachbereichsbezogen analysiert werden. Die Patientenzufriedenheit wird damit zu einem festen Bestandteil im Krankenhaus-Controllingsystem.

Dabei sollte aber nicht nur die Einschätzung der Patienten beurteilt werden, sondern auch die der Mitarbeiter, die Repräsentanten und Multiplikatoren des Hauses. Nur zufriedene und freundliche Mitarbeiter tragen zu einem positiven Image des Hauses bei. Das bekommt nicht nur der Patient unmittelbar zu spüren.

Die Mitarbeiter kommunizieren ihre Empfindungen auch im Bekannten- und Verwandtenkreis, aus dem sich eine Vielzahl an potenziellen elektiven Fällen ableiten lässt. Die Meinung des Mitarbeitenden über die medizinische Fachkompetenz oder die medizinischen Prozesse des Hauses ist somit von essenzieller Bedeutung.

Dies gilt auch für die Einweiser. Ein wesentlicher Erfolgsfaktor für die Patientengewinnung sind die Fachabteilungen eines Krankenhauses und deren Kontaktstärke bzw. Verbundenheit zu den regionalen Einweisern, den niedergelassenen Ärzten. Der Standort der Einweiser sowie der entsprechende Einzugsbereich bei elektiven Fällen bedürfen je nach Besiedelungsdichte einer mehr oder minder starken Bindungsanstrengung des Chefarztes oder seiner Oberärzte zu den Niedergelassenen. Sollten diese Bindungsbemühungen keinen Erfolg zeigen, so gibt eine Einweiserbefragung Aufschluss über die Ursachen, warum in den entsprechenden Regionen bzw. durch die entsprechenden Einweiser die Fälle nicht eingewiesen wurden oder gar eine Empfehlung für ein Wettbewerbshaus ausgesprochen wurde.

Zukünftig betrachtet nehmen auch immer mehr computergestützte neue Medien Einfluss auf die Wettbewerbsdarstellung des Krankenhauses. Neben der gut gepflegten und aktuellen Homepage gewinnen immer mehr sogenannte Online-Netzwerke an Bedeutung, sie beeinflussen das Meinungs- und Erscheinungsbild des Hauses. Unter dem

Schlagwort „Social Media" haben sich neue Möglichkeiten ergeben, Online-Netzwerke als Marketinginstrument zu nutzen. Das Krankenhaus hat ein zusätzliches Instrument dazugewonnen, mit dem es durch mehr Präsenz und Transparenz neue Kunden gewinnen und informieren kann. Dieses Medium dient nicht nur zur Kundengewinnung und Kundenbindung, sondern kann auch mittels der Diskussionsplattform Rückschlüsse auf suboptimal funktionierende Abläufe im Betrieb geben, sowohl für Kunden als auch für Mitarbeiter. Die Homepage und das neue Medium „Social Media" können unter Zuhilfenahme von speziellen Interaktionen (Downloadfunktionen von Merkblättern, Videopräsentationen von Eingriffen, etc.) als das virtuelle Aushängeschild des Hauses im Rahmen der Kundenbindung und -aufklärung wahrgenommen werden.

1.4.2.2 Steigender Wettbewerbsdruck bei zunehmendem Kostendruck
Vor allem **private Klinikbetreiber** können der Situation des steigenden Wettbewerbsdrucks bei zunehmendem Kostendruck gerecht werden, indem sie durch ihre Finanzstärke weitere Kliniken zukaufen, um so Prozesse zu straffen und durch die Zusammenlegung mehrerer Bereiche Synergien erzeugen zu können. Die zusätzliche Eroberung neuer Marktanteile kann die vom Staat vorgegebenen Erlöse (DRGs, Zusatzentgelte, etc.) noch steigern. Die Entscheidung, sich z. B. diversen Einkaufsverbänden anzuschließen, kann ein enormes Kosteneinsparungspotenzial mit sich bringen, von dem die gesamte Klinikkette oder der Konzern profitiert und womit sich der Kostenblock senken lässt. Meist wird auch der kritisch beäugte Personalabbau als ein Instrument der Kostensenkung herangezogen. Dies kann nur bei gleichbleibender Versorgungsqualität und optimierten Arbeitsprozessen erfolgen, sodass die Qualität erhalten bleibt bzw. verbessert wird. Die Versorgungsqualität wird zu einem der wichtigsten Wettbewerbsindikatoren im Krankenhauswettbewerb. Die apparative Ausstattung sowie die baulichen Veränderungen bzw. Instandhaltungen spielen hierbei eine essenzielle Rolle, dicht gefolgt vom Personal.

Dabei ist festzustellen, dass private Klinikbetreiber nicht zu sehr in die bauliche Veränderung investieren. Sie bieten bereits von vornherein einen höheren Standard an als öffentliche Krankenhausträger, die hier einen höheren Investitionsbedarf haben.

Hier wird eine Dienstleistung als Ware erbracht, mit der es gilt Geld zu erwirtschaften, welches wiederum in einen professionellen Marketingauftritt investiert werden kann.

Man ist längst davon abgekommen, nur auf die Mundpropaganda zu setzen, sondern setzt gezielte Instrumente ein, die es dem Patienten ermöglichen, mit wenigen Mitteln und Aufwand mehr über sein Krankenhaus zu erfahren. Die gebündelte Einkaufsmacht oder die Produktstandardisierung, z. B. bei Implantaten im Bereich der Endoprothetik, stellen enorme Vorteile und wirtschaftliche Einsparungen bei privaten Klinikketten dar.

Spezialisierung und das Anwerben hochqualifizierter Ärzte mit hohem Bekanntheitsgrad gelten als Wettbewerbsvorteil, wobei dies mit einem hohen finanziellen Aufwand verbunden ist, den sich nur finanzstarke Häuser leisten können oder Häuser, für die sich diese Investition langfristig rechnet.

Während die privaten Ketten innerhalb des eigenen Konzerns wirtschaftliche Einsparungen durch Zusammenlegung diverser Prozesse einfahren können, setzen **die freigemeinnützigen Träger** auf regionale Verbünde mit Niedergelassenen und versuchen auf diese Weise, dem finanziellen Kostendruck entgegenzuwirken. Der Kostendruck durch die Trägerschaft selbst wird von Miet- oder Pachtzahlungen zusätzlich erhöht. Konfessionelle Krankenhäusern in Form von gemeinnützigen GmbHs besitzen in den meisten Fällen keine eigenen Grundstücke, sondern zahlen Miete oder Pacht an den Eigentümer, z.B. den Mutterkonzern, der das Krankenhaus bei positiver Bewirtschaftung als Vermögensverwaltung betrachtet. Hier wird folglich nicht nur dem konfessionellen Krankenhaus an sich als Wettbewerber Beachtung geschenkt, sondern vielmehr dem Gesamtvermögen der anderen konfessionellen Trägerschaften im Ganzen. Das Krankenhaus trägt mit seinem wirtschaftlichen Erfolg zum Gesamtvermögen bei und bildet somit nur einen kleinen wirtschaftlichen Faktor, der das Gesamtvermögen und letzten Endes auch das Ranking unter den konfessionellen Trägern beeinflusst.

Die Gewinnung von zusätzlichen Marktanteilen ist häufig bei den **öffentlich-rechtlichen** Wettbewerbern auf den Landkreis begrenzt. Umso wichtiger ist es hierbei, die den kommunalen Häusern in Ansätzen zur Verfügung stehenden Möglichkeiten zu nutzen, z.B. wie oben dargestellt der Anschluss an einen Einkaufsverbund, um hier Mengenrabatte zu erzielen.

Kleinere Krankenhäuser haben ohne Nutzung von Synergieeffekten oder Zusammenschlüssen kaum eine Überlebenschance. Die einzige Chance, um im harten Wettbewerb bestehen zu können, sind für Klinikverbände im betriebswirtschaftlichen Sinne Fusionen von einzelnen Krankenhäusern.

1.4.2.3 Qualität steigern bei Kostenneutralität
Das zentrale Anliegen aller Beteiligten im Gesundheitswesen ist dennoch die Erbringung von medizinischer und pflegerischer Qualität. Die Qualität bleibt der wichtigste Maßstab, den es gilt aufgrund des erhöhten Wettbewerbs zu entwickeln und sich als Wettbewerbsvorteil zunutze zu machen. Es beginnt ein Wettbewerb zwischen der Etablierung von Instrumenten zur Kostensenkung und der Steigerung der Qualitätssicherung.

Qualitätsvergleiche mit Routinedaten, wie z.B. bei 4QD-Qualitätskliniken oder Qualitätsmedizin, schaffen nicht nur für den Patienten mehr Transparenz bei der Wahl des Krankenhauses, sondern auch für den einweisenden Arzt, der gezielt Patientenströme lenken kann. Somit zählt eine hohe Qualität der Leistungserbringung zu einem der wichtigsten Wettbewerbsfaktoren, den mittlerweile nicht nur der Patient bzw. der Versicherte oder der Einweiser hinterfragt, sondern auch Krankenkassen, die diesen Faktor nutzen, um evtl. zusätzliche Vergütungsanreize zu geben oder Selektivverträge, wie z.B. den der integrierten Versorgung, abzuschließen.

Das Krankenhaus selbst kann dabei Nutzer dieser wichtigen Informationen werden, um mehr über seine Wettbewerber und deren Aktivitäten zu erfahren.

Investitionen in eine höhere Qualität sind somit von entscheidender Relevanz und können für ein erfolgreiches Bestehen am Markt von großer Bedeutung sein.

Kliniken, die sich diese Investitionen nicht leisten können, droht kurz- oder langfristig die Insolvenz, der Verkauf oder gar die Schließung des Hauses.

Um die Qualität zu steigern, gibt es mehrere Ansatzpunkte, deren Umsetzung jedoch möglichst kostenneutral erfolgen sollte. Die Etablierung von Fachbereichen bzw. die Stärkung dieser könnte bei einer Kooperation mit diversen fachbezogenen Einrichtungen in der näheren Umgebung ein erster Schritt für eine Qualitätssteigerung sein. Dies kann meist kostenneutral umgesetzt werden, da es sich lediglich um eine Optimierung der Schnittstellenprozesse und eine Personalumverteilung handelt. Sollte dennoch ein geringer Kostenaufwand damit verbunden sein, so kann dieser bei Reduzierung oder gar bei kompletter Einstellung von Leistungsangeboten, die kein Schwerpunkt der Klinik sind, kompensiert werden.

Wie bereits erwähnt sind neben einer guten medizinischen Versorgung auch weiche Faktoren ausschlaggebend für die Wahl des Krankenhauses. Hierbei handelt es sich um solche Faktoren, die der Patient durch bloßes Hinsehen erkennen kann, wie z. B. der baulich verbesserte Patientenkomfort mit Hotelcharakter oder die Modernisierung der technischen Ausstattung. Um die Kosten hier möglichst gering halten zu können, sollten diese Investitionen größtenteils unter Einhaltung der staatlichen Förderrichtlinien umgesetzt werden.

Weitaus kostenintensiver gestaltet sich die Qualitätssteigerung bei der verbesserten Ausbildung des pflegerischen oder ärztlichen Personals. Dies wird auch als grundsätzliche Maßnahme gesehen, ist aber meist mit der Einstellung von zusätzlichem Personal verbunden und somit mit einer unumgänglichen Personalkostensteigerung, vor der die meisten Häuser erst einmal Abstand nehmen.

Leihpersonal, z. B. Ärzte auf selbstständiger Basis, einzustellen, kann eine Möglichkeit sein, ist jedoch sehr kostenintensiv. Im ländlichen Bereich ist es zudem sehr schwierig, gutes Fachpersonal zu bekommen.

1.4.2.3 Angebot erweitern
Neben den bereits aufgeführten Strategien, sich im Wettbewerb zu positionieren (Kosten senken, Qualität steigern), werden zusätzliche Angebote für die Patienten und ihre Angehörigen immer attraktiver. Neben der bereits mehrfach erwähnten guten medizinischen Versorgung wird das Leistungsumfeld des Hauses betrachtet.

Gibt es z. B. für den Patienten eine Komfortstation, die er durch Aufzahlung eines geringen Preises oder gar durch eine abgeschlossene Zusatzversicherung für seinen stationären Aufenthalt wählen kann? Wie sieht das zusätzliche medizinische Angebot aus? Aufgrund der zunehmenden Multimorbidität der Patienten besteht verstärkt das Bedürfnis nach einer umfassenden medizinischen Betreuung. Ein umfangreicheres Angebot kann z. B. durch die Kooperation mit niedergelassenen Spezialisten erfolgen oder gar durch die Einrichtung neuer Stationen.

Je nach Fachbereich wird für den Patienten und seinen Angehörigen auch die Unterbringungsmöglichkeit auf dem Gelände oder in direkter Nachbarschaft zum Entscheidungskriterium für die Wahl des Hauses. Bietet das Krankenhaus eine Unterbringungsmöglichkeit sogar im Haus, so sind hier neben der stationären Leistung des Patienten auch noch zusätzliche Einnahmen im Begleitpersonenbereich zu verzeichnen. Die Kosten dieser genannten Möglichkeiten tragen sich bei guter Organisation meist selbst und erhöhen die Attraktivität sowie die Ertragssituation der Klinik, wobei jedes Haus für sich individuell entscheiden muss, welche Angebotserweiterung neben der Qualitätssteigerung reizvoll und umsetzbar ist.

Auch hier haben die privaten Träger einen Vorsprung, da sie nicht in das Sozialsystem eingebunden sind. Sie tragen ihre Investitionen selbst im Konzern und können somit die Attraktivität des Hauses eigenverantwortlich ohne Zustimmung weiterer Verbände steigern. Im Gegensatz zu den privaten sind die öffentlich-rechtlichen Kliniken von den bereits finanziell geschwächten Kommunen und Kreisen abhängig, was sie in der finanziellen Bewegungsfreiheit ebenso wie die freigemeinnützigen Träger eindeutig einengt und behindert.

1.4.3 Partner

Eine sektorenübergreifende Vernetzung oder auch Fusion sowohl aus medizinischen als auch versorgungspolitischen Gründen ermöglicht eine enge Zusammenarbeit mit Partnern aus unterschiedlichsten Bereichen, die mit dem Krankenhaus in einer Leistungsbeziehung stehen. Immer vorausgesetzt, der zukünftige Partner möchte kooperieren und es profitieren beide im Rahmen einer „Win-Win"-Situation. Diese Vernetzung geschieht meist in Form eines flächendeckenden regionalen Zusammenschlusses, sodass keine zusätzlichen Ressourcen benötigt werden, sondern lediglich die vorhandenen Mittel optimal zum Einsatz gebracht werden. Gerade im Verwaltungsdienst können durch eine einheitliche Verwaltung und übergreifende Funktionsbesetzungen kostenintensive und doppelte Personalbesetzungen eingespart werden.

1.4.3.1 Krankenhausverbund
Ein Krankenhausverbund steigert nicht nur die Attraktivität des „Netzes" als Arbeitgeber, sondern ermöglicht gleichzeitig, suboptimale Prozesse und Bereiche mit dem vorhandenen Personal zu optimieren, die Marktposition zu stärken und die Effizienz durch Umverteilung der Aufgaben und des Personals zu steigern. Der Versorgungsauftrag gerade in ländlichen Regionen kann somit langfristig und flächendeckend gesichert werden. Dem immer ausgeprägteren Fachkräftemangel kann somit ein Stück weit entgegengewirkt werden. Die Rahmenbedingungen für sektorübergreifende Patientenversorgung

stehen gut, um nicht nur qualitative, sondern auch ökonomische Nachteile im Bereich der Einkaufs- und Verhandlungsmacht auszugleichen.

Durch den Zusammenschluss der Partner können relativ kurzfristig Einsparungspotenziale im Sachkostenbereich bei der Beschaffung von Materialien über das Mengenkontingent erzielt werden. Je stärker die Produkte und Lieferanten standardisiert sind, desto höher ist die Abnahmemenge und somit der erzielte Kosteneinsparungseffekt. Ein Wettbewerber wird somit zum Partner.

Ein weiterer Vorteil von Zusammenschlüssen unter den Krankenhäusern ist die gegenseitige Unterstützung fachbereichsgleicher, aber kleinerer Abteilungen. Durch die Zusammenlegung und Ausweitung des Leistungsangebots verbessert sich das regionale Versorgungsangebot, und die geforderten Mindestmengen können eingehalten werden. Im Gegenzug sollte aber berücksichtigt werden, dass es nicht zu einem Mehrerlösausgleich kommt. Eine gezielte Steuerung ist unbedingt erforderlich.

Im Bereich der Prozessoptimierung bietet ein Zusammenschluss unter Krankenhauspartnern die Möglichkeit, suboptimale Prozesse zu zentralisieren oder zu dezentralisieren (z. B. im Bereich der Sterilisationsleistungen von Instrumenten oder von Laboranforderungen). Diese Leistungen können zur besseren Ressourcenverteilung und Erlössteigerung zum Teil auch nach extern angeboten werden.

1.4.3.2 Krankenkassen/Kostenträger
Krankenkassen nehmen mit gezielten **Kunden- und Patientenbindungsprogrammen** oder Strukturverträgen auf den Wettbewerb und somit auf die Zuweisung zum Krankenhaus direkten Einfluss. Pauschalprogramme, integrierte Versorgungsverträge oder Disease-Management-Programme vermitteln dem Patienten bei Teilnahme nicht nur einen wirtschaftlichen Vorteil (z. B. die Befreiung von der Telefongrundgebühr), sondern auch einen Vorteil hinsichtlich der Leistungserbringung. Dies sind Annehmlichkeiten, die unter Umständen mit der Leistungserbringung im Eigentlichen nicht in Zusammenhang stehen. Der Marketingeffekt bei Integrationsverträgen, die zusammen mit den Krankenkassen beworben werden, sollte dabei nicht unterschätzt werden. Durch die Krankenkassen erfolgt somit eine gezielte Steuerung der Patienten in bestimmte Krankenhäuser. Eine gemeinsame Entwicklung derartiger Programme kann hier für beide Partner nur von Vorteil sein. Das Krankenhaus kann unter Berücksichtigung der Implementierungskosten langfristig mehr Patienten behandeln, ein Mindestmaß an Zustrom durch die Krankenkasse ist ihm auf jeden Fall garantiert, während die Krankenkasse durch innovative und gleichzeitig für den Patienten attraktive Leistungen ihre Versicherten zufriedenstellen und an sich binden kann. Der Patient sollte dabei aber die primären Entscheidungskriterien, wie Behandlungsqualität und Wohnortnähe, nicht unberücksichtigt lassen.

Die Krankenkassen können zum einen Partner hinsichtlich gezielter Patientensteuerungsmechanismen sein, sie sind aber auch der Dreh- und Angelpunkt in Bezug auf die finanzielle Situation des Hauses.

Weitere Möglichkeiten des Versorgungsmanagements bieten Verträge innerhalb der **integrierten Versorgung**, bei denen der Behandlungsprozess mit mehreren Beteiligten im Vordergrund steht. Hier gibt es für das Krankenhaus in Abstimmung und Zustimmung mit den relevanten Kostenträgern verschiedene Ausgestaltungsmöglichkeiten im Rahmen des GKV-Wettbewerbsstärkungsgesetzes. Nur wenn die finanzielle Rentabilität und die qualitative Versorgungsverbesserung für alle beteiligten Leistungserbringer gewährleistet sind, erweisen sich integrierte Versorgungsmodelle als lukrativ. Das Krankenhaus kann z. B. Leistungen anbieten, die es unter normalen Zulassungsbedingungen nicht in der Lage wäre zu erbringen. Für die Krankenkassen hat die integrierte Versorgung zum Vorteil, dass sie im Gegensatz zu Disease-Management-Programmen, welche sich ausschließlich auf chronische Erkrankungen beziehen, individuelle Verträge mit den Leistungserbringern abschließen und somit ihren Versicherten besondere Konditionen und Leistungen anbieten können. Solche Verträge müssen je nach Zielgruppe sinnvoll ausgewählt werden: hier bieten die Krankenkassen aufgrund ihrer Stammdatenverwaltung eine Vielzahl an Informationen an und erleichtern die Entwicklung von klinischen Behandlungspfaden in Kooperation. Der Verwaltungsaufwand für die Krankenkassen ist dennoch bei integrierten Versorgungsverträgen wesentlich geringer als bei den vergleichbaren Disease-Management-Programmen, da der Aufwand meist von den Leistungserbringern, also den Krankenhäusern übernommen wird.

Eine Möglichkeit für ein attraktives Versorgungsmodell wäre z. B. eine Kooperation mit Leistungserbringern aus dem Bereich der stationären und ambulanten Rehabilitation. Das Krankenhaus als Verantwortlicher könnte somit alle Leistungen aus einer Hand anbieten, d. h. von der Vorsorge über die Operation zur Rehabilitation, bis hin zur Nachsorge.

Das sogenannte **P4P-Anreizsystem** (P4P: Pay for Performance) stellt ein Konzept dar, mit dem es gilt, die Krankenkassen von der hohen Leistungsqualität des Hauses zu überzeugen und somit einen unmittelbaren finanziellen Anreiz für das Krankenhaus abzuleiten. Hier ist jedoch die Frage der Höhe der zusätzlichen Vergütung in Relation zum Qualitätsindikator genauer zu definieren. Die zusätzliche Vergütung sollte zumindest die Kosten decken, die in direktem Bezug zur Qualitätsverbesserungsmaßnahme inklusive der Investitionskosten anzusetzen sind.

Die Qualitätssteigerung des jeweiligen Hauses wird aber derzeit noch über diverse Leistungszuschläge abgedeckt, deren Höhe in den einzelnen Budgetverhandlungen jährlich neu vereinbart wird. Pay for Performance wird aber dennoch als ein wichtiges Instrument zur Steuerung von Leistungserbringern und Steigerung der Qualität in der Patientenversorgung gesehen.

1.4.3.3 Medizinische Versorgungszentren (MVZ) § 95 Abs. 1 S. 2 SGB V

Als eines der bekanntesten sektorübergreifenden Versorgungsmodelle gilt das seit dem GKV-Modernisierungsgesetz 2004 eingeführte Modell des Medizinischen Versorgungszentrums (MVZ), von dem es mittlerweile über 1000 Stück gibt, davon ca. 37 % in der Trägerschaft eines Krankenhauses und 43 % in der Trägerschaft von Vertragsärzten. Das Krankenhaus kann mittels Gründung eines MVZs, einen Vertragsarztsitz vorausgesetzt, ambulante und stationäre Leistungen miteinander verknüpfen. Eine enge, räumliche und interdisziplinäre Zusammenarbeit mit niedergelassenen Ärzten ermöglicht eine sektorübergreifende Integration der Versorgung. Auch hier liegt das Ziel darin, Kosten mittels Nutzung gemeinsamer Ressourcen einzusparen und den verwaltungstechnischen Aufwand von einzeln geführten Leistungserbringern mittels der daraus gewonnenen Synergieeffekte zu reduzieren.

Die zunehmende Ambulantisierung ermöglicht den Krankenhäusern, durch die Gründung oder den Anschluss an ein MVZ weiterhin Leistungen anbieten zu können, die einer teuren und technisch apparativen Ausstattung bedürfen.

Die sinkende stationäre Nachfrage muss durch die ambulante Nachfrage aufgefüllt werden, folglich über die MVZs oder auch sogenannte Ambulatorien angeboten und finanziert werden.

Auch die Bindung zu ehemaligen Ärzten, die in dem jeweiligen Haus ihre Facharztausbildung genossen haben und sich die klinische Kompetenz erhalten wollen, fördert das Zuweisermanagement.

1.4.3.4 Staat durch gezielte Förderung

Der Sanierungs- und Erneuerungsbedarf in den Krankenhäusern wird zum einen aufgrund der zugenommenen Ansprüche des Kunden und zum anderen aufgrund der immer vor sich her geschobenen Bauinvestitionen und nun baufälligen Substanz unumgänglich. Da die Häuser diese Investitionen nicht selbst tragen können, greift ihnen der Staat – im Rahmen der zur Verfügung stehenden Förderung – unter die Arme. Um die entsprechende Förderquote zu bekommen und nicht von den tatsächlich anfallenden Kosten überrascht zu werden, sollte man daher einen fachkundigen und professionellen Projektmanager zurate ziehen, der die Förderrichtlinien des Bundeslands und die Berechnung der Förderquote in Relation zum im Raum- und Funktionsprogramm dargelegten Bedarf ermitteln kann.

Literatur

Bönsch DJ. Sanierung und Privatisierung von Krankenhäusern. Stuttgart: Kohlhammer; 2009

Bruckenberger E, Klaue S, Schwintowski HP, Hrsg. Krankenhausmärkte zwischen Regulierung und Wettbewerb. Berlin/Heidelberg/New York: Springer Verlag; 2006

Busse R, Schreyögg J, Tiemann O, Hrsg. Management im Gesundheitswesen. 2. Aufl. Berlin/Heidelberg/New York: Springer Verlag; 2010
Debatin JF, Ekkernkamp A, Schulte B, Hrsg. Krankenhausmanagement: Strategien, Konzepte, Methoden. Berlin: MWV, 2010
Goldschmidt AJW, Hilbert J. Krankenhausmanagement *mit Zukunft:* Orientierungswissen und Anregungen von Experten. Stuttgart: Thieme; 2011
www.kbv.de

1.5 Äußere Einflüsse

Nils F. Wittig

Gesundheit und gesundheitliche Vorsorge haben in unserer Gesellschaft nicht nur für Individuen Bedeutung, sondern sind in zunehmendem Maße Aufgabe dafür eingerichteter Institutionen. Entsprechend steigen das politische und das öffentliche Interesse an diesem Feld und bewirken eine wachsende Aufmerksamkeit. Dies liegt nicht zuletzt darin begründet, dass sich das Gesundheitswesen neben der Aufgabe der Daseinsvorsorge zu einem der bedeutendsten Wirtschaftszweige entwickelt hat. Einhergehend mit diesem Trend rückt auch das Thema Krankheit in das Bewusstsein der dem demografischen Wandel unterliegenden, immer älteren und somit auch krankheitsanfälligeren Gesellschaft.

Als zentrale Gesundheitseinrichtung sind Krankenhäuser als Gesundheitsdienstleister dabei vielschichtigen Einflüssen ausgesetzt, die von unterschiedlichen Seiten auf sie wirken. Diese haben maßgebliche Konsequenzen für die Geschäftsführung der Krankenhäuser und den Klinikalltag in den patientennahen und -fernen Berufsgruppen.

Ziel dieses Kapitels ist es, die äußeren Einflüsse auf die Krankenhäuser im Allgemeinen, aber insbesondere auch durch die Bereiche Medien, Politik und Öffentlichkeit, zu erörtern und deren Wirkung auf das Unternehmen und die Mitarbeiter zu erläutern.

Abbildung 1.**7** verdeutlicht die äußeren Einflüsse auf ein Krankenhaus und deren Akteure, die hier entsprechend wirken: Sei es aktiv durch direkte Einflussnahme – beispielsweise Politik durch Gesetzgebung –, sei es passiv durch das Informationsbedürfnis der Öffentlichkeit.

Der Patient, der zur Behandlung in ein Krankenhaus kommt, ist zunehmend umfassend vorinformiert. Diese Informationen können beispielsweise über das Internet abgerufen worden sein. Für den behandelnden Arzt bedeutet dies einen höheren Zeitaufwand für die Patientengespräche, da der mündige Patient Aussagen und Therapiepläne ebenso hinterfragt wie die grundlegende Diagnosestellung. Hieraus erwachsen entsprechende

1 Das Drumherum

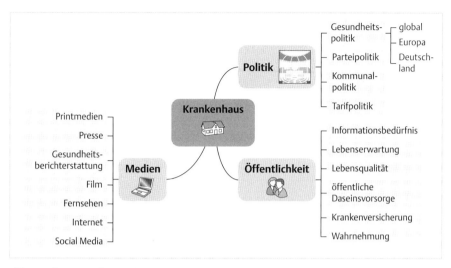

Abb. 1.7 Äußere Einflüsse auf das Krankenhaus.

Herausforderungen in der Personalplanung und bei der Ausbildung des Personals mit direktem Patientenkontakt.

Für das Thema Krankenhaus existiert allgemein ein überdurchschnittlich hohes Interesse. Dies hängt zum einen mit der vielfach existenziellen Bedeutung eines Krankenhausaufenthalts für den Patienten zusammen, zum anderen mit dem großen wirtschaftlichen Gewicht der Branche. Im Jahr 2010 arbeiteten im deutschen Gesundheitswesen 4,8 Mio. Arbeitnehmer. Dies entspricht einem Anteil von knapp 12 % der 40,5 Mio. Erwerbstätigen in Deutschland (Statistisches Bundesamt Deutschland 2012a). Von den Beschäftigten im Gesundheitswesen sind in den deutschen Krankenhäusern ca. 17 % beschäftigt (Statistisches Bundesamt Deutschland 2012b). Diese Werte belegen die politische und wirtschaftliche Relevanz des Gesundheits- und Krankenhausmarkts für den Staat und die Gesellschaft. Eine Einflussnahme der gesellschaftlichen Entscheidungsträger und Meinungsbildner ist somit unabdingbar, woraus sich entsprechende Konsequenzen für die Krankenhäuser ergeben.

Neben dem Ziel einer Bewahrung des höchsten Gutes der Bevölkerung – der Gesundheit – bestimmen diverse Individualinteressen der beteiligten Gruppen das Krankenhauswesen. Aus Sicht des Krankenhauses müssen Veränderungen der gesellschaftlichen Umwelt deshalb kontinuierlich beobachtet werden, um daraus resultierende Erfordernisse rechtzeitig erkennen und umsetzen zu können. Diese können dringlich sein und ein sofortiges Handeln bedingen, oder sie können langfristige Auswirkungen auf die Strategie des Krankenhauses haben, ohne das aktuelle operative Geschäft zu betreffen. Die folgenden Abschnitte verdeutlichen dies und zeigen die Herausforderungen auf, denen sich Krankenhäuser in der Reaktion auf äußere Einflüsse stellen müssen.

1.5.1 Medien

Wegen des immer intensiveren Medienkonsums der Bürger haben die Medien über Art und Umfang der Information, die Form der Darstellung und die Auswahl von Themenschwerpunkten einen umfassenden Einfluss auf die Gesellschaft. Diesem Einfluss unterliegen damit auch die Krankenhäuser, die regelmäßig in der Berichterstattung behandelt werden. Dabei bilden reine Sachargumentationen nicht immer den Kern der Information, die der Öffentlichkeit zur Verfügung gestellt wird.

Diverse Interessengruppen nutzen die Medien, um ihre eigenen Ziele zu verfolgen. Dies gilt für Unternehmen, Politik und weitere Institutionen gleichermaßen. Auch die Medien selbst haben ein wirtschaftliches Interesse an der Platzierung interessierender Themen, die eine möglichst große Zielgruppe erreichen und so die Marktposition der Medienanbieter stärken sollen.

Die Nutzung digitaler Medien nimmt auch in höheren Altersklassen zu. Daher bedingt die steigende Technikakzeptanz der nach der Größenordnung am stärksten vertretenen Gruppe der Patienten einen steigenden Einfluss von Internet und Social Media auf das Krankenhaus. Diese und weitere Medien werden in den folgenden Abschnitten behandelt und deren Bedeutung für das Krankenhaus erörtert. Dabei wird auf eine detaillierte theoretische Darstellung der einzelnen Medien verzichtet, um der Zielsetzung des vorliegenden Buches folgend deren Einflüsse auf das Krankenhaus praxisgerecht und verständlich darzustellen.

1.5.1.1 Presse und Printmedien

Dem breiten Interesse der Öffentlichkeit folgend findet eine regelmäßige Berichterstattung der Printmedien zu Themen rund ums Krankenhaus statt. Als durch den Leser als überdurchschnittlich zuverlässig eingestuftes Medium der Information tragen sie intensiv zur Meinungsbildung der Bevölkerung bei. Die Berichterstattung reicht dabei von der Bundesgesundheitspolitik und gesundheitspolitischen Parteiprogrammen über regionale Krankenhausversorgung bis hin zu Dienstjubiläen einzelner Mitarbeiter der Kliniken. Je weniger das aktuelle Thema zum Standardgeschäft gehört, desto umfangreicher und intensiver ist in der Regel die Berichterstattung.

Für ein Krankenhaus gleich welcher Versorgungsstufe gilt es daher, durch regelmäßigen Kontakt zur Presse Informationen zur Verfügung zu stellen. Über Pressemitteilungen lassen sich beispielsweise Themen platzieren und die Präsenz des eigenen Hauses in den Medien steigern. Da die Berichterstattung einen großen Einfluss auf die Bevölkerung und damit einen potenziellen Kunden des Krankenhauses hat, sollte dieses Kommunikationsfeld keinesfalls dem Zufall überlassen werden.

Auch die Öffentlichkeit selbst nutzt die Printmedien zur Darstellung eigener Meinungen und Anliegen in Form von Leserbriefen. Dies findet mit erhöhter Frequenz statt, wenn emotional bewegende Themen, wie etwa die Schließung einer Klinik von der Presse behandelt werden. Je größer der thematische Regionalbezug an dieser Stelle ist, desto heftiger fallen oft die Reaktionen aus. Dies kann zu breiten Meinungsbildungen innerhalb der Bevölkerung führen und so über die Politik auf die wirtschaftlichen und strukturellen Entscheidungen der Krankenhausführung Einfluss nehmen. Es gilt dabei abzuschätzen, welche Themen es von der Krankenhausführung im Dialog zu lösen gilt und welche Themen besser unbeantwortet bleiben.

Im Fall einer akuten Krise oder eines Schadensfalls sind das Interesse der Presse und die Präsenz in den Printmedien am höchsten. Kommt es zu einer Patientenschädigung oder besteht die Möglichkeit eines hygienischen Mangels in einer Klinik, hat dies weitreichende Folgen für das Image und damit das wirtschaftliche Bestehen des Unternehmens. Für solche Fälle gilt es, Kommunikationspläne bereitzuhalten, die Ansprechpartner und Zuständigkeiten gegenüber der Presse regeln, um in Zeiten dringlicher Kommunikation strukturiert vorgehen zu können.

Der Einfluss der Presse und der Printmedien steht in einer engen Wechselbeziehung zu Politik und Öffentlichkeit: Politische Entscheidungen mit Relevanz für das Krankenhauswesen interessieren die Öffentlichkeit, die ihrerseits wiederum Einfluss auf die Politik ausübt. Der Abdruck krankenhausspezifischer Themen folgt somit der Information der Öffentlichkeit und den wirtschaftlichen Zielen des publizierenden Verlags selbst. Die Politik ihrerseits nutzt Printmedien sowohl zur Information über gesundheitspolitische Themen als auch zur persönlichen und parteipolitischen Profilschärfung.

1.5.1.2 Gesundheitsberichterstattung
Um den im Gesundheitswesen entscheidenden Akteuren verlässliche, regelmäßig auf statistischen Erhebungen basierende Informationen zu liefern, wird seitens des Bundesministeriums für Gesundheit von offizieller Seite die Gesundheitsberichterstattung zur Verfügung gestellt. Hierin werden Erfahrungen, Informationen und Wissen zu gesundheitlichen Gefährdungen, Häufigkeit und Verteilung von Krankheiten und Todesursachen geliefert. Ebenso werden Stärken und Schwächen des Versorgungssystems erörtert. Ziel der Gesundheitsberichterstattung ist es, eine effiziente, zukunftsgerechte Gesundheitspolitik zu ermöglichen (Rosenbrock u. Gerlinger 2006).

Der Gesundheitsberichterstattung kommt somit eine wichtige Funktion bei der Bereitstellung von solchen Informationen zu, auf deren Basis in der Folge auf politischer Ebene weitreichende Entscheidungen für die Krankenhäuser getroffen werden.

Innerhalb der Gesundheitsberichterstattung werden die Informationen in 4 Bereichen aufbereitet und dargestellt: Der **Risikoberichterstattung** kommt dabei die Aufgabe zu, über gesundheitliche Belastungen und Ressourcen zu informieren. Um bereits im Verdachtsfall reagieren zu können, werden hier auch noch nicht wissenschaftlich geklärte Gefährdungen aufgenommen. Ziel der **Krankheitsberichterstattung** ist die Distribution von Informationen zu Umfang, Art und struktureller Verteilung von Erkrankungen. Sie dient zum einen der Erfassung der Verbreitung gesundheitlicher Gefahren und ist damit grundlegend für die Planung und Steuerung des Versorgungssystems; zum anderen kann hier eine Art Ergebniskontrolle gesundheitspolitischer Maßnahmen vorgenommen werden. Informationen zur Ausstattung, Inanspruchnahme sowie Leistung und Leistungsfähigkeit von Institutionen im Gesundheitssystem werden innerhalb der **Versorgungsberichterstattung** bereitgestellt (Rosenbrock u. Gerlinger 2006). Hier werden entsprechende Daten über Ressourcen und Leistung von Krankenhäusern aufbereitet und dargelegt. Somit können aus den zur Verfügung gestellten Informationen zukünftige Einflüsse auf das Krankenhauswesen abgeleitet und Maßnahmen eingeleitet werden. Innerhalb der **Politikberichterstattung** werden Argumente, Verlauf und Ergebnisse von Aktionen und Initiativen zur Verbesserung von Prävention und Krankenversorgung dargelegt.

1.5.1.3 Film und Fernsehen

Der Bürger verbringt einen erheblichen Teil seiner Freizeit mit Fernsehen. Bei intensivem Fernsehkonsum besteht die Möglichkeit, dass die fiktive Darstellung der Realität im Fernsehen durch den Zuschauer mit der wahren Realität vermischt wird. Die mediale Realität hat bei Vielsehern einen steigenden Anteil am Leben, wodurch Primärerfahrungen des wirklichen Lebens in erheblichen Umfang durch mediale Erfahrungen ersetzt werden. Aufgrund des hohen durchschnittlichen Fernsehkonsums ist davon auszugehen, dass sich Patienten ebenso wenig wie der Rest der Bevölkerung dieser medialen Erfahrung entziehen können (Witzel 2007). Die so gewonnenen fiktiven Erfahrungen haben Einfluss auf die Erwartungen an seinen Krankenhausaufenthalt und die Behandlung durch das Personal. Hieran haben Arzt- und Krankenhausserien entsprechend ihren umfangreichen Sendezeiten einen deutlichen Anteil. Es konnte unter anderem ein Zusammenhang zwischen Unzufriedenheit mit der Visite und hohem Fernsehkonsum bei Kenntnis einer Vielzahl von Arztserien nachgewiesen werden. Ebenso ist festzuhalten, dass Vielseher von Arzt- und Krankenhausserien deren medizinische Inhalte für realistischer halten als solche Personen, die diese Sendungen nicht regelmäßig konsumieren. Um also eine positive Wahrnehmung des Patienten für dessen tatsächlichen Klinikaufenthalt zu erreichen, muss die Klinik die Darstellung des Klinikalltags im Fernsehen beachten (Witzel 2007).

1.5.1.4 Internet

Die veränderten Möglichkeiten der Information durch und über das Internet haben die Medienlandschaft in den vergangenen 2 Jahrzehnten entscheidend geprägt. Im Jahr 2011 verfügten bereits 77% aller privaten Haushalte in Deutschland über einen Internetanschluss (Statistisches Bundesamt Deutschland 2012e). Hieraus ergeben sich weitreichende Herausforderungen für die Anbieter und Nutzer dieser Informationsquelle.

Die Patienten eines Krankenhauses und deren Angehörige haben so eine umfassende Informationsmöglichkeit über ein Krankheitsbild mit Therapiemöglichkeiten und Darstellung des Krankheits- und Heilungsverlaufs. Diese Informationen werden von Fachpersonen und Laienschreibern zur Verfügung gestellt. Da die Quelle und der Ausbildungsstand des Schreibers oft nicht erkennbar sind, kann der Internetnutzer nur schwer eine Grenze zwischen validen und weniger zuverlässigen Informationen ziehen. Hieraus ergibt sich für das Gesundheitswesen und damit auch die Krankenhäuser die Aufgabe, nutzergerecht aufbereitete Fachinformationen übersichtlich darzustellen, um Verwirrung zu vermeiden.

Neben der Möglichkeit der diagnosebezogenen Recherche ermöglicht das Internet einen schnellen überregionalen Anbietervergleich. Über die Datenautobahn sind Kliniken, die in einer Entfernung von mehreren hundert Kilometern vom Internetnutzer liegen, nur einen Mausklick entfernt. Dementsprechend nimmt die gefühlte räumliche Distanz ab, und die regionalen Kliniken stehen im direkten Vergleich zu anderen Anbietern in ganz Deutschland – aus wirtschaftlichen Gründen, wenn Patienten Behandlungskosten sparen wollen, auch international.

Die Anforderungen an den Webauftritt eines Krankenhauses beschränken sich also keinesfalls auf die Darstellung von Abteilungen und Kontaktmöglichkeiten, sondern sie müssen dem Nutzer vielmehr ein ganzheitliches Bild der Klinik vermitteln und dabei seinen Vorteil beim Aufenthalt in eben dieser Klinik herausstellen. Dies geht über die medizinischen Behandlungsmöglichkeiten hinaus und sollte alle Themen von der Anfahrt bis zur Entlassung behandeln. Eine nachvollziehbare Aktualität wird dabei vorausgesetzt.

Über das Internet können Informationen über ein Krankenhaus in hoher Geschwindigkeit an ein breites Publikum verbreitet werden; dies gilt gleichermaßen für – aus Sicht des Krankenhauses – positive wie negative Informationen. Ein kontinuierliches Überprüfen der über eine Klinik verfügbaren Informationen ist somit wesentlicher Bestandteil des krankenhauseigenen Medienüberblicks.

1.5.1.5 Social Media

Auch der Einfluss von Social Media auf das Gesundheitswesen nimmt zu. Dabei wird unter dem Begriff eine breite Sammlung diverser Entwicklungen im Web 2.0 zusammengefasst, die den Austausch, Kontakt und die Vernetzung von Internetnutzern ermöglichen. Hier besteht für Interessierte die Möglichkeit, über das Internet in einen für andere Nutzer verfolgbaren Dialog zu treten und über Plattformen wie Facebook oder Twitter ihre Meinung zu Themen und Institutionen zu äußern. Eine Verbreitung von Inhalten und Meinungen kann hier sehr schnell erfolgen, was den Krankenhäusern eine kurze Reaktionszeit abverlangt, um als Kommunikationspartner ernst genommen zu werden. Neben der Möglichkeit, über bekannte Foren einen Blog zu führen, besteht für Kliniken die Möglichkeit, diesen auch auf einer eigenen Webpräsenz aufzubauen.

Hier wie dort kann das Krankenhaus in kurzen Artikeln oder Schlagzeilen über aktuelle Themen, Aktionen und Veranstaltungen aus der Klinik informieren und die Rückmeldung der interessierten Internetöffentlichkeit einholen. Negative Kommentare einzelner Nutzer, die somit einer breiten Leserschaft zugänglich gemacht werden, können innerhalb von Foren und Blogs nicht vermieden werden. Es besteht stattdessen die Chance für die Krankenhäuser, mit den Kritikern in eine Diskussion einzusteigen und über gezielte Maßnahmen die Zufriedenheit einzelner Personen öffentlichkeitswirksam zu steigern. Über die so dargestellte Kompetenz und Vertrauenswürdigkeit eines Krankenhauses lassen sich somit positive Impulse für das Klinikimage generieren. Eine weitere, aus Sicht des Krankenhauses reizvolle Möglichkeit, sich innerhalb der Social Media als kompetenter Erbringer medizinischer Dienstleistungen zu positionieren, besteht im Engagement innerhalb digital organisierter Selbsthilfegruppen und Foren zu Gesundheitsthemen.

Aus Sicht des Krankenhauses ist es innerhalb der Social Media nicht das Ziel, kurzfristiges Gewinnstreben umzusetzen, sondern einen langfristigen Dialog mit Patienten und weiteren Zielgruppen aufzubauen. Über diesen lassen sich mittel- und langfristig wirtschaftliche Ziele realisieren. Insbesondere ist es daher von Interesse, die meinungsbildenden Informationen zu kennen und zielgerichtet einzugreifen, um über ein positives Image den langfristigen Unternehmenserfolg zu stärken.

1.5.2 Politik

Die Einwirkungen der Politik auf das Gesundheitswesen und die Krankenhäuser in Deutschland sind von vielschichtigen Interessen und Zielen geleitet. Dabei gehört die Verteilung der dem Staat zur Verfügung stehenden Mittel zu den Aufgaben der Politik. Bei begrenzten Mitteln stehen Ressourcen, die für das Gesundheitswesen aufgewendet werden, anderen Bereichen wie Bildung und Kultur nicht mehr zur Verfügung. Eine Abwägung des Nutzens ist also unabdingbar, da der Staatshaushalt begrenzt ist und neue Schulden vermieden werden sollen.

Insbesondere wird im Folgenden auf den Einfluss bundesweiter Gesundheitspolitik und kommunalpolitischer Gremien eingegangen, ohne Politiktheorie zu vertiefen, um dem praxisnahen Charakter des vorliegenden Buches zu folgen.

1.5.2.1 Gesundheitswesen und -politik im Wandel
Der demografische Wandel in Deutschland mit einer steigenden Lebenserwartung und entsprechender Veränderung der Altersstruktur stellt die Gesundheitspolitik vor Herausforderungen, die ein Umdenken und langfristig ausgelegtes Handeln notwendig machen, um eine Finanzierbarkeit des Systems zu gewährleisten. Es sind in Deutschland, neben der Verfügbarkeit von gesunden Nahrungsmitteln und einem steigenden Interesse an gesunder Lebensführung, neue Behandlungsmethoden und medizintechnische Innovationen, welche die Lebenserwartungen der Bevölkerung steigen lassen. Darüber hinaus erlaubt ein breiter gesellschaftlicher Wohlstand über Beitragsleistungen entsprechende finanzielle Investitionen in das Gesundheitssystem (Knoepffler u. Albrecht 2011). Mit Blick auf diese Entwicklung hat die Gesundheitswirtschaft eine wettbewerbsstrategische Schlüsselrolle mit hohem Wachstumspotenzial (Rasche u. Braun von Reinersdorff 2011).

1.5.2.2 Rechtliche Vorgaben global beleuchtet

In Kapitel 1.1 hat eine umfassende Betrachtung der für das Krankenhaus relevanten Gesetze stattgefunden. Um den politischen und rechtlichen Rahmen deutscher Krankenhäuser im internationalen Vergleich aufzuzeigen, stellt Abbildung 1.**8** die zentrale Vorgabe des Wirtschaftlichkeitsgebots laut dem Sozialgesetzbuch der Bundesrepublik Deutschland der grundlegenden Erklärung der World Health Organization aus dem Jahr 1978 gegenüber.

Die internationale Vorgabe der WHO postuliert als wichtigstes Ziel die Erreichung eines höchstmöglichen Gesundheitsstandards als Grundrecht eines jeden Menschen.

Deutschland gehört im weltweiten Vergleich zu einem der Länder, in denen die medizintechnischen Möglichkeiten und der Ausbildungsstandard des ärztlichen und pflegerischen Personals diese Forderung erfüllen könnten. Dem steht die Problematik der Finanzierbarkeit der Forderung der WHO gegenüber. Eine Erreichung der höchstmöglichen medizinischen Versorgung als flächendeckender Standard ist selbst in Deutschland volkswirtschaftlich nicht zu realisieren. Insofern findet sich auch in der offiziellen deutschen Übersetzung der Weltgesundheitsorganisation der in Abbildung 1.**8** aufgeführten Erklärung die Formulierung, dass „... Gesundheit ... ein grundlegendes Menschenrecht darstellt und dass das Erreichen eines möglichst guten Gesundheitszustands ein äußerst wichtiges weltweites soziales Ziel ist ..." (Weltgesundheitsorganisation 1978).

Erklärung der Weltgesundheitsorganisation aus dem Jahr 1978

The Conference strongly reaffirms that health, which is a state of complete physical, mental and social wellbeing, and not merely the absence of disease or infirmity, is a fundamental human right and **that the attainment of the highest possible level of health is a most important world-wide social goal** whose realization requires the action of many other social and economic sectors in addition to the health sector.

Wirtschaftlichkeitsgebot des Sozialgesetzbuchs der Bundesrepublik Deutschland zur Versorgung in Krankenhäusern

§ 12 SGB V

(1) Die Leistungen müssen ausreichend, zweckmäßig und wirtschaftlich sein; sie dürfen das Maß des Notwendigen nicht überschreiten. Leistungen, die nicht notwendig oder unwirtschaftlich sind, können Versicherte nicht beanspruchen, dürfen die Leistungserbringer nicht bewirken und die Krankenkassen nicht bewilligen.

Abb. 1.**8** Forderung der World Health Organization zur Ausgestaltung der Gesundheitsversorgung im Kontrast zum Wirtschaftlichkeitsgebot des deutschen Sozialgesetzbuchs mit Gültigkeit für Krankenhäuser.

Die Rechtsprechung in Deutschland gibt im Sozialgesetzbuch das Wirtschaftlichkeitsgebot der Behandlung in einem Krankenhaus vor. Dieses Gesetz ist den meisten Bürgern nicht bekannt, was zu einem regelmäßigen Interessenkonflikt zwischen Leistungsempfängern und -erbringern führt: Der Bürger hat den Anspruch, eine Versorgung auf höchstem Niveau zu erhalten; der Arzt möchte diese erbringen, aber dem Krankenhaus wird die Leistung nicht über das Niveau des Notwendigen hinaus bezahlt. Somit steht die medizinische Versorgung im Zwiespalt zwischen dem Zwang der wirtschaftlichen Leistungserbringung und der Forderung nach medizinischer Versorgung auf höchstem Niveau. Hieraus resultieren unter anderem die angespannte wirtschaftliche Lage der Krankenhäuser in Deutschland und eine vielfach festzustellende Unzufriedenheit des Klinikpersonals.

1.5.2.3 Gesundheitspolitik in der Bundesrepublik Deutschland

Das allgemein vorherrschende Verständnis von Gesundheitspolitik ist regelmäßig auf Krankenversorgungspolitik und Kostendämpfungspolitik reduziert. Beide Vorgaben prägen den gesundheitspolitischen Alltag und sind damit nicht falsch, zumal sie die dominierende gesellschaftliche Wahrnehmung zum Ausdruck bringen. Allerdings werden in dieser Betrachtung das Gestaltungsfeld der Bevölkerungsgesundheit und die Aufgabe ihrer Verbesserung erst in zweiter Linie berücksichtigt.

Ziel der Gesundheitspolitik in Deutschland ist die Verbesserung der Bevölkerungsgesundheit durch die Minderung krankheitsbedingter Einschränkungen der Lebensqualität und des vorzeitigen krankheitsbedingten Todes. Dies kann im Rahmen der Prävention über die Senkung der Wahrscheinlichkeit der Erkrankung und über die Verbesserung der Krankenversorgung und Rehabilitation erreicht werden (Rosenbrock u. Gerlinger 2006).

Der genannte Aspekt der Kostenkontrolle und -dämpfung ist somit nicht als primäres Ziel der Gesundheitspolitik zu verstehen, sondern als ökonomische Rahmenbedingung. Im Klinikalltag wird dieses Verständnis der Gesundheitspolitik jedoch regelmäßig durch die patientennahen Berufsgruppen infrage gestellt, da deren Wahrnehmung der politischen Vorgaben eine andere ist. Nach ihrer Meinung wird der Kostenaspekt zu sehr in den Mittelpunkt politischen Handelns gerückt. Somit ergibt sich für die Krankenhausführung die wichtige Aufgabe der Vermittlung und Verständnisbereitung politischer Vorgaben für die Mitarbeiter in den Krankenhäusern. Darüber hinaus müssen politische Vorgaben aber auch in einem unternehmensrechtlich machbaren Umfang umgesetzt werden. Hierbei spielen ohne Frage die Knappheit der Ressourcen und die damit verbundene Notwendigkeit der Kostendämpfung eine entscheidende Rolle.

Mit Blick auf die Politik in Deutschland kann gesagt werden, dass in der gesundheitspolitischen Wahrnehmung und Handlungsorientierung die Wahrung und Ausweitung politischer Macht von zentraler Bedeutung ist. In einer Demokratie wird sie über Wahlen zugewiesen, und somit ist sie an die Zustimmung der Bevölkerung zur politischen Handlungsweise gebunden. Für politische Akteure ist es insoweit handlungsrelevant, im Rahmen der gesundheitspolitischen Arbeit die Zustimmung der breiten Bevölkerung zu gewinnen (Rosenbrock u. Gerlinger 2006). Hieraus können langfristig positive und negative Effekte für die Führung von Krankenhäusern entstehen.

1.5.2.4 Kommunalpolitischer Einfluss auf Krankenhäuser

Der Einfluss kommunaler Politik auf die regionalen Krankenhäuser ist vielerorts groß. Dies liegt einerseits im direkten Einfluss regionaler Politik auf Krankenhäuser in öffentlicher Trägerschaft begründet. Im Jahr 2010 befanden sich 630 der 2064 Krankenhäuser in öffentlicher Hand, Tendenz fallend (Statistisches Bundesamt Deutschland 2012c). Somit hat die Politik über Aufsichtsgremien und andere Steuerungsmöglichkeiten einen direkten Einfluss auf über 30% der Krankenhäuser. Hierin ist sowohl eine Chance als auch ein Risiko zu sehen. Ein entscheidender Vorteil kommunaler Krankenhäuser liegt darin, dass sie die Möglichkeit haben, potenzielle Überschüsse in medizintechnische Ausstattung und die Fortbildung ihrer Mitarbeiter zu investieren, anstatt diese an Kapitalgeber abzuführen. Ist dies der Fall, wird eine langfristige Positionierung am Markt möglich und die Wettbewerbsposition lässt sich stärken. Vielfach spielen jedoch über das operative und strategische Krankenhausmanagement hinausgehende Interessen und Fragestellungen eine Rolle für die Entscheidungen in und mit kommunalen Krankenhäusern. Hierdurch bedingt ist der Anteil wirtschaftlich aufgestellter kommunaler Krankenhäuser geringer als bei denen in privatem Eigentum. Die kommunale Politik ist jedoch vielfach nicht mehr in der Lage, die entstehenden Defizite auszugleichen. Hierin liegt die in den vergangenen Jahren vollzogene Privatisierungswelle begründet.

Die emotionale Verbindung der Bevölkerung mit den Krankenhäusern am Ort ist als sehr hoch anzusehen. Dies liegt primär daran, dass ein nahes Krankenhaus dem Bürger Sicherheit vermittelt. Für die Region stellen Kliniken insbesondere im ländlichen Bereich außerdem einen entscheidenden Wirtschaftsfaktor dar. Daraus resultiert ein Feld kommunalpolitischer Aktivitäten in Hinblick auf kurz- und mittelfristige politische Einflusssicherung. Ebenso begründet die skizzierte Situation ein hohes mediales Interesse an der regionalen und bundesweiten Krankenversorgung und an den Krankenhäusern – was die politische Aktivität in diesem Bereich zusätzlich antreibt.

1.5.2.5 Tarifpolitik

Die Bezahlung des größten Teils der Angestellten in Krankenhäusern ist tariflich geregelt. Die regelmäßigen tariflichen Steigerungen wirken sich entsprechend deutlich auf die Krankenhäuser aus, deren Personalkosten sich regelmäßig auf 60 bis 70% der Gesamtkosten belaufen. Eine Steigerung wird über Verhandlungen und Tarifabschlüsse zwischen der Arbeitgeber- und Arbeitnehmerseite erreicht. Dem gehen bei einer entsprechenden Diskrepanz zwischen dem Angebot der Arbeitgeber und der Forderung der Arbeitnehmervertretung Streiks voraus, um den Druck auf den Verhandlungspartner zu erhöhen. Ein Streik hat entscheidende Auswirkung auf das Tagesgeschäft in den Krankenhäusern. Teilweise ist es hier in Streikzeiten nur noch möglich, die Behandlung von Notfällen vorzunehmen. Geplante Eingriffe müssen während des Streikes oft verschoben werden. Kommt ein Tarifabschluss zustande, bedeutet dies eine entsprechende Erhöhung der Personalkosten, die nicht direkt durch eine Mehrvergütung innerhalb des

DRG-Systems (siehe 1.5.3.4) kompensiert wird. Hierdurch steigt der wirtschaftliche Druck auf die Krankenhäuser, die ihrerseits durch Kosteneinsparungen oder die Erschließung neuer Umsatzfelder die Auswirkungen auf das Jahresergebnis abfedern müssen.

1.5.3 Öffentlichkeit

Die breite Öffentlichkeit hat ein großes Interesse an der Gesundheitsversorgung im Allgemeinen und am Krankenhauswesen im Speziellen. Dabei zielt das Interesse nicht primär auf die Wirtschaftlichkeit der Institution Krankenhaus ab, sondern vielmehr auf das Krankenhaus als Institution der öffentlichen Daseinsvorsorge. Das Gefühl der Sicherheit, im Krankheitsfall eine hervorragende medizinische Versorgung zu erhalten – nach Möglichkeit nah am Wohnort – ist Teil des gesellschaftlichen Verständnisses der Grundrechte eines Bürgers unseres Landes. Aus diesem großen Interesse erwächst ein entsprechender Einfluss auf die Krankenhäuser. Dies ist zum einen auf indirektem Wege über die Politik möglich, die gesundheitspolitische Themen im Interesse der Bürger zu gestalten versucht. Im Falle der Unzufriedenheit – insbesondere infragestellungen regionaler Krankenhauspolitik – steuern Bürger Entscheidungen aktiv mit. Dies geschieht in Form von Unterschriftensammlungen oder Demonstrationen, mit denen jeweils ein spezielles Ziel verfolgt wird. Wird beispielsweise die Schließung eines Krankenhauses geplant, kann dies heftige Proteste und gezielte Aktionen der Bevölkerung zur Erhaltung des Krankenhausstandorts auslösen. In Folge des so aufgebauten politischen Druckes kann es in seltenen Fällen sogar zu einer Rücknahme einer solchen Schließungsentscheidung kommen.

1.5.3.1 Informationsbedürfnis

Dem existenziellen Charakter der Gesundheitsversorgung entspringt das hohe Bedürfnis nach Informationen rund um das Thema. Hier finden Krankenhäuser besondere Beachtung, weil sie eine zentrale Einheit der Gesundheitsversorgung sind und damit eine möglicherweise lebensrettende Stellung für ein Individuum einnehmen. Dieses Informationsbedürfnis wiederum ist der Grundstein des hohen medialen Interesses am Krankenhauswesen, das in Abschnitt 1.5.1 erläutert wurde. Eine medizinische Versorgung auf hohem Niveau wird dabei von der Bevölkerung vorausgesetzt. Darstellungen von Abweichungen von dieser Erwartung führen in der Regel sofort zu einem großen überregionalen Interesse und weitreichenden Diskussionen über das Gesundheitssystem. Ein Krankenhaus steht somit im Falle eines vermuteten Fehlers – z. B. im Bereich Hygiene, bei dem es zu einer Patientenschädigung gekommen ist – über Nacht im Zentrum der deutschlandweiten öffentlichen Beachtung. Dies bedingt eine gründliche Vorbereitung einer Krisenkommunikation für den Ernstfall, um eine betriebsgefährdende Rufschädigung für das Krankenhaus zu vermeiden und ihr mit gezielter, planvoller Kommunikation und Krisenmanagement entgegenzuwirken.

1.5.3.2 Lebensqualität und -erwartung

Lag die Lebenserwartung eines Mannes bei Geburt im Jahr 1993 noch bei 73 Jahren, liegt sie bei einer Geburt im Jahr 2008 schon bei 77,5 Jahren (Statistisches Bundesamt Deutschland 2012d). Diese rasante Entwicklung sorgt für die vielfach zitierte Veränderung der Alterspyramide. Hieraus ergeben sich weitreichende Konsequenzen für das Krankenhauswesen. Im Alter steigt die Wahrscheinlichkeit des Krankheitsfalls mit Krankenhausaufenthalt. Zusätzlich haben Patienten im höheren Alter regelmäßig nicht nur eine Erkrankung, sondern kommen mit einer Vielzahl behandlungsrelevanter Nebenerkrankungen ins Krankenhaus. Die Krankenhäuser sind somit gezwungen, die Behandlung der Patienten anzupassen, da über die primäre Diagnose, die den Krankenhausaufenthalt bedingt, weitere Erkrankungen behandelt werden müssen und vermehrt auf Wechselwirkungen mit bestehenden Medikationen geachtet werden muss. Dies macht umfangreiche informationstechnische Unterstützung notwendig, um Patientenschädigungen zu vermeiden.

1.5.3.3 Öffentliche Daseinsvorsorge im Wettbewerb

Krankenhäuser sind Einrichtungen der öffentlichen Daseinsvorsorge. Dabei wird eine breite wohnortnahe Versorgung durch leistungsfähige Krankenhäuser als Grundversorgung des Sozialstaats angesehen. Um diese so verstandene Voraussetzung möglichst flächendeckend aufrechterhalten zu können, musste die Effizienz und Qualität im Krankenhauswesen erhöht werden. Dies sollte über eine Erhöhung des Wettbewerbs zwischen den Krankenhäusern erreicht werden. Um diese und weitere Ziele und zusätzlich eine höhere Systemtransparenz zu erreichen, wurde das leistungsorientierte DRG-Vergütungssystem für die Krankenhäuser eingeführt (Malzahn et al. 2011). Für Kommunen und ihre Unternehmen bringt der aktuelle Prozess dieser Veränderungen umfangreiche Herausforderungen. Dies trifft neben der Gesundheitsversorgung auf diverse andere kommunale Aufgabenbereiche, wie beispielsweise die Belieferung mit Gas und die Entsorgung und Aufbereitung von Abwasser, zu. Die Krankenhäuser in öffentlicher Hand als Hauptinstrument der Gesundheitsversorgung müssen somit den Spagat zwischen der flächendeckenden Sicherung der Krankenversorgung und wirtschaftlichem Erfolgsdruck schaffen (Tischer 2007). Diese Entwicklung hat zu einer Abnahme der Anzahl der Krankenhäuser geführt, die sich voraussichtlich in der Zukunft im Rahmen der Liberalisierung und Deregulierung des Gesundheitsmarkts fortsetzen wird. Dies stellt die Krankenhäuser vor die Aufgabe, im Wettbewerb zu bestehen und die eigene Marktstellung durch Verbundbildung mit der Realisierung entsprechender Größeneffekte zu stärken.

1.5.3.4 Krankenversicherung

Die persönliche Gesundheit wird in Deutschland durch die allgemeine Pflicht zur Krankenversicherung gefördert. Jeder Bürger ist verpflichtet, Mitglied einer gesetzlichen oder privaten Krankenversicherung zu sein. Der Zutritt zu den Leistungen der privaten Krankenversicherung unterliegt dabei der Beschränkung eines Einkommens oberhalb eines Schwellenwerts. Dieser wird als Jahresarbeitsentgeldgrenze oder Pflichtversicherungsgrenze bezeichnet und lag im Jahr 2012 bei 50 850 € (Bundesministerium für Arbeit und Soziales 2012). Personen mit einem geringeren Verdienst sind Pflichtmitglieder in der gesetzlichen Krankenversicherung. Aus der Form der Krankenversicherung ergeben sich diverse Konsequenzen für die Behandlung der Patienten im Krankenhaus sowie für die folgende Abrechnung der Behandlung und des Krankenhausaufenthalts. Für die Behandlung gesetzlich Krankenversicherter erhält das Krankenhaus einen definierten Betrag nach dem System der Diagnosis Related Groups, kurz und gängig als DRG-System bezeichnet. Im Fall der Behandlung eines Privatpatienten kann das Krankenhaus oder der behandelnde Arzt ein Mehrfaches des einfachen DRG-Satzes abrechnen. Den hierdurch erzielbaren Mehreinnahmen stehen höhere Kosten für eine in der Regel aufwendigere Betreuung und Behandlung gegenüber. Da Privatpatienten oft über ein überdurchschnittlich hohes Einkommen verfügen, stellen sie eine interessante Zielgruppe für das Angebot von entgeltpflichtigen Zusatzleistungen dar, mit denen das Krankenhaus einen positiven Deckungsbeitrag erzielen kann. Zu nennen sind hier exemplarisch das Angebot von Tageszeitungen oder Sportfernsehen bei Berechnung eines entsprechenden Tagessatzes.

1.5.3.5 Wahrnehmung der Qualität des Krankenhausaufenthalts
Als modernes Dienstleistungsunternehmen orientiert sich ein Krankenhaus heute notwendigerweise an den Anforderungen seiner Kunden. Zu diesen zählen neben anderen auch die Patienten und deren Angehörige, die einen Krankenhausaufenthalt oft nicht nach objektiver Qualität der medizinischen Leistungserbringung beurteilen können, sondern vielmehr ihre Wahrnehmung des Krankenhausaufenthalts unbewusst auf die medizinische Qualität des Krankenhauses übertragen. Somit sind eine Grundlage der Bewertung durch den Patienten und seine Angehörigen – medizinisch und pflegerisch ausgebildete Personen ausgenommen – Kriterien wie Sauberkeit, Ambiente, Geschmack des Essens und Freundlichkeit des Personals. Ist beispielsweise das Patientenzimmer sauber, so wird dies gedanklich auch auf den Operationssaal übertragen; auf der anderen Seite wird ein Patient einer Operation – also einem Eingriff in einem Raum mit höchsten hygienischen Anforderungen – mit einem eher unguten Gefühl entgegensehen, wenn schon sein Badezimmer nicht einwandfrei gereinigt war. Dies hat entsprechende Auswirkungen auf die Bemühungen der Krankenhäuser, einen gewissen Hotelstandard zu entwickeln und den Aufenthalt des Patienten möglichst angenehm zu gestalten – auch das eine Folge aktueller Entwicklungen im Krankenhauswesen.

Literatur

Bundesministerium für Arbeit und Soziales. Bundeskabinett beschließt Sozialversicherungsrechengrößen. Im Internet: http://www.bmas.de/DE/Service/Presse/Pressemitteilungen/rechhengroessen-sozialversicherung-2012.html; Stand: 29.04.2012
Knoepffler N, Albrecht R. Verteilungsgerechtigkeit im Gesundheitswesen. In: Rüter G, Da-Cruz P, Schwegel P, Hrsg. Gesundheitsökonomie und Wirtschaftspolitik. Stuttgart: Lucius & Lucius; 2011: 256–264
Malzahn J, Wehner C, Fahlenbrach C. Krankenhausplanung in der Krise?. Zum Stand und zur Weiterentwicklung der Sicherstellung stationärer Versorgung. In: Jacobs K,

Schulze S, Hrsg. Sicherstellung der Gesundheitsversorgung. Neue Konzepte für Stadt und Land. Berlin: WIdO; 2011: 35–72

Rasche C, Braun von Reinersdorff A. Krankenhäuser im Spannungsfeld von Markt- und Versorgungsauftrag: Von der Medizinmanufaktur zur Hochleistungsorganisation. In: Rüter G, Da-Cruz P, Schwegel P, Hrsg. Gesundheitsökonomie und Wirtschaftspolitik. Stuttgart: Lucius & Lucius; 2011: 473–502

Rosenbrock R, Gerlinger T. Gesundheitspolitik. Eine systematische Einführung. 2. Aufl. Bern: Huber; 2006

Statistisches Bundesamt Deutschland a. Gesundheitspersonal. Im Internet: https://www.destatis.de/DE/ZahlenFakten/GesellschaftStaat/Gesundheit/Gesundheitspersonal/Tabellen/Einrichtungen.html?nn=50796; Stand: 29.04.2012

Statistisches Bundesamt Deutschland b. Erwerbstätigenrechnung. Im Internet: https://www.destatis.de/DE/ZahlenFakten/GesamtwirtschaftUmwelt/Arbeitsmarkt/Erwerbstaetigkeit/Erwerbstaetigenrechnung/Tabellen/InlaenderInlandskonzept.html; Stand: 29.04.2012

Statistisches Bundesamt Deutschland c. Krankenhäuser. Im Internet: https://www.destatis.de/DE/ZahlenFakten/GesellschaftStaat/Gesundheit/Krankenhaeuser/Tabellen/KrankenhaeuserJahreVeraenderung.html?nn=50792; Stand: 29.04.2012

Statistisches Bundesamt Deutschland d. Lebenserwartung. Im Internet: https://www.destatis.de/DE/ZahlenFakten/GesellschaftStaat/Bevoelkerung/Sterbefaelle/Tabellen/LebenserwartungBundeslaenderZeitreiheMaennlich.html?nn=50744; Stand: 29.04.2012

Statistisches Bundesamt Deutschland e. Ausstattung mit Gebrauchsgütern. Im Internet: https://www.destatis.de/DE/ZahlenFakten/GesellschaftStaat/EinkommenKonsumLebensbedingungen/AusstattungGebrauchsguetern/Tabellen/Zeitvergleich Ausstattung_IKT.html?nn=50778; Stand: 01.05.2012

Tischer R. Krankenhäuser zwischen Wettbewerb und Kommunaler Daseinsvorsorge. Online Ressource: GRIN; 2009

Weltgesundheitsorganisation, Erklärung von Alm-Ata. Im Internet: http://www.euro.who.int/__data/assets/pdf_file/0017/132218/e93944G.pdf; Stand: 29.04.2012

Witzel K. Wem helfen die Fernsehärzte: Untersuchung der Auswirkung des Fernsehkonsums auf stationäre Patienten im Krankenhaus am speziellen Beispiel der Rezeption von Arzt- und Krankenhausserien. Online Ressource: GRIN; 2007

2 Von außen nach innen

2.1 Auswirkungen und Gebäudestrukturen

Bruno Riedel

2.1.1 Gebäudefunktionsbereiche

Das Klinikgebäude ist in mehrere Teile untergliedert. Funktionsbereiche, Bettenhäuser, Ver- und Entsorgung, sowie die Ein- und Ausgangsbereiche (Abb. 2.**1**). Der Haupteingang ist unterteilt für mehrere Personengruppen: Besucher, Mitarbeiter, insbesondere auch für Patienten. Medizinische Notfälle benutzen den Notfalleingang, ebenso wie liegendkranke Patienten. Weiterhin kann der „medizinische Eingang" auch alle Patientenströme aufnehmen. Es muss aber organisatorisch geregelt sein, dass leicht verletzte Patienten und Notfälle getrennt sind und von der Wegeführung separat gelenkt werden. Der Haupteingang muss Tag und Nacht als dieser auch von großer Entfernung erkennbar sein. In der Regel befindet sich dort auch das Kliniklogo, welches nachts beleuchtet ist und die Erkennbarkeit und die Orientierung erhöht. Um die Attraktivität des Hauses zu spiegeln, muss dieser Eingang immer sehr gepflegt sein. Weiterhin sollte er bei Feierlichkeiten geschmückt werden, beispielsweise Frühlingsblumenstrauß, Ostergestecke oder Weihnachtsbeleuchtung. Weiterhin gilt der Haupteingang als Hauptrettungsweg und ist immer frei zu halten. Ein Versperren durch Fahrzeuge oder Möbel ist nicht erlaubt. Die Türen müssen als Fluchttüren ausgebildet sein und sich im Brandfall von innen leicht öffnen lassen. Dies kann bei Schiebetüren durch Gegendrücken von der Innenseite erfolgen. Der Haupteingang muss einen Windfang haben, um Zuglufterscheinungen in der angrenzenden Eingangshalle zu vermeiden. Im Windfang ist es von Vorteil, wenn ein Luftvorhang installiert ist. Dieser hat die Aufgabe, bei kalten Außentemperaturen die einströmende Luft anzuwärmen und so für Behaglichkeit in der Halle zu sorgen. Die Eingangshalle hat oft eine Automatenstraße, beispielsweise Eis, Kaltgetränke, eine Information (Pforte) und einen Kiosk, welcher ebenso als Wartezone genutzt werden kann. Im Kiosk gibt es Artikel, die Patienten oft benötigen (Zeitschriften, Süßigkeiten, Saft). Die Eingangshalle dient als erster Informationspunkt und ist das Aushängeschild der Klinik. Informationsleitsystem, und Informationsmonitore sind hier zwingend erforderlich. Eine Musikberieselung und eine Anlage für Durchsagen sollte vorhanden sein. Es besteht dann die Möglichkeit, beispielsweise Falschparker auszurufen. Ebenso sind Informa-

2 Von außen nach innen

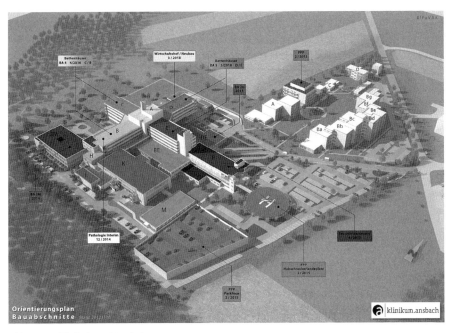

Abb. 2.1 Bild Klinik 3.0 Simulation.

tionsquellen in den Aufzügen sinnvoll, welche dann über Monitore entsprechende Infos geben bzw. in Beschilderungsform über die jeweilige Ebene informieren.

Von der Eingangshalle aus sind patientennahe Bereiche gut zu erreichen. Dies sind Kapelle, Sozialdienst, Aufnahmestation, Entlassbereich, usw. Weiterhin ist es sinnvoll, auch diesen Bereich für Veranstaltungen zu nutzen. Dazu kann die Eingangshalle bestuhlt werden und zur Medienhalle umfunktioniert werden. Beamer und Lautsprecheranlage sind vorhanden. Weiterhin kann an die Eingangshalle noch der Geländepark sowie ein Außenbereich der Gastronomie (Klinikkiosk, Bistro) angebunden werden. Die Eingangshalle muss hell, einladend und freundlich sein. Die für Besucher vorgesehenen Aufzüge müssen gut erkennbar sein. Vor der administrativen Patientenaufnahme müssen Sitzgelegenheiten in ausreichender Anzahl vorhanden sein. Als Service können Getränke, wie Kaffee, Tee und Wasser in Automaten, zur Verfügung gestellt werden. Weiterhin kann die Eingangshalle auch für Veranstaltungen genutzt werden. Es sind mobile Wände einsetzbar, sowie eine Akustikanlage, um verschiedenste Veranstaltungen durchführen zu können.

Im Eingangsbereich oder den Wartezonen sind für wartende Patienten und Besucher entsprechende Bistro- oder Kioskstrukturen eingerichtet. Betrieben werden diese durch

Personal, welches entweder von der Klinik gestellt wird, oder von externen Betreibern. Der Aufbau eines Kiosks oder Bistro ist ausgelegt, um Waren anzupreisen und zu verkaufen, welche für den Besuch für Patienten ausgerichtet sind. Dies sind Blumen, Zeitungen, Säfte, Süßigkeiten und Snacks, sowie kleine Mahlzeiten, Kaffee und Kuchen. Es können dann eventuell anfallende Wartezeiten überbrückt werden. Im Bistrobereich gibt es Sitzmöglichkeiten. Die Öffnungszeiten sind an den Klinikbetrieb und an die Besuchszeiten gekoppelt; sie beginnen idealerweise um 9:00 Uhr und enden um 18:00 Uhr. Im Sommer ist es angemessen, einen Außenbereich zur Verfügung zu stellen. Dieser sollte ebenso wie im Innenbereich über Sitzmöglichkeiten verfügen und nach Möglichkeit mit einer überdachten Raucherzone ausgestattet sein. Die Raucherzone kann dann über das gesamte Jahr genutzt werden. Die Erreichbarkeit in den Wartezonen muss gewährleistet sein, damit der Klinikbetrieb nicht durch das Suchen von wartenden Patienten verzögert wird. Die Erreichbarkeit kann gewährleistet werden, indem das Bedienpersonal die Patienten entsprechend ausruft oder mit einer Anzeigetafel, auf der eine Nummer angezeigt wird. Diese Nummer kann man sich im Bereich der administrativen Aufnahme, oft in Form eines Ticketautomaten, abholen. Diese Nummer wird dann im Kiosk, Bistro und Außenbereich auf Anzeigeeinheiten dargestellt. Die Farb- und Lichtgestaltung im Catering-Bereich ist Teil des gesamten Designkonzepts und animiert zum Kaufen. Dies bedeutet, dass Waren gut ausgeleuchtet sind und warme Farben zum Wohlfühlen und Kaufen anregen.

Die Aufzüge verbinden die Eingangshalle vertikal mit den restlichen Ebenen des Gebäudes. Um Platzangst vorzubeugen sind diese oft mit einer Spiegelwand ausgebaut, welche die Innenkabine größer wirken lässt. Die Restflächen sind meist in Edelstahl ausgeführt, um eine leichte Reinigung zu ermöglichen und Vandalismus sowie Graffitis vorzubeugen. Zur Sicherheit gibt es in jedem Krankenhaus speziell ausgebildete Aufzugtechniker, welche schnell vor Ort sind, falls es zu Störungen oder Beeinträchtigungen kommt. Die Sicherheit wird weiterhin durch TÜV-Überprüfungen sichergestellt. In modernen Aufzügen kommen auch Informationsmonitore zum Einsatz. Diese können allgemein informieren, wie beispielsweise Wetter, Uhrzeit, Datum, können aber auch spezielle Klinikinformationen abspielen. Dies können Stockwerke, Stationsinfos, Infos zu Baumaßnahmen etc. sein. Die Informationen werden über einen Server digital eingespielt und können somit alles wiedergeben, was über einen normalen PC abspielbar ist.

Bei Aufzügen gibt es technische Unterschiede. Es gibt Systeme, die hydraulisch funktionieren oder deren Kabine mittels Stahlseile und Motor bewegt wird. Je nach Einsatzgebiet und Anforderung kommen beide Systeme zum Einsatz. Damit ein unkontrollierter Absturz der Aufzugskabine sicher vermieden wird, besitzt jeder Aufzug eine sogenannte Fangeinrichtung. Diese bewirkt, dass an den Laufschienen im Aufzugsschacht Bremsen wirken, welche die Kabine in kurzer Zeit im Schacht verkeilen und somit einen Absturz verhindern. Die Personen können dann mechanisch über die Aufzugstüren den Aufzug verlassen. Sollte dieser nicht ebenerdig mit dem Stockwerk sein, hat der Aufzugstechniker die Möglichkeit, den Aufzug mechanisch bis zur nächsten Ebene zu bewegen. Somit können auch gehbehinderte Patienten, Betten etc. sicher und ohne Hindernisse den Auf-

2 Von außen nach innen

Abb. 2.2 Aufzug.

zug verlassen. Jede Störung wird dokumentiert und bei den TÜV-Prüfungen auf Verschleißgrenzen geprüft, um so im Vorfeld durch regelmäßige Wartungen die Störungen so gering wie möglich zu halten. Das technische Klinikpersonal ist 24 Stunden das ganze Jahr erreichbar, um Personenbefreiungen durchzuführen. Besonders kritisch zu betrachten sind hier Patienten, welche innerhalb kürzester Zeit in den Operationssaal müssen. Dies können beispielsweise Patientinnen mit der Diagnose Notsectio sein. Hier ist dafür zu sorgen, dass diese Patientinnen schnellstmöglich befreit werden, um eine Gefahr für Mutter und Kind auszuschließen. Insgesamt sind Aufzüge in Kliniken als sehr sicher einzustufen. Redundanzen sind vorhanden, damit Maßnahmen der Instandhaltung umgesetzt werden können. In allen Patientenaufzügen befindet sich eine Sprechanlage zu einem zentralen Punkt, welcher im Bedarfsfall Maßnahmen einleiten kann. In einem derartigen Bedarfsfall könnte so, z. B. bei nicht mehr funktionierendem Aufzug, der Aufzugstechniker verständigt und auf die eingesperrten Personen beruhigend eingewirkt werden (Abb. 2.2).

Die Funktionsbereiche sind in der Nähe des Haupteingangs angeordnet. Es gibt einbestellte Patienten, Notfälle, und planbare Patienten von der Klinik selbst. Dieser Patienten werden in den Funktionsbereichen diagnostiziert. Die Notfälle gelangen über die Notaufnahme zu den Untersuchungsräumen. Schwerverletzte Patienten gelangen über die Anfahrt für Liegendkranke oder über den Hubschrauberlandeplatz in die Untersuchungsräume. Die Patienten der Liegendkrankenanfahrt ebenso wie die Hubschrauberpatienten kommen getrennt zu den normalen Patienten ins Krankenhaus. Verschiedene Sichtschutzmaßnahmen und Aufteilung von Patientenwegen ermöglichen, dass normale Patienten die Wege nicht mit den Schwerverletzten kreuzen. Die Untersuchungsräume für Schwerverletzte sind ausgestattet mit Reanimationseinheiten, Sauerstoff, Vakuum, Druckluft, Narkosegasversorgungseinheiten. Die Lüftungstechnik in diesen Räumen hat höchste Anforderungen. Sie muss den Raum sehr schnell kühlen und auch beheizen können. Das Kühlen ist notwendig bei Brandverletzten oder bei Röntgenbetrieb. Der Raum ist ausgelegt für Notoperationen und hat einen OP-Tisch oder eine OP-Liege. Röntgengeräte ermöglichen verschiedene Untersuchungen wie z. B. die Durchleuchtung von Körperteilen. Somit sind in diesem Raum auch sämtliche zum Betrieb eines Röntgengeräts benötigten Teile und Schutzausrüstungen vorhanden (Lagerungshilfen, Bleischürzen, Brillen). Der Raum ist weiterhin ausgestattet mit verschiedenen Kühlschränken für Medikamente, Blut, Infusionen usw. Diese Kühlschränke sind technisch auf Ausfall und Temperaturschwankungen überwacht, damit die Inhalte immer zur Verfügung stehen und nicht durch beispielsweise einen Stromausfall unbrauchbar werden. Die Elektroversorgung in den Räumen hat höchste Anforderungen. Dies bedeutet, dass bei einem Stromausfall die im Raum befindlichen OP-Leuchten sowie notwendige medizinische Geräte über ein Notstromaggregat abgepuffert werden. Dieses stellt innerhalb von wenigen Sekunden nach einem Stromausfall wieder eine Ersatzstromversorgung her, um die Patienten versorgen zu können. Der Boden und die Wände in diesen Räumen sind abwaschbar und haben eine erhöhte Rutsch- und Beanspruchungsklasse. Weiterhin sind alle Geräte und Bauteile in diesen Räumen desinfizierbar. In unmittelbarer Nähe des Notfalluntersuchungsraums sind noch Bereiche der Radiologie angesiedelt, welche spezielle Untersuchungen ermöglichen. Beispielsweise ein Computertomograf oder ein Kernspintomograf. Hier können noch ergänzende oder lebensnotwendige Untersuchungen, zum Beispiel am Kopf, durchgeführt werden. Nach der Erstversorgung des Notfallpatienten kommt dieser auf die Intensivstation. Diese ist mit hochwertig ausgebildetem Personal besetzt. Es gibt Räume für Einzelüberwachung, infektiöse Patienten und Zweibettzimmer für Patienten, denen es schon besser geht und die für die Normalstation vorbereitet werden. Die Kontrollinstrumente überwachen den Patienten und geben im Bedarfsfall entsprechende Alarme an ein elektronisches Rufsystem, das die Alarme auswertet und an die entsprechenden Mediziner weiterleitet. Weiterhin befinden sich im Raum noch entsprechende Geräte, um Medikamente automatisiert zuführen zu können. Alle Alarme landen beim medizinischen Personal, das sich an einem Überwachungstresen befindet. Natürlich sind alle Zimmer mit Sauerstoff- und Vakuumanschlüssen ausgestattet. Das Vakuum wird für Absaugungen verwendet und arbeitet mit Unterdruck. Dieser wird durch einen speziellen Vakuumgenerator zentral erzeugt und über ein Rohrsystem mit entsprechenden Filtern und Abscheidern verteilt. Jedes Zimmer verfügt über eine klimatisierte Lüftungsanlage, welche über spezielle Filter die Luft reinigt, bevor sie dem Zimmer zugeführt wird. Die entstehende Abluft wird ebenso über Lüftungsgeräte abgeführt. Je nach Außentemperatur werden die Patientenzimmer dadurch gekühlt oder beheizt. Im Bereich der Intensivstation gibt es direkte Aufenthaltszonen für Personal sowie Bereitschaftszimmer für Pflegepersonal und Ärzte. Durch die nahe Anordnung ist ein schneller Zugriff auf die Patienten gewährt. Nahe zum zentralen Arbeitsplatz sind Medikamentenkühlschränke, Lagerschränke für medizinisches Material und Geräte. Ergänzt wird die Intensivstation noch durch einen separaten Wartebereich. Die Besuchszeiten sind reduziert oder können individuell vereinbart werden, um den Patienten nicht zu überfordern. Je nach Klinik sind noch verschiedene Zimmer mit einer Dialysemöglichkeit ausgestattet, damit eine Umlegung für Dialysepatienten nicht notwendig ist. In den Zimmern, die für infektiöse Patienten vorgehalten werden, sind spezielle Lüftungsanlagen installiert, welche durch Filterstufen dafür sorgen, dass die infektiösen Keime nicht in andere Zimmer gelangen. Dies ist technisch durch ein Unterdrucksystem in den Räumen realisiert. Alle Lüftungsanlagen und technischen Anlagen haben sehr hohe Anforderungen und unterliegen sehr kurzen Instandhaltungszyklen.

Auf der Radiologiestation sind alle notwendigen Röntgengeräte konzentriert. Der Patient wird je nach Anforderung geröntgt, und die Bilder werden analog oder digital gespeichert und an speziellen Auswerteeinheiten befundet. Die Anforderungen an die Räumlichkeiten und an die radiologischen Großgeräte sind sehr hoch. Ein Ausfall eines Geräts ist immer mit sehr hohen Kosten und medizinischen Einschränkungen verbunden. Deshalb finden sich in diesem Bereich weitere betriebstechnisch notwendige Einrichtungen in sehr hoher Zahl. Es sind nicht nur für die Räume Kühlgeräte vorhanden, sondern auch für wichtige Geräte. Diese Prozesskälte hat sehr hohe Anforderungen bezüglich der Ausfallsicherheit. Es gibt somit für die wichtigsten Geräte redundant angelegte technische Einheiten, welche eine sehr hohe Verfügbarkeit ermöglichen. Alle Räume der Radiologie sind mit speziell leitfähigen Böden ausgestattet, welche sich desinfizieren und gut reinigen lassen. Im Bereich der Untersuchungsräume sind auch Arztzimmer und Patientenwartebereiche angelegt. Alle Bereiche sind über ein Schwesternrufsystem gesichert. Dies kann vom Patienten im Wartebereich bedient werden oder auch von medizinischem Fachpersonal, falls es Unterstützung benötigt. Jeder Ruf wird digital dokumentiert, um ein Nachverfolgen zu ermöglichen. Spezielle Bereiche werden zusätzlich kameraüberwacht, um für den Patienten höchstmögliche Sicherheit zu bieten. Die Untersuchungszimmer sind mit Röntgenbildbetrachtern oder Befundungsmonitoren ausgestattet, welche bezüglich Homogenität und Lichtstärke regelmäßig überprüft werden. Auch müssen sich die Räume über Jalousien verdunkeln lassen, und die Beleuchtung muss veränderbar ausgeführt sein. Vor jeden Röntgenraum sind Umkleidekabinen mit Sitzmöglichkeit, Spiegel und Kleiderhaken vorhanden. Ein spezielles Schließsystem ermöglicht es, dass das Pflegepersonal in die Kabinen kann, externe Personen jedoch nicht. Jeder Computer am Arbeitsplatz der Radiologie ist mit den anderen vernetzt, um einen schnellen Datenzugriff zu gewähren. Die Daten der Patienten sind auf hoch verfügbaren Servern in der Klinik abgelegt und können von anderen Abteilungen abgerufen werden, um Daten zu ergänzen und wieder im Zentralsystem abzulegen. So sind alle Patientendaten und auch Verwaltungsdaten redundant und hoch gesichert abgelegt. Datenschutzverordnungen sind dabei berücksichtigt.

In der Notaufnahme werden weiterhin leichte und mittelgradig verletzte Patienten behandelt. Diese kommen über den Wartebereich zu den Untersuchungs- und Behandlungsräumen. Die Zahl der Räume ist vom Patientenaufkommen abhängig und muss auch für eine hohe Anzahl von Verletzten (Massenaufkommen) ausgelegt sein. In den Räumen wird die Erstdiagnose gestellt. Die Räume sind zentral be- und entlüftet und besitzen einen PC-Arbeitsplatz für administrative und medizinische Tätigkeiten. Weiterhin befindet sich darin Versorgungsschränke für gängiges Standardmaterial sowie eine Untersuchungsliege und eine mobile oder fest montierte Untersuchungsleuchte. Unterstützt werden die Räume noch zusätzlich durch Räume für Ultraschalluntersuchungen, septische und aseptische Eingriffe, sowie Räume für Materialver- und entsorgung und Sanitäreinrichtungen. Einige der Sanitäreinrichtungen sind behindertengerecht ausgeführt. Dies heißt, dass Radien und Flächen für Rollstuhlverkehr ausgelegt sind. Am WC sind spezielle Haltegriffe montiert. Der Spiegel ist schräg montiert, dass auch ein Patient im Rollstuhl sich betrachten kann. Weiterhin ist das Waschbecken unterfahrbar, und auch die Sanitärräume sind mit einem Schwesternrufsystem ausgestattet, um im Notfall auch entsprechende Alarmrufe absetzen zu können. Die technische Ausstattung von allen Räumen der Notfallaufnahme ist ähnlich. Sie sind mechanisch be- und entlüftet. Die Stromversorgung muss auch im Notfall über Notstromaggregat gepuffert sein. In den Entsorgungsräumen befinden sich speziell auf das Patientenaufkommen ausgerichtete Spülgeräte und Entsorgungswägen. In den Versorgungsräumen sind die Material- und Wäscheversorgungen untergebracht. Material wird in Modulschränken aufbewahrt, welches trotz minimalen Bestands ein sicheres Bestellen und Befüllen der Materialschränke ermöglicht.

2.1.2 Wegeführung

Wichtig ist, dass das Klinikum zu Fuß, mit dem Zweirad, mit PKWs und zur Ver- und Entsorgung mit dem LKW sehr gut zu erreichen ist (Abb. 2.3). Eine Nähe zu einer U-Bahnstation bzw. Bushaltestelle oder Anbindung an die Bahn ist zwingend erforderlich, um auch Personen, die auf die öffentlichen Verkehrsmittel angewiesen sind, die Anfahrt zu ermöglichen. Der Standort eines Klinikums muss in der Umgebung sehr gut ausgeschildert sein. Kliniken liegen meist am Stadtrand oder in der Nähe von Autobahnen. Historisch bedingt auch im Bereich von Stadtkernen. Moderne Standorte sind im Bereich von Grünflächen angesiedelt. Die Ausschilderung erfolgt durch ein weißes Schild mit der Aufschrift Krankenhaus, oft auch kombiniert mit einem roten Kreuz, welches die Notfallhilfe symbolisiert.

Abb. 2.3 Außenbeschilderung.

Das Klinikgelände muss über verschiedene markante Punkte verfügen, die Ortsfremden die Orientierung erleichtern. Dies sind in der Praxis markante Gebäudeteile, wie ein Parkhaus, Haupteingang, Beschilderungstafel, Schornstein, Fahnen, ebenso wie Schranken oder in der Nacht auch verschiedene Beleuchtungselemente, wie Wegbeleuchtungen oder Straßenlampen, sowie Leuchtelemente über den Eingängen.

Man unterscheidet grundsätzlich 2 Bauformen. Die Pavillonstruktur zeichnet sich durch mehrere Gebäude aus, welche in ihrer Gesamtheit ein funktionsfähiges Krankenhaus bilden. Der Nachteil sind hohe Unterhaltskosten und Transportkosten zwischen den Gebäuden, wenn z. B. ein Patient mit einem Rettungswagen von einem Gebäude zum anderen transportiert werden muss. Oft sind die Gebäude auch unterirdisch verbunden, welches natürlich zu hohen Betriebskosten wie Heizung, Strom, Wasser etc. führt. Aus der Sicht der Patienten ist eine Verlegung in ein anderes Gebäude immer mit einem hohen Aufwand und einer hohen Belastung verbunden. Die andere bedeutende Bauform sieht vor, dass alle Disziplinen in einem Gebäude verortet sind. Dies hat kurze Wege für Patienten und Personal zur Folge. Auch die Betriebskosten hinsichtlich des Energiebedarfs und damit verbundener Personalressourcen sind niedriger als bei der Pavillonstruktur. Weiterhin lassen sich Prozesse auf kurzen Wegen einfacher handhaben und steuern.

Die Gehsteige führen von den Parkflächen und öffentlichen Haltestellen zu den Eingängen des Klinikums oder von den Eingängen zum Geländepark. Die Gehwege müssen auf jedem Fall barrierefrei ausgeführt sein und dürfen keine Stolperstellen aufweisen. Dies ist bei Instandhaltungsmaßnahmen und Neuerrichtungen immer zu berücksichtigen. Gesetzgeber und Versicherer regeln dies auch in einem hohen Maß. Das Begehen und Befahren mit Rollstühlen, Sitzwägen und Rollatoren muss gewährleistet sein. Ebenso ist eine schlüssige Wegbeschilderung notwendig, genauso wie für die Nacht eine gute Wegbeleuchtung, welche die Besucherlenkung unterstützt. Manche Bereiche werden mit Kameras überwacht, um Vandalismus oder Straftaten vorzubeugen, üblicherweise handelt es sich um Bushaltestelle, Parkhaus und zur Zugangskontrolle auch die Eingangsbereiche sowie Ausgänge und möglicherweise Tiefgaragenplätze, Frauenparkplätze etc.

Folgt man der Beschilderung, wird man zu der Liegenschaft geführt und die kliniknahe Beschilderung weist dann Parkplätze, Parkhaus, Liegendkrankenanfahrt, Anlieferzonen, Besucherparkplatz, Mitarbeiterparkplatz und Notfallzufahrt aus. Die Parkplätze sind in der Regel bewirtschaftet, und es müssen entweder Parkscheine gelöst werden oder man wird bei der Durchfahrt einer Schranke erfasst. Nachdem die Parkzone wieder verlassen wird, muss das Parkticket entwertet werden. Je nach Modell gibt es verschiedene Zonen der Bewirtschaftung und der damit verbundenen Preise. Unterteilt wird in Mitarbeiterparkplätze, Frauenparkplätze, Privilegiertenparkplätze, eingangsnahe Parkplätze, Parkplätze für Diensthabende und Parkplätze für Nachtdienste. Diese sind dann entsprechend unterschiedlich bewertet. Für Mitarbeiter gibt es häufig eine preisliche Sonderregelung. Kleine Parkbuchten sollten nach Möglichkeit vermieden werden, anzustreben sind vielmehr angemessen große Parkplätze, um zu gewährleisten, dass das Auto „sicher" ist und eine Beschädigung vom Auto daneben unwahrscheinlich ist.

Großer Beliebtheit erfreuen sich Familienparkplätze, welche etwas größer sind, damit die Großfamilie bequem mit Gepäck ein- und aussteigen kann. Die Frauenparkplätze sollten in der Nähe von Eingangsbereichen und gut ausgeleuchtet sein. Diese sind sehr beliebt bei den Mitarbeitern im Spät- oder Nachtdienst und natürlich auch bei Besuchern. Gleichzeitig werden durch diese Maßnahmen auch die Sicherheit erhöht und die Straftaten minimiert.

Das Beschilderungssystem im Außenbereich muss übersichtlich strukturiert und gut lesbar sein. Die Beschilderungen sollten an geeigneten markanten Punkten platziert werden. Dies sind Eingangsbereiche, Parkplatzzufahrten, Weggabelungen. Die Beschilderung muss den Weg für Patienten und Besucher verständlich darstellen. Ebenso sind die Routen für den Lieferverkehr, wie LKWs oder Küchenanlieferung, Apothekenanlieferung, Wäscherei etc. auszuweisen. Flucht- und Rettungswege, sowie Notfallanfahrten müssen übergeordnet dargestellt werden. Dies kann beispielsweise für die Notaufnahme ein rotes Kreuz sein oder für die Apotheke ein „Apotheker-A". Die Beschilderung im Außenbereich muss auch nachts gut lesbar sein und eventuell sogar eine separate Beleuchtung haben. Diese kann beispielsweise auch in Photovoltaiktechnik ausgeführt sein, um die Betriebskosten niedrig zu halten. Das Beschilderungssystem im Außenbereich kann mit Klebefolien ausgeführt sein. Dies bietet höchstmögliche Flexibilität und es kann einfach bei Temperaturen über + 5 Grad ausgetauscht werden. Weiterhin können auch Logos und Bilder geplottet werden und dies nahezu in allen Farben. Die Außenschilder sind aus witterungsbeständigem Material, z. B. Aluminium, Kunststoff oder Edelstahl.

Im Innenbereich muss die Beschilderung ebenso gut lesbar sein und an markanten Punkten angebracht sein. In der Praxis kommen mehrere Arten von Beschilderungssystemen zu Einsatz.

Eine Option besteht darin, Leitlinien auf dem Boden oder per Farbe an der Wand anzubringen. Diese Leitlinien verlaufen vom Eingang (Pforte, Anmeldung) zu den jeweiligen Stationen oder Funktionsbereichen. Nachteil dieser Beschilderungsart ist, dass ein Austausch der Beschriftungen immer einen hohen hohen Arbeitsaufwand mit sich bringt. Es müssen Flächen abgeklebt und natürlich auch durch Fachpersonal Farben angebracht werden, um die Beschriftung zu erneuern. Somit ist eine Raumänderung oder eine Umnutzung, z. B. im Falle des Umzugs eines Funktionsbereichs, nur mit einem hohen Aufwand und dadurch mit hohen Kosten verbunden.

Der Vorteil an diesem System liegt darin, dass die Linien fast ohne Unterbrechung am Boden oder Mauerwänden aufgebracht werden können. Dies erleichtert den Patienten die Orientierung erheblich.

Weiterhin gibt es Systeme, die papierflexibel sind und mit jedem handelsüblichen Drucker in DIN-A3-Format bedruckt werden können – ein unkompliziertes Verfahren, das kostengünstig ausgeführt werden kann. Es muss darauf geachtet werden, dass die Beschilderung dem Corporate Design der Klinik entspricht und dass die Beschilderungspunkte auch aus größerer Entfernung erkennbar sind. Dies wird beispielsweise durch eine einheitliche Farbe und Form erreicht. Die Schriftgröße kann dann kleiner ausfallen, aber es sollte darauf geachtet werden, dass eine Lesbarkeit aus einer Entfernung von 2 bis 3 Metern gegeben ist. Mehrere Beschilderungstafeln können je nach Platzangebot entweder senkrecht oder waagrecht kombiniert werden. Trotz eines umfangreichen Beschilderungssystems gibt es Patienten, die diese nicht lesen können, beispielsweise Blinde oder Ausländer. Es muss somit auch noch an der Pforte im Eingangsbereich des Klinikums jemand präsent sein, welcher mit den Gegebenheiten im Krankenhaus vertraut ist und regelmäßig über Änderungen informiert wird bzw. sich im Rahmen von Begehungen selbst auf den aktuellen Stand bringt. Hier haben sich ehrenamtliche Kräfte wie z. B. die „grünen Damen" bewährt. Diese gehen auf die Bedürfnisse von besonders hilfsbedürftigen Personen ein. Sie holen beispielsweise für gehbehinderte Personen einen Rollator oder Sitzwagen und begleiten diese dann zum Ziel. Unterstützend können diese dann noch Informationen an Arzt oder Pflegedienst überbringen.

Um Patienten und Besuchern noch einen Ort für Rückzug, Gespräche oder Erholung zu bieten, ist ein angelegter Patientenpark sehr schön. Es führen Fußwege zu verschiedenen Erholungspunkten im Park. Die Wege müssen barrierefrei, ohne Stolperstellen ausgeführt sein und auch im Winter schnee- und eisfrei gehalten werden. In ausreichenden Abständen müssen Ruhezonen mit Sitzmöglichkeiten vorhanden sein, um Patienten und Besuchern zu ermöglichen, sich auszuruhen und wieder zu Kräften kommen zu können. Die Bänke im Außenbereich müssen witterungsbeständig sein. Sie dürfen nicht splittern und auch nicht verwittern. Eventuelle Feuchtigkeit darf nicht stehen bleiben. Es sollte ein schnelles Abtrocknen möglich sein. Dies kann beispielsweise erreicht werden, indem die Bänke aus Edelstahl sind und an den Sitzflächen eine Lochstruktur aufweisen. Im Sommer dürfen sich die Bänke nicht zu sehr aufheizen, um eine sichere Nutzung zu gewährleisten. Dies kann beispielsweise mit einer entsprechenden Beschattung erreicht werden oder durch Auswahl von geeignetem Material. Bei den Sitzgelegenheiten ist es sinnvoll, immer noch einen Müllabwurfbehälter vorzusehen, um die Sitzplätze mit relativ günstigem Kostenaufwand in einem für Patienten und Besucher angenehmen Zustand zu halten. Eine regelmäßige Sichtprüfung ist jedoch notwendig, um die Sicherheit und die Sauberkeit des Ruheplatzes sicherzustellen. Im Geländepark sollten verschiedene Ruhezonen eingerichtet sein. Dies kann ein Rosenweg sein, welcher durch Gerüche und Aussehen zum Erholen beiträgt. Ein Kräutergarten mit unterschiedlich angelegten und beschrifteten Kräuterbeeten ist kostengünstig anzulegen, und die Patienten können sich damit beschäftigen. Es empfiehlt sich das Anbringen eines Hinweises, dass die Pflanzen nicht entwendet bzw. verspeist werden sollen, um Diebstahl zu verhindern. Weiterhin muss ein Park immer gepflegt erscheinen, mit einem gemähten Rasen, und am Kinderspielplatz sollten Sand, Schaukel und andere Spielgeräte immer gepflegt und gut gewartet sein. Als weitere Attraktionen im Park können Biotop, Obstbäume, Springbrunnen, Wasserspiele bis hin zum Streichelzoo für ein gemütliches Umfeld sorgen und somit sogar als Naherholungsgebiet dienen.

Im Wesentlichen gibt es 2 Bauformen von Kliniken. Die Pavillonstruktur verbindet mehrere getrennte Gebäude zu einem Klinikkomplex. Die Verbindungswege bei Pavillonstrukturen sind unterirdisch oder oberirdisch, zum Teil mit dem Krankentransportfahrzeug oder zu Fuß, falls dies möglich ist. Der Nachteil ist, dass die Wege oft unangenehm für Patiententransporte sind und somit auch viel Geld auf der Straße bleibt. Die komplette Versorgung und die Entsorgung müssen mit Fahrzeugen und hohem Personalaufwand erfolgen.

Bei der komplexen Bauweise hat man den Vorteil eines Hauses der kurzen Wege. Die Versorgung und auch die Entsorgung funktionieren über einen zentral gelegenen Wirtschaftshof. Patiententransporte können witterungsunabhängig im Gebäude erfolgen. Somit ist ein Erreichen der Funktionsbereiche und anderen Einrichtungen für Patienten und Besucher, ebenso wie für Personal, sehr angenehm kurzfristig möglich. Die Energiekosten sind bei einer komplexen Struktur erheblich günstiger. Bei Pavillonbauten ist das Verhältnis von Außenfläche zu Volumen wesentlich ungünstiger und die Heizkosten sind deutlich höher, was die Wirtschaftlichkeit der Gebäude schmälert. Als Nachteil sind aber die begrenzten Gebäudeflächen zu benennen. Diese sind in der Regel bei Pavillonbauten besser, weil es sehr viele unterirdische Flächen gibt, wie Kellerräume, Verbindungswege, die als Archivplatz, Lager etc. verwendet werden können. Weiterhin müssen auch die unterirdischen Verbindungswege teilweise beheizt und gereinigt werden, was relativ hohe Unterhaltskosten verursacht. Bei Pavillonbauten ist als großer Vorteil zu benennen, dass bei Umbauarbeiten diese Gebäude abgekoppelt saniert oder instand gehalten werden können. Dies birgt einen enormen Vorteil gegenüber eines Umbaus im Bestand und unter laufenden Betrieb. Geräusch- und Staubemission wirken nur auf das entsprechende Gebäude, welches während einer Sanierungsmaßnahme freigezogen wird.

Direkt in der Nähe vom Klinikum ist der Hubschrauberlandeplatz verortet. Ziel ist es, den Patienten, der als Notfall mit dem Hubschrauber gebracht wird oder zur Umverlegung in ein anderes Krankenhaus abgeholt wird, so schonend wie möglich zu transportieren. Im Idealfall bedeutet das, dass der Patient nicht umgelagert werden muss und direkt vom Hubschrauber mit einer fahrbaren Liege in die Notaufnahme der Klinik gebracht wird. Falls dies durch bauliche Gegebenheiten nicht möglich ist, wird der Notfallpatient zuerst in einen Krankentransportwagen umgelagert und dann an die Notaufnahme der Klinik gefahren, wo er dann nochmals zur Behandlung umgelagert werden muss. Jede Umlagerung stellt für den Patienten ein Risiko dar. Deshalb sollte möglichst baulich dafür gesorgt werden, dass die Anbindung des Hubschrauberlandeplatzes an die Klinik barrierefrei ausgebildet ist. Es empfiehlt sich, den Hubschrauberlandeplatz an die heute gültigen EU-Normen anzupassen, um ein sicheres An- und Abfliegen zu gewähren und die brandschutztechnische Sicherheit durch Löscheinrichtungen gewährleistet ist. Rückhaltebecken sorgen dafür, dass die Umwelt durch austretende Flüssigkeiten oder Löschwasser nicht belastet wird.

2.1.3 Raumausstattung

Eine Pflegestation besteht aus den Räumen für Stationsärzte, Pflegestützpunkt sowie Ein- oder Zweibettzimmer für Patienten. Mehrbettzimmer werden immer weniger gebaut, weil diese nicht mehr zeitgemäß sind. Die farbliche Gestaltung der Station und der Zimmer ist mit warmen Farben realisiert. Nachdem die Patienten oftmals im Bett liegen und möglicherweise nur bedingt aufstehen können, ist es schön, wenn die Wand mit Farben, Licht und Bildern gestaltet ist, welche vom Patientenbett aus gegenüberliegt und somit ins direkte Sichtfeld des Patienten gelangt. Weiterhin sind in Fluren und Zimmern die Deckengestaltung mit Deckengemälden und Lichtelementen sehr schön möglich. Die Schränke und losen Möbel in den Patientenzimmern müssen leicht zu reinigen sein und dürfen durch Desinfektionsmittel nicht angegriffen werden. Schränke werden deckenhoch ausgeführt, damit aus hygienischen Gründen keine Staubablagerungen auf den Schränken stattfindet. Die Reinigung wird dadurch ebenso vereinfacht. Weiterhin gibt es auf der Pflegestation noch einen Raum für Versorgungsmaterial. In diesem sind Modulschränke aufgestellt, welche das Material für den täglichen Betrieb der Station und das Versorgen der Patienten ermöglichen. Es sind Wäschewägen oder Schränke aufgestellt, welche die Versorgung mit Wäsche ermöglichen. Im Entsorgungsraum befinden sich verschiedene Abfallsammelbehälter, welche in regelmäßigen Abständen geleert werden. Die Leerung erfolgt in der Regel durch Hol- und Bringdienste oder durch Versorgungsassistenten. Der Abfall wird zentral im Bereich des Wirtschaftshofes gesammelt und dann je nach Aufkommen durch externe Unternehmen entsorgt. Im Entsorgungsraum befindet sich noch eine Schüsselspüle, welche zur Reinigung von Fäkalienbehältern notwendig ist. Der Pflegestützpunkt ist offen und transparent gestaltet im Mittelbereich der Gesamtstation. Dieser ist zentraler Anlaufpunkt für Patienten und Besucher. Der Sozialraum für Personal ist in der Regel in der Nähe angesiedelt. Er ist darauf ausgelegt, dass die Pausenzeiten des Personals angenehm durchgeführt werden können. Eine kleine Küchenzeile mit Kochfeld, Kaffeemaschine und Kühlschrank gehört dabei zur Grundausstattung. Der Stützpunkt ist 24 Stunden besetzt, und von ihm ausgehend wird die Pflege organisiert. Alle Schwesternrufe und Notrufe werden auf speziellen Anzeigeterminals im Stützpunkt, eventuell auch im Flur angezeigt und akustisch gemeldet. Alle Alarme werden durch Pflege und Ärzte nach Dringlichkeit abgearbeitet. Im Stützpunkt sind auch alle Notfallgeräte, sowie Alarmpläne für Notfälle an speziellen Orten hinterlegt. Telefone sind hier schnurgebunden ausgeführt, falls die schnurlosen Telefone gestört sind; so kann noch schnurgebunden telefoniert werden. Das Pflegepersonal zieht sich von Straßenkleidung auf Bereichskleidung in zentralen Umkleideeinheiten um und betritt die Station in Bereichskleidung. Im Stützpunkt oder in Materiallagern muss Platz sein für die Visitenwagen und anderes Material, wie Lagerungshilfen, Infusionsspritzenpumpen und weitere medizinische Geräte. Auf Station gibt es noch ein Patientenbad, in dem eine spezielle höhenverstellbare Badewanne eingebaut ist. Hier können Patienten, die nicht duschen können, entsprechend hygienisch versorgt werden. Über den zentralen Patientenflur ist noch ein Patientenaufenthaltsbereich angegliedert. Dieser kann zusätzlich zu Tischen und Stühlen noch mit Kaffeeautomat, Wasserspender etc. ausgerüstet sein. Der Patien-

2.1 Auswirkungen und Gebäudestrukturen

tenaufenthaltsraum wird auch als Infopoint für die Darstellung der Station benutzt. Es werden Bilder der Ärzte und Pflegeteams mit Namensbezeichnung aufgehängt.

Das Patientenzimmer ist optimal an seine Funktion angepasst. Zusätzlich zum Patientenbett ist gewährleistet, dass genügend Stellfläche für medizinische Geräte, Nachtkästchen, Infusionsständer etc. vorhanden ist. Ein kleiner Sitzbereich zum Essen oder für Besucher ist in jedem Zimmer vorhanden. Im Patientenzimmer ist eine Nasszelle eingebaut. Diese ist mit einem Waschtisch sowie WC ausgestattet. Schränke sind vorhanden für die Badutensilien und Kleidung. In der Sanitärzelle kann auch eine Dusche untergebracht sein. In den Nasszellen ist es wichtig, dass viele Ablagen und Haken vorhanden sind, um Handtücher, Bademantel, Föhn usw. aufnehmen zu können. Wichtig ist, um Feuchtigkeit und Gerüche auszubringen, dass im Sanitärbereich eine Abluftanlage vorhanden ist. Diese ist aus wirtschaftlichen Gründen mit einer Wärmerückgewinnung ausgestattet. Dies hat den Vorteil, dass die Luft ausgebracht wird, aber die darin enthaltene Wärme entzogen wird und an anderer Stelle wieder sinnvoll genutzt wird. Dies kann beispielsweise bei der Warmwasserbereitung sein. Bei den Sanitärobjekten ist es notwendig, einen hohen Wartungsaufwand zu betreiben, damit alles sauber, funktionsfähig und optisch in einem guten Zustand ist. Weiterhin ist im Zimmer und im Sanitärbereich eine Schwesternrufanlage eingebaut. Hier kann vom Patienten durch das Drücken einer Taste ein Ruf ausgelöst werden oder von der Pflegekraft ein Pflegenotruf oder ein Arztnotruf. Das Rufterminal ist am Nachtkästchen oder am Bett angebracht und kann zu Reparatur- oder Reinigungszwecken abgekoppelt sein. Damit die Anlage weiß, dass jemand im Zimmer ist, muss bei Betreten des Zimmers durch die Pflegekraft eine Anwesenheitstaste gedrückt werden. Diese signalisiert am Stützpunkt und per Licht im Flur, dass im Zimmer gerade eine Pflegekraft ist. Nach Verlassen des Zimmers muss das Anwesenheitssignal wieder durch Drücken einer Taste gelöscht werden. Die Schwesternrufanlage sowie teilweise Beleuchtung und Steckdosen im Stationsstützpunkt sind über ein Notstromaggregat gepuffert. Dies bewirkt, dass im Fehlerfall alle Notausgänge, Rettungswege und Rufsysteme weiter funktionieren. Die Zimmer sind natürlich belüftet. Dies ist durch Fenster realisiert, die geöffnet werden können. Durch Wärmeeintrag von außen kann eine Jalousie zur Verdunkelung und Beschattung des Raumes benutzt werden. Hier kann Nachtkälte zur Absenkung der Tagtemperatur eingesetzt werden. Das Klima im Patientenzimmer lässt sich dadurch verbessern. Für den Heizbetrieb sind Radiatorheizkörper unter den Fensterflächen angebracht. Diese sind aus hygienischen Gründen konstruktiv so gefertigt, dass sie leicht zu reinigen sind. Am Patientenbett befinden sich alle medizinischen Anschlüsse, wie Überwachung von Medizintechnik, Sauerstoff, Druckluft. Weiterhin sind Geräte zur Unterhaltung montiert und ein Telefon, welches über ein Kartensystem mit Guthaben aufgeladen werden kann. Die Schwesternrufanlage, Radio, Telefon und Fernsehgerät sind oft kombiniert, weil der Platz am Nachtkästchen begrenzt ist. Durch Vorwahl von entsprechenden Tasten kann entweder Fernsehen oder Radio oder Telefon genutzt werden. Am Nachtkästchen ist zusätzlich noch ein Auszugboden angebracht, der ein Essenstablett aufnehmen kann. Dieser Boden ist höhenverstellbar und ermöglicht so die Essensaufnahme direkt vom Bett aus. Das Essen wird per Transportwagen durch den Hol- und Bringdienst auf die Pflegestation gebracht und an vorher festgelegten

Orten abgestellt. Von dort übernimmt das Pflegepersonal die Essensverteilung zum Patienten. Die Essensbestellung übernimmt dafür angelerntes Personal aus der Küche. Je nach Patientengruppe werden auf das Zimmer auch Zeitung, Getränke, Blumenstrauß etc. gebracht. Das Absetzen eines Notrufs ist immer möglich. Bei gedrückter Anwesenheitstaste kann zusätzlich noch ein Arztnotruf, Schwesternnotruf oder Herzalarm abgesetzt werden. Entsprechend der Rufpriorität kommt zur Unterstützung Pflegepersonal, Arzt oder das Reanimationsteam, welches dann per Durchsage oder automatisiert per Telefon alarmiert wird. Im Patientenzimmer ist auch ein Nachtlicht vorhanden, welches von der Zimmeraußenseite bedient wird. Dieses ermöglicht der Pflegekraft in der Nacht eine Kontrolle des Patienten ohne dass die Hauptzimmerbeleuchtung angeschaltet wird. Am Patientenbett ist normalerweise auch eine Leseleuchte angebracht, welche direkt vom Patientenbett geschaltet werden kann. Die Böden müssen leicht zu reinigen sein und widerstandsfähig gegen Desinfektionsmittel sein. Es kommen Materialien wie PVC, Kautschuk, Parkett etc. zum Einsatz. Alle Vorhänge sind aus nicht brennbarem Material ausgeführt. Häufig erfolgt die Rettung im Notfall über die Fenster, falls die Zimmertür durch beispielsweise Feuer blockiert ist.

Im Untergeschoss sind alle unterstützenden Prozesse bzw. tertiäre Dienste untergebracht. Dies ist z. B. das Facility Management, welches alle technischen Dienste sowie Außenanlagen entsprechend betreut. Weiterhin sind die Küche, Hol- und Bringdienste ebenso wie Reinigung, Bettenaufbereitung, Wäscherei, Medizintechnik, EDV etc. dort untergebracht. Diese tertiären Dienstleister sorgen dafür, dass alle Kernprozesse wie Medizin und Pflege reibungslos und mit hoher Verfügbarkeit unterstützt werden. Tertiäre Dienste ermöglichen die Kernprozesse wie Pflege und Medizin. Die Dienstleistung wird mit Service Levels definiert und Reaktionszeiten festgelegt. Dies beinhaltet beispielsweise das Versorgen des Gebäudes mit Wärme, Wasser und Strom. In diesen Bereichen ist sehr viel Fachkompetenz nötig, um die hohe Qualität und Verfügbarkeit zu gewährleisten. Instandhaltung beinhaltet Wartung, Instandsetzung und Verbesserung, die kompetent geplant und umgesetzt werden müssen, um im Gesamtergebnis wirtschaftlich zu sein.

Diese Bereiche unterliegen einer hohen Dynamik, weil sich im Klinikbetrieb sehr schnell technische Änderungen und Innovationen einstellen und höchst flexibel reagiert werden muss, um den Klinikbetrieb möglichst störungsfrei zu gestalten.

2.2 Leistungsbereiche

Silvia Kühlem

Unsere heutigen Krankenhäuser haben ihren Ursprung in den ersten Hospizen des Mittelalters. Dazwischen liegt eine gewaltige Kenntnissteigerung in Medizin und Pflege. Der medizinische Fortschritt bewirkte nicht nur verbesserte Diagnostik- und Behandlungsmethoden, sondern eröffnete auch neue und oder erweiterte Behandlungsspektren. Die Fülle an immer neuen medizinischen Erkenntnissen führte schließlich zu Spezialisierungen innerhalb der Medizin. Krankenhäuser können heutzutage eine Vielzahl an Fachabteilungen besitzen. Der Leistungsbereich eines Krankenhauses wird jedoch nicht nur durch die verschiedenen beherbergten Fachbereiche bestimmt. Er hängt auch davon ab, wie intensiv behandelt werden kann, d. h. mit welchem Schweregrad der Erkrankung bzw. Verletzung Patienten noch adäquat diagnostiziert und behandelt werden können.

Die Festlegung des medizinischen Leistungsbereichs eines Krankenhauses wird allerdings nicht nur diesem selbst überlassen. Die Aufnahme eines Krankenhauses in den Krankenhausbedarfsplan der einzelnen Bundesländer oder die Anerkennung als Hochschulklinik bestimmt wesentlich, welches Leistungsspektrum einem Krankenhaus zugestanden wird. Forschung wird z. B. nur in Universitätskliniken finanziert. Ein Krankenhaus der Maximalversorgung darf u. U. ebenfalls wie eine Hochschulklinik neue Untersuchungs- und Behandlungsmethoden anwenden und erhält die Kosten erstattet. Einem Krankenhaus der Grund- und Regelversorgung wird hingegen beides verwehrt bleiben. Weiterhin wird die Konkurrenzsituation mit einem Nachbarkrankenhaus auch in hohem Maße Einfluss auf die eigenen angebotenen medizinischen Leistungen haben.

Medizin und Pflege sind jedoch nicht die einzigen Leistungsbereiche eines Krankenhauses. Damit Diagnostik, Therapie und Pflege eines Patienten erfolgen können, bedarf es entsprechender Räume, Gerätschaften und nicht zuletzt gut qualifizierten Personals in ausreichendem Maße. Nachdem Patienten überwiegend stationär im Krankenhaus bleiben, benötigen diese darüber hinaus Unterkunft und Verpflegung. Die benötigten Waren und Gerätschaften müssen beschafft und an den richtigen Ort transportiert werden. Die Einhaltung von Hygiene- und Reinigungsvorschriften spielen im Krankenhaus eine ganz besonders wichtige Rolle. Nicht zuletzt übt inzwischen die gesicherte Finanzierung (siehe Kapitel 1.2. Budgetierung und Finanzierung) eines Krankenhauses großen Einfluss auf sämtliche Leistungsbereiche eines Krankenhauses aus. All diese beispielhaft dargestellten Tätigkeiten sind Leistungen des Krankenhauses. Sie sind zwingend notwendig, um Medizin und Pflege im Krankenhaus überhaupt erst zu ermöglichen.

Die zunehmende Finanzierungsproblematik im Gesundheitswesen führte zu einem deutlich spürbaren wirtschaftlichen Druck auf die Krankenhauswelt. Als vor etwa 20 Jahren die Zuteilung von Erlösbudgets die bisherige Finanzierung der Krankenhauskosten ablöste, rückte die Suche nach Einsparpotenzialen mehr und mehr in den Fokus der

Krankenhausleitungen und ist bis heute ein zentrales Thema geblieben. Ein neuer administrativer Bereich, das Controlling, wurde eigens dazu im Krankenhaus eingeführt. Es beschäftigt sich z. B. mit Fragen wie „wo werden welche Kosten verursacht" und darf dabei nicht die Rahmenbedingungen außer Acht lassen, die das Krankenhaus zur Erbringung gewisser Leistungen verpflichten. In der Absicht, Leistungen so kostensparend wie möglich zu erbringen, wurde im Krankenhausbereich die Kostenrechnung eingeführt. Mittels Kostenstellenrechnung, Prozesskostenrechnung oder Kostenträgerrechnung wird versucht, alle Bereiche eines Krankenhauses aus unterschiedlichen ökonomischen Blickwinkeln zu untersuchen. Bei genauerer Betrachtung ergab sich eine Vielzahl unterschiedlicher Optimierungsansätze für die unterschiedlichen Leistungsbereiche. In vielen Krankenhäusern wurde analysiert, welche Leistungen wirtschaftlich und qualitativ gut selbst erbracht werden können und welche Leistungen fremd bezogen werden sollten. In diesem Zusammenhang kam die Frage nach den Kernkompetenzen eines Krankenhauses auf. Unter dem wirtschaftlichen Druck gewannen viele Leistungsbereiche neue Aufmerksamkeit. So wurde versucht, einzelne Leistungsbereiche zu identifizieren, die entweder selbst wirtschaftlicher betrieben oder, falls dies nicht möglich war, fremd vergeben werden konnten. Etwa Ende der 1990er-Jahre setzte eine Welle der Fremdvergabe (Outsourcing) ein. Vor allem Reinigung und Verköstigung wurden gerne fremd vergeben, weil das Vergütungsniveau bei privaten Unternehmen deutlich niedriger als der Tarif im Krankenhaus war und das Risiko des Personalausfalls durch z. B. Krankheit oder Urlaub ausgegliedert wurde. Heute sind aus der Praxis auch die damit einhergehenden Risiken bzw. Kritikpunkte besser bekannt. Bei der Fremdvergabe der Verpflegung z. B. hat die Logistik der Essensverteilung Einfluss auf die Qualität des Essens. Häufiger Personalwechsel in der fremd vergebenen Reinigung zeigt in der Praxis größere qualitative Probleme bei der Hygiene. Die Erkenntnisse aus der Identifizierung einzelner Leistungsbereiche und deren näherer Untersuchung, ergänzt um die praktischen Erfahrungen aus der Fremdvergabe einzelner Leistungen, führten in der Branche insgesamt zu einem tieferen Verständnis der komplexen Zusammenhänge der verschiedenen Leistungsbereiche untereinander.

Darstellung und Einteilung der Leistungsbereiche. Eine systematische Darstellung der Leistungsbereiche eines Krankenhauses ist in Hinblick auf die unterschiedlichen Arten von Krankenhäusern, Versorgungsaufträgen, Kooperationen mit Dritten, etc. nicht einfach. Infolgedessen sind auch unterschiedliche Betrachtungsweisen und Darstellungsformen möglich. In diesem Kapitel soll die Idee verfolgt werden, die Leistungsbereiche in Abhängigkeit von der Nähe zum Patienten einzuteilen (Abb. 2.**4**). Die Nähe zum Patienten wird hierbei nicht nur aus der Sicht des Krankenhauses betrachtet, sondern es soll auch die Perspektive des Patienten Beachtung finden. Diese Differenzierung der Leistungsbereiche erweist sich als vorteilhaft, da sie unabhängig davon erfolgt, ob die Leistungen stationär oder ambulant erbracht werden, unabhängig von der Versorgungsstufe, der Finanzierung, der Organisationsform und unabhängig von der Tatsache, ob eine Leistung fremd vergeben ist oder vom Krankenhaus selbst erbracht wird. Die folgende Darstellung zeigt, dass bei dieser Vorgehensweise schematisch 3 Leistungsbereiche identifiziert werden können. Medizin und Pflege befinden sich überwiegend im primären

2.2 Leistungsbereiche

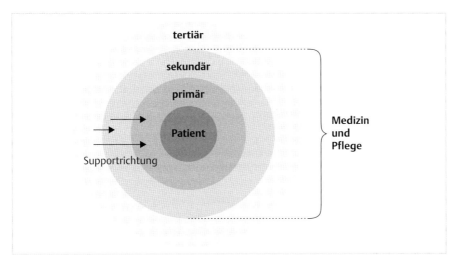

Abb. 2.4 Einteilung der Leistungsbereiche aus Sicht des Patienten.

Leistungsbereich und greifen auf Unterstützung aus dem sekundären Leistungsbereich zurück. Der tertiäre Leistungsbereich enthält alle anderen Leistungen und leistet damit Support für den primären und sekundären Bereich. Für die Leistungserbringung im Krankenhaus ist das Vorhandensein aller 3 Leistungsbereiche unabdingbare Voraussetzung. Insofern ist die Einteilung in 3 Leistungsbereiche keinesfalls wertend zu verstehen.

Die Definition und Zuordnung zu den Leistungsbereichen ist im Detail und auch als Ganzes selbstverständlich immer diskussionswürdig. Jedoch erlaubt die hier dargestellte Form die Möglichkeit einer Strukturierung, die für den Großteil der Krankenhäuser in Deutschland anwendbar ist. In Abbildung 2.5 wird die Definition der 3 Leistungsbereiche näher erläutert.

Als *primärer* Leistungsbereich sind lediglich medizinische Behandlung und Pflege, nicht jedoch Diagnostik und Funktionsbereiche definiert. Dem liegt der Gedanke zugrunde, dass die behandelnden Ärzte und die Pflege aus Sicht des Patienten dessen direkte Ansprechpartner sind. Hier ist die Nähe des Patienten – aus seiner Sicht – zu den Akteuren im Krankenhaus am größten. Diagnostik und Funktionsbereich begegnen den Patienten im Krankenhaus als unbedingt notwendig und wichtig, jedoch lediglich punktuell. Für die Patienten sind die zusammenfassende Beurteilung seines behandelnden Arztes und die daraus abgeleitete Behandlung entscheidend. Hierin liegt ein zentraler Erfolgsfaktor, der für Erfolg oder Misserfolg des Krankenhausaufenthalts entscheidend ist. Es wird Vertrauen zwischen Medizin und Patienten gebildet – oder auch nicht. Die medizinisch behandelnden Fachabteilungen und Pflegestationen bilden i.d.R. den primären Aufenthaltsbereich der Patienten.

2 Von außen nach innen

Einteilung der Leistungsbereiche		
primär	**sekundär**	**tertiär**
medizinische Behandlung, Geburtsunterstützung und Pflege	Diagnostik- und Funktionsbereich, sonstiger med./pfleg. Bereich	Infrastruktur, Administration und sonstiger nicht med./pfleg. Bereich
▸ medizinisch behandelnde Fachabteilungen ▸ Geburtsabteilung ▸ Pflegestationen ▸ Notfallambulanz ▸ Rettungsdienst ▸ Hospiz	▸ Labor ▸ Apotheke ▸ OP ▸ internistischer Funktionsbereich ▸ Radiologie ▸ Pathologie ▸ Nuklearmedizin ▸ Hygiene ▸ betriebsärztlicher Dienst	▸ Infrastruktur (z. B. Reinigung, Küche, Facility Management) ▸ Management und Administration ▸ sonstiger nicht med./pfleg. Bereich

Abb. 2.5   Einteilung bzw. Zuordnung zu den Leistungsbereichen.

Eine optimal verlaufende Geburt soll nicht als zu behandelnde Krankheit dargestellt werden, weshalb eine Subsumierung unter den behandelnden Fachabteilungen vermieden wurde. Die Geburtshilfe wird als solche gewürdigt und deshalb im primären Leistungsbereich gesondert aufgeführt.

Die Behandlung der Patienten kann auch kurzfristiger in der Notfallambulanz oder noch einen Schritt früher durch den Rettungsdienst erfolgen. In beiden Fällen ist aus Sicht der Patienten die Nähe zur Medizin sehr intensiv, weshalb beide Bereiche dem primären Leistungsbereich eines Krankenhauses zugeordnet werden.

Auch das Hospiz wird dem primären Leistungsbereich zugeordnet. Die Behandlung erfolgt nur noch zur Linderung von Beschwerden (z. B. Schmerzbehandlung). Die intensive Nähe zum medizinischen und insbesondere zum pflegenden Personal dieses sensiblen Bereichs soll ebenfalls durch eine Zuordnung zum primären Leistungsbereich eines Krankenhauses hervorgehoben werden.

Die im *sekundären* Leistungsbereich dargestellte Auflistung von Diagnostik- und Funktionsbereichen erhebt keinen Anspruch auf Vollständigkeit. Es sind die in deutschen Krankenhäusern am häufigsten anzutreffenden Bereiche genannt. Die Zuordnung einzelner Fachbereiche bzw. Fachabteilungen zum primären oder sekundären Leistungsbereich eines Krankenhauses ist diskussionswürdig. Sehr häufig haben medizinische Fachabteilungen behandelnde und/oder diagnostizierende Aufgaben. So kann z. B. die Nuklearmedizin einen Tumor diagnostizieren und anschließend mit dem Bestrahlen desselben erheblich zur Genesung der Patienten beitragen. In der Radiologie kann ein Stent eingesetzt werden, und eine Operation dient ebenfalls der Diagnose, wenn erst während der

Operation eine Entscheidung für das weitere Vorgehen gefällt werden kann. Die einzelnen medizinischen Fachdisziplinen sind im Detail nicht immer genau dem primären oder dem sekundären Bereich zuordenbar, weshalb an dieser Stelle für die gegebenenfalls enge Verknüpfung beider Bereiche und mögliche Überschneidungen sensibilisiert werden soll. Für den größten Teil der Patienten in deutschen Krankenhäusern werden jedoch nach wie vor Leistungen von Diagnostik- und Funktionsbereichen lediglich punktuell und relativ kurz in Anspruch genommen. Die Nähe dieser Bereiche zum Patienten ist aus seiner Sicht geringer als zu seiner behandelnden Fachabteilung. Um dies zu verdeutlichen, wurde die Unterteilung der Medizin und Pflege in einen primären und einen sekundären Leistungsbereich vorgenommen.

Die Zuordnung der Fachbereiche bzw. Fachabteilungen zum primären oder sekundären Leistungsbereich erfolgt unabhängig davon, ob diese Abteilungen Betten führen oder nicht, ob diese stationäre oder ambulante Leistungen erbringen oder ob sie als Haupt- oder Belegabteilung geführt werden. Auch die Organisationsform, z. B. im Falle der Zusammenfassung mehrerer Fachabteilungen zu einem Zentrum oder bei Führung gleicher Fachabteilungen in mehreren Krankenhäusern (z. B. mehrerer Krankenhäuser einer GmbH) durch eine gemeinsame Leitung, hat keinen Einfluss auf die Zuordnung zum primären oder sekundären Leistungsbereich.

Der *tertiäre* Bereich weist die geringste Nähe zu den Patienten auf. Seine Leistungen sollen v. a. dazu dienen, den primären und sekundären Bereich zu unterstützen bzw. zu ermöglichen. Der Kontakt zu den Patienten besteht teilweise gar nicht mehr (z. B. Administration, Werkstatt, Energieversorgung etc.). Lediglich der Speisenversorgung und zum Teil dem Reinigungsdienst sowie der administrativen Patientenaufnahme kann noch ein gewisses Maß an Nähe zum Patienten zugebilligt werden.

Management muss heutzutage zwar in allen Bereichen des Krankenhauses durchgeführt werden – auch Ärzte und Pflegende benötigen diese Fähigkeiten –, jedoch ist hier Management im Sinne von Krankenhausleitung- bzw. Geschäftsführung gemeint.

Der sonstige nicht medizinisch/pflegerische Bereich beinhaltet alle sonstigen dem Krankenhaus zuzuordnenden Bereiche (z. B. den Sozialdienst, Seelsorge).

Krankenhäuser sind wichtige Einrichtungen für die Aus- und Fortbildung des Personals. Im medizinischen Bereich erfolgen diese in Zusammenarbeit mit Universitäten, im pflegerischen, administrativen und technischen Bereich oftmals mit entsprechenden Schulen. Die Ausbildung wird nicht eigens einem Leistungsbereich zugeordnet, sondern jeweils dem Bereich, in dem die praktische Ausbildung momentan erfolgt. So kann z. B. die praktische Ausbildung in der Medizin durchaus im primären und sekundären Bereich erfolgen. Teilweise unterhalten Krankenhäuser für pflegende Berufe eigene Schulen. In diesem Fall ist die Schule, die für die Vermittlung der Theorie zuständig ist, dem tertiären Bereich zugeordnet. Ein Kontakt zum Patienten besteht während der theoretischen Ausbildung nicht. Kontakt und Nähe zum Patienten bestehen hingegen während der praktischen Ausbildungszeit, weshalb die Ausbildung in einem Pflegeberuf allen 3 Leistungsbereichen zugeordnet werden kann.

2.2.1 Primärer Leistungsbereich

Medizinische Behandlung, Geburtsunterstützung und Pflege. Der primäre Leistungsbereich enthält die Medizin mit den behandelnden Fachabteilungen eines Krankenhauses. Diagnostik- und Funktionsabteilungen können ebenfalls als Fachabteilung geführt sein, sie werden – wie oben dargestellt – hier jedoch dem sekundären Leistungsbereich zugeordnet. Für die Definition einer Fachabteilung wird auf die Internetseite der Gesundheitsberichterstattung des Bundes (www.gbe-bund.de/gbe10/abrechnung) verwiesen. Diese zitiert die Definition für eine Fachabteilung nach der Krankenhausstatistik des Statistischen Bundesamts wie folgt: Fachabteilungen sind abgegrenzte, von Ärzten/Ärztinnen mit Gebiets- oder Schwerpunktbezeichnung ständig verantwortlich geleitete Abteilungen mit besonderen Behandlungseinrichtungen.

Eine Liste aller patientenentlassenden Fachabteilungen in deutschen Kliniken findet sich im Internet z.B. bei http://www.kliniken.de/kliniksuche/fachabteilungen301_liste.jsp. Dort wird die Liste nach dem Fünften Sozialgesetzbuch (§ 301 SGB V) widergegeben. Die Physikalische Medizin als Fachabteilung wird in dieser Liste allerdings nicht explizit aufgeführt, sondern bei „Weiteren Fachabteilungen" subsumiert. Für die Definition und Erläuterung medizinischer Fachbegriffe wird auf einschlägige Literatur, z.B. Pschyrembel, Klinisches Wörterbuch, de Gruyter, verwiesen.

Die häufigsten in deutschen Kliniken anzutreffenden Fachabteilungen sind Innere Medizin, Allgemeine Chirurgie sowie Frauenheilkunde und Geburtshilfe. Diese Fachabteilungen werden in aller Regel in Krankenhäusern der Grundversorgung (niedrigste Versorgungsstufe) vorgehalten. Bei Krankenhäusern einer höheren Versorgungsstufe (z.B. Regelversorgung, Schwerpunktversorgung) ist die Innere Medizin oftmals in mehreren eigenen Fachabteilungen aufgeteilt, wie z.B. Kardiologie, Angiologie, Endokrinologie, Gastroenterologie und Nephrologie. Die Allgemeine Chirurgie wird in Krankenhäuser einer höheren Versorgungsstufe oft um Orthopädie, Viszeralchirurgie, Gefäßchirurgie und Unfallchirurgie ergänzt. Krankenhäuser der Maximalversorgung und Universitätskliniken verfügen über weitere Spezialgebiete wie z.B. die Pneumologie, Thoraxchirurgie, Herzchirurgie und Neurochirurgie und Onkologie, die i.d.R. sehr kostenintensiv sind. Ergänzend zur Onkologie werden oftmals Strahlenheilkunde, Nuklearmedizin und Palliativmedizin angeboten. Krankenhäuser der Maximalversorgung können zwar an Anwenderstudien teilnehmen, die Forschung bleibt jedoch, bis auf wenige Ausnahmen, den Universitätskliniken vorbehalten.

Fachrichtungen wie Frauenheilkunde, Urologie, Augenheilkunde und Dermatologie werden inzwischen von niedergelassenen Ärzten weitgehend ambulant abgedeckt. Stationär behandeln diese Fachabteilungen v.a. größere chirurgische Eingriffe und onkologische

Erkrankungen, letztere hauptsächlich in Krankenhäusern der Maximalversorgung oder Universitätskliniken.

Die Geburtshilfe benötigt eine gewisse Anzahl von Geburten pro Jahr, um kostendeckend betrieben werden zu können. Dies muss individuell für jedes Krankenhaus gerechnet werden und führt an einer steigenden Zahl von Häusern dazu, dass die Geburtshilfe – mangels ausreichender Nachfrage – nicht mehr angeboten werden kann.

Die stationäre medizinische Versorgung von Kindern ist in der Fachabteilung Pädiatrie häufig noch in Kliniken der Regelversorgung zu finden. Hingegen sind Neonatologie, Kinderchirurgie, Kinderherzchirurgie, Kinderkardiologie und Kinderonkologie meistens in höheren Versorgungsstufen ab der Schwerpunktversorgung eingerichtet.

Die Nennung einzelner Fachabteilungen im Bezug zum Versorgungsauftrag eines Krankenhauses ist in diesem Kapitel beispielhaft und keinesfalls zwingend zu verstehen. Sie kann für ein Krankenhaus im Einzelfall abweichen. Weiterhin ist es möglich, dass Fachrichtungen in einem darauf spezialisierten Fachkrankenhaus (z. B. Kinderkrankenhaus, orthopädisches Fachkrankenhaus etc.) angeboten werden.

Um die Zusammenarbeit zwischen den Fachabteilungen zu fördern, bilden heute insbesondere große Kliniken Zentren. In einem Zentrum werden Fachabteilungen zusammengefasst und besser vernetzt. So kann z. B. ein Kopfzentrum Zahnmedizin, Mund-, Kiefer- und Gesichtschirurgie, Augenheilkunde und Hals-, Nasen-, Ohrenheilkunde enthalten.

Eine weitere Strukturierungsmöglichkeit für Fachrichtungen ist die Zuordnung zur konservativen Medizin (nicht schneidend) oder den operativ tätigen (schneidenden) Fächern.

Die Anästhesie ist in der Liste nach § 301 SGB V nicht enthalten, da sie keine bettenführende Fachabteilung ist. Anästhesisten arbeiten z. B. auf Intensivstationen, im OP, in der Schmerzmedizin und in Notfallambulanzen. Die Anästhesie kann ebenso wie die Intensivmedizin aufgrund ihrer Nähe zum Patienten dem primären Leistungsbereich eines Krankenhauses zugeordnet werden.

Die Leitung einer Fachabteilung obliegt, wie aus der o. g. Definition hervorgeht, einem entsprechend qualifizierten Arzt, der für seine Fachabteilung die medizinische Verantwortung trägt. Die Bundesärztekammer gibt Auskunft über die Ausbildung zum Humanmediziner (z. B. nachzulesen auf ihrer Internetseite www.bundesaerztekammer.de). Kurz zusammengefasst regelt die Bundesärzteordnung (BÄO) und die aufgrund dieses Gesetzes erlassene Approbationsordnung (ÄAppO) maßgeblich die ärztliche Ausbildung. Das Studium der Humanmedizin umfasst wissenschaftliche und praktische Anteile und ist aufgeteilt in einen vorklinischen Teil von 2 Jahren und einen klinischen Teil von 4 Jahren, wobei das letzte Jahr der klinischen Ausbildung auf eine zusammenhängende praktische Ausbildung in Krankenhaus entfällt (Praktisches Jahr). Nach erfolgreichem Abschluss

2 Von außen nach innen

kann die Approbation als Arzt erteilt werden, die zur praktischen Ausübung des Arztberufs notwendig ist. Die Promotion zum „Dr. med." ist hierzu heutzutage üblich, jedoch nicht Voraussetzung. Sie wird auch nicht zwingend für eine weitere Fortbildung zum Facharzt (geregelt in der Muster-Weiterbildungsordnung der Bundesärztekammer) benötigt. Der Beruf des Humanmediziners ist in den Kliniken hierarchisch geordnet: z. B. PJ (Arzt im Praktischen Jahr), Assistenzarzt (mit oder ohne Facharztstatus), Oberarzt, Chefarzt.

Erfolgt die ärztliche Leistungserbringung einer Fachabteilung nicht durch am Krankenhaus fest angestellte Ärzte, sondern durch niedergelassene Ärzte, spricht man von einer Belegabteilung. Zur Unterstützung der Belegärzte sind allerdings häufig Stationsärzte und Oberärzte fest in der Klinik angestellt. Der Belegarzt hat i. d. R. eine eigene Praxis und belegt Betten einer Klinik mit eigenen Patienten, die er für bestimmte Behandlungen in die Klinik einweist. Zwischen der Klinik und dem Belegarzt – möglich sind auch mehrere Belegärzte für eine Fachabteilung (z. B. häufig bei Frauenheilkunde und Geburtshilfe) besteht eine vertragliche Regelung bez. der Verfügungstellung von Kapazitäten des Krankenhauses (Betten, Personal, OP-Zeiten, Verwendung von Geräten etc.) und einer Vergütung durch den Belegarzt.

Eine ähnliche Regelung besteht auch zwischen Klinik und Beleghebammen, wenn das Krankenhaus zwar eine geburtshilfliche Abteilung hat, jedoch Hebammen nicht fest angestellt sind.

Wird eine spezielle medizinische Expertise nur punktuell benötigt, kann das Krankenhaus auch Verträge mit sogenannten Honorarärzten abschließen. Diese sind i. d. R. ebenfalls nicht im Krankenhaus angestellt.

Kann ein Krankenhaus nicht genügend Pflegepersonal mit einer entsprechenden Qualifikation selbst einstellen, ist es heutzutage auch möglich, Pflegepersonal über eine Leiharbeitsfirma zu erhalten.

In allen beispielhaft genannten Fällen handelt es sich um die Fremdvergabe medizinischer bzw. pflegerischer Leistungen. Mit fremden Dritten – Belegarzt, Beleghebamme, Honorararzt, Leiharbeitsfirma – werden hierzu Verträge abgeschlossen.

Neben der Medizin ist die Pflege ein wichtiger Bestandteil des Krankenhauses. Die Pflege wird häufig mit der medizinischen Fachabteilung, mit der sie zusammenarbeitet, zu einem Leistungsbereich zusammengefasst. Gehört ein Fachbereich zu dem primären Leistungsbereich eines Krankenhauses, wird auch die Pflege, die für diesen Fachbereich zuständig ist, dementsprechend zugeordnet. Dies erfolgt unabhängig von der Pflege- und Organisationsform. Oftmals werden Pflegestationen nach wie vor direkt einzelnen Fachabteilungen zugeordnet. Doch es gibt auch Pflegestationen, die für mehrere medizinische Fachabteilungen zuständig sind. Da diese Fachabteilungen i. d. R. jedoch auch zu dem primären Leistungsbereich eines Krankenhauses gehören, kann solch eine fach-

2.2 Leistungsbereiche

übergreifend belegte Station auch dem primären Leistungsbereich zugeordnet werden. Die Pflege auf den Pflegestationen ist, ebenso wie der medizinische Bereich, meist hierarchisch strukturiert (z. B. Pflegepersonal auf Station – Stationsleitung – Pflegedienstleitung), wobei Organisations- und Pflegekonzepte auch weiterentwickelt werden (z. B. siehe im Internet www.pflege-krankenhaus.de). Ähnlich dem medizinischen Bereich muss die Pflege hohen dokumentarischen Pflichten gerecht werden. Die Dokumentation ist nicht nur der Nachweis des Genesungsverlaufs des Patienten, sondern auch für Versicherungen und die Finanzierung eines Krankenhauses erforderlich. Die Dokumentation in der Medizin und der Pflege haben somit in mehrfacher Hinsicht eine hohe Bedeutung. Eine isolierte Zuordnung dieser Tätigkeiten zu einem Leistungsbereich ist trotz des administrativen Charakters nicht sinnvoll.

Die Pflege auf der Pflegestation weist aus Sicht des Patienten große Nähe zu diesem auf. Wenn nicht gerade ein Kontakt zwischen Patient und Arzt notwendig ist, versorgt und überwacht die Pflege den Patienten rund um die Uhr. Im Bedarfsfall alarmiert sie rechtzeitig den ärztlichen Dienst. Die Pflege ist verantwortlich für die korrekte Durchführung ärztlicher Anweisungen und assistiert bei ärztlichen Maßnahmen. Die Pflege kann als „verlängerter Arm" der Behandlung betrachtet werden. Hier wird bis zur ärztlich verantwortbaren Entlassung die Genesung in Zusammenarbeit mit den Ärzten unterstützt, kontrolliert und ggf. korrigiert. Auf der Pflege lastet ein hohes Maß an Verantwortung für die Sicherheit des Patienten im Krankenhaus und dessen Genesung. Jedoch fungiert die Pflege als Ansprechpartner nicht nur für den Patienten, sondern oftmals auch für dessen Angehörige, mit ihren Ängsten und Sorgen.

Um diesen hohen Anforderungen gerecht zu werden, wird die Pflege in Deutschland durch eine mehrstufige Ausbildung qualifiziert. Ein- bzw. 2-jährige Ausbildungen in Theorie und Praxis führen zum Abschluss als Gesundheits- und Krankenpflegehelfer bzw. -assistent. Diese Berufsbilder werden zur Unterstützung der Pflege v. a. in der Grundpflege (z. B. Nahrungsaufnahme und Körperpflege) eingesetzt. Eine 3-jährige theoretische und praktische Ausbildung führt nach bestandener staatlicher Prüfung zur Ausübung des Berufs der Gesundheits- und Krankenpflege. Hierbei ist eine Spezialisierung auf Kinderkrankenpflege möglich. Das Krankenpflegegesetz KrPflG und die Ausbildungs- und Prüfungsverordnung für die Berufe in der Krankenpflege (KrPflAPrV) bestimmen bundesweit den Inhalt und die Dauer der Ausbildung. Nach i. d. R. mindestens 2-jähriger Berufsausübung kann eine Qualifikation zur Pflegedienstleitung erfolgen (länderspezifisch geregelt). Mit entsprechendem Schulabschluss kann der Bereich Pflegedienstleitung/-management auch studiert werden.

2.2.2 Sekundärer Leistungsbereich

Diagnostik- und Funktionsbereich, sonstiger medizinisch/pflegerischer Bereich. Der sekundäre Leistungsbereich im Krankenhaus enthält ebenso wie der primäre Leistungsbereich Medizin und Pflege. Die Einteilung von Medizin und Pflege in einen primären und einen sekundären Leistungsbereich ist nicht wertend. Sie ist Ausdruck der Nähe zum Patienten aus dessen Sicht. Ein Patient erfährt Diagnostik und Funktionsbereiche überwiegend punktuell. Für z. B. ein EKG, einen Ultraschall oder eine MRT-Untersuchung verlässt der Patient für eine kurze Zeit seinen Aufenthalt in der Fachabteilung oder der Nothilfe und kehrt dann zurück zu „seinem" behandelnden Arzt. Von diesem erhält er Kenntnis über Diagnose und Therapie. Besprechungen, Konsultationen etc. zwischen den Ärzten der einzelnen Fach- und Funktionsabteilungen werden von den Patienten in aller Regel nicht oder nur beiläufig wahrgenommen.

Der betriebsärztliche Dienst wird ebenfalls dem sekundären Leistungsbereich zugeordnet, weil normalerweise kein Kontakt mit dem Patienten stattfindet. Dennoch handelt es sich um einen medizinischen Leistungsbereich, weshalb er nicht im tertiären Leistungsbereich eingeordnet wird. Ähnlich verhält es sich mit Hygienebeauftragten, die medizinisch und pflegerisch ausgebildet sind, weshalb sie nicht im tertiären Bereich eingeordnet werden.

Der sekundäre Leistungsbereich eines Krankenhauses ist ausgesprochen anlagenintensiv. Hier werden viele und oftmals sehr teure Gerätschaften eingesetzt, die für einen einwandfreien Betrieb u. a. viel Energie, eine spezielle Reinigung sowie eine intensive Wartung und Instandhaltung benötigen. Der sekundäre Leistungsbereich ist hierbei auf eine intensive Supportleistung des tertiären Bereichs angewiesen.

Großgeräte wie z. B. ein Computertomograf (CT) oder ein Magnetresonanztomograf (MRT) müssen nicht nur mit einigen Hunderttausend Euro finanziert werden, sondern benötigen auch entsprechende bauliche Gegebenheiten. So muss z. B. die Statik des Stockwerks, in dem das Großgerät untergebracht werden soll, das häufig sehr schwere Gewicht von Großgeräten und die benötigten Fundamente tragen oder Untersuchungsräume müssen bei Röntgenstrahlen entsprechend nach außen hin abgeschirmt werden. Dies trägt zu weiteren erheblichen Anschaffungskosten bei.

Für den ordnungsgemäßen Betrieb medizinischer Geräte muss das Personal der Medizin und Pflege entsprechend eingewiesen, geschult und fortgebildet werden. Und nicht zuletzt müssen oftmals Sicherheitsvorkehrungen getroffen werden, um Personal und weitestgehend auch den Patienten vor schädlichen Strahlungen (z. B. Röntgen) oder radioaktiven Stoffen zu schützen. Die mit der Anschaffung und dem Betrieb von medizinischen Gerätschaften in Verbindung stehenden Kosten können nicht unbedingt von allen Krankenhäusern finanziert werden. Dies ist bei der Leistungsplanung eines Krankenhauses zu berücksichtigen, welche wiederum von seinem Versorgungsauftrag abhängt. Da der sekundäre Leistungsbereich sehr kostenintensiv ist, haben viele Krankenhäuser einige Teilbereiche (z. B. Labor, Apotheke) fremd vergeben oder kooperieren mit anderen Krankenhäusern oder niedergelassenen Ärzten.

Die häufigsten Diagnostik- und Funktionsbereiche sind Ultraschall, Sonografie, Röntgen, Operationstrakt mit Aufwachraum mit Intensivstation sowie Herz-, Kreislaufdiagnostik (z. B. EKG, EEG). Diese Einheiten sind meistens schon in Krankenhäusern der Grundversorgung vorhanden. In Krankenhäusern mit höherer Versorgungsstufe finden sich weiterhin häufig Linksherzkathetermessplatz (LHK), Computertomograf (CT) und Magnetresonanztomograf (MRT) oder auch Nierensteinzertrümmerer (Lithotripter). Einen Positronenemissionstomograf (PET) oder eine Herz-Lungen-Maschine besitzen meistens Krankenhäuser mit Maximalversorgungsstufe, Fachkrankenhäuser (z. B. für Herzchirurgie) oder Universitätskliniken, da dort z. B. Nuklearmedizin, Herzchirurgie oder Transplantationsmedizin betrieben wird. Im Krankenhausverzeichnis der Deutschen Krankenhausgesellschaft ist bei jedem Krankenhaus angegeben, welche Großgeräte es besitzt. Oft reicht die Kapazität eines einzelnen Geräts nicht für die benötigte Anzahl der Untersuchungen aus, weshalb Krankenhäuser, die regelmäßig über einen umfangreichen medizinischen Gerätepark verfügen, etliche Geräte sogar mehrfach vorhalten müssen. Das Personal für den Betrieb der medizinischen Geräte und der entsprechenden Diagnose- und Funktionsbereiche ist medizinisch und pflegerisch ausgebildet. Weiterhin sind viele technische Assistenten wie z. B. medizinisch-technische Assistenten (MTA) oder Operationsassistenten (OTA) im sekundären Leistungsbereich beschäftigt. Da es sich um fachspezifische Kenntnisse handelt, die das Personal benötigt, sind dies entweder eigene Ausbildungsberufe (z. B. MTA) oder nach einer 3-jährigen Pflegeausbildung sind weitere Fortbildungen (z. B. Ausbildung zur OP-Schwester) möglich.

2.2.3 Tertiärer Leistungsbereich

Infrastruktur, Administration und sonstiger nicht medizinisch/pflegerischer Bereich. Der tertiäre Leistungsbereich hat die geringste oder gar keine Nähe zum Patienten. Er dient dem primären und sekundären Bereich eines Krankenhauses als Supportbereich. Der tertiäre Bereich gilt in den Augen des primären und sekundären Bereichs (Medizin und Pflege) als optimal funktionierend, wenn er aus deren Sicht kaum wahrgenommen wird. Sind die Gerätschaften einwandfrei betriebsbereit und ausreichend vorhanden, werden die Medikamente auf den Stationen pünktlich und genau nach Bestellung aufgefüllt, funktioniert die EDV schnell und zuverlässig, wird die Reinigung sorgfältig nach Hygienevorschriften und möglichst ohne den Betriebsablauf zu stören durchgeführt und liefert die Speisenversorgung das Gewünschte in guter Qualität zum richtigen Zeitpunkt am richtigen Ort, hat der tertiäre Bereich in den beispielhaft dargestellten Fällen die Medizin und Pflege gut unterstützt und wurde seiner Aufgabe gerecht.

Da dem tertiären Bereich Medizin und Pflege sowie die intensive Nähe zum Patienten fehlt, werden seine Leistungen meistens auch nicht zu den Kernleistungen eines Krankenhauses gezählt. Kostenreduzierungen, die unter dem wirtschaftlichen Druck, dem die Krankenhäuser seit vielen Jahren ausgesetzt sind, unvermeidbar sind, wurden seit jeher zunächst in diesem Bereich durchgeführt. Dies und auch qualitative Mängel (z. B. fehlendes Fachpersonal) führten zu einer häufigen Fremdvergabe von Leistungen aus dem tertiären Bereich. Mit dem Outsourcing soll externes Fachwissen eingekauft, Risiken auf Externe übertragen und vor allem Kosten gespart werden. Insbesondere die Tarifstrukturen im Krankenhaus haben sich in den vergangenen Jahren für einzelne Personalgruppen als zu teuer erwiesen. Solche Leistungen (z. B. Reinigung und Speisenversorgung) wurden entweder fremd vergeben oder es wurden Servicegesellschaften gegründet, um einen anderen Tarif anwenden zu können. Andere Leistungen wie z. B. die EDV wurden fremd vergeben, weil nicht ausreichend genügend qualifiziertes Personal gefunden werden konnte oder dieses auf dem Arbeitsmarkt besser bezahlt wurde, als es einem Krankenhaus möglich war. Die Gründe für Fremdvergabe waren und sind vielseitig. Die fehlende Nähe zum Patienten macht es scheinbar leicht, die Leistungserbringung in fremde Hände zu geben. Jedoch kann ein Krankenhaus letztlich die Verantwortung für Patienten und Mitarbeiter nicht auf andere übertragen. Wenn fremde Dienstleister Fehler begehen oder qualitative Mängel aufweisen, fällt dies letztendlich auf das Krankenhaus zurück, insbesondere in den Augen der Öffentlichkeit. Dies birgt für ein Krankenhaus ein nicht unerhebliches Risiko. Auf einen fremden Dienstleister kann jedoch nur begrenzt Einfluss ausgeübt werden. Werden Mängel nicht beseitigt, kann er nur gewechselt werden. Da es i. d. R. immer vertragliche Vereinbarungen gibt, sind diese zu beachten. Ein Wechsel kostet Zeit und auch das kann für ein Krankenhaus kostspielig sein. Die in den letzten Jahren des „boomenden Outsourcing" gemachten Erfahrungen führen heute dazu, dass Krankenhäuser nicht mehr so schnell wie früher die scheinbar kostengünstige Variante der Fremdvergabe wählen. Im Sinne der Qualitätssicherung führen einige Krankenhäuser einst fremd vergebene Leistungen heute wieder selber durch. Dennoch ist der tertiäre Bereich im Krankenhaus von einem hohen Grad der Fremdvergabe geprägt. Nicht nur Speisenversorgung und Reinigung sind davon betroffen, sondern auch z. B. EDV, Warenlogistik, Einkauf, Abrechnung oder auch das Management.

Dienstleistungen in tertiären Bereichen müssen nicht nur flexibel und qualitativ hochwertig, sondern auch serviceorientiert und wirtschaftlich erbracht werden. Der Bereich sieht sich, ebenfalls wie der primäre und der sekundäre Leistungsbereich, steigenden qualitativen und quantitativen Ansprüchen und Anforderungen ausgesetzt. Der tertiäre Bereich kann grob unterteilt werden in Infrastruktur, Administration und Management sowie sonstige Bereiche.

Die *Infrastruktur* umfasst z. B. Reinigung, Speisenversorgung, Wäschedienst, Bettenaufbereitung, Sterilgutversorgung, Warenlogistik, Haustechnik, EDV-Technik, Medizintechnik, Energieversorgung, Gerätemanagement, Gebäudemanagement, Abfallentsorgung, Instandhaltung und Wartung. Die Infrastruktur muss viele Regelungen und Gesetze beachten, die der Sicherheit von Patienten und Personal dienen. So enthält z. B. die Medizinprodukte-Betreiberverordnung (MPBetreibV) Vorschriften für das Errichten, den Betrieb, die Anwendung und die Instandhaltung von Medizinprodukten. Die Haustechnik muss u. a. den Brandschutz und die Statik beachten. Bei einem Stromausfall muss ein

2.2 Leistungsbereiche

Notstromaggregat innerhalb kürzester Zeit in Betrieb gehen, um die Funktion lebensnotwendiger Systeme (z. B. auf der Intensivstation oder im OP) aufrechtzuerhalten, bis das Stromnetz wieder verfügbar ist. Aus hygienischen Gründen müssen z. B. Fußbodenbeläge im OP aus vorgeschriebenen Materialien bestehen und mit bestimmter Oberflächenbehandlung ausgestattet sein. Hygienevorschriften müssen auch vom Reinigungsdienst eingehalten werden, und in der Küche gelten besondere Vorschriften für die Lagerung, Zubereitung und Verteilung der Speisen. Für die sterile Aufbereitung von Geräten und die Desinfektion von Betten ist eine Vielzahl von Gesetzen, Verordnungen und Vorschriften zu beachten.

Da die Reihe der einzuhaltenden Vorschriften, Gesetze, Verordnungen und Regelungen einem Wandel unterliegen, muss das Personal entsprechend oft geschult bzw. weitergebildet werden.

Die Qualifikationsvoraussetzungen für die Aufnahme einer Tätigkeit in der Infrastruktur sind sehr unterschiedlich und richten sich nach den Ausbildungsvorschriften und Zugangsvoraussetzungen für den jeweiligen Beruf. Im technischen Bereich reicht z. B. oftmals eine 3-jährige Lehrzeit mit anschließender Abschlussprüfung. Der Beruf als Medizintechniker/Medizintechnikerin kann im Anschluss daran und nach einer entsprechenden Berufspraxis in einer Fachschule erlernt werden. Im Reinigungsdienst sind keine besonderen Vorkenntnisse von Nöten. Die notwendigen Kenntnisse und Hygienevorschriften werden in der Einarbeitungsphase vermittelt. In allen Bereichen ist jedoch bei der Übernahme einer Leitungsfunktion, und damit Übernahme größerer Verantwortung, auch eine weitere praktische und oder theoretische Qualifikation bis hin zum erfolgreich absolvierten Studium notwendig (z. B. Sicherheitsingenieur, Architekt, Elektroingenieur, etc.).

Der *administrative Leistungsbereich* umfasst die Verwaltung mit z. B. Leistungserfassung und Patientenabrechnung, Buchhaltung, Controlling, Kostenrechnung, Personalabteilung, Einkauf, IT-Abteilung, Rechtsabteilung, Öffentlichkeitsarbeit aber auch z. B. Qualitätsmanagement, Belegungsmanagement, Entlassmanagement, ärztlicher Schreibdienst etc. Auch in der Administration ist eine Vielzahl von Gesetzen und Verordnungen zu beachten. Die Buchhaltung muss das Handelsgesetzbuch (HGB) und die Krankenhausbuchführungsverordnung (KHBV) anwenden. Für die Patientenabrechnung sind u. a. Kodierrichtlinien zwingend anzuwenden und den Krankenkassen Daten nach § 301 SGB V zu übermitteln. Auch in diesem Bereich sind regelmäßig Fortbildungen des Personals notwendig, da sich einzelne Vorschriften teilweise jährlich ändern. Die Qualifikationsvoraussetzungen für die Administration sind, ebenfalls wie im Infrastrukturbereich, unterschiedlich und richten sich nach den Ausbildungsvorschriften und Zugangsvoraussetzungen für den jeweiligen Beruf. Im Controlling wird oftmals ein Studium der Betriebswirtschaftslehre und im Medizincontrolling häufig ein Medizinstudium vorausgesetzt.

Als *Management* wird die Krankenhausleitung bezeichnet. Dies ist je nach Art des Krankenhausträgers bzw. Eigentümers und dessen Struktur unterschiedlich. Nach wie vor ist häufig ein Dreiergremium bestehend aus Verwaltungsleitung, Pflegeleitung und Medizinischer Leitung üblich. Oftmals ist solch einem Gremium noch eine Leitung (z. B. eine Geschäftsführung in einer GmbH) vorgesetzt. Der wirtschaftliche Druck im Krankenhaus führte dazu, dass die ehemalige Verwaltung eines Krankenhauses in ein Management des Krankenhauses umgewandelt werden musste. Planungsrechnungen und Kostensicherung stehen heute viel stärker im Mittelpunkt als noch vor 20 Jahren. Die letztendliche Verantwortung für ein Krankenhaus liegt deshalb häufig in den Händen einer betriebswirtschaftlich ausgebildeten Leitung. Betriebswirtschaftliche Kenntnisse werden auch zunehmend von ärztlichem und pflegerisch ausgebildetem Personal als Zusatzqualifikation für den Schritt in das Krankenhausmanagement erworben.

Im *sonstigen nicht medizinisch/pflegenden Sektor* des tertiären Leistungsbereichs eines Krankenhauses sind auch Sozialdienst und Seelsorge enthalten. Streng genommen handelt es sich hierbei um Leistungen der Kirchen und kommunalen sozialen Einrichtungen. Sehr häufig wird für diese Leistungen Personal nicht mehr in den Krankenhäusern angestellt, sondern es sind fremde Leistungen Dritter, die in den Räumen des Krankenhauses angeboten werden (z. B. Pfarrer der Gemeinde, der zur Seelsorge in das Krankenhaus kommt). Es geht hierbei jedoch nicht um die Behandlung eines Patienten im engeren Sinne. Der besonderen Sensibilität dieser Bereiche für den Patienten und auch die zahlreichen kirchlichen Krankenhausträger soll mit der Nennung zumindest im tertiären Bereich, Rechnung getragen werden.

Ein Kiosk und oder ein Café im Krankenhaus dient der Versorgung der Besucher und bietet einen angenehmen Platz für Patienten und Besucher; ferner nehmen Patienten auch gerne deren Dienste zur additive Versorgung mit Speisen und Getränken in Anspruch. Soziale Kontakte und Unterhaltung sollen die Genesung des Patienten unterstützen. Aus diesem Grund können Kiosk, Café und das Angebot von Patientenbücherei, Telefon, TV und Internet noch dem tertiären Leistungsbereich zugeordnet werden, auch wenn diese durch fremde Dritte angeboten werden. Werden Kiosk oder ein Café in Eigenregie durch das Krankenhaus betrieben, sind diese unter der Speisenversorgung in der Infrastruktur enthalten.

Andere Leistungen Dritter, die lediglich die Räume eines Krankenhauses anmieten (z. B. Arztpraxen, orthopädische Werkstätten, Sanitätshäuser, Friseur), werden dagegen nicht mehr zu den Leistungen eines Krankenhauses gezählt. Die Kontakte, die Patienten mit diesen Einrichtungen haben, finden in diesem Fall zwar in den Räumen des Krankenhauses statt, es handelt sich jedoch um selbstständige, vom Krankenhaus unabhängige Leistungserbringer.

2.3 Organisation Krankenhaus – Balanceakt zwischen Spezialisierung und Koordination

Claudia B. Conrad

Alle Organisationen richten sich nach ihren Prioritäten aus. Dies gilt auch für die Gesamtorganisation Krankenhaus mit ihren verschiedenen Organisationseinheiten. Dabei sind die Prioritäten der einzelnen Organisationseinheiten nicht identisch mit der Prioritätensetzung des Gesamtunternehmens. Dies ergibt sich bereits aus den bei der Zieldefinition möglichen Blickwinkeln auf den Organisationszweck, welcher im Falle der Organisation Krankenhaus maßgeblich geprägt wird vom Charakter einer Expertenorganisation. Die Betrachtungsweise der Hauptleistungserbringer im Krankenhaus – Mediziner und Pflegekräfte – unterscheidet sich in wesentlichen Punkten von der Sichtweise des Managements einer Klinik. Zusätzlich sind beide Blickwinkel nicht hundertprozentig deckungsgleich zu den Zielsetzungen und Erwartungen der Patienten. Hieraus ergeben sich intrinsische Organisationsbestrebungen, die an den Schnittstellen der Suborganisationen nahezu unausweichlich zu Differenzen und Zielkonflikten führen.

Das Zusammenwirken von Menschen und Technik in einer Organisation erfolgt arbeitsteilig. Um effizient zu sein, muss das arbeitsteilige System sich organisieren. Dies geschieht, indem Regelwerke geschaffen werden, die die Arbeitsteilung (Spezialisierung) mit der Koordination in ein ausgewogenes Verhältnis bringen. Das zunehmende Auftreten von Verschwendungen bzw. nicht wertschöpfenden Tätigkeiten (Qualitätsmängel, Nacharbeiten, Wartezeiten, übermäßige Besprechungs- und Dokumentationsanteile, etc.) ist ein deutliches Zeichen für eine notwendige Veränderung in Spezialisierungs- und Koordinationsform. Damit einher geht in der Konsequenz eine Änderung der Organisationsform. Wird im Krankenhaus ein deutlicher Anstieg der Patientenbeschwerden bez. Wartezeiten, Kontaktzeiten mit medizinisch-pflegerischem Personal oder/und sogar Fehldiagnosen verzeichnet, ist ein Hinterfragen der existenten Organisation der Patientenversorgung dringend notwendig.

Gleichzeitig sind weder die Gesamtorganisation Krankenhaus noch die hierin enthaltenen Suborganisationsstrukturen wie medizinische Fachabteilungen, Diagnostikbereiche oder administrative Abteilungen ein in sich geschlossenes System. Die auf die Organisation wirkenden äußeren Systemkräfte, wie nationale Gesundheitssysteme, technologische und medizinwissenschaftliche Entwicklung oder die gesellschaftlichen Anforderungen an das System Krankenhaus und die hierin agierenden Menschen, zwingen zu Anpassungen der Organisationseinheiten oder auch der Gesamtorganisation.

Um rechtzeitig auf interne und externe Veränderungen des Systems reagieren zu können, muss sich jedes Klinikunternehmen regelmäßig die Frage stellen, ob die Organisationsstrukturen noch den Anforderungen von Mitarbeitern, Patienten und Kunden gerecht werden können. Auch muss bei sich beständig ändernden Rahmenbedingungen (Finanzierung, Krankenhausrecht, Verbraucherschutz, Arbeitsrecht etc.) überprüft werden, welche Organisationsformen den aktuellen Anforderungen und Herausforderungen besser dienen könnten. Die im Folgenden dargestellten möglichen Organisationsstrukturen auf den verschiedenen Leistungsebenen eines Krankenhauses zeigen, wie sehr der Charakter als Expertenorganisation, die externen Anforderungen und die internen Anpassungsnotwendigkeiten sich gegenseitig beeinflussen. Eine einzige optimale Organisationsstruktur kann es nicht geben und aufgrund der sich ständig verändernden Einflussfaktoren intern und extern ist eine beständige Organisationsentwicklung erfolgsbestimmend.

2.3.1 Klassische Organisationsstrukturen in Krankenhäusern

Kliniken haben eine grundlegende Gemeinsamkeit hinsichtlich der inneren Organisation – und dies nicht nur in Deutschland, Österreich und der Schweiz. Unabhängig von Region, Größe oder Versorgungsgrad ist die überwiegende Zahl der Krankenhäuser auf eine sehr ähnliche, klassische Weise strukturiert. Es finden sich traditionell eher funktionale Organisationsformen. Ähnlich wie in produzierenden Industriezweigen existiert eine weitgehende Trennung von Bereichen der primären und sekundären Leistungserbringung – in diesem Fall Medizin, Pflege und Diagnostik – und der tertiären Bereiche mit den administrativen, technischen und zuliefernden Prozessen.

Die Bereiche der primären und sekundären Leistungserbringung sind in der klassischen Form streng an medizinischen Fachbereichen orientiert. Ein Blick in die Statistik der Gesundheitsberichterstattung des Bundes (gb-e, 2010) zeigt die Vielfalt der angebotenen Spezialgebiete mit der jeweiligen Anzahl von Abteilungen und Betten (Tab. 2.1).

Diese traditionelle Aufbauorganisation von Krankenhäusern in den Kernleistungsbereichen der direkten Patientenversorgung ist maßgeblich durch die Entwicklung der medizinischen Wissenschaften der vergangenen Jahrzehnte geprägt. Steigendes Wissen um die körperlichen Funktionsweisen, die Entstehung von Krankheiten und deren Diagnostik- und Behandlungsmöglichkeiten führten in der Medizin zu einer noch heute fortschreitenden Subspezialisierung. Die medizinischen Fachbereiche untergliedern sich immer weiter. Aus den ehemals unter dem Begriff „Chirurgie" geführten Bereichen der operativ tätigen Mediziner sind mittlerweile eine Vielzahl nach betroffenen Organsystemen, Patientengruppen oder auch verwendeten Techniken benannte Fachdisziplinen hervorgegangen. Hinzu kommen immer neue Subspezialisierungen wie bariatrische Chirurgie (operative Behandlung bei Fettleibigkeit) oder Proktologie (Erkrankungen des Enddarms), bei denen deutlich infrage gestellt werden muss, inwieweit die Bezeichnungen verständlich für Patienten und Angehörige sind. Selbst für die etablierten Fachabteilungsbezeichnungen ist es für Patienten nicht eindeutig, mit welchen Beschwerden bzw. Erkrankungen sie in welches Spezialgebiet gehören. Neben der tiefgreifenden Auswirkung auf Organisation und Abläufe ist auch die durch die Abteilungsstrukturen erreichte, nach außen gerichtete Darstellung des Leistungsspektrums einer Klinik von Bedeutung. Vergleichbar mit den Geschäftseinheiten im produzierenden Gewerbe oder mit

2.3 Organisation Krankenhaus – Balanceakt zwischen Spezialisierung und Koordination

Tabelle 2.1 Medizinische Fachbereiche (gb-e).

Fachabteilung	Anzahl Fachabteilungen (D)	Anzahl Betten (D)
Augen	323	4 872
Chirurgie	1252	107 544
Gynäkologie (Frauenheilkunde) und Geburtshilfe	925	35 228
Geriatrie (Altersheilkunde)	226	12 128
HNO (Hals-Nasen-Ohrenheilkunde	730	11 128
Dermatologie (Haut-/Geschlechtskrankheiten)	116	4 744
Kardiochirurgie (Herzchirurgie)	70	4 446
Innere Medizin	1299	154 213
Kinderchirurgie	80	1 914
Pädiatrie (Kinderheilkunde)	363	19 297
MKG-Chirurgie (Mund-Kiefer-Gesichtschirurgie)	194	2 191
Neurochirurgie	177	7 000
Neurologie	410	22 098
Nuklearmedizin	112	921
Orthopädie	420	24 018
plastische Chirurgie	131	1 943
Strahlentherapie	162	3 154
Urologie	513	15 002
sonstige Fachbereiche	216	4 086
Kinder-/Jugendpsychiatrie	137	5 460
Psychiatrie und Psychotherapie	412	54 035
psychotherapeutische Medizin	179	7 300

den Verkaufsbereichen eines Kaufhauses sollen die aufgeführten Fachabteilungen dem Patienten oder auch dem zuweisenden Arzt Orientierung geben. Die Beantwortung der Frage „Kann ich mich bzw. meinen Patienten hier behandeln lassen?" soll hierdurch ermöglicht werden. Fraglich ist, ob dies in dem beabsichtigten Ausmaß gelingen kann, wenn sich die Benennung von Fachabteilungen auch in der Außenkommunikation an den Begrifflichkeiten der Medizin in Fremdworten lateinischer oder griechischer Herkunft anlehnt. Diesem Problem wird von vielen Kliniken bereits begegnet, indem Fachabteilungen und Zentren deutlich verständlicher benannt werden. So gibt es vielerorts nach Körperregionen benannte Zentren (Darm-, Kopf-, Brustzentrum) oder aus der Fachabteilung Viszeralchirurgie wird die Abteilung für Bauchchirurgie.

Die Entwicklung der Abteilungsstruktur von Krankenhäusern aus der Ausdifferenzierung der in ihnen als Hauptakteure tätigen Ärzte zeigt ein weiteres Charaktermerkmal der Organisationsform. Ein Blick in die Weiterbildungsordnung Ärzte [1] offenbart die Dependenz der Organisationsstruktur im Krankenhaus von der medizinischen universitären Aus- und Weiterbildung. Krankenhäuser sind, wie auch Universitäten oder Schulen, als Expertenorganisation (professionelle Organisation, professional bureaucracy) zu verstehen [2]. Hauptmerkmal von Expertenorganisationen ist der Umgang mit Wissen als zentraler Faktor des Unternehmenszwecks. Weitere Charakteristika von Expertenorganisationen sind:

- hochqualifizierte Mitarbeiter mit relativ starker Stellung im Unternehmen
- Identifikation des Mitarbeiters eher mit seiner Profession (Standesorganisation, Verbände, wissenschaftliche Institutionen) als mit dem Unternehmen
- ausgeprägte Handlungs- und Entscheidungsautonomie der Experten
- Erstellung komplexer Dienstleistungen/Produkte
- Qualität kann nur durch andere Experten bewertet werden
- Orientierung am professionellen Karriere- und Reputationssystem
- geringes Interesse der Experten an Koordinationsaufgaben
- Standardisierung und Schaffung von Bewertungsmaßstäben durch Standardisierung der Ausbildung
- direkte Interaktion des Experten mit dem Patienten/Kunden/Klienten

Alle oben aufgeführten Merkmale einer Expertenorganisation Krankenhaus führen zu entsprechenden Konflikten und Herausforderungen, die mit steigender Unternehmensgröße und zunehmenden Einflüssen von extern noch weiter wachsen. Neben dem Fokus auf eine stärkere Patientenorientierung macht die zunehmende Komplexität des Gesundheitswesens mit Finanzierung, Qualitätssicherung, verfügbarer Technik oder spezifische Rechtsgrundlagen einen zunehmenden Wandel hin zu Mischformen von Organisationsstrukturen und die Adaption neuerer Organisationsformen aus anderen Branchen erforderlich.

Aus den folgenden, beispielhaft aufgeführten Situationen lassen sich die aus den Merkmalen einer Expertenorganisation entstehenden Zielkonflikte innerhalb der Klinikunternehmen erahnen.

2.3 Organisation Krankenhaus – Balanceakt zwischen Spezialisierung und Koordination

Ärzte identifizieren sich aufgrund ihrer beruflichen Sozialisation im universitären Umfeld sehr stark mit der eigenen Profession. Hiermit einher geht die Orientierung am Karrieresystem des eigenen Referenzrahmens, welches die Universität oder auch die Berufsverbände sein kann. Bei einem anhaltend hohen Innovationsgrad in Forschung und Lehre ist es für den Erhalt des Expertenstatus des einzelnen Arztes notwendig, eine zunehmend kleinteilige Spezialisierung zu erzielen. Diese Spezialisierung im fachmedizinischen Bereich bildet sich zum Beispiel ab in der Entwicklung vom Viszeralchirurgen, der weitestgehend alle chirurgischen Eingriffe im Bauchraum durchführt, hin zum Spezialisten für Transplantationschirurgie. Zur Sicherstellung der eigenen Stellung im Kollegenbezug benötigt der spezialisierte Arzt nun den dazugehörenden organisatorischen Rahmen: Chefarztposition einer eigenen Fachabteilung mit Recht zur Privatliquidation, zugeordnete Betten in ausreichender Anzahl (im Vergleich zu den übrigen chirurgisch tätigen Chefarztbereichen), Sekretärin, Ober- und Assistenzärzte, Eintrag in der Homepage der Klinik, OP-Kapazitäten, spezielle Ausstattung. Diese Liste lässt sich noch weiter ausdifferenzieren – deutlich wird auch auf dieser Aggregationsebene, welcher organisatorische und finanzielle Aufwand hiermit einhergeht.

Die Klinikleitung steht nun vor der Herausforderung, diese Forderungen zu erfüllen, um den Experten mit seinem sowohl spezialisierten als auch allgemeinen Wissen und der dazugehörenden Reputation zu gewinnen oder zu halten. Oder darauf zu bestehen, dass die Spezialleistungen im Kontext der bisherigen Fachdisziplin erbracht werden. Im ersten Fall hat dies eine Kostensteigerung zur Folge, der in vielen Fällen wiederum nur schwer zu kalkulierende Erlöse gegenüberstehen. Die häufig angeführte Erweiterung des Leistungsspektrums mit dem dazugehörenden Marketingeffekt ist nur bedingt gegeben, da das Wissen und die Fähigkeiten des Arztes auch in der bestehenden Organisation zum Nutzen des Patienten und des Unternehmens eingebracht werden könnten. Die Schaffung einer neuen Organisationseinheit – in diesem Fall einer neuen Fachabteilung – ist gleichzeitig die Schaffung von weiteren Schnittstellen. Der hieraus entstehende Koordinierungsaufwand wird in der Regel nicht vollständig durch die an den Schnittstellenpunkten tätigen Experten erbracht werden. In der Konsequenz müssen Lösungen gefunden werden für die Einbindung des neuen Bereichs in existierende Strukturen. Hierzu gehört die Abbildung in der Krankenhausstatistik, der Aufbau des notwendigen Expertenwissens im Bereich von Kodierung und Abrechnung, die Sicherstellung von Erfordernissen hinsichtlich Mindestbesetzungen für Bereitschafts-, Ruf- und Hintergrunddiensten, die Abbildung der Abteilungsanforderungen im Krankenhausinformationssystem. Sicherstellung der Koordination und effiziente Überbrückung bestehender Schnittstellen liegt weitestgehend im Verantwortungsbereich der Management- und Stützbereiche – von den medizinischen Fachabteilungen gerne auch als „die Verwaltung" bezeichnet. Im zweiten Entscheidungsfall – dem Belassen der Leistungen in der bestehenden Fachabteilung – verliert das Unternehmen potenziell einen oder mehrere Mitarbeiter (was einhergeht mit nicht unerheblichen Personalbeschaffungskosten für die Wiederbesetzung) und mit dem Personal auch das hier vorhandene Wissen. Wechselt der abwandernde Arzt in ein Klinikunternehmen im direkten Einzugsbereich des betroffenen Krankenhauses, so ist ggf. mit dem Rückgang von Patientenzahlen und damit Erlöseinbußen zu rechnen, da die Patienten, die sich bisher im Fachbereich der Viszeralchirurgie operativ aufgrund ihrer Adipositas-Erkrankung (Fettleibigkeit) behandeln ließen, zur neu etablierten Fachabteilung der bariatrischen Chirurgie im Klinikum XYZ wechseln.

Das Aufeinandertreffen der ausgeprägten Handlungs- und Entscheidungsautonomie der Experten und des geringen Interesses der Experten an Koordinationsaufgaben führt zu Schnittstellenproblemen und in der Folge auch zu Qualitätseinbußen in der Leistungserbringung gegenüber dem Patienten. Die notwendigen und steigenden Managementaufgaben werden von den medizinischen und pflegerischen Experten in der Regel als lästig empfunden. Jeder möchte sich auf seine Facharbeit konzentrieren, da hier sowohl die größte Wertschöpfung erzielt werden kann als auch die größere persönliche Wertschätzung durch Patienten und Kollegen. Im Zuge der Diskussionen, inwieweit Steuerungs- und Leitungsaufgaben innerhalb von Expertenorganisationen an Fachkräfte außerhalb des jeweiligen Expertisesystems übertragen werden können, gerät eine Organisation häufig an Grenzen, da Entscheidungen im Rahmen von Leitungsfunktionen häufig eng an die fachliche Ebene gebunden sind. Eine komplette Zuordnung von Steuerungs-/Leitungsaufgaben zu den primären Leistungsbereichen (Fachabteilungen, Kliniken) ist nicht in hinreichender Qualität realisierbar. Gründe hierfür sind zum einen die unzureichende Vermittlung von Wissen im Bereich Management, Organisation, Führung und Ökonomie in der Ausbildung der Experten, zum anderen die Komplexität des Gesamtunternehmens Krankenhaus. Die Übernahme von Managementaufgaben durch den Experten funktioniert noch in einer kleinen bis mittleren Arztpraxis, im Krankenhaus mit den unterschiedlichsten beteiligten Fachbereichen, Abrechnungsformen oder auch externen Einflüssen wie Politik, Wettbewerb oder Lieferantenbeziehungen sind andere Wege in der Organisationsstruktur notwendig. Da jedoch ein nicht unerheblicher Teil des für die Steuerung notwendigen Wissens und Verantwortlichkeiten bei den medizinischen und pflegerischen Experten angesiedelt ist (Informationen zur korrekten Kodierung, Steuerung der Verweildauer), besteht die Notwendigkeit zur Schaffung von Spezialwissen an den Schnittstellen. Die an den Schnittstellen arbeitenden, speziell ausgebildeten Mitarbeiter (wie z. B. Kodierfachkräfte, Case Manager oder Controller) haben den Koordinationsaufwand zu leisten – und dies häufig gegen den mehr oder weniger ausgeprägten Widerstand der medizinischen und pflegerischen Experten. Diese interpretieren die Tätigkeit der an den Schnittstellen tätigen Mitarbeiter als Einmischung und beharren auf der Entscheidungsautonomie des eigenen Berufsstands. Wird diese Anstrengung jedoch nicht unternommen, erleidet die Gesamtorganisation finanzielle und qualitative Einbußen, was in der Konsequenz auch negative Auswirkungen auf die primären Leistungsbereiche hat. In diesem Fall schadet sich die Expertenorganisation durch ihr Beharren auf ihr Spezialistentum selber.

Unabhängig von den bestehenden Entscheidungsnotwendigkeiten bleibt das Wissen und die Leistungsfähigkeit aller direkt am Behandlungsprozess beteiligten Mitarbeiter (Ärzte, Pflegekräfte, Therapeuten) das wichtigste Kapital der Krankenhäuser. Eines der Hauptunternehmensziele muss es daher sein, eine Organisation zu schaffen, die es den

2.3 Organisation Krankenhaus – Balanceakt zwischen Spezialisierung und Koordination

Experten ermöglicht, ihr Wissen zum Wohl des Patienten zu nutzen, ihre Leistungsbereitschaft sicherzustellen und ihre Reputation für sich selber und das Unternehmen zu etablieren und auszubauen. Organisationsentwicklungsmaßnahmen, welche die zentrale Bedeutung des Expertenwissens zu gering einschätzen oder negieren, werden am inneren Widerstand der Hauptleistungsträger scheitern. Es besteht die Notwendigkeit, bestimmte administrative Prozesse gezielt in die Verantwortung der Experten zu geben, für andere Prozesse einen einfachen Zugang für die Organisationseinheiten der primären Kernleistungsbereiche zu schaffen und für die strategische Unternehmensführung Wege zu finden, das vorhandene Expertenwissen bestmöglich und unter Vermeidung von Kultur- und Kommunikationskonflikten für die Entscheidungsfindung zu nutzen.

2.3.2 Modifizierte Organisationsstrukturen der primären und sekundären Leistungsbereiche

In dem Bemühen, die klassischen Organisationsformen der stationären Patientenversorgung in Kliniken an die Veränderungen im Gesundheitssystem und die veränderte Erwartungshaltung der Patienten oder Zuweiser anzupassen, beschreiten viele Krankenhäuser neue Wege der Organisationsentwicklung. Die zunehmende Multimorbidität der Patienten, bestehende Schwierigkeiten in der Zuständigkeitsverteilung für bestimmte Symptome (Stichwort „akuter Bauch"), die oben beschriebenen Orientierungsprobleme für Patienten in der klassischen Fachabteilungsstruktur und der steigende Wettbewerb zwischen Krankenhäusern mit der Notwendigkeit der Differenzierung der einzelnen Anbieter im Markt sind führende Gründe für geplante oder durchgeführte Veränderungen der Organisationsform von Kliniken. Gemeinsam ist allen diesen Bemühungen der Versuch, die strenge funktionale Bereichstrennung in Teilen aufzuheben und die verteilten Zuständigkeiten und Abläufe der klassischen Organisationsform bestmöglich zu vernetzen und zu integrieren. An der Ausrichtung als Expertenorganisation ändert sich hierbei nichts, im Wesentlichen zielen die Maßnahmen auf eine Verbesserung der Koordinationsfaktoren in dem System, welche die Nachteile der Spezialisierungstendenzen ausgleichen müssen.

Die Ziele, die mit den neuen Organisationsstrukturen erreicht werden sollen, sind vielfältig:
- Ermöglichung eines ganzheitlichen, integrativen Behandlungsprozesses
- Steigerung der Wirtschaftlichkeit der Behandlung
- Qualitätsverbesserung der medizinischen Versorgung
- Steigerung der Patienten-/Kundenorientierung durch Überwindung von Schnittstellenproblemen
- Differenzierung im Wettbewerb

Seit Ende des letzten Jahrhunderts lassen sich im Gesundheitswesen zunehmende Umstrukturierungsaktivitäten beobachten. Hier überwiegt zahlenmäßig die Bildung von Zentren – welche jedoch in Zielsetzung, Struktur und Umfang sehr unterschiedlich aus-

2 Von außen nach innen

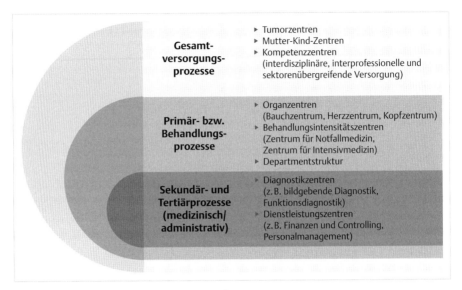

Abb. 2.6 Wertschöpfungsprozesse und Zentrumsformen.

geprägt sind. Gemeinsam ist ihnen jedoch die Schaffung von neu definierten Einheiten, welche dezentral organisiert sind und gleichzeitig neue übergeordnete bzw. verbindende Strukturen erhalten. Dabei ist eine standort-, sektoren- oder auch trägerübergreifende Ausprägung denkbar. Orientiert an dem Ziel des möglichst integrativen Behandlungsprozesses, können die Zentrumsformen hinsichtlich ihres Abdeckungsgrads des Wertschöpfungsprozesses unterschieden werden [3] (Abb. 2.6).

Die häufigsten Zentrumsformen zielen auf die Abdeckung des Behandlungsprozesses für Erkrankungs- oder Patientengruppen. Dies sind z.B. Organzentren wie Herz- oder Bauchzentrum, Patientengruppen-fokussierte Zentren wie Mutter-Kind-Zentren oder Zentren, die auf die Zusammenfassung von Behandlungsstufen zielen, wie Zentren für Notfallmedizin oder Intensivmedizinzentren. Im Fokus stehen hier das Ziel der Reduktion von Schnittstellenproblemen, die Ermöglichung eines ganzheitlichen, integrativen Behandlungsprozesses sowie auch die Differenzierung zu den Wettbewerbern. So wird innerhalb dieser neuen Zentrumsstruktur sichergestellt, dass der Behandlungsprozess der Patienten zwischen den beteiligten Bereichen koordiniert und abgestimmt abläuft. Strukturen und Abläufe entlang der Patientenbehandlung werden gebündelt und in eine organisierte Kooperationsform überführt. Die Zentren verfügen i.d.R. über eine aus dem Kreis der Chefärzte gewählte oder ernannte Zentrumsleitung. Definierte Instrumente der Qualitätssicherung und Standardisierung von Behandlungspfaden dienen der Sicherstellung der oben genannten Zielsetzungen. So verfügen Bauchzentren über SOPs (Standard Operating Procedures) für Patienten, die mit der Symptomatik des akuten Bauches ins Krankenhaus kommen. Hierdurch soll eine frühzeitige, medizinisch abgestimm-

2.3 Organisation Krankenhaus – Balanceakt zwischen Spezialisierung und Koordination

te Klärung der Zuständigkeit von Internisten, Allgemeinchirurgen oder Gynäkologen sichergestellt werden. Eine reale Zusammenlegung der betroffenen Fachbereiche und Funktionen findet jedoch nur selten statt. Die betroffenen Fachbereiche sind weiter organisatorisch voneinander getrennt (mit eigenen Chefärzten), auch eine räumliche Zusammenfassung ist nur selten zu finden.

Unter Berücksichtigung der Merkmale von Expertenorganisationen wie Entscheidungsautonomie, geringe Verantwortungsübernahme für Koordinierungsaufgaben, Qualitätskontrolle durch Ausbildungsstandards, lässt sich leicht erahnen, wie groß der Aufwand für die Etablierung der beschriebenen Koordinationsinstrumente wie SOPs, eine funktionierende Zentrumsleitung oder Qualitätssicherungsmaßnahmen bei der Vorbereitung, Einrichtung und vor allen Dingen Betrieb von Zentren der beschriebenen Form ist.

Die sicherlich weitestgehende Zentrumsform sind die Zentren, die den gesamten Versorgungsprozess in der Wertschöpfung abdecken, auch **Kompetenz**zentren genannt. Hierunter fallen zum Beispiel Tumorzentren oder auch Comprehensive Cancer Centers (CCC). Die wesentlichen Faktoren von Kompetenzzentren sind nach Braun et al.
- eine stringente Ausrichtung aller (Behandlungs-)Prozesse am Kundennutzen
- eine vollständige, sektorenübergreifende Betreuung von Krankheitsbildern (von Prävention über Diagnostik und Therapie bis zu Rehabilitation und Nachsorge) – vertikale Integration
- eine organisierte, interdisziplinäre Zusammenarbeit vormals getrennter Professionalitäten und medizinischer Fachbereiche – horizontale und laterale Integration
- eine ausführliche, den gesamten Krankheitsverlauf umfassende Dokumentation zur kontinuierlichen Verbesserung der Versorgung [3].

In die Kompetenzzentren können – besonders an Universitätskliniken – auch die Forschungsbereiche integriert sein. Von besonderem Nutzen für den Patienten ist die vollständige Integration des gesamten Versorgungsprozesses mit allen hieran Beteiligten, unabhängig von Phase der Behandlung oder des Gesundheitssystemsektors. Dies stellt jedoch für die Umsetzung auch gleichzeitig die größte Herausforderung dar.

Als Beispiel für den Departmentansatz in Deutschland kann die 2003 begonnene Zentrenbildung am UKE (Universitätskliniken Eppendorf, Hamburg) gesehen werden. Der Zuschnitt der Zentren erfolgt nach unterschiedlichen Kriterien. Einige eint der gemeinsame Forschungsschwerpunkt oder vergleichbare Lehr-Curricula, andere behandeln gemeinsam spezifische Krankheitsbilder. Allen gemeinsam ist die dezentrale Organisationsform mit erhöhter Entscheidungsautonomie – was bei richtiger Umsetzung für eine so ausgeprägte Expertenorganisation wie eine Universitätsklinik ein deutlicher Erfolgsfaktor sein kann. Jedes Zentrum wird geleitet von einem Dreiergremium aus ärztlich-wissenschaftlicher Leitung, Pflegedienstleitung und kaufmännischer Leitung. Dieses Gremium führt das Zentrum und trägt die Verantwortung für Leistungen, Personal und Budgets. Zusätzlich wurde für jedes Zentrum ein Zentrumsdirektorium eingerichtet, in dem die Direktoren der Kliniken und Institute vertreten sind. Das Direktorium berät die

Zentrumsleitung und ist entscheidungstragend bei Fragen der Budgetverteilung und Veränderungen in der Zentrumsstruktur. Die weitgehende Entscheidungsautonomie der Zentren führt direkt zu höheren Anforderungen an die tertiären Leistungsbereiche. Diese müssen sich zwangsläufig zu Dienstleistern entwickeln. Eine Zentrenbildung nach dem Departmentansatz hat den Vorteil, dass die enge interdisziplinäre und interprofessionelle Vernetzung innerhalb des Zentrums qualitätsverbessernd wirken kann, was in der Folge zu positiven Marketingeffekten auf Patienten und Personal führt. Die Dezentralisierung der organisatorischen und betriebswirtschaftlichen Managementkompetenz reduziert Reibungsverluste an den Schnittstellen und bietet den Akteuren des primären Leistungsbereichs Entlastung von Koordinierungsaufwänden. Im Hinblick auf das Gesamtunternehmen ergibt sich bei konsequenter Umsetzung ein deutlicher Vorteil in der strategischen Ebene. Durch die enge Verknüpfung von medizinischer, pflegerischer und betriebswirtschaftlicher Kompetenz auf Zentrumsebene (in der Zentrumsleitung) können abgestimmte und risikominimierte Entscheidungen in der Unternehmensplanung und strategischen Weiterentwicklung getroffen werden, die in der Umsetzungsphase in der Regel auf weniger Widerstand treffen dürften [4].

Eine geringe Abdeckung des Wertschöpfungsprozesses wird durch die Bildung von zum Beispiel Diagnostikzentren oder administrativen Dienstleistungszentren erreicht. Letztere werden im folgenden Kapitel detaillierter zu betrachten sein. Zur Erreichung von Skaleneffekten werden Sekundär- oder Stützprozesse organisatorisch zusammengeführt, Kompetenzen und Ressourcen werden gebündelt. So kann z. B. die komplette bildgebende Diagnostik (Radiologie und Ultraschalltechnik) in einem Diagnostikzentrum Bildgebung zusammengefasst und zentralisiert werden. Für die Radiologie ist dies üblich und auch technisch nicht anders umzusetzen. Im Fall der Ultraschalldiagnostik bedeutet eine komplette Zentralisierung eine gravierende Veränderung für die Diagnostikprozesse der Fachabteilungen, da in vielen Fachbereichen die Ultraschalldiagnostik sehr nah am Patienten – auf den Stationen oder auch direkt am Bett – erbracht wird. Bei der Bildung derartiger Zentren sind die Vor- und Nachteile gründlich gegeneinander abzuwägen. Neben den Vorteilen, die sich aus dem Heben von Synergieeffekten ergeben (Standardisierung der Diagnostikprozesse, Bündelung von Kompetenzen, Reduktion des Geräte- und Flächenbedarfs), sind die Nachteile eher im Bereich der Verfügbarkeit der Diagnostikleistungen zu verorten. So müssen für die Patienten und auch das Personal (Pflegekräfte oder Patiententransportdienste) längere Wege in Kauf genommen werden. Auch bedarf es ggf. mehr personeller Ressourcen, da bei dezentraler Durchführung von z. B. Ultraschalldiagnostik dieses „nebenbei" durch die Stationsärzte und Pflegepersonal übernommen wird. Für ein bildgebendes Diagnostikzentrum sind dagegen sowohl ärztliches als auch medizinisches Assistenzpersonal zumindest in der Regelbetriebszeit vorzuhalten, um die Koordination, Durchführung und Dokumentation der Leistungen für das ganze Krankenhaus sicherzustellen.

2.3 Organisation Krankenhaus – Balanceakt zwischen Spezialisierung und Koordination

2.3.3 Krankenhausverwaltung: zentral versus dezentral, Dienstleistungszentren versus Outsourcing

Jedes Krankenhaus benötigt administrative und unterstützende Leistungen. Das folgende Schaubild stellt mögliche nicht im Kernbereich liegende Leistungen dar und setzt sie in Bezug zu den primären und sekundären Kernleistungsprozessen (Abb. 2.7).

Auch in der Organisation der tertiären, unterstützenden Bereiche im Krankenhaus sind unterschiedlichste Ausprägungen vorhanden und denkbar. Die klassische Form ist sicherlich die Subsumierung aller nicht klinischen Bereiche unter die Krankenhausverwaltung. Dabei herrschte in der Vergangenheit noch vielfach die Überzeugung vor, dass es keinen großen Unterschied mache, ob ein Verwaltungsmitarbeiter nun in der Buchhaltung, in der Patientenaufnahme oder in der Personalabteilung eingesetzt wird – Verwaltung sei Verwaltung. Hiervon abgegrenzt waren in der Regel die Technik und die Ver- und Entsorgung. Hierarchisch unterstanden alle Verwaltungsmitarbeiter sowie die Mitarbeiter von Haustechnik, Küche oder Reinigung der Verwaltungsleitung (auch Krankenhausleiter, kaufmännische Leitung, Verwaltungsdirektor).

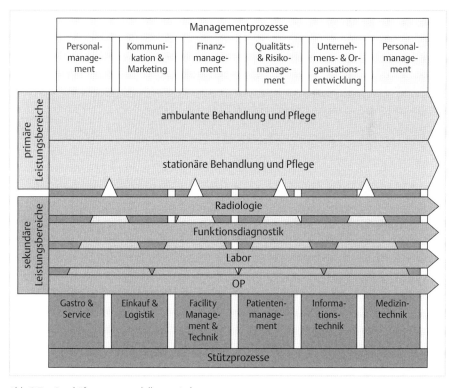

Abb. 2.7 Geschäftsprozessmodell generisch.

2 Von außen nach innen

Mit steigender Komplexität des Gesundheitssystems sowie wachsender Größe und Verteilung der Klinikorganisationen ist auch in den sogenannten Krankenhausverwaltungen eine weitgehende Differenzierung der Aufgabenverteilung und Akademisierung zu beobachten. Auf das Gesundheitswesen ausgerichtete Studiengänge der Betriebswirtschaftslehre oder der Ingenieurswissenschaften genauso wie Fachweiterbildungen für Kodierfachkräfte, Bilanzbuchhalter oder auch Krankenhaustechniker sind Reaktionen der Ausbildungsorganisationen auf die steigenden Anforderungen der Klinikleitungen an ihre Mitarbeiter. Notwendig wird diese Spezialisierung vor allem durch die Komplexität von Abrechnungssystemen, Krankenhausrecht oder auch der technischen Ausstattung. Genau wie in der medizinischen hochdifferenzierten Expertenorganisation ist auch im Bereich von Verwaltung bzw. Management im Krankenhaus mit Anstieg der Spezialisierung ein erhöhter Koordinationsaufwand erforderlich, um Reibungsverluste und Verschwendungen an den diversen Schnittstellen zu minimieren. Resultierend hieraus ergeben sich für die Organisationsformen der tertiären, unterstützenden Bereiche im Krankenhaussektor wiederum verschiedene Spielformen. Diese sind sicherlich nicht als krankenhausspezifisch zu bezeichnen, sondern in der einen oder anderen Ausprägung in anderen Industrien und Branchen genauso zu finden.

Mit der lange Zeit üblichen Finanzierung von Krankenhausleistungen auf Basis der Behandlungsdauer war die Abrechnung durch die Verwaltung weitestgehend ohne Interaktion mit den primären Leistungserbringern (Medizin und Pflege) möglich. Mit Einführung des DRG-Systems und der hierdurch entstandenen Verknüpfung von medizinischer Leistungserbringung und Krankenhauserlösen sind alle Kliniken gezwungen, die verbreitete personelle und organisatorische Trennung von Medizin und Verwaltung zu überwinden. Spezialisierte Berufszweige für die Dokumentation, Abrechnung und Controlling der erbrachten Leistungen entstanden (Kodierfachkräfte, Medizinische Dokumentationsassistenten, Medizin-Controller), welche für ihre Tätigkeit erweiterte medizinisch-pflegerische Kenntnisse benötigen. Auch sind die Tätigkeiten in Abrechnung oder Controlling nicht leistbar ohne intensivierte Kommunikation mit den primären und sekundären Kernleistungsbereichen. Eine Anpassung der Organisation Krankenhaus ist die Folge – und dies geschieht kontinuierlich und in unterschiedlichster Ausprägung.

Ähnliche Entwicklungen sind im Bereich Medizintechnik zu beobachten. Bis in die 80er-Jahre des letzten Jahrhunderts gab es kaum eine Differenzierung zwischen Haustechnik und Medizintechnik. Die im Haus beschäftigten Techniker waren zuständig für die gesamte Technik, egal ob Spülmaschine, Aufzug oder Ultraschallgerät. Mit der Entwicklung der medizinischen Geräte und der damit einhergehenden Verfeinerung von Rechtsnormen und Gesetzen (Medizin-Produkte-Gesetz [bis 2002], Medizinprodukte-Betreiberverordnung, Medizinprodukte-Gesetz) konnte das hierfür notwendige Wissen nicht mehr durch die bisher für diesen Bereich zuständigen Mitarbeiter alleine abgedeckt werden. Es entstanden neue Studiengänge und Weiterbildungsangebote für Medizintechnik, die sich in der unmittelbaren Folge auch in einer Änderung der Krankenhausorganisation niederschlugen – die Abteilungen für Medizintechnik entstanden. Mit fortschreitender Entwicklung in der Medizingerätetechnik und der damit verbundenen Gesetzgebung

2.3 Organisation Krankenhaus – Balanceakt zwischen Spezialisierung und Koordination

steigt auch hier der Koordinationsaufwand zwischen den beteiligten Organisationseinheiten. Nahezu jedes Medizintechnikgerät verwendet heute Informationstechnologie und verfügt häufig über Schnittstellen zu den Krankenhausinformationssystemen. Eine enge Kooperation zwischen den Abteilungen EDV und Medizintechnik ist zwingend erforderlich – sowohl in der Beschaffungsphase als auch bei und nach Inbetriebnahme.

Gerade im Bereich der tertiären Leistungsbereiche eines Krankenhauses sind alle Integrationsstufen der Organisation denkbar und in der Realität umgesetzt, wobei grundsätzlich klassische Make-or-Buy-Entscheidungen zu treffen sind. Um zu einer optimalen Entscheidung hinsichtlich der für die Gesamtorganisation Krankenhaus notwendigen Organisation der tertiären Strukturen zu gelangen, müssen die entscheidungsrelevanten Faktoren gegeneinander abgewogen werden. Als relevant für Outsourcing-Entscheidungen sollten der Wert der eingesetzten Ressourcen, der Unsicherheitsgrad sowie die Spezifität der Leistungen betrachtet werden [5]. Der Wert der Ressourcen ergibt sich aus dem tatsächlichen Wert (in Bezug auf Personalressourcen z. B. durch die Personalkosten pro Leistungseinheit sowie die Höhe der Wiederbesetzungskosten), der Wiederbeschaffungsmöglichkeit sowie der Imitierbarkeit. Eine Dienstleistung kann in ihrer Erbringung als unsicher bewertet werden, wenn zukünftige Veränderungen nur schwer vorausgesehen werden können, was in der Folge eine hohe Flexibilität erforderlich macht. Die Spezifität von Leistungsfaktoren tritt dann zu Tage, wenn bei einem Wechsel von der bestehenden Form der Leistungserbringung auf eine Alternativform mit hohen Umrüstkosten und/oder Gewinneinbußen gerechnet werden kann. Bei Bewertung der verschiedenen Organisationsformen hinsichtlich der genannten Faktoren ergibt sich das folgende Bild (Tab. 2.2).

Zu beachten ist hierbei, dass selbstverständlich nicht jede Organisationsform für jeden Teilbereich des tertiären Bereichs eines Krankenhauses umsetzbar ist. So kann zwar die Medizintechnik, die Speisenversorgung oder auch die Reinigung als Outsourcing organisiert werden – für die Patientenabrechnung gilt dies nur in eingeschränktem Maße und im Bereich Personalmanagement ist ein Outsourcing kaum mit Erfolg umzusetzen.

Tabelle 2.2 Entscheidungsmatrix Outsourcing versus Eigenleistung.

	Ressourcenwert	Unsicherheit	Spezifität
Eigenleistung	+	+	+
Outsourcing	–	–	–
Wäscherei	0	–	–
Kodierung	+	+	0
EDV	+	+	

Unabhängig von möglichen Outsourcing-Entscheidungen ist jedoch für alle tertiären Bereiche die grundsätzliche Entscheidung der dezentralen oder zentralen Leistungserbringung und -steuerung zu treffen. Klassische dezentral organisierte Bereiche der tertiären Leistungsbereiche sind zum Beispiel der Empfang (Pforte, Rezeption), die verschiedenen Sekretariatsbereiche oder auch die Haustechnik. Die Notwendigkeit der direkten persönlichen Interaktion zwischen Mitarbeitern und den jeweiligen Personengruppen, welche die Dienstleistung in Anspruch nehmen (Kollegen, Angehörige, Patienten), machen hierfür die dezentrale Organisationsstruktur zur Geeignetsten. Die Tatsache, dass Leistungen dezentral erbracht werden, widerspricht jedoch nicht einer zentralen Steuerung. Gerade in einer Organisation mit mehreren Standorten oder Teilunternehmen kann das zentrale Management von z. B. Rezeptionen, Küche oder auch Reinigung deutliche Kosten- und Qualitätsvorteile bringen. Die Steuerung von Dienstleistungen aus einer zentralen Organisationseinheit heraus ermöglicht Prozessstandardisierungen, Realisierung von Skaleneffekten und Flexibilität im Personaleinsatz.

Die tertiäre Organisationsstruktur eines Krankenhauses der Versorgungsstufe 1 (Grund- und Regelversorgung) gerät schnell an ihre Grenzen, wenn das Haus in eine Kooperation oder auch Fusion mit anderen kommunalen Häusern gleicher oder höherer Versorgungsstufe eintritt. Finden sich gleichartige Leistungsprozesse in Häusern eines Verbundes, so muss sichergestellt sein, dass diese Prozesse in ihrer quantitativen und Ergebnisqualität standortunabhängig identisch erbracht werden. Auch sollte kein Ungleichgewicht in der Zugriffsmöglichkeit der verschiedenen Standorte, Bereiche oder Teilunternehmen auf die Leistungen bestehen. Aus den beiden genannten Anforderungen hinsichtlich Ergebnisqualität und Verfügbarkeit leitet sich für Klinikverbünde, Krankenhausgruppen oder auch-kooperationen für viele tertiäre Bereiche die Notwendigkeit der Gründung von gemeinsamen Dienstleistungszentren ab. Es gibt kaum einen Bereich, der nicht in Form eines Dienstleistungszentrums abgebildet werden kann. Die häufig von Outsourcing-Bestrebungen betroffenen Bereiche (Küche oder Reinigung) können genauso als Dienstleistungszentren geführt werden wie die eher steuernden Funktionen wie Personalmanagement, Finanzbuchhaltung oder Controlling. Selbst Bereiche, die klassisch durch eine hohe Standortindividualität aufgrund spezialisierten Wissens geprägt sind, wie z. B. die technischen Bereiche (Haustechnik, Medizintechnik, Informationstechnologie), lassen sich mit dem mittelfristigen Ziel der standortübergreifenden Wissens- und Kompetenzerweiterung innerhalb des Teams als Dienstleistungszentrum führen. Gleiches gilt für die klinischen Dokumentationsbereiche (Arztbriefschreibung, Kodierung, Case Management), die traditionell eine hohe Abhängigkeit von der Arbeitsweise und der Zuarbeit der primären und sekundären Leistungsbereiche haben. In diesem Fall kann die Prozessstandardisierung, die Nutzung elektronischer Medien und der Wissensaustauch zwischen den vorher mehr oder weniger isoliert arbeitenden Mitarbeitern zu einer deutlichen Steigerung der Ergebnisqualität führen.

Durch die Unterstellung der Dienstleistungszentren unter einen von den jeweiligen Klinikdirektionen oder Geschäftsführern unabhängigen Leiter, welcher den Klinikleitern gleichgestellt ist, kann der Abruf und die Verfügbarkeit der Dienstleistungen entsprechend den klinikindividuellen Bedürfnissen sichergestellt werden. Auch lassen sich auf diese Weise funktionierende Eskalationsmechanismen schaffen, welche nicht zu Interessenkonflikten führen, wie es der Fall wäre, wenn die dienstleistenden Bereiche einzelnen Klinikgeschäftsführern unterstellt werden und von hier den übrigen Kliniken bereitgestellt werden würden. Um Dienstleistungszentren dauerhaft zu etablieren und mit der notwendigen Akzeptanz im Unternehmen auszustatten, ist der Abschluss von Dienstleistungsvereinbarungen (auch Service Level Agreements, SLA) erforderlich. Diese bi- oder multilateralen Vereinbarungen regeln, wer welche Leistungen in welcher Qualität und Quantität erbringt, was die Mitwirkungspflichten des in Anspruch nehmenden Partners sind und welche Eskalationsmechanismen im Konfliktfall zum Tragen kommen. Die Kombination derartiger Vereinbarungen für alle aktiven Dienstleistungszentren in Kombination mit einem regelhaften Berichtswesen über die erbrachten Dienstleistungsinhalte und -qualitäten können sicherstellen, dass die Tätigkeiten der tertiären Bereiche von den Mitarbeitern der primären und sekundären Leistungsbereiche als das Management und die Unterstützung gesehen werden, die sie sein sollen – und nicht als zusätzliche Arbeit verursachende, überflüssige Verwaltung.

Aus den geschilderten Beispielen von Spezialisierung und Koordinationsbedarf lässt sich leicht ersehen, vor welchen Herausforderungen das moderne Klinikmanagement steht. Um den Balanceakt zwischen effizientem Ressourceneinsatz (mit geringer Redundanz) und enger Verknüpfung der primären, sekundären und tertiären Leistungsbereiche (mit geringen Schnittstellen) erfolgreich zu bestehen, bedarf es eines flexiblen und kreativen Einsatzes der verfügbaren Organisationsformen. Dabei sind die verschiedenen Strukturmerkmale der Kliniken hinreichend zu beachten, wie Größe, Versorgungsform oder Trägerstruktur. Organisationsformen, die in einer Universitätsklinik erfolgreich umgesetzt wurden, sind nicht zwingend auch in einer privaten Klinikgruppe sinnvoll. Und die Organisation einer kleinen 60-Betten-Klinik mit 2-Fachabteilungen ist kaum vergleichbar mit einer Klinik der Versorgungsstufe 1 mit 1000 Betten und 10 Fachabteilungen.

Literatur

[1] Bundesärztekammer. (Muster-)Weiterbildungsordnung 2003. 2010
[2] Mintzberg H. Mintzberg über Management. Führung und Organisation – Mythos und Realität. Wiesbaden: Gabler Verlag; 1991
[3] Braun GE, Greulich A, Güssow J et al. Formen, Management und Führungsorganisation von Krankenhauszentren. Handbuch Integrierte Versorgung. Bd. 23. Heidelberg: Verlagsgruppe Hüthig Jehle Rehm GmbH; 2009; Aktualisierung, 12/2009
[4] Schmitz C, Quante S. Auswirkungen der Zentrenstruktur auf die strategische Entwicklung des UKE. das krankenhaus 2006; 98: 7/2006 Seitenzahlen 579–582
[5] Ilten P. Outsourcing-Entscheidungen – Eine Bewertung aus multitheoretischer Sicht. Schriften der Wissenschaftlichen Hochschule Lahr. Lahr: s.n.; 2010: 23
[6] Deh U, Dralle R. Krankenhaus-Report 2008/2009. Stuttgart: Schattauer; 2009

[7] Grossmann R, Pellert A, Gottwald V. Krankenhaus, Schule, Universität: Charakteristika und Optimierungspotentiale. In: Grossmann R, Pellert A, Gottwald V. Besser Billiger Mehr. Zur Reform der Expertenorganisation, Krankenhaus, Schule, Universität. Wien: Springer (iffTexte, Bd. 2): 24–35

3 Von oben nach unten

3.1 Aufbauorganisation

Heidrun Bothe

Die Aufbauorganisation regelt die Hierarchieebenen eines Unternehmens und teilt das komplette Aufgabengebiet des Gesamtunternehmens in einzelne Tätigkeitsbereiche auf.

Die Organisationslehre unterscheidet dabei verschiedene Formen von Organisationsmodellen. Für den Krankenhausbereich kommen insbesondere in Betracht:
- die funktionale Organisation
- die divisionale Organisation bzw. Spartenorganisation
- die Matrixorganisation

Die funktionale und divisionale Organisation wird als eindimensionale Organisationsstruktur im Einliniensystem dargestellt. Die Matrixorganisation bezeichnet die mehrdimensionale Organisationsstruktur im Mehrliniensystem. Durch das Stabliniensystem kann das Einliniensystem um Stabsstellen ergänzt werden. Zusätzlich hat sich die Holdingstruktur aus der divisionalen Organisation heraus entwickelt (Eberhardt 2012).

Als traditionelle Aufbauorganisation im Krankenhaus kann die Trennung nach Berufsgruppen und die Leitung einer Klinik durch das sogenannte Dreierdirektorium bezeichnet werden. Das Dreierdirektorium besteht aus der Ärztlichen Direktion, der Pflegedirektion und der Kaufmännischen Direktion bzw. Verwaltungsdirektion. Diese Aufbauorganisation hat sich in der Zeit etabliert, als Krankenhäuser im Gegensatz zu heute nicht gemanagt, sondern verwaltet wurden. Das System ist mit der Schwäche behaftet, dass Einzelinteressen in den Vordergrund rücken und dadurch Entscheidungen im Interesse des Gesamtunternehmens erschwert werden. Vermissen lässt das über viele Jahrzehnte etablierte Dreierdirektorium in der Führungsspitze auch vielfach die nötige flexible und schnelle Entscheidungsfindung. Es besteht ein vorprogrammiertes Konfliktpotenzial mit hohen Reibungsverlusten.

Aus der Kenntnis dieser Schwächen verlassen die Krankenhäuser zunehmend das Prinzip der Führung durch 3 gleichberechtigte berufsbezogene Direktoren. Auch die Wandlung der Rechtsform vom ausgedienten rechtlich unselbstständigen Regiebetrieb hin zum rechtlich selbstständigen Kommunalunternehmen oder zur GmbH hat die Aufbauorganisation der Krankenhäuser verändert. Eine Verbundbildung oder der Aufbau einer Holdingstruktur erfordert ein weiteres Umdenken und ein Verlassen der gewohnten Strukturen. In Anlehnung an die Führung anderer nicht im Gesundheitswesen tätigen Unternehmen kann eine Favorisierung einer singulären oder pluralen Führungsspitze festgestellt werden. In Krankenhäusern, die keinem Verbund angehören, sind die Abteilungsleitungen der administrativen und aller sonstigen nicht medizinischen Bereiche häufig direkt der Geschäftsführung unterstellt. Der Vorteil besteht darin, dass ein direkter Zugriff auf die nicht medizinischen Bereiche durchgängig möglich ist. Dies birgt aber den Nachteil, dass die Organisation der klassischen Verwaltungsaufgaben im Zuständigkeitsbereich der Klinikleitung einen hohen Ressourcenaufwand in der Führungsspitze bedeutet. Die Fokussierung auf die Kernprozesse und die gestalterische, strategische Weiterentwicklung des Krankenhauses erfordern daher neue Wege.

Ein Weg, den vor allem Klinikverbunde und Klinikketten gehen, ist die Abkopplung der nicht medizinischen Bereiche von der Geschäftsführung der jeweiligen Klinik. Dazu werden die nicht medizinischen Leistungsbereiche, die auch als tertiäre Leistungsbereiche bezeichnet werden, von der dezentralen in die zentrale Organisationstruktur überführt. Alle Tätigkeitsbereiche, die nicht dem Kernprozess zugehörig sind, werden z. B. in Dienstleistungszentren überführt und unterstützen oder managen die Kernprozesse. Die Kernprozesse können wiederum in primäre und sekundäre Kernprozesse unterteilt werden, wobei die Funktionsabteilungen wie Labor, Endoskopie und Radiologie als sekundäre Kernprozesse definiert werden. Zu den unterstützenden Prozessen können die Bereiche Einkauf, Facility Management, Patientenmanagement, Medizintechnik und Informationstechnik subsumiert werden. Die Bereiche Qualitätsmanagement, Finanzen, Controlling, Marketing und Unternehmensentwicklung hingegen werden weitläufig den Managementprozessen zugerechnet. Im Gegensatz zur hierarchiebezogenen Aufbau- und Ablauforganisation kann die Organisationsstruktur auch um 90 Grad gedreht und rein nach Prozessen ausgerichtet werden.

Wurden früher klassisch alle ärztlichen und nicht ärztlichen Leistungen durch eigenes Personal erbracht, ist mittlerweile der Einsatz von nicht am Krankenhaus angestelltem Personal nicht mehr wegzudenken. Eine Variante des Einsatzes von Fremdpersonal ist das Outsourcing der unterstützenden Prozessbereiche, das Auslagern von Unternehmensaufgaben und strukturen an Drittunternehmen. Besonders verbreitet ist das Outsourcing in den Bereichen Reinigung und Speisenversorgung; so können speziell im Bereich der Küche hohe Vorhaltekosten eingespart werden. Ob ein Outsourcing ökonomisch und unter Qualitätsgesichtspunkten die zielführendere Variante zu den eigens erbrachten Leistungen ist, kann nur durch turnusmäßige individuelle Evaluationen beantwortet werden. Ergibt diese Evaluation kein positives Ergebnis, kann ein Insourcing, das Wiedereingliedern eines ausgegliederten Bereichs in die Organisationsstruktur, durchaus eine sinnvolle Option sein. Problematisch ist bei der Vergabe an Drittunternehmen die anfallende Umsatzsteuerpflicht für die fremdvergebene Leistungserbringung. Die umsatzsteuerliche Belastung kann durch die Gründung von Servicegesellschaften vermieden werden, vorausgesetzt, dass eine umsatzsteuerliche Organschaft vorliegt.

3.1 Aufbauorganisation

Eine umsatzsteuerliche Organschaft ist begründet, wenn eine finanzielle, wirtschaftliche und organisatorische Eingliederung vorliegt, wodurch wiederum die Organisationsstruktur des Krankenhauses tangiert wird. Immer häufiger entscheiden sich Krankenhausträger zur Gründung von krankenhauseigenen Servicegesellschaften, in denen auch Personal der Kernprozesse, wie Pflegekräfte, zu günstigeren tariflichen Konditionen eingestellt wird, um an das Krankenhaus verliehen zu werden. Die Gründung einer Servicegesellschaft durch eine Kommune oder deren Krankenhaus erfordert das Vorliegen eines öffentlichen Zweckes. Alle Tätigkeiten, die zum Zwecke der Gewinnerzielung erbracht werden, widersprechen dem öffentlichen Zweck und dürfen von Servicegesellschaften nicht angeboten werden (Weber 2003).

Zum 01.12.2011 trat die Erste Änderung des Arbeitnehmerüberlassungsgesetzes (AÜG) in Kraft, in dem nunmehr die Erlaubnispflicht und die damit verbundene Genehmigung zur Arbeitnehmerüberlassung durch die Bundesagentur für Arbeit verschärft wurden. So wird in den Fällen, in denen Mitarbeiter zum Zwecke der Überlassung eingestellt werden, eine Erlaubnis zur Arbeitnehmerüberlassung zwingend erforderlich. Das Kriterium der gewerbsmäßigen Überlassung, nach der bisherigen Regelung des § 1 AÜG, mit der Unterstellung einer Gewinnerzielungsabsicht, wurde aufgegeben. Eine Erlaubnispflicht tritt nach neuem Recht bereits ein, sobald ein Verleiher einen Leiharbeitnehmer im Rahmen seiner wirtschaftlichen Tätigkeit zur Arbeitsleistung überlässt. Ebenso gilt das Konzernprivileg, das die Nichtanwendbarkeit des AÜG vorsah, wenn die Arbeitnehmerüberlassung zwischen Konzerngesellschaften stattfand, nur noch dann, wenn der überlassene Arbeitnehmer nicht zum Zwecke der Überlassung eingestellt und beschäftigt wird.

Zu unterscheiden von der Arbeitnehmerüberlassung ist die Personalgestellung im Rahmen eines Gestellungsvertrags, wobei z.B. die Schwestern des Deutschen Roten Kreuzes ihre Arbeit aufgrund des Verbandsrechts und nicht aufgrund eines Einzelarbeitsvertrags leisten und somit keine Arbeitnehmerüberlassung im Sinne des AÜG begründet wird (Fahrig 2012).

Weitere Bereiche, die in die Aufbauorganisation zu integrieren sind, sind die Bereiche, in denen Tätigkeiten von Personen erbracht werden, die weder in einem Anstellungsverhältnis noch in einem arbeitnehmerähnlichen Verhältnis zum Krankenhaus stehen. Im medizinischen Bereich sind hier das Belegarzt- und Beleghebammensystem zu nennen, in dem die Belegärzte und Beleghebammen freiberuflich tätig werden. Trotz dieser arbeitsrechtlichen Unabhängigkeit bestehen vielfältige Schnittstellen und Weisungsbefugnisse; so sind die Belegärzte in ihrem Arbeitsbereich gegenüber dem vom Krankenhaus zur Verfügung gestellten Personal fachlich weisungsbefugt. Beleghebammen sind in eigener Verantwortung tätig, infragen der Organisation und Einhaltung der Hygienevorschriften sind diese an die Weisungen der Geschäftsleitung und des Chefarztes der geburtshilflichen Abteilung gebunden. Es ist für ein Krankenhaus im Zuge einer Gesamtausrichtung extrem wichtig, dass sich auch die vorgenannten Berufsgruppen den Aufgabenstellungen und Zielsetzungen des Krankenhauses verpflichtet fühlen und in diesem Sinne agieren.

Ein weiteres Betätigungsfeld von Krankenhausträgern, das sich in den letzten Jahren zunehmend etabliert hat, ist das Betreiben von medizinischen Versorgungszentren in Form von Tochtergesellschaften. Die Gründung und der Betrieb von MVZs, eine moderne Form der Polikliniken, wurden im Rahmen des GKV-Modernisierungsgesetzes zum 01.01.2004 erstmalig vom Gesetzgeber als rechtmäßig erklärt und ermöglicht den Krankenhausträgern eine Verzahnung zwischen dem stationären und dem ambulanten Leistungssektor und einer Patientenbetreuung „aus einer Hand". Gerade bei angegliederten MVZs ist es sinnvoll, Synergien zu nutzen und Tätigkeiten im nicht medizinischen Bereich vom Krankenhauspersonal mit abdecken zu lassen. Dies kann im Rahmen von Werks- oder Dienstleistungsverträgen erfolgen, oder durch anteilige Anstellungsverhältnisse sowohl im Krankenhaus als auch im MVZ. Das Vertragsarztänderungsgesetz erlaubt seit dem 01.01.2007 Ärzten sowohl eine ambulante Teilzulassung als Vertragsarzt als auch eine Teilzeitanstellung im Krankenhaus. Dies eröffnet beiden Ärztegruppen, Krankenhausärzten und niedergelassenen Ärzten, neue Gestaltungs- und Kooperationsperspektiven.

Um sich aus eigener Kraft Nachwuchskräfte im Pflegebereich zu generieren und frühzeitig an die Krankenhäuser zu binden, sind Krankenhäusern vielerorts Berufsfachschulen für Krankenpflegeberufe angeschlossen. Im Rahmen der praktischen Ausbildung sind die Krankenpflege- und Krankenpflegehilfeschüler sowie die Lehrkräfte und Praxisanleiter in die Ablauforganisation eines Krankenhauses eingebunden.

Um die vorbeschriebene Komplexität der Organisationsstrukturen in übersichtlicher und verständlicher Form darzustellen, stellen die Unternehmen und Krankenhäuser diese häufig in einer Graphik dar.

3.1.1 Organigramme

Als Organigramm wird die in grafischer Form dargestellte Organisation der Leitung eines Krankenhauses bzw. eines Unternehmens bezeichnet. Das Organigramm dient der verständlichen Veranschaulichung der Organisationsstruktur eines Krankenhauses auf einen Blick. Ersichtlich lassen sich alle organisatorischen Einheiten über alle Hierarchiestufen hinweg aufzeigen. Bezeichnet werden die jeweiligen Aufgabenfelder der organisatorischen Einheiten und deren namentlich benannte Leitungskräfte. Die Über- und Unterstellungsverhältnisse werden verdeutlicht und zeigen die Beziehungen zueinander an. Jedes Krankenhaus ist frei in der Festlegung der Organisationsstruktur und in der Gestaltung des Organigramms. Für die grafische Darstellung existieren keine allgemeingültigen Regeln, es haben sich jedoch einige Darstellungsformen als vielfach verwendet herauskristallisiert. Dabei werden die organisatorischen Einheiten meist als Vierecke dargestellt, die untereinander mit Linien verbunden sind. Die Stabsstellen sind entweder ebenso als Viereck oder in Kreisform dargestellt. Alle Stabsstellen haben gemein, dass sie als indirekte unterstützende Stelle eine rein beratende Funktion haben und keine Weisungsbefugnisse besitzen. Die Ansiedlung einer Stabsstelle ist an jede Hierarchiestu-

3.1 Aufbauorganisation

fe und Berufsgruppe denkbar, vielfach ist diese jedoch direkt an der obersten Geschäftsführung angegliedert. Die Anbindung der freiberuflich Tätigen, wie z. B. Hebammen, kann zur Unterscheidung mit einer gestrichelten Linie erfolgen.

Die Krankenhäuser in Deutschland weisen unterschiedliche Organisationsstrukturen auf, die teilweise historisch gewachsen sind, sich aber zunehmend den sich ständig verändernden Rahmenbedingungen im Gesundheitssystem anpassen müssen, damit auf Dauer eine wirtschaftliche Existenz möglich ist. In welcher Organisationsstruktur ein Krankenhaus geführt wird, hängt von mehreren Faktoren ab. So spielt die Trägerschaft, unter der ein Krankenhaus geführt wird, ebenso eine Rolle wie die Größe des jeweiligen Krankenhauses. Entscheidend kann sich auswirken, ob ein Krankenhaus als Einzelunternehmen am Markt agiert, oder ob es sich um einen Verbund von mehreren Krankenhäusern handelt. Auch sind die Infrastruktur und die geografische Lage für die Wahl der Organisationsstruktur von Bedeutung.

Am Anfang des Entscheidungsprozesses zur Festlegung der individuellen Aufbau- und Ablauforganisation des jeweiligen Krankenhauses steht die Frage nach der strategischen Ausrichtung. Zur Beantwortung steht neben der Frage der Trägerschaft auch die Frage, ob ggf. eine Verbundbildung oder ein weiterer Zusammenschluss im bereits bestehenden Verbund mit anderen Krankenhäusern geplant ist. Die Marktbeobachtung hinsichtlich der Konkurrenzdichte ist ebenso ein Muss. Ist die Entscheidung, die im Bereich der öffentlichen und kommunalen Kliniken auf politischer Ebene erfolgt, getroffen, kann mit der Erstellung des Organigramms begonnen werden.

Es gibt unzählige verschiedene Organigramme in den über 2000 Krankenhäusern in Deutschland. Einige Modelle sollen als Grundmodelle beschrieben werden, die individuell von jedem Krankenhaus in einzelnen Bereichen abgewandelt werden, sodass eine hohe Vielfalt an Strukturen in der Krankenhauslandschaft entsteht.

Zur Verdeutlichung soll nicht nur auf die Struktur selbst, sondern nachfolgend auch auf die Stärken und Schwächen der jeweiligen Leitungsstrukturen eingegangen werden.

Dreierdirektorium
Bei dem traditionellen Dreierdirektorium sind dem Ärztlichen Direktor die medizinischen Fachabteilungen, dem Pflegedirektor die Pflegeabteilungen und dem Kaufmännischen Direktor die Verwaltungsabteilungen direkt unterstellt.

Dem Ärztlichen Direktor sind die Chefärzte der einzelnen medizinischen Fachabteilungen, den Chefärzten die Oberärzte und den Oberärzten die Assistenzärzte untergeordnet. Im Pflegebereich sind dem Pflegedirektor die Stationsleitungen und diesen die Stationsschwestern und -pfleger unterstellt. Keine eindeutigen Zuordnungen gibt es für die Funktionsbereiche wie Labor, Endoskopie und die Radiologie. So sind diese entweder der Ärztlichen Direktion oder der Pflegedirektion zugeordnet. Die OP-Pflege und Anästhesiepflege wird in der Regel durch die Pflegedirektion geleitet. Dem Kaufmännischen

Direktor sind in dieser Konstellation meist die Administration und die Bereiche Facility Management, Verpflegung, Einkauf und IT zugeordnet. Je nach Größe der Einrichtung werden die vorgenannten Verwaltungsbereiche wiederum durch die Abteilungsleitungen und die Sachgebietsleiter geführt. Jedem Direktoriumsmitglied obliegen verschiedene Aufgaben, die zwingend in einer Geschäftsordnung oder in Aufgabenprofilen festgelegt werden sollten. So obliegt dem Ärztlichen Direktor vor allem die medizinische und dem Pflegedirektor die pflegerische Ergebnisverantwortung. Der Kaufmännische Direktor hat die ökonomische Gesamtergebnisverantwortung und ist für die Ressourcenplanung im Bereich Human Resources, Investitionen, Finanzen und Sachgüter zuständig.

Das Dreierdirektorium fungiert in den Organisationsformen auf unterschiedlicher Leitungsebene. So gibt es das Dreierdirektorium, das selbst die Krankenhausleitung stellt und von dem somit im Rahmen der Gesamtverantwortung alle unternehmerischen Entscheidungen gemeinsam getroffen werden. Von dieser Organisationsform wird, in Zeiten der zunehmenden finanziellen Last, denen die Krankenhäuser ausgesetzt sind und dem damit einhergehenden Zwang zu Verbundbildungen, immer mehr abgegangen.

Eine weitere häufig anzutreffende Möglichkeit ist die Einbindung der Dreierleitung in der 2. Leitungsebene unterhalb der Geschäftsführung, die durch einen Geschäftsführer, Vorstand oder Klinikdirektor besetzt wird. Die Entscheidungsbefugnis wird somit auf den eigenen fachlichen Bereich beschränkt. Bei Klinikverbunden hat sich eine weitere Variante etabliert, in der die Geschäftsleitung häuserübergreifend agiert und die einzelnen eigenständigen Krankenhäuser von einem dreigeteilten Leitungsteam gemanagt werden. Hier werden die klassischen Verwaltungsaufgaben immer öfter aus dem Zuständigkeitsbereich der Kaufmännischen Direktion herausgelöst und in häuserübergreifende zentrale Dienste überführt. Eine Fokussierung auf die medizinischen und pflegerischen Kernbereiche in der Patientenversorgung wird somit ermöglicht und entlastet die Kaufmännische Direktion durch die Unterstützung der zentralen Dienste, ohne sich selbst um die ressourcenaufwendige Organisation der nicht medizinischen Bereiche kümmern zu müssen. Ein weiterer Vorteil bei der Umwandlung von dezentralen hin zu zentralen Strukturen ist die Hebung von Wirtschaftlichkeitsreserven durch Synergieeffekte.

Selten gibt es auch die Organisationsform, in der das Dreierdirektorium als beratendes Organ für die Geschäftsführung tätig ist, ohne selbst Weisungskompetenzen zu besitzen.

Fast alle Bundesländer schreiben in ihren Universitätsklinika-Gesetzen vor, dass dem Klinikumsvorstand die Ärztliche Direktion, die Kaufmännische Direktion und die Pflegedirektion angehören, wobei die Ärztliche Direktion den Vorsitz stellt. Die Ausnahme stellt das Land Sachsen dar, in dem die Pflegedirektion nicht zwingend im Klinikumsvorstand vertreten sein muss (kig 2012).

3.1 Aufbauorganisation

Singuläre Führungsspitze
Das traditionelle kollegiale Dreierdirektorium in der obersten Führungsebene wird zunehmend verdrängt von der alleinigen Geschäftsführung, der singulären Führung. Diese besteht aus dem Geschäftsführer, Vorstand oder dem Klinikdirektor, der meist aus dem kaufmännischen Bereich stammt und eine hohe Fachkompetenz im Bereich der Gesundheitsökonomie aufweist. Die Leitung kann sich dabei jederzeit der Kompetenz der Pflegedirektion und der Ärztlichen Direktion in fachlichen Fragen im Bereich Pflege und Medizin bedienen. Die Stärken dieses Systems liegen in der Möglichkeit einer schnellen Entscheidungsfindung, einheitlichen Willensbildung und der Fähigkeit, flexibel auf Veränderungen zu reagieren. Wie jede Organisationsform ist auch die Einzelführung mit Schwächen behaftet, so besteht eine Gefahr in der hohen Machtkonzentration und dem vielfach anzutreffenden autoritären Führungsstil. Ein weiterer Schwachpunkt kann sich daraus ergeben, dass der Geschäftsführer oder Vorstand häufig in der Ökonomie zu Hause ist und die medizinischen Belange durch rein wirtschaftlich orientierte Entscheidungen nicht in erforderlichem Maße Berücksichtigung finden. In Verbundstrukturen ist zu beobachten, dass der Verbund durch einen Geschäftsführer oder Vorstand vertreten wird und das operative Management in den einzelnen Kliniken von einem Klinikdirektor übernommen wird, dem dann entweder wiederum ein Dreierdirektorium, oder bei einer dezentralen Steuerung der nicht medizinischen Bereiche ausschließlich die rein medizinischen Bereiche zugeordnet sind.

Plurale Führungsspitze
Bei der gemischten Geschäftsführung, der pluralen Führung, bilden mehrere Geschäftsführer oder Vorstände die Krankenhausleitung. Bei der pluralen Leitungsstruktur wird in Bezug auf die Weisungsbefugnisse zwischen dem Direktorial- und dem Kollegialprinzip unterschieden (Schmidt-Rettig 2008). Das Kollegialprinzip zeichnet sich dadurch aus, dass alle Entscheidungen gemeinschaftlich durch Einstimmigkeit oder Mehrheitsbeschluss getroffen werden. Bedingt durch das Erfordernis, dass Entscheidungen nur in Abstimmung erfolgen können, wird die Handlungsfähigkeit in negativer Weise eingeschränkt. Die Stärken dieses Systems liegen in der hohen Bandbreite der Qualifikationen der einzelnen Mitglieder der Geschäftsführung oder des Vorstands. So kann eine gemischte Geschäftsführung aus einem kaufmännischen und einem medizinischen Geschäftsführer bestehen, sodass sowohl das ökonomische als auch das medizinische Know-how gleichermaßen vertreten sind. Beim Direktorial-Prinzip kann die Entscheidung von einem Mitglied der Geschäftsführung, z. B. dem Vorstandsvorsitzenden, alleine getroffen werden, sodass die schnelle Handlungsfähigkeit gewährleistet ist. Trotzdem können die verschiedenen Kompetenzbereiche durch die berufsgruppenübergreifende Besetzung in der Vorstandschaft abgedeckt werden.

Holdinggesellschaft
Die Holdinggesellschaft ist eine Organisationsform, die vor allem bei Klinikketten anzufinden ist und eine Sonderform im Konzernbereich darstellt. Es wird zwischen der Managementholding, der Finanzholding und der operativen Holding unterschieden. Bei der Managementholding deckt die Dach- bzw. Muttergesellschaft den strategischen Auf-

gabenbereich ab und ist für die Koordination und Verwaltung der Tochterunternehmen zuständig. Die rechtliche Selbstständigkeit verbleibt bei den Tochterunternehmen und alle operativen Aufgaben werden dort wahrgenommen (Hadeler et al. 2001). Die Finanzholding verwaltet lediglich das Vermögen der Gesellschaft, ohne selbst strategische oder operative Aufgaben wahrzunehmen. Bei der operativen Holding ist die Muttergesellschaft zusätzlich zur strategischen Leitung der Tochtergesellschaften auch selbst im operativen Geschäft tätig. Als Krankenhauskonzern wird der Zusammenschluss mehrerer Krankenhäuser, zu einer wirtschaftlichen Einheit mit einer gemeinsamen Führung, bezeichnet. Die einzelnen Krankenhäuser behalten ihre rechtliche Selbstständigkeit nach außen, verlieren aber ihre wirtschaftliche Selbstständigkeit (Hadeler et al. 2001).

In der Abwägung, ob mehrere Krankenhäuser fusioniert oder in der Organisationsstruktur einer Holding geführt werden sollen, kann unter anderem eine entscheidende Rolle spielen, ob unterschiedliche Tarifverträge zur Anwendung kommen müssen. Ist dies der Fall, kann es vorteilhaft sein, die Holdinggesellschaft der Fusion vorzuziehen. Die Beibehaltung der rechtlichen Eigenständigkeit der einzelnen Krankenhäuser und das damit verbundene Erfordernis der Aufstellung getrennter Jahresabschlüsse, erhöht die Komplexität in Bezug auf das Management der jeweiligen Krankenhäuser und ist somit als nachteilig anzusehen. Vor der Gründung einer Holdinggesellschaft sind neben kartellrechtlichen auch steuerrechtliche Aspekte zu berücksichtigen. Synergieeffekte durch die Zusammenführung von Krankenhäusern verpuffen, sollte eine umsatzsteuerliche Organschaft innerhalb der Holdingstruktur nicht gegeben sein und somit eine Umsatzsteuerpflicht bestehen. Ebenso ist die Frage zu klären, ob die Aufrechterhaltung einer vorliegenden Gemeinnützigkeit beim künftigen Träger sichergestellt werden kann (Albat u. Becker 2012).

Krankenhausverbund
Im Gegenteil zur Holdingstruktur verlieren bei der Fusion von mehreren Krankenhäusern zu einem Krankenhausverbund die einzelnen Krankenhäuser ihre rechtliche Selbstständigkeit. Vielmehr werden im Fall einer Fusion alle bisher selbstständigen Krankenhäuser zu einer rechtlichen Einheit zusammengeführt. Der Verbund tritt nach außen als ein Unternehmen mit mehreren Betriebsstätten oder Standorten auf. Sowohl bei der Gründung einer Holdinggesellschaft als auch bei der Fusion ist eine Prüfung der kartellrechtlichen Zulässigkeit zu prüfen. Dies ist zu bejahen, wenn der kumulierte Umsatz der wesentlichen Beteiligten von 500 Millionen Euro überschritten wird und das Kartellamt prüfen muss, ob eine marktbeherrschende Stellung erreicht wird (Albat u. Becker 2012).

Kommunalunternehmen
Die Aufbauorganisation weist bei kommunalen Krankenhäusern oder Krankenhausverbunden eine zusätzliche Ebene auf. So stellt der Verwaltungsrat das oberste Führungsgremium dar, das der Geschäftsführung der in kommunaler Trägerschaft geführten Krankenhäuser übergeordnet ist.

3.1 Aufbauorganisation

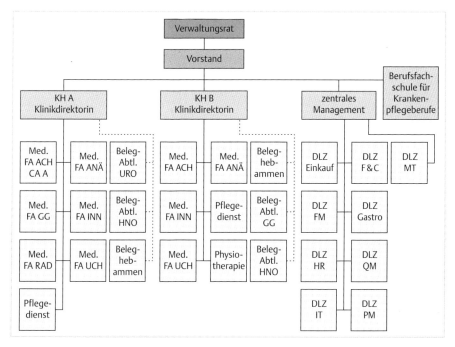

Abb. 3.1 Darstellung eines Organigramms am Beispiel eines Verbundklinikums.

Die Politik kann bei Kommunalunternehmen somit einen nicht zu unterschätzenden direkten Einfluss auf die Gestaltung der Krankenhauslandschaft nehmen und trifft letztlich die strategischen Entscheidungen. So entscheiden sich immer mehr Kommunen aufgrund leerer Kassen zur Privatisierung oder zum Verkauf ihrer Krankenhäuser an private Krankenhausketten. Um dies verhindern zu können, ist für die Geschäftsführung ein möglichst hoher Gestaltungsspielraum seitens der Politik unabdingbar. Das Ziel, um langfristig wirtschaftlich im Gesundheitsmarkt zu agieren, muss sein, dass starre Organisationsmodelle modernen und innovativen Organisationsstrukturen weichen.

So ist gerade bei öffentlichen Krankenhäusern die Verbundbildung oft die einzige nachhaltige und existentiell zukunftsorientierte Option für den Erhalt der kommunalen Trägerschaft.

Zusammenfassend zeigt Abb. 3.1 das Beispiel eines Verbundklinikums mit 2 Krankenhausstandorten, zentraler Dienstleistungsstruktur und einer Berufsfachschule für Krankenpflegeberufe, grafisch in Form eines Organigramms veranschaulichen. Auf die Benennung der Stelleninhaber wird in der Darstellung weitgehend verzichtet, beispielhaft wird nur bei der Med. FA ACH im KH A der leitende Chefarzt (CA A) mit aufgeführt.

3.1.2 Hierarchien

Jede Hierarchiestufe einer Rangordnung (Hierarchie) ist gekennzeichnet durch die Führungspositionen und deren Aufgabengebiete, in denen die Leitungspersonen eine Überstellungsfunktion mit Kompetenz- und Weisungsbefugnissen ausüben. Das Management kann in 3 Hierarchiestufen bzw. Managementebenen eingeteilt werden:
- oberstes Management (Top Management)
- mittleres Management (Middle Management)
- unteres Management (Lower Management)

Zum Management gehören alle Mitarbeiter in leitender Funktion, die Entscheidungen treffen, Weisungsbefugnisse gegenüber anderen Mitarbeitern ausüben und mit Führungsaufgaben betraut sind. Je höher die Managementebene, in der die Leitungsperson agiert, desto mehr Zeit verbringt sie mit Führungs- und Managementaufgaben. Im Krankenhausbereich findet sich häufig eine Einteilung nach Managementbereichen und Managementebenen. Die klassischen Managementbereiche sind in Ärztlicher Dienst, Pflegedienst und Verwaltung unterteilt. Die verschiedenen berufsgruppenbezogenen Bereiche weisen eine heterogene Struktur auf und sind durch unterschiedliche Arbeits- und Denkweisen geprägt. Hierarchisches Denken ist im Krankenhausbereich immer noch häufig anzutreffen, besonders im ärztlichen Bereich, aber auch im Bereich der Krankenpflege. Im besonderen Spannungsfeld mit hohem Konfliktpotenzial befinden sich alle in der Krankenpflege tätigen Personen, da diese hierarchisch zwar den Stationsleitungen und der Pflegedirektion unterstellt sind, ebenso allerdings an Weisungen vom Ärztlichen Dienst in medizinischen Belangen gebunden sind. Eine interdisziplinäre kooperative Zusammenarbeit ist hier im Sinne aller Beteiligten einzig zielführend. Laut dem Eckpunktepapier zur Vorbereitung des Entwurfs eines neuen Pflegeberufe-Gesetzes, mit dem Ziel der Weiterentwicklung der Pflegeberufe, soll die Ausbildung die Fähigkeit zur interdisziplinären Zusammenarbeit mit anderen Berufsgruppen vermitteln, um berufsübergreifende Lösungen entwickeln zu können. Dabei werden die Pflegekräfte befähigt, bei ärztlichen Tätigkeiten mitzuwirken und andererseits ärztlich veranlasste Aufgaben eigenständig durchzuführen. Die bisher streng hierarchische Trennung zwischen dem ärztlichen und dem pflegerischen Bereich wird zunehmend aufgeweicht. Der zunehmende Ärztemangel wird den Hierarchiewandel und das Erfordernis von innovativen Lösungen beschleunigen. Eine weitere Verschiebung von Tätigkeiten wird sich im Laufe der nächsten Jahre zwangsläufig durch den drohenden Mangel an ausgebildeten Pflegekräften ergeben. Insgesamt wird die Krankenhauslandschaft durch ein hohes Maß an Individualität und Heterogenität der beschäftigten Berufsgruppen geprägt, die erfolgs- und qualitätsorientiert gesteuert werden müssen.

Im Diversity Management findet die gezielte interne und externe Berücksichtigung sowie die konstruktive Nutzung und Förderung dieser Ressource „Vielfalt" als Strategie zur Steigerung des Erfolgs statt und schätzt die Individualität der Beteiligten (Schwarz-Wölzl u. Maad 2003–2004).

3.1 Aufbauorganisation

Die Definition der einzelnen Managementebenen ist abhängig von der Aufbauorganisation und der Organisationsform des einzelnen Krankenhauses. So sollen nachfolgend die Managementebenen der unter Organigramme beschriebenen Leitungsstrukturen definiert werden.

Singuläre oder plurale Führungsspitze
Bei Krankenhäusern mit einer singulären oder pluralen Führungsspitze werden dem obersten Management der Geschäftsführer, Vorstand oder Klinikdirektor, der Ärztliche Direktor und der Pflegedirektor zugeordnet. Zum mittleren Management gehören meist alle leitenden Ärzte, zu denen Chefärzte, Oberärzte und Funktionsärzte gezählt werden, die pflegerischen sowie die kaufmännischen Bereichsleitungen. Die Stationsärzte, Assistenzärzte, Stationsleitungen und Sachgebietsleiter sind hingegen dem unteren Management zugeordnet. Teilweise werden die Chefärzte und die Bereichsleitungen auch dem obersten Management zugeschrieben, so wird von einigen Experten das mittlere Management auch auf der Ebene darunter, nämlich auf der Ebene der Assistenzärzte, Stationsleitungen und Abteilungsleitungen gesehen. Eine einheitliche Definition ist in der Literatur nicht beschrieben (Hölterhoff et al. 2011). Diese Hierarchiezuordnung bezieht sich im Gegensatz zur Konzernsicht auf die Krankenhaussicht.

Holdinggesellschaft/Konzern
Bei der Holdinggesellschaft oder dem Konzern werden die Managementebenen in der Konzernsicht dargestellt. So wandert die vorbeschriebene oberste Managementebene um eine Hierarchiestufe nach unten auf die mittlere Managementebene. Die Geschäftsführung, die Ärztliche Direktion und die Pflegedirektion befinden sich im Konzernorganigramm somit auf der mittleren Hierarchiestufe. Die mittlere Managementebene, in der Logik der Krankenhaussicht, stellt in der Konzernsicht somit die untere Managementebene dar.

Abbildung 3.2 soll die 3 Managementebenen von 2 Krankenhäusern eines Konzerns sowohl aus Konzern- als auch aus Krankenhaussicht darstellen.

Krankenhausverbund
Bei Krankenhausverbünden ist bei der Darstellung der Hierarchieebenen zu unterscheiden, ob die jeweiligen Krankenhäuser des Verbunds eine singuläre bzw. plurale Führungsspitze aufweisen oder durch ein Dreierdirektorium geleitet werden.

In Bezug auf die Entscheidungsausübung können Hierarchien unterschieden werden in **flache und steile Hierarchien.**

3 Von oben nach unten

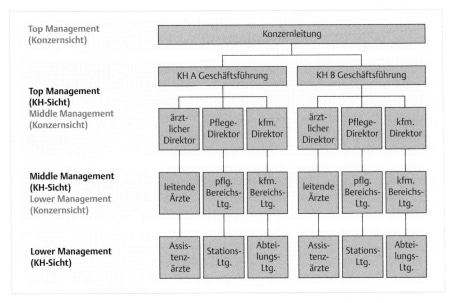

Abb. 3.2 Darstellung der Managementebenen im Krankenhaus aus Konzern- und KH-Sicht.

Flache Hierarchien

Flache Hierarchien weisen eine geringe Anzahl von Hierarchiestufen auf und zeichnen sich besonders dadurch aus, dass den unterstellten Mitarbeitern vermehrte Entscheidungsspielräume eingeräumt werden und Eigeninitiative und Verantwortung gestärkt werden. Die flacheren Hierarchiestrukturen lösen immer mehr die in der Vergangenheit häufig anzutreffenden, starren Top-down-Hierarchien ab und öffnen den Weg zu den Bottom-up-Hierarchien. Das System von flachen Hierarchien wird charakterisiert durch kurze Dienstwege und führt zu einer Reduzierung von Führungsebenen. Die Mitarbeiter werden dazu animiert, aktiv an der Gestaltung des Unternehmens mitzuwirken. Bei der Wahl der hierarchischen Strukturen sind die Vor- und Nachteile, die es zweifelsohne gibt, abzuwägen. Wie flach die Strukturen gehalten werden können und sollen hängt unter anderem von der Größe und Homogenität der Teams sowie der fachlichen und sozialen Kompetenz der einzelnen Mitarbeiter ab. Ein Vorteil von flachen Hierarchiestrukturen ist sicherlich die schnellere Reaktionsmöglichkeit und die größere Dynamik in einem Unternehmen. Aus finanzieller Sicht kann auf den ersten Blick durch die Reduzierung von Führungsebenen und Führungskräften eine Einsparung im Personalkostenbereich vorteilhaft sein. Dieser Vorteil kann sich aber auch zum Nachteil kehren, wenn die Mitarbeiter der Teams nicht effektiv, eigenverantwortlich und erfolgreich agieren. Reibungsverluste und ungelöste Konflikte können ein zusätzliches Problem darstellen. Die Konfliktbewältigung würde wiederum wertvolle Zeit bei den Führungskräften höherer Managementstufen binden.

3.1 Aufbauorganisation

Steile Hierarchien

Im Gegensatz zu flachen Hierarchien ist das System der steilen Hierarchien durch eine Vielzahl von Hierarchiestufen geprägt. So gilt, je mehr Ebenen vorhanden sind, desto steiler die Hierarchien und je weniger Ebenen eine Organisationsstruktur aufweist, desto flacher die Hierarchien. Auch das System der steilen Hierarchie hat Vorteile, ist aber ebenso mit Nachteilen behaftet. So verschlingen die vielen Ebenen dieses Systems enorme Managementkapazitäten, die wirtschaftlich betrachtet teure Ressourcen binden, die einzelnen Führungskräfte durch die Aufteilung von Führungskompetenzen und Kontrollfunktionen allerdings entlastet. Eine zu große Anzahl an Hierarchieebenen kann bei den Mitarbeitern an der Basis zur Demotivation führen, da ein Mitgestalten an den Unternehmenszielen weitgehend verwehrt bleibt. Das Wissen dieser Mitarbeiter wird somit seltener genutzt und in die Entscheidungsfindung mit einbezogen. Bei streng hierarchisch geführten Unternehmen können so schnell schwer zu schließende Innovationslücken entstehen. Diese Organisationskultur kann dazu führen, dass Mitarbeiter sich nicht in dem gewünschten Maße mit den Unternehmenszielen identifizieren und durch das anerzogene Gehorchen das Mitdenken verlernt wird. Ein weiterer Nachteil besteht darin, dass Entscheidungen meist nicht auf dem kurzen Dienstweg getroffen werden können, sondern hierzu oft mehrere Hierarchieebenen eingebunden werden müssen. Dies führt zu Einbußen in der Flexibilität, sodass wichtige Entscheidungen nicht immer in dem erforderlichen Maß zeitnah getroffen werden können. Steile Hierarchien haben auch Einfluss auf die Kommunikationswege, die durch die vielen Hierarchieebenen deutlich schwieriger und vielfältiger sind und eine hohe Durchdringungsrate bei der Informationsweitergabe allzu oft vermissen lassen.

3.1.3 Inoffizielle Strukturen

Neben den in den Organigrammen festgeschriebenen offiziellen Strukturen finden sich in den Unternehmen auch heimliche Strukturen, sogenannte inoffizielle Strukturen. Die Bildung von inoffiziellen Strukturen kann in verschiedenen Ursachen begründet liegen. So ist es im Rahmen des Chance-Managements und des stetigen Wandels im Gesundheitswesen wichtig, dass die offiziellen Strukturen einer regelmäßigen Kontrolle unterzogen werden. Die Kontrolle muss unter Berücksichtigung der gewachsenen Anforderungen erfolgen und soll sicherstellen, dass das Erfordernis zur Anpassung der vorhandenen Strukturen rechtzeitig erkannt wird. Eine adäquate Anpassung der offiziellen Strukturen kann dem Aufbau von inoffiziellen Strukturen entgegenwirken. Gerade in Unternehmen mit flachen Hierarchien besteht die Gefahr, dass sich anstelle von offiziellen Strukturen eine Kultur von inoffiziellen Strukturen herausbildet. Eine nicht klare und an die Mitarbeiter kommunizierte Aufbau- und Ablauforganisation kann die Schaffung von inoffiziellen Strukturen ebenso begünstigen. Die inoffiziellen Hierarchien sollten auf keinen Fall unterschätzt oder ignoriert werden, wobei das Problem sicher darin besteht, diese heimlichen Strukturen zu erkennen und darstellbar zu machen. Führungskräfte, die in der inoffiziellen Hierarchie weiter unten angesiedelt sind als im offiziellen Organigramm, werden schnell an Respekt verlieren und können ihrer Führungsposition nicht oder nur schwer gerecht werden. In inoffiziellen Strukturen findet sich vor allem eine Beeinflussung durch die soziale Kompetenz (Walter 2005). Der zwangsläufige Konflikt zwischen offizieller und inoffizieller Struktur führt zu einem Spannungsfeld innerhalb der Abteilung, wodurch nicht nur der Teamerfolg gefährdet wird, sondern auch das Arbeitsklima leidet. Ein anderer Grund für die Bildung inoffizieller Regeln kann darin liegen, dass ein Mitarbeiter aufgrund seiner fachlichen und sozialen Kompetenz Tätigkeiten übernimmt, die unter Beachtung der offiziellen Struktur nicht zu seinen Aufgaben gehören. Eine stringente und mitarbeiterorientierte Personalentwicklung kann mit gezielten Fördermaßnahmen und der Möglichkeit von Aufstiegschancen helfen, verborgene Strukturen zu reduzieren. Als Arbeitsorganisation wäre die Jobrotation geeignet, da diese die Tätigkeitserweiterung als horizontale Umstrukturierung (Job enlargement) und die Arbeitsbereicherung als vertikale Umstrukturierung (Job enrichment) vereint. Unerlässlich ist zudem die Führungskräfteentwicklung, die wiederum einen Teilbereich der Personalentwicklung darstellt.

Im Krankenhaus ist das Konfliktpotenzial durch das Spannungsfeld zwischen den bekannten und unbekannten Strukturen besonders hoch, da die Schnittstellenproblematik und das Erfordernis schneller Entscheidungswege allgegenwärtig sind. Dadurch besteht potenziell die Gefahr, dass offizielle Wege nicht eingehalten werden oder nicht eingehalten werden können. Dies führt dazu, dass der sogenannte „kurze Draht" zur Gewohnheit wird und die offiziellen Strukturen nicht durchgehend verinnerlicht werden. Permanent arbeiten mehrere Berufsgruppen zusammen, die sich in der Aufbau- und Ablauforganisation auf verschiedenen Hierarchie- und Prozessebenen befinden. In der Patientenversorgung muss sich jeder an der Behandlung von Patienten beteiligte Mitarbeiter auf den jeweils anderen verlassen können, die Aktivitäten müssen ineinandergreifen, unabhängig von der persönlichen Stellung im Krankenhaus. So sind Pflegekräfte auf den Stationen und in den Funktionsbereichen nicht nur den Führungskräften innerhalb des Pflegebereichs weisungsgebunden, sondern haben ebenfalls Weisungen des Arztes Folge zu leisten.

„Das unsichtbare Netzwerk eines Unternehmens – das inoffizielle Organigramm, ist mächtiger als die Entscheidung des Einzelnen." (Horn u. Brick 2007)

Literatur

Albat A, Becker N. Neustrukturierung der Krankenhauslandschaft. Healthcare pwc 2012; 39: 4–6

Bund-Länder-Arbeitsgruppe Weiterentwicklung der Pflegeberufe. Eckpunkte zur Vorbereitung des Entwurfs eines neuen Pflegeberufegesetzes. Im Internet: http://www.bmg.bund.de/pflege/pflegekraefte/eckpunkte-pflegeberufegesetz.html; Stand: 01.03.2012

Ehrhardt G. Klassische Organisation. Im Internet: http://www.buero-update.de/download/klassische%20Organisation.pdf; Stand: 05.03.2012

Fahrig, S. Gleiches Geld und gleiche Rechte. f&w 2012; 120: 164–167

Hadeler T, Janssen K, Arentzen U. Gabler T, Hrsg. Kompakt-Lexikon Wirtschaft. 8. Aufl. Wiesbaden: Gabler; 2001

Hölterhoff M, Edel F, Münch C et al. In: Dr. Jürgen Meyer Stiftung, Hrsg. Das mittlere Management im Krankenhaus – Verortung, Problematik und Lösungsansätze. 2011; 42: 13–17

Horn K, Brick R. Organisationsaufstellung und systemisches Coaching: Das Praxisbuch. 3. Aufl. Offenbach: GABAL; 2007

Gaede K. Protest gegen Entmachtung der Pflege. kma 2012; 82: 14

Schmidt-Rettig B, Eichhorn S, Hrsg. Krankenhaus-Managementlehre – Theorie und Praxis eines integrierten Konzepts. 1. Aufl. Stuttgart: Kohlhammer; 2008

Walter H. Handbuch Führung – Der Werkzeugkasten für Vorgesetzte. 3. Aufl. Frankfurt: Campus; 2005

Weber W. Praxisleitfaden: Gründung von Servicegesellschaften, insbesondere für Krankenhäuser und Altenheime. Im Internet: http://www.bkpv.de/ver/html/gb2003/weber_03.htm; Stand: 28.04.2012

Zentrum für Soziale Innovation, Schwarz-Wölzl M, Maad C. Diversity und Managing Diversity – Teil 1: Theoretische Grundlagen (2003–2004). Im Internet: https://zsi.at/attach/Diversity_Teil1_Theorie.pdf; Stand: 23.05.2012

3.2 Kommunikation und Entscheidungsstrukturen

Michael Korn

3.2.1 Allgemein: Kommunikation und Patienten

Jedes Krankenhaus ist ein komplexes soziales System, in dem nicht nur selbstverständlich Kommunikation in vielfältigen Variationen stattfindet, sondern welches durch Kommunikation zusammengehalten und weiterentwickelt wird. Durch Kommunikation wird ein Krankenhaus gegründet und durch Kommunikation wird die Funktionalität aufrechterhalten und zielgerichtet gelenkt. Im Vergleich zur produzierenden Industrie hat die Kommunikation in einem Krankenhaus einen deutlich höheren Stellenwert, da sich die Arbeitsprozesse von Mensch zu Mensch abspielen. Es finden permanent kommunikative Interaktionen von Ärzten, Krankenschwestern und Patienten statt. Trotz definierter professioneller Rollen der verschiedenen Mitarbeiter sind wesentliche Teile der verbalen Kommunikation mit den Patienten situativ und erfordern ein empathisches Eingehen auf die jeweilige individuelle Bedürfnislage des Patienten. Neben der spezifischen sachlichen Funktionalität – z.B. Information – bewirkt eine von Empathie geleitete Kommunikation für den Patienten Sicherheit und ein Gefühl der Akzeptanz. Unabhängig davon, welche modernen Kommunikationsmedien installiert sind, ist und bleibt das Face-to-Face-Gespräch weiterhin ein unverzichtbarer Bestandteil des sozialen Systems Krankenhaus.

3.2.2 Allgemein: Kommunikation und Mitarbeiter

Bezogen auf die Mitarbeiter hat die Kommunikation neben ihrer alltäglichen Bedeutung des Austauschens von Informationen zur Gestaltung der Arbeitsprozesse eine viel tiefgreifendere Bedeutung und Wirkung. Über kommunikative Prozesse werden Sinn und Zweck vermittelt, werden die individuellen Mitarbeiter bezüglich der Werte und Normen, die sich das Krankenhaus z. b. als Leitbild gegeben hat, verbunden. Das heißt, Kommunikation, in diesem Fall gezielt, schafft Wirklichkeiten, weil sich das Handeln unterschiedlicher Akteure danach ausrichtet. Als primär soziale Institution ist jedes Krankenhaus mit seiner gesellschaftlichen Umwelt vernetzt und muss permanent unterschiedlichen Bedürfnissen bezüglich Anfragen und Aufklärung entsprechen. Verbale und schriftliche Kommunikation sind für das Krankenhaus nicht nur integrale Bestandteile aller Arbeitsprozesse, sondern in ihrer Gesamtheit existenzsichernd.

3.2.3 Interne Kommunikation

Auch in seiner Rolle als Mitarbeiter eines Krankenhauses bleibt der Mensch ein soziales Wesen, das kontinuierlich kommuniziert und permanent auf Kommunikation angewiesen ist. Anders als im Privatleben sind die Kommunikationsprozesse innerhalb eines Unternehmens nicht frei individuell gestaltbar, sondern unterliegen definierten Regeln und Verfahrensschritten. Grundsätzlich wird deshalb die interne Kommunikation in formelle und informelle Kommunikation unterschieden (Abb. 3.**3**).

3.2.4 Interne formelle Kommunikation

Die interne formelle verbale und nonverbale Kommunikation dient den jeweiligen Team- und Unternehmenszielen und ist unternehmensspezifisch strukturiert. Hierbei nutzt man zunehmend moderne Medien wie Intranet und Videokonferenzen (Abb. 3.**4**). Ziele der geplanten formellen Kommunikation sind z. B. die Optimierung organisatorischer Abläufe, die gezielte Informationsverbreitung, der sachliche Austausch von Informationen, die Herstellung von Transparenz, Problemlösungen und Beurteilungen von Mitarbeitern oder speziellen Sachverhalten. Das wesentliche Merkmal der formellen Kommunikation ist, dass sie personenunabhängig strukturiert ist und dass die formellen Kommunikationswege auf Dauer angelegt und transparent sind. Grundsätzlich haben sie obligaten Charakter und dienen der Effizienz und Effektivität der innerbetrieblichen Kommunikation.

3.2 Kommunikation und Entscheidungsstrukturen

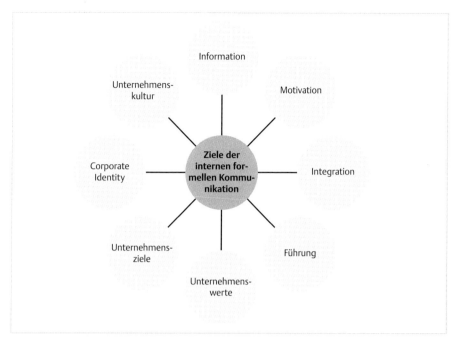

Abb. 3.3 Ziele der internen formellen Kommunikation.

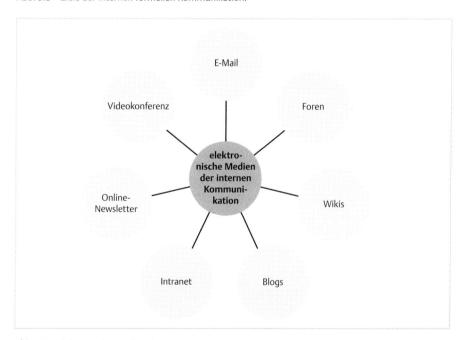

Abb. 3.4 Elektronische Medien der internen Kommunikation.

Ein Beispiel für interne formelle Kommunikation ist der sogenannte Dienstweg, der Vorgänge und Verantwortlichkeiten verbindlich regelt. Im Dienstweg durchlaufen Anliegen definierte innerbetriebliche Institutionen, die in der Funktion der Vorgesetzten die entsprechenden Entscheidungsbefugnisse haben. In der Regel ist der Dienstweg mit einem festgelegten bürokratischen Aufwand verbunden, der den gesamten Ablauf normiert. Der klare Formalismus, die Transparenz, die damit verbundenen Kompetenzzuordnungen und die klaren Orientierungsmöglichkeiten für die Mitarbeiter beeinträchtigen häufig die Bearbeitungs- und Entscheidungsgeschwindigkeiten. Auch darf man sich nicht dem Irrtum hingeben, je mehr formal geregelt ist, desto besser werden innerbetriebliche Abläufe vollzogen. Ein Übermaß von Regulierung und Bürokratisierung hemmt notwendige Dynamik und behindert Kreativität, ohne die kein Unternehmen überlebensfähig ist. Insgesamt sind klare Kommunikationswege ein wesentlicher Teil der Strukturen, die ein Unternehmen zusammenhalten.

3.2.5 Beispiele für interne formelle Kommunikation

Die internen formellen Kommunikationen sind nicht nur geplant und zielorientiert, sondern basieren zum größten Teil auf rechtlichen Anforderungen. Um diesen zu entsprechen, benötigen kommunikative Vorgänge in der Regel die Schriftform und eine nachvollziehbare Struktur, sodass z. B. auch Vorgänge aus der Vergangenheit nachvollziehbar bleiben. Bezüglich der Arbeitsprozesse resultieren aus formellen Kommunikationsprozessen, z. B. Dienstanweisungen, zielgerichtete Handlungen, die mit entsprechender Konsequenz umgesetzt werden müssen und bei deren Nichtbeachtung grundsätzlich Sanktionen erfolgen können. Tabelle 3.1 zeigt einige Beispiele interner formeller Kommunikationen, die als einzelne Elemente im Gesamtsystem Krankenhaus institutionalisiert sind.

3.2.6 Interne informelle Kommunikation

Es ist eine Illusion, dass in einem gut strukturierten Unternehmen nur die Kommunikation unter den Mitarbeitern stattfindet, die offiziell und formell geregelt ist. Als soziales Wesen ist jeder Mensch sowohl aktiv als auch passiv auf Kommunikation angewiesen. Neben der formellen Kommunikation findet immer auch die sogenannte informelle Kommunikation statt. In Summe betrifft die informelle Kommunikation den Teil, der nicht vorgeschrieben und nicht organisatorisch geregelt ist. Im Mengenvergleich ist der informelle Anteil deutlich größer als der formelle. Die informelle Kommunikation folgt in der Regel keiner speziellen Form und läuft nicht nach bestimmten Regeln ab. Sie entsteht häufig situativ als Reaktion auf ein Ereignis und hat inhaltlich den Charakter einer subjektiv gefärbten Interpretation. Da sie außerhalb der offiziellen Kommunikationswege stattfindet und dabei auch die berufsspezifischen Grenzen der Akteure und die innerbetriebliche Hierarchie außer Acht lässt, ist sie kaum nachzuverfolgen. Das heißt, Aussagen, die informell entstehen, sind unsicher und haben keine Wertigkeit als verbindliche Handlungsgrundlage.

3.2 Kommunikation und Entscheidungsstrukturen

Tabelle 3.1 Beispiele für Elemente formeller Kommunikation im Krankenhaus.

bezogen auf die Mitarbeiter	bezogen auf die Patienten
Mitarbeitergespräche	Aufnahmegespräche
tägliche Arbeitsbesprechungen	Aufklärungsgespräche
Dienstübergaben	Visiten
regelmäßige Teammeetings	interdisziplinäre Fallbesprechungen
Leitungskonferenzen	Röntgenbesprechungen
Personalversammlungen	Angehörigenberatungen
Mitarbeiterzeitungen	Patientenschulungen
Dienstanweisungen	Beschwerdemanagement
Protokolle	Entlassungsgespräche
E-Mail-Rundschreiben	Patientendokumentation

Sowohl für die innerbetrieblichen Abläufe als auch für die übergeordnete Unternehmenskultur muss ein Übermaß an informeller Kommunikation als störend eingestuft werden. In der externen Kommunikation kann die informelle Kommunikation von nicht autorisierten Mitarbeitern, basierend auf subjektiven Befindlichkeiten und Halbwahrheiten, geradezu schädigende Wirkung haben. Es ist daher selbstverständlich, dass Unternehmen zumindest skeptisch die informellen Kommunikationsprozesse wahrnehmen und beurteilen.

Trotzdem hat die interne informelle Kommunikation diverse Vorteile: Gespräche verbinden die Mitarbeiter nicht nur auf der sozialen Ebene, sie dienen zum gegenseitigen Erklären von Sachverhalten, sie fördern die Zusammenarbeit und tragen in ihrer positiven Auswirkung zur Stärkung der Corporate Identity bei.

3.2.7 Hierarchien und Entscheidungen

Jedes Krankenhaus ist ein sehr spezielles soziales System, das einen sehr hohen Grad an Komplexität aufweist. Es treffen die unterschiedlichsten individuellen Menschen aufeinander und es müssen kontinuierlich diverse Berufsgruppen zusammenarbeiten. Fehlt es hierbei an klarer Struktur und an definierten Kompetenz- und Entscheidungszuweisungen, wäre ein Krankenhaus keine zielgerichtete Organisation, sondern eine überaus dynamische Ansammlung von Einzelelementen, die alle mehr oder weniger versuchen, ihre Partialinteressen durchzusetzen. Notwendig sind klare Strukturen, definierte und abgegrenzte Arbeitsprozesse und autorisierte Entscheidungsträger.

Ein grundsätzliches Ordnungs- und Orientierungssystem bildet die Hierarchie in einem Krankenhaus, welche die sogenannten Über- und Unterordnungen regelt und die Entscheidungsträger mit entsprechender Macht zu entscheiden ausstattet. In diesem Kontext versteht sich Macht nicht als eine Art persönlich motivierter Autoritätsausübung, sondern als ein Mittel zur Komplexitätsreduktion. Das heißt, der Entscheidungsträger muss die Vielzahl der infrage kommenden Möglichkeiten reduzieren und eine Entscheidung treffen, die als verbindliche Grundlage für weiteres Denken und Handeln dient.

Bezogen auf sämtliche mögliche Entscheidungen, die für den zielgerichteten Ablauf innerhalb eines Krankenhauses notwendig sind, ist das weder von einer einzelnen Person noch einer einzigen Gruppe zu leisten. Das Gesamtsystem Krankenhaus besteht deshalb aus diversen Subsystemen mit inhaltlich unterschiedlichen Aufgabenschwerpunkten, eigener Führung, eigenen Strukturen und eigenen spezifischen Arbeitsabläufen. Entscheidende Aufgabe desjenigen, der übergeordnet an der Spitze der Hierarchie steht und das Krankenhaus als Ganzes leitet, ist, die verschiedenen Subsysteme so führen, dass das Gesamtsystem Krankenhaus nach wirtschaftlichen und qualitativen Maßstäben seinen Auftrag erfüllt, seine Existenz sichert und sich weiterentwickelt.

Unabhängig davon, ob man traditionelle pyramidale Hierarchien, dezentrale oder sehr flache Hierarchien bevorzugt, bleibt es wesentlich, dass Organisationen nur dann zielgerichtet funktionieren und erhalten bleiben, wenn für alle Beteiligten klare Fixpunkte zur Orientierung erkennbar sind und wenn diese mit verbindlichen Kompetenzen ausgestattet sind. Neben ihren vielfältigen fachspezifischen Aufgaben bilden die offiziell etablierten Entscheidungsträger selbst einen Teil der stabilisierenden Struktur und kanalisieren das dynamische Gesamtgeschehen in konstruktiven Grenzen.

Innerhalb des Unternehmens werden die formellen Beziehungen durch Organigramme, Funktionsdiagramme oder Stellenbeschreibungen beschrieben. Der Vorgesetzte eines abgegrenzten Bereichs darf nur seinen Mitarbeitern bestimmte Weisungen erteilen. Mit einem Aufbauorganigramm wird die hierarchische Struktur des Gesamtunternehmens dargestellt. Die Funktionen und Weisungsbefugnisse der einzelnen Mitarbeiter werden durch Stellenbeschreibungen definiert.

3.2.8 Direktionsrechte und Weisungsbefugnisse

Es ist leicht nachzuvollziehen, dass im Krankenhaus die Trennung von fachlichen und disziplinarischen Weisungsrechten notwendig ist. Das Management, ausgestattet mit dem übergeordneten Direktionsrecht, kann niemals in die Entscheidungen der Mediziner eingreifen, wenn es gilt, diagnostische oder therapeutische Entscheidungen für den Patienten zu treffen. Das Direktionsrecht, welches der Arbeitgeber gegenüber seinen Mitarbeitern anwenden kann, bezieht sich nicht auf fachspezifische Arbeitsinhalte, sondern auf organisatorische Aspekte, deren Regelung grundlegende Aufgabe der Klinikleitung ist.

Grundsätzlich bezieht sich das Direktionsrecht des Arbeitgebers auf den Arbeitsort, die Arbeitszeit, Aufteilung der Arbeitszeit, Pausenregelungen, Urlaub und z.B. auf die Festlegung von betriebsbedingten Ferien. Weitere Ansatzpunkte sind: Qualität der Arbeit, Übertragung von Arbeit im Krankheitsfall von Mitarbeitern und das Ordnungsverhalten im Unternehmen. Hierbei ist der Arbeitgeber nicht völlig frei in seinen Entscheidungen, sondern hat Begrenzungen zu beachten, die durch vorliegende Arbeitsverträge, Tarifverträge, Betriebsvereinbarungen und gesetzliche Vorgaben gegeben sind. Im Rahmen eines erweiterten Direktionsrechts verlieren die vorgenannten Begrenzungen ihre starke limitierende Wirkung. Voraussetzung für die Anwendung des erweiterten Direktionsrechts sind z.B. Ausnahmeereignisse, die nicht im Verantwortungsbereich des Arbeitgebers liegen.

Darüber hinaus sind Weisungsbefugnisse wesentliche Führungsmittel in einer Organisation, die Vorgesetzte, ausgestattet mit Weisungsrechten, im jeweiligen Rahmen ihres Verantwortungsbereichs anwenden. Hierbei zielen die Anordnungen z.B. auf die Zuteilung von Arbeitsaufgaben oder auf das Einfordern eines bestimmten Verhaltens der Mitarbeiter. In Konsequenz lassen sich aus dem disziplinarischen Weisungsrecht Möglichkeiten der Sanktionen bei Nichteinhaltung der Weisungen ableiten.

Im Rahmen eines kooperativen Führungsstils erfolgen Weisungen oder Aufträge nicht willkürlich, sondern der Vorgesetzte wird das Können, die Erfahrungen und die Interessen der Mitarbeiter berücksichtigen. Aus der Klarheit der Weisung und der Einbeziehung des Mitarbeiters resultieren die Akzeptanz und die Motivation, sich für eine zielgerechte Umsetzung einzusetzen.

Bezogen auf die Gesamtorganisation wird mit der Verteilung von Weisungsrechten eine interne koordinative Struktur geschaffen, an der sich die Mitarbeiter orientieren können und die die Krankenhausleitung in den operativen Prozessen entlastet.

3.2.9 Nochmals: Entscheidungen und Organisation

Immer, wenn Menschen zusammenkommen, finden kommunikative Prozesse statt. Man kann zwar jede zufällig entstandene Gruppe als soziales System begreifen, aber nicht als aufgabenorientierte Organisation. Entscheidend für Organisationen ist eine spezifische Form der Kommunikation. Es sind die Entscheidungen. Entscheidungen sind organisationsbildend und -erhaltend. Damit in Organisationen effektiv Entscheidungen umgesetzt werden können, werden strukturierte Kommunikationsprozesse benötigt, die daran anschließen und wiederum zu neuen Entscheidungen führen.

Was ist eine Entscheidung? Eine Entscheidung ist dann notwendig, wenn eine Wahl zwischen unterschiedlichen Alternativen oder Varianten vorliegt. Innerhalb einer Organisation sollten Entscheidungen rational getroffen werden. Rational begründete Entscheidungen korrespondieren mit definierten übergeordneten Zielen und vorhandenen Wertmaßstäben und antizipieren die erwünschten und nicht erwünschten Folgen der Entscheidung. Das Wesentliche an innerbetrieblichen Entscheidungen ist, dass auf der Grundlage der Entscheidung Handlungen erfolgen. Wenn der Entscheidungsprozess nicht auf konkrete Maßnahmen gerichtet ist, können Entscheidungen neues Denken initiieren oder z. B. neue Unternehmenswerte postulieren (Abb. 3.5).

Je komplexer der Sachverhalt ist, der entschieden werden soll, desto mehr sind valide Informationen aus dem Entscheidungsumfeld notwendig. Da in Unternehmen strategisch existenzsichernde Entscheidungen getroffen werden müssen, ist die entsprechende Fachkompetenz der Entscheidungsträger unerlässlich. Entscheidungsvorgänge, die nicht mit quantitativen Bewertungsmaßstäben zu beurteilen sind, tragen die Gefahr des Objektivitätsverlusts in sich. Hier spielt neben dem faktischen Know-how des Entschei-

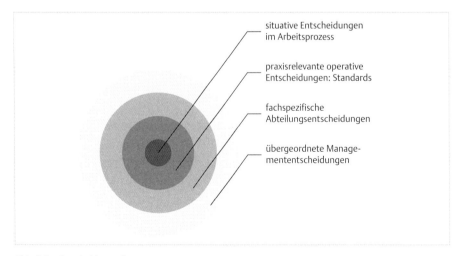

Abb. 3.5 Entscheidungsebenen.

3.2 Kommunikation und Entscheidungsstrukturen

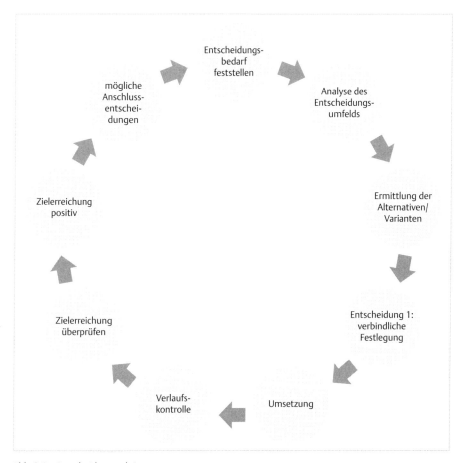

Abb. 3.6 Entscheidungsschritte.

dungsträgers die entsprechende Berufs- und Lebenserfahrung eine wichtige Rolle (Abb. 3.6).

3.2.10 Zusammenfassung

Das Krankenhaus als aufgabenorientiertes soziales System ist in besonderer Weise auf interne formelle Kommunikationsstrukturen, aus denen verbindliche Entscheidungen resultieren, angewiesen. Die kontinuierlichen dynamischen Interaktionen zwischen Mitarbeitern und Patienten erfordern klare Strukturen, geregelte Arbeitsabläufe und Entscheidungsträger mit autorisierten Weisungsrechten. Im Krankenhaus hat die Trennung von fachlichen und disziplinarischen Weisungsbefugnissen einen besonderen Stellenwert, weil diagnostische und therapeutische Entscheidungen nur von entsprechenden

Fachexperten zu leisten sind und nicht von denjenigen, die das Krankenhaus als Gesamtorganisation managen. Der zentrale Stellenwert von Kommunikation im System Krankenhaus ergibt sich nicht nur aus der notwendigen Übermittlung von Informationen, sondern dadurch, dass durch Kommunikationen neue Wirklichkeiten geschaffen werden, die jede weitere Entwicklung eines Krankenhauses begründen.

3.3 Zuständigkeiten und Verantwortungen – oder wie funktioniert ein Krankenhaus heute?

Stefan Bauer

3.3.1 Einleitung

Das deutsche Gesundheitswesen hat sich in den letzten 10 Jahren deutlich gewandelt. Statt einer Kostenpauschalen-basierten und Liegedauer-getriebenen Erlössicherung wurde 2003 das DRG (Diagnosis Related Groups) basierte Fallpauschalensystem eingeführt. Dieses System ist seit 2010 mit einem landesweiten Basissatz vergütet. Es wurde ein Wandel der Finanzierung über Tagessätze zu Fallpauschalen mittels Klassifikation über diagnosebezogene Fallgruppen durchgeführt.

Durch die Einführung des DRG-Systems hat sich die Situation für Krankenhäuser deutlich verändert. Mit der Einführung der DRG-Fallpauschalen hat sich die Liegedauer der Patienten reduziert. Betrug im Jahr 2000 die durchschnittliche Liegedauer von Patienten noch 9,7 Tage, so ist diese 2011 auf 7,7 Tage gesunken (Statistisches Bundesamt 2011). Im Jahr 2011 wurden in Deutschland 18,3 Mio. Patienten stationär behandelt, dieses sind 300 000 Fälle mehr als im Jahr 2010. Die durchschnittliche Verweildauer hat sich um 0,2 Tage reduziert, was bedeutet, dass trotz erhöhter Behandlungszahlen 60 000 Liegetage innerhalb der Krankenhäuser eingespart wurden. In Deutschland existieren zurzeit 2041 Krankenhäuser mit zusammen 502 000 Betten. Seit 2010 wurden 23 Krankenhäuser geschlossen, und die Bettenzahl sank im gleichen Zeitraum um 1000 Betten. Die Bettenauslastung in der verbleibenden Krankenhäusern blieb annähernd konstant mit einer durchschnittlichen Bettenbelegung von 77,3 % 2011 im Vergleich zu 77,4 % im Jahr 2010. Dabei hatten die öffentlichen Krankenhäuser die höchste Bettenauslastung mit 78,7 %. Die geringste Bettenauslastung hatten die kirchlich betriebenen Krankenhäuser mit 75,7 %. Der Anteil an Krankenhausbetten unter privater Trägerschaft nahm 2011 auf 17,2 % zu. Der Anteil der gemeinnützigen Krankenhäuser sank auf 34,2 %.

Hieraus leitet sich ab, dass zwei grundlegende Veränderungen im Gesundheitswesen feststellbar sind: Krankenhäuser behandeln in kürzerer Zeit mehr Patienten.

Krankenhäuser beschäftigen zu diesem Zweck mehr Personal, da der Arbeitsaufwand (Patientenzahl, Behandlungszahl) zugenommen hat. Daher stieg in den Krankenhäusern die Zahl der Beschäftigten an. 2010 waren 23 492 Vollkräfte weniger (2,8 %) in deutschen Krankenhäusern beschäftigt als 2011. In den Krankenhäusern waren 2011 insgesamt 839 000 Vollkräfte beschäftigt, davon waren 139 000 Ärzte, 701 000 zählten zum nicht ärztlichen Dienst, darunter 310 000 Pflegekräfte.

Wie beschrieben hat sich das Umfeld „Gesundheitswesen" grundlegend geändert; es stellt sich die Frage „Haben die Krankenhäuser sich auch verändert?" Zur Erläuterung dieser Frage soll nun erst einmal die Aufgabe, Funktion und Betreiberform eines „Krankenhauses" beleuchtet werden.

Anhand von verschiedenen Beispielen wird dargelegt, wo die Stolpersteine für einen Wandel im Krankenhaus liegen.

3.3.2 Was ist ein Krankenhaus?

Der Begriff „Krankenhaus" leitet sich aus der historisch gewachsenen Institution des Hauses für Kranke und Arme ab. Die Versorgung von Kranken hat sich von Griechenland (Asklepios-Heiligtum), Ägypten und Persien ausgehend über mehrere tausend Jahre entwickelt. Aus den griechischen Tempeln, in denen die Patienten lagen („kline – liegen", daraus entstand „Klinik") und oft im Schlaf (incubatio) auf Heilung hofften – gegen ein Honorar (Geldspende) – hat sich in der neueren Zeit aufgrund von Seuchen (Leprosorien) und Kriegen (Lazarette) das heutige Krankenhaus (Hospital – „hospes: der Gast") entwickelt. Die Notwendigkeit der Unterbringung von Schwerstkranken, z. B. bei Ausbruch der Pestepidemien oder die Unterbringung von Verwirrten (Irren) hat zu den heutigen Krankenhäusern geführt.

Meilensteine in der Krankenhausumgestaltung stellen sicherlich die 1710 erfolgte Gründung der Charité in Berlin als Pestkrankenhaus und später 1724 als Lazarett und Hospital und die des Allgemeinen Krankenhauses in Wien 1784 dar. Durch die kriegerischen Auseinandersetzungen (Befreiungskriege gegen Napoleon, Krimkrieg) in Europa wurde die Medizin und die Versorgung von im Kriegsgeschehen oft polytraumatisierten Patienten vorangetrieben. In den USA wurde durch die Gründung der Mayo-Klinik in Rochester 1889 das erste private Krankenhaus eröffnet. In diesem Krankenhaus wurden alle „Innovationen" der damaligen Zeit – Antisepsis (Lister), Asepsis und Anästhesie – berücksichtigt und eingesetzt. In dieser neuen Organisationsform arbeiteten die verschiedenen Spezialisten (Chirurgen, Innere Medizin, Narkoseärzte, Frauenärzte, Pathologen) in einer Klinik zusammen. Die Mayo-Klinik hat bis heute eine weltweit hervorragenden Ruf, da dieses Konzept der „specialists in one place" sich scheinbar bewährt hat.

3.3.3 Wertschöpfung im Krankenhaus

Der Wertschöpfungsprozess in Kliniken ist recht einfach zu umreißen:

Aufnahme – Behandlung – Entlassung – (Nachsorge)

Die Wertschöpfung besteht darin, aus einem kranken Patienten durch eine geeignete Therapie einen im Idealfall gesunden (geheilten) oder zumindest gesundheitlich gebesserten Patienten zu machen. Der Begriff „Krankenhaus" stößt hier an seine Grenzen: die Institution ist zwar für erkrankte Patienten geschaffen, es wird jedoch „Gesundheit" als Wertschöpfung generiert. Daher sind die Begriffe „Gesundheitszentrum, Herz- und Gefäßzentrum, Klinik für ...) entstanden, da diese die Funktion des "Krankenhauses" besser verständlich darstellen.

Rechtlich wird in Deutschland ein Krankenhaus als ein Betrieb im Sinne des Krankenhausfinanzierungsgesetzes (KHG, vom 10.04.1991, letzte Änderung Juli 2012, bisher noch nicht in Kraft getreten) verstanden, in dem die zu versorgenden Personen untergebracht und verpflegt werden können. Das KHG hat den Zweck, Krankenhäuser wirtschaftlich zu sichern, um eine bedarfsgerechte Versorgung der Bevölkerung zu gewährleisten. Das KHG geht prinzipiell davon aus, dass Krankenhäuser leistungsfähig sind und eigenverantwortlich wirtschaften.

In der Regel gliedert sich ein Krankenhaus nach Fachabteilungen (Innere Medizin, Chirurgie, Pädiatrie, Orthopädie...). Dabei wird unterschieden zwischen diagnostischen (Labormedizin, Pathologie, Radiologie) und bettenführenden Abteilungen (Chirurgie, Kardiologie, Innere Medizin). Kleinere Einheiten (Ambulanzen und Tageskliniken) werden meist einer Abteilung zugeordnet. Medizinische Versorgungszentren (MVZ) sind seit 2004 eingeführte Einrichtungen zur ambulanten medizinischen Versorgung, in denen beliebig viele zugelassene Ärzte im Angestelltenverhältnis arbeiten. Die Rechtsgrundlage eines MVZ bildet der § 95 SGB V. Neu ist, dass auch Krankenhäuser Leistungserbringer im MVZ sein können.

3.3.4 Hierarchie im Krankenhaus

In einem Krankenhaus ist die ärztliche Struktur nach einem oft streng hierarchischen Muster gegliedert. Es gibt in der Regel einen Chefarzt, der die Abteilung führt. Als weitere Ebene sind die Oberärzte und die Assistenzärzte zu nennen. Daneben ist die Abteilung der Pflegeberufe zu nennen, in der oft parallel zur Ärzteschaft die Organisation hierarchisch gegliedert ist. In der Regel ist eine Pflegedienstleitung als oberste Führungsebene eingesetzt, als weitere Ebene sind dann die Stationsleitungen und die Gesundheits- und Krankenpflegekräfte zu nennen.

Auf der kaufmännischen Seite (Geschäftsleitung) agiert der kaufmännische Direktor oder Verwaltungsleiter.

Zusammen mit der ärztlichen und pflegerischen Leitung bilden die 3 Berufsgruppen die sogenannte Klinikleitung.

3.3.5 Betreiberformen im Krankenhaus

Je nach Betreiberform handelt es sich bei den Krankenhäusern um privat, öffentlich oder konfessionell betriebene Einrichtungen.

Bei den öffentlichen oder konfessionell betriebenen Einrichtungen gibt es in der Regel einen übergeordneten Träger in Form einer Kommune (Stadt, Landkreis, Gemeinde) oder einer frei gemeinnützigen Einrichtung (Diakonie, Evangelische Kirche, Katholische Kirche); diese Träger haben in der Regel eine hohes Mitspracherecht bei der Gestaltung der Kliniken (Personalfragen, Finanzierung, Umbaumaßnahmen, Neubauten etc.).

Bei Kliniken in privater Trägerschaft ist als Mitspracheorgan ein Vorstand oder Klinikkonzern involviert.

Die Expertise der beiden Organisationsstrukturen private Klinikorganisation oder kommunaler/freigemeinnütziger Träger unterscheidet sich klar in der Ausrichtung der Ziele.

In kommunalen/freigemeinnützigen Krankenhäusern ist die Interessenlage oft nicht klar definiert, es geht um eine „Versorgung der Patienten", „Erhaltung von Arbeitsplätzen", „Politische Ziele" (Neuwahlen!) und vor allem um das „Halten der Bettenzahl". Die Versorgungsqualität der Patienten und die Qualität der medizinischen Leistungen wird oft in den Hintergrund gerückt. Über Effizienz der Versorgung oder gar Kostendeckung wird bei dieser Organisationsstruktur selten gesprochen, da eine Refinanzierung über die öffentlichen Haushalte bisher immer gewährleistet wurde.

Bei Kliniken in privater Trägerschaft sind in der Regel die Ziele klarer definiert, es geht um die optimierte Versorgung von Patienten auf der Basis der neuen Umgebungssituation DRG und um die kostendeckende Wirtschaftlichkeit des Unternehmens „Krankenhaus". Eine Finanzierung über Kostenzuschüsse aus dem öffentlichen Haushalt ist bei privaten Kliniken nicht üblich. Dieses bedeutet für Kliniken mit privater Trägerschaft ein höheres Maß an Sensibilisierung für medizinische Qualität (als Differenzierungsmerkmal) und eine in der Regel höhere Sensibilität für die Kostenseite des Unternehmens.

Diese Differenzierungsmerkmale wurde in einer von Ernst und Young 2008 durchgeführten Studie (Krankenhauslandschaft im Umbruch, Detlef Fleischer, Ernst und Young) festgestellt.

3.3.6 Vorteile privater Krankenhäuser

Private Krankenhausbetreiber können den Kostenvorteil großer Einheiten (sogenannter Skaleneffekt) nutzen, und sie tun das konsequent. Öffentliche und kirchliche Häuser schließen sich ebenfalls zu Verbünden zusammen, um solche Effekte zu nutzen. Die einheitliche Leitung in einem Konzern erlaubt aber eine intensivere und breitere Nutzung von Skaleneffekten als in einem Verbund. Das gilt sowohl für den Einkauf als auch für die Servicedienste, Bauplanung und -leitung, Qualitätsmanagement, EDV und vieles andere. Die Konzerne haben eine Größe erreicht, die es ihnen ermöglicht, konzerneigene Ausbildungen und Berufe für die industrielle Arbeitsteilung im Krankenhaus zu entwickeln.

Die Größenzunahme der Konzerne wird sich in der näheren Zukunft noch weiter intensivieren, es kommt zunehmend zu einer Oligopolbildung auf dem privaten Krankenhausmarkt, der zurzeit unter den 4 großen Klinikbetreibern Asclepios Kliniken GmbH, Fresenius Helios Gruppe, Rhön-Klinikum AG und Sana Kliniken AG aufgeteilt wird. Durch diese Oligopolbildung wird der Krankenhausmarkt weiter konsolidiert werden.

Private Krankenhäuser können einen strukturellen Wettbewerbsvorteil auf dem Gebiet der Investitionsfinanzierung nutzen. Der Investitionsverweigerung der Länder können sie besser entgehen, weil sie Kredite aufnehmen oder über die Finanzkraft des Konzerns Investitionen innerhalb des Konzerns aus dem laufenden Geldfluss (Cashflow) mithilfe von Quersubventionen oder konzerninternen Krediten finanzieren können. Sie sind also, anders als viele öffentliche Häuser, in der Lage, schnell in die Rationalisierung von Prozessen der Krankenversorgung zu investieren (z. B. Neubauten), um von den Kostenvorteilen der Reorganisation zu profitieren. Private Konzerne haben wie öffentliche und freigemeinnützige Träger Anspruch auf Finanzierung ihrer Krankenhausinvestitionen durch die Bundesländer. Sie nutzen die Investitionsförderung und mehrere Konzerne veröffentlichen auch den Umfang öffentlicher Investitionsmittel. In Einzelfällen haben Konzerne sogar auf staatliche Investitionsmittel verzichtet, um Bauvorhaben nach eigenen Zeitplänen umsetzen zu können und die Ausschreibungspflicht zu vermeiden (Obst und Lothar 2009).

3.3.7 Eminenz versus Evidenz

Darüber hinaus dulden private Krankenhausunternehmen keine Chefarzt-Fürstentümer. Als „Chefarzt-Fürstentum" wird hier ein Umstand bezeichnet, bei dem ein Chefarzt eine ökonomische Einheit innerhalb eines Krankenhauses bildet, die eigene, möglicherweise mit dem Gesamtinteresse des Hauses nicht in Einklang stehende Ziele hinsichtlich Leistungsspektrum und Gewinn verfolgt. Die wesentlichen Säulen eines Chefarzt-Fürstentums sind das Recht zur Privatliquidation und einflussreiche Beziehungen zu den kommunalpolitischen Entscheidungszentren.

Die Umbruchsituation beim Verkauf eines Krankenhauses nutzen die neuen Eigentümer erfolgreich dafür, Chefärzte mit finanziell attraktiven Verträgen ans Haus zu binden, sie aber gleichzeitig der ökonomischen und strategischen Steuerung des Unternehmens zu unterstellen. Gerade kleinere öffentliche Krankenhäuser, bei denen bisweilen 10 oder 20% des gesamten Erlöses von der Reputation eines einzigen Chefarztes (Leuchtturmmodell) abhängig sind, sind hier wenig konfliktfähig (Wendl 2008).

Größere öffentliche Krankenhäuser haben die Chefarztverträge allerdings längst wie private Klinikketten abgeändert (Stumpfögger 2009).

3.3.8 Wie sieht das Krankenhaus der Zukunft aus? Eine Perspektive

Die Organisationsstruktur des Krankenhauses ist mit großer Wahrscheinlichkeit der entscheidende Faktor für den Erfolg eines Krankenhauses in der Zukunft. Dabei wird, wie oben ausgeführt, die Struktur der kommunalen oder freien Trägerschaft nicht zielführend sein. Aus den oben angeführten Organisationsformen könnte die private Organisation in Zusammenarbeit mit der kommunalen Organisation ein gangbarer Weg sein. Die Etablierung von PPP (private public partnership) hätte den Vorteil der Verbindung des Know-hows und der Strukturen der privaten Klinikbetreiber mit den kommunalen Strukturen. Damit wären Ängste der „regionalen Minderversorgung" gemindert. In einem solchen PPP-Modell muss aber im Voraus klar sein, wer der Letztentscheider im unternehmerischen Sinne ist.

3.3.8.1 *Qualifikation des Managements*
Der Entscheider darf nicht in Abhängigkeiten mit der Politik (Land, Bund) oder anderen Partikularinteressen stehen, sondern muss aufgrund eigenen Sachverstands und Fachwissen entscheiden. Diese setzt bei diesem „Entscheider" eine hohe Qualifikation voraus. Von Dr. Norman Shumway, MD CEO aus der Mayo Clinic in Rochester, stammt die Aussage „It is easier to teach a medical person how a business works than to teach a business person how medicine works. You should always keep in mind, we are not in the business of business, we are in the business of medicine". Der Inhalt dieses Satzes zeigt einen weiteren Anhalt für die Qualifikation des Krankenhausmanagers – es muss eine Person sein, die etwas vom „Medizingeschäft" versteht, idealerweise ein Manager mit Erfahrung in der Medizin, als Mediziner. Diese Praxis wird in vielen amerikanischen Kliniken genau so umgesetzt, der verantwortliche Krankenhausleiter ist regelhaft ein Arzt mit zusätzlicher kaufmännischer Qualifikation. Auch in Kliniken in der Schweiz wird dieses Konzept mit großem Erfolg umgesetzt.

3.3.8.2 Qualifikation des medizinischen Personals

Das medizinische Personal sollte einen hohen Qualifikationsstandard und eine hohe Kompetenz in seinem Aufgabengebiet haben. Wie ist dieser Standard zu messen? An Erfolgsfaktoren, die einfach zu verifizieren sind. Ein harter Faktor ist zum Beispiel Mortalität während des Krankenhausaufenthalts, sogenannte In-House-Sterblichkeit. Weitere harte Faktoren sind die Anzahl der Revisionseingriffe und die Anzahl der krankenhausbedingten Infektionen. In den Qualitätsberichten der Krankenhäuser sind diese Daten bereits einsehbar. Der Gesetzgeber wird in naher Zukunft zusammen mit den Kostenträgern diese Daten transparent machen (Augurzky et al. 2007).

3.3.8.3 Was bedeutet dies für den Stellenmarkt im Gesundheitswesen?

Die Kliniken mit einem guten Niveau an medizinischem Wissen – dies betrifft sowohl die ärztliche als auch die pflegerische Seite – haben zukünftig einen entscheidenden Wettbewerbsvorteil. Die so ausgestatteten Kliniken werden mit hoher Wahrscheinlichkeit gute medizinische Leistungen erzielen. Jack Welsh, CEO von General Electrics, hat bis vor Kurzem eine interessante Philosophie vertreten. Wenn man sich ein Geschäft als „Black Box" vorstellt und nichts über das Geschäft weiß, außer, dass es ein Problem mit der Performance gibt, dann kann man das Problem in der „Black Box" dadurch lösen, indem man die Qualifikation der Beschäftigten in der Black Box erhöht. Simplifiziert heißt das, je besser die Qualifikation des Gesamtunternehmens ist, um so besser wird die Performance sein.

Der Pool an qualifizierten Mitarbeitern für Krankenhäuser schrumpft. Immer weniger Schulabgänger haben Interesse daran, im medizinischen Bereich zu arbeiten; dies betrifft die Pflegeberufe und die ärztlichen Berufe. Die Ursachen für diese Entscheidung sind vielfältig, 2 Hauptgründe sind die Bezahlung (im Vergleich zum europäischen Ausland) und die mangelnde Wertschätzung des Berufsbilds in der Pflege.

Der Wettbewerb um das beste Personal wird für Krankenhäuser an Bedeutung gewinnen. Daher sind Programme zur kontinuierlichen Personalgewinnung und -qualifikation wichtige Voraussetzungen für ein auch zukünftig gut funktionierendes Krankenhaus. Dazu gehören auch die Schaffung von attraktiven Arbeitsplätzen innerhalb der Klinik und die unbedingte Aufwertung der Leistung der Pflegeberufe.

3.3.9 Die Ablauforganisation der Kliniken wird sich verändern

Aufnahme – Behandlung – Entlassung ist die Wertschöpfung aller Krankenhäuser. Aufgrund der über Jahrhunderte geübten und einstudierten Rituale sind wir gewohnt, der Maxime „leeres Bett schlecht, belegtes Bett gut" zu gehorchen. Leider ist diese Maxime seit der Einführung der DRGs nicht mehr zeitgemäß und nun sogar falsch. Die Maxime heute ist „leeres Bett ist gut, ein neuer Patient kann behandelt werden", denn nur so kann eine neue Wertschöpfung generiert werden.

3.3.9.1 Moderne Behandlungsmethoden

Die Bedeutung für das moderne Krankenhaus ist klar, durch Einsatz moderner, erwiesenermaßen nutzvoller medizinischer Verfahren wird die Behandlungszeit innerhalb der Klinik verkürzt. Dieses bedeutet aber auch, dass der Wandel bezüglich Behandlungsstrategien in den Kliniken stetig gegenwärtig sein wird. Genau hier treffen aber 2 Welten aufeinander, die tradierte Welt der bisherigen Krankenhäuser trifft auf eine Welt des Sich-Veränderns, des „Change Managements". Das Change Management und die Implementierung von neuen Prozessen und die Weitergabe von neuem Wissen stellt künftig einen Wettbewerbsvorteil dar (Ring et al. 2005).

3.3.9.2 Projektmanagement

In immer stärkerem Maß werden sich Kliniken durch ein gut strukturiertes medizinisches Projektmanagement unterscheiden: Wer es schafft, Leitlinien und Handlungsanweisungen schnell, sicher und nachhaltig zu implementieren, hat mit einer hohen Wahrscheinlichkeit einen Wettbewerbsvorteil gegenüber anderen Kliniken (Ploeg et al. 2007).

Die Implementierung von Prozessen und das Projektmanagement sind lernbar, es ist jedoch auch bekannt, dass implementierte Prozesse ständig kontrolliert werden müssen, da sonst die Gefahr besteht, dass die Projektteilnehmer wieder in ihre „alten" Verhaltensmuster fallen (Rosenthal und Wagner 2004, Patzak und Rattay 2004, Francis und Young 2006).

3.3.10 Ist größer immer besser?

In der Vergangenheit wurde in Krankenhäusern versucht, die Bereiche mit hohen Kosten zur Bündelung von Ressourcen zusammenzulegen. Große Abteilungen haben einen guten Ruf. Die Frage stellt sich, ob die große Klinik in Zukunft ein Erfolgsmodell sein kann? Der Patient der Zukunft wird sich seinen Behandlungsplatz aussuchen. Dabei wird der Patient auf viele „Erfolgsdaten" einer Klinik zugreifen können. Dass dabei die medizinische Qualität stimmt, ist die Grundvoraussetzung, damit das Krankenhaus überhaupt am Markt besteht. Die Auswahlkriterien für den Patienten werden sich dann nach anderen Faktoren richten. Wie ist die Betreuung? Werde ich als Individuum wahrgenommen oder bin ich eine Nummer? Die Entwicklung von Krankenhäusern im Krankenhaus als sogenannte Patient Care Centers (Mini-Klinik) ist ein Konzept, wie die individuelle Betreuung aussehen könnte. Dabei werden die Patienten entsprechend ihrer Organsysteme innerhalb einer Mini-Klinik versorgt. Die Versorgungsteams sind interdisziplinär ausgerüstet und der Leiter der Versorgungsteams ist der Hauptleistungserbringer nach DRG-Prozedur (z. B. Chirurg, interventioneller Kardiologe, orthopädischer Chirurg). Der Teamleiter hat alle Kompetenzen, die Ressourcen in seinem Team zu organisieren (für eine chirurgische Abteilung, die Organisation der Aufnahme und Entlassung, Organisation der OP-Ressource, Anästhesieressource, Bettenressource und Personalressource in der Pflege). Die Größe einer solchen Mini-Klinik liegt bei ca. 30 Betten. Es werden in einer solchen Einheit ca. 12 Ärzte und pro Schicht etwa 6 Pflegekräfte beschäftigt sein. Durch die Verkleinerung der Einheit auf maximal 12 Ansprechpartner am Tag wird die Steuerung für den Teamleiter leicht möglich (Lewin 1947). Für den Patienten bedeutet dieses Konzept medizinische Versorgung aus einer Hand ohne Effektivitätsverlust durch Abteilungswechsel oder Behandlerwechsel. Der Patient bleibt von der Aufnahme bis zur Entlassung bei einem Behandlungsteam.

3.4 Arbeitszeitstrukturen

Claus Pflug

3.4.1 Arbeitszeitvorschriften

EU-Arbeitszeitrichtlinie
Ausgangspunkt für die heutigen gesetzlichen Bestimmungen zur Regelung der Arbeitszeit ist die Richtlinie der Europäischen Union zur Arbeitszeitgestaltung (2003/88/EG). Diese stellt Mindestanforderungen zur Regelung des Arbeitszeitrechts und wurde zum Schutz der Gesundheit und Sicherheit der Arbeitnehmer erlassen. Aufgrund dieser Richtlinie wurde das Arbeitszeitgesetz zum 01.01.2004 in Kraft gesetzt. Gerade in den Krankenhäusern, wo viele verschiedene Arbeitszeiten aufgrund der unterschiedlichsten Tätigkeiten anfallen, bereitete die Umsetzung des Arbeitszeitgesetzes immense Schwierigkeiten. Seitdem haben sich die Rahmenbedingungen für die Arbeitszeitgestaltung in den Krankenhäusern geändert. Durch die Einführung neuer Tarifverträge, wie dem Tarifvertrag für den öffentlichen Dienst – Besonderer Teil Krankenhäuser (TVöD-K) oder den Tarifvertrag für Ärzte (TV-Ä/VKA), sind neue Arbeitszeitmodelle ermöglicht worden.

Grenzen des Arbeitszeitgesetzes
Im 2. Abschnitt des Arbeitszeitgesetzes sind die werktägliche Arbeitszeit und die arbeitsfreien Zeiten geregelt. Die werktägliche Arbeitszeit der Arbeitnehmer darf 8 Stunden nicht überschreiten. Sie kann auf bis zu 10 Stunden verlängert werden, wenn innerhalb eines Zeitraums von 6 Kalendermonaten oder 24 Wochen der Durchschnitt von 8 Stunden nicht überschritten wird (§ 3 ArbZG). Bei einer Arbeitszeitverlängerung auf 10 Stunden ergibt sich eine gesetzlich zulässige wöchentliche Höchstarbeitszeit (10 h pro Werktag × 6 Werktage pro Woche) von 60 Stunden. Ein Ausgleich der Arbeitszeitverlängerung zwischen 8 bis 10 Stunden ist im vorgegebenen Ausgleichszeitraum problemlos möglich. Auch Urlaubs- und Krankheitstage können, soweit es sich um Werktage handelt, zum Ausgleich für Mehrarbeit über 8 Stunden berücksichtigt werden. Werktage sind alle Tage von Montag bis Samstag, mit Ausnahme der gesetzlichen Feiertage. Als Werktag im Sinne des Arbeitszeitgesetzes gilt nicht der Kalendertag von 0:00 Uhr bis 24:00 Uhr, sondern der 24-stündige Arbeitstag des einzelnen Beschäftigten. Beginnt der Arbeitstag

um 6:00 Uhr mit dem Frühdienst, dann endet der 24-Stunden-Zeitraum, innerhalb dessen die Höchstarbeitszeit 8 bzw. 10 Stunden betragen darf, am nächsten Tag um 6:00 Uhr. In diesem Fall ist ein 10-stündiger Arbeitstag um 16:45 Uhr beendet.

Arbeitszeit im Sinne des Arbeitszeitgesetzes ist die Zeit vom Beginn bis zum Ende der Arbeit ohne die Ruhepausen (§ 2 Abs. 1 ArbZG). Die vorgeschriebenen Ruhepausen sind in § 4 ArbZG geregelt. Danach ist die Arbeit durch im Voraus feststehende Ruhepausen von mindestens 30 Minuten bei einer Arbeitszeit von mehr als 6 Stunden bis zu 9 Stunden und 45 Minuten bei einer Arbeitszeit von mehr als 9 Stunden zu unterbrechen. Als Ruhepausen gelten Zeitabschnitte von mindestens 15 Minuten. Freistellungen unterhalb von 15 Minuten können grundsätzlich nicht als Ruhepause anerkannt werden. Eine Beschäftigung von mehr als 6 Stunden hintereinander ohne Ruhepause ist nicht zulässig. Die gesetzliche Vorschrift, dass die Pausen im Voraus festgelegt sein müssen, gilt als erfüllt, wenn eine Rahmenzeit (z. B. Pause innerhalb der Zeitspanne von 11:30 Uhr bis 13:30 Uhr) vorgegeben ist, innerhalb deren die Pause eingelegt werden muss.

Die Festlegung eines festen Zeitpunkts für die Pause ist im Krankenhausbetrieb nicht in allen Bereichen möglich. Für die Mitarbeiter im OP ist die Pause von den laufenden Operationen abhängig, im Ambulanzbereich von der Anzahl der Patienten, die dort noch zu betreuen und zu versorgen sind. Im administrativen Bereich sind feste Pausen möglich. Die Beschäftigten sind während der Ruhepausen grundsätzlich von jeder Arbeit und von jeglicher Verpflichtung zur Bereithaltung zur Arbeit freizustellen. Sie müssen selbst entscheiden können, ob sie ihren Arbeitsplatz (z. B. die Station) während der Pause verlassen oder nicht. Wegen der notwendigen Besetzung der Stationen mit Pflegekräften bzw. ärztlichem Personal können die Ruhepausen flexibel im Wechsel eingelegt werden. Im Nachtdienst wird der gesetzliche Anspruch auf die Ruhepause durch den Einsatz von Springern sichergestellt werden.

Nach Beendigung der täglichen Arbeitszeit muss eine Ruhezeit von mindestens 11 Stunden eingehalten werden. Sie dient zur Erholung und Entspannung. In Krankenhäusern ist die Verkürzung auf 10 Stunden möglich, wenn innerhalb eines Monats ein Ausgleich erfolgt, d. h. Verlängerung einer anderen Ruhezeit auf mindestens 12 Stunden (§ 5 ArbZG). Besondere Regelungen zur Ruhezeit gelten für Bereitschaftsdienst und Rufbereitschaftsdienst (§ 5 Abs. 3, § 7 Abs. 2 Nr. 1 ArbZG u. a.). Bereitschaftsdienst und Rufbereitschaftsdienst sind keine Arbeitszeit im Sinne des Arbeitszeitgesetzes. Sie sind Ruhezeiten, solange die Beschäftigten nicht zur Arbeitsleistung herangezogen werden. Die Mindestruhezeit von 11 Stunden kann durch Inanspruchnahme während des Bereitschaftsdiensts oder der Rufbereitschaft auf eine Ruhezeit von 5½ Stunden verkürzt werden. Diese verkürzte Ruhezeit muss zusammenhängend gewährt werden. Kürzungen der Ruhezeit durch Arbeitsleistungen bis zu 5½ Stunden können zu anderen Zeiten ausgeglichen werden. Arbeitsleistungen von mehr als 5½ Stunden während des Bereitschaftsdiensts oder des Rufbereitschaftsdiensts müssen zur Freistellung der Beschäftigten führen, bis eine ununterbrochene Ruhezeit von 11 Stunden erreicht ist.

Nachtarbeit gemäß § 2 Abs. 3 bis 5 und § 6 ArbZG ist jeder Dienst, der mindestens 2 Stunden Arbeitszeit in der Zeit von 23 bis 6 Uhr umfasst. Nachtarbeitnehmer sind alle Beschäftigten, die aufgrund ihrer Arbeitszeitgestaltung normalerweise Nachtarbeit in Wechselschicht zu leisten haben oder Nachtarbeit an mindestens 48 Tagen im Kalenderjahr leisten. Die werktägliche Arbeitszeit der Nachtarbeitnehmer darf ebenfalls 8 Stunden nicht überschreiten. Sie kann auch auf bis zu 10 Stunden verlängert werden, wenn innerhalb eines Kalendermonats oder innerhalb von 4 Wochen im Durchschnitt 8 Stunden werktäglich nicht überschritten werden.

An Sonn- und Feiertagen dürfen Arbeitnehmer nicht arbeiten. Durch die Notwendigkeit der Behandlung, Pflege und Betreuung der Patienten wird vom grundsätzlichen Verbot abgewichen. Erlaubt sind alle Arbeiten zur Aufrechterhaltung der unbedingt erforderlichen Funktionsfähigkeit des Krankenhauses bzw. der Einrichtung, sofern die Arbeiten nicht an Werktagen vorgenommen werden können. Als Ausgleich für die Arbeit an Sonn- und Feiertagen müssen die Beschäftigten einen Ersatzruhetag erhalten, der innerhalb eines den Beschäftigungstag einschließenden Zeitraums von 2 Wochen bei Beschäftigung an einem Sonntag bzw. 8 Wochen bei Beschäftigung an einem auf einen Werktag fallenden Feiertag einzuplanen ist. Die Sonn- und Feiertagsruhe bzw. der Ersatzruhetag müssen unmittelbar in Verbindung mit einer Ruhezeit gewährt werden. Mindestens 15 Sonntage im Jahr müssen für den einzelnen Beschäftigten arbeitsfrei bleiben (§§ 9 bis 11 ArbZG).

Nach § 16 Abs. 2 ArbZG hat der Arbeitgeber die Pflicht, jede Überschreitung der werktäglichen Arbeitszeit von 8 Stunden des Arbeitnehmers aufzuzeichnen. Das gleiche gilt für die gesamte Arbeitszeit an Sonn- und Feiertagen. Aus den Aufzeichnungen muss ersichtlich sein, ob und wann der erforderliche Ausgleich erfolgt ist. Bei Mehrarbeit durch Verkürzung der Arbeitszeit an anderen Tagen, bei Sonn- und Feiertagsdienst durch einen Ersatzruhetag. Abweichungen in Notfällen und außergewöhnlichen Fällen sollten nachvollziehbar begründet werden. Die Aufzeichnungen müssen mindestens 2 Jahre aufbewahrt werden. Für diese Aufzeichnungspflicht werden meistens schon Dienstplanungs- und Zeiterfassungssysteme genutzt.

Darüber hinaus beinhaltet das Arbeitszeitgesetz weitgehende Öffnungsklauseln für abweichende tarifvertragliche Regelungen und etliche Ausnahmeregelungen zu verschiedenen Dienstformen, wie Bereitschaftsdienst, die später noch beschrieben werden.

Weitere Gesetze, die Arbeitszeitregelungen beeinflussen können, sind unter anderem das Bürgerliche Gesetzbuch, Arbeitsschutzgesetz, Jugendarbeitsschutzgesetz, Mutterschutzgesetz und das Teilzeit- und Befristungsgesetz.

Tarifliche Regelungen
Die Tarifverträge bewegen sich bei ihren Regelungen zur Arbeitszeit innerhalb des Rahmens, den das Arbeitszeitgesetz vorgibt und beinhalten für die Arbeitnehmer günstigere Arbeitszeitbedingungen. Die Tarifvertragsparteien für den öffentlichen Dienst haben die

Tabelle 3.2 Vergleich gesetzliche und tarifliche Rahmenbedingungen.

gesetzliche Rahmenbedingungen	tarifliche Rahmenbedingungen
wöchentliche Arbeitszeit 48 Std.	wöchentliche Arbeitszeit 38,5 Std.
6-Tage-Woche (Werktage)	5-Tage-Woche
tägliche Arbeitszeit 8 Std.	tägliche Arbeitszeit 7,7 Std.
Tageshöchstarbeitszeit 10 Std.	
gesetzliche Mindestruhezeit 11 Std.	
wöchentliche Höchstarbeitszeit 60/70 Std.	
Ausgleich der 48 Std. überschreitenden Arbeitszeit innerhalb 26 Wochen	Ausgleich der 38,5 Std. überschreitenden Arbeitszeit innerhalb eines Jahres
15 Sonntage müssen beschäftigungsfrei sein	jedes 2. Wochenende frei

Öffnungsklauseln, die das Arbeitszeitgesetz bietet, genutzt. Diese werden am Beispiel des Tarifvertrags für den öffentlichen Dienst – Besonderer Teil Krankenhäuser – in der durchgeschriebenen Fassung (TVöD–K) erläutert. Die regelmäßige wöchentliche Arbeitszeit beträgt ausschließlich der Pausen im Tarifgebiet West 38,5 Stunden. Für Ärzte gilt eine längere Arbeitszeit von 40 Stunden wöchentlich (§ 6 TVöD–K). Als Ausgleichszeitraum für die Berechnung des Durchschnitts der wöchentlichen Arbeitszeit wurde ein Zeitraum von einem Jahr festgelegt. Pausen und Ruhezeiten werden im TVöD-K nicht neu geregelt, hier findet das ArbZG direkt Anwendung (Tab. 3.2).

In einem Krankenhaus, in dem der Betrieb rund um die Uhr an allen Tagen des Jahres aufrecht erhalten werden muss, gibt es verschiedene Sonderformen der Arbeit, die im § 7 TVöD-K wie folgt definiert sind:

Wechselschichtarbeit ist die Arbeit nach einem Schichtplan/Dienstplan, der einen regelmäßigen Wechsel der täglichen Arbeitszeit in Wechselschichten vorsieht, bei denen die/der Beschäftigte längstens nach Ablauf eines Monats erneut zu mindestens 2 Nachtschichten herangezogen wird. Wechselschichten sind wechselnde Arbeitsschichten, in denen ununterbrochen bei Tag und Nacht, werktags, sonntags und feiertags gearbeitet wird.

Schichtarbeit ist die Arbeit nach einem Schichtplan, welcher einen regelmäßigen Wechsel des Beginns der täglichen Arbeitszeit um mindestens 2 Stunden in Zeitabschnitten

Tabelle 3.3 Stufen des Bereitschaftsdienstes.

Bereitschaftsdienst-Stufe	Arbeitsleistung innerhalb des Bereitschaftsdiensts	Bewertung als Arbeitszeit
I	bis zu 25 v. H.	60 v. H.
II	mehr als 25 v. H. bis 40 v. H.	75 v. H.
III	mehr als 40 v. H. bis 49 v. H.	90 v. H.

von längstens einem Monat vorsieht, und in der die Tätigkeit innerhalb einer Zeitspanne von mindestens 13 Stunden geleistet wird.

Bereitschaftsdienst leisten Beschäftigte, die sich auf Anordnung des Arbeitgebers außerhalb der regelmäßigen Arbeitszeit an einer vom Arbeitgeber bestimmten Stelle aufhalten, um im Bedarfsfall die Arbeit sofort aufzunehmen. Die Bereitschaftsdienst Leistenden halten sich im Krankenhaus auf. Bereitschaftsdienst darf aber nur angeordnet werden, wenn zwar Arbeit anfällt, die Zeit ohne Arbeitsleistung aber überwiegt. Deshalb muss die Arbeitsleistung im Bereitschaftsdienst für einen längeren Zeitraum aufgezeichnet werden, damit die durchschnittliche Arbeitsleistung ermittelt werden kann. Zum Zwecke der Abrechnung wird der Bereitschaftsdienst, je nach Arbeitsaufwand, in 3 Stufen eingeteilt und als Arbeitszeit gewertet (§ 8.1 TVöD-K) (Tab. 3.3).

Beispiel: Ein Mitarbeiter muss 10 Stunden Bereitschaftsdienst leisten. Der Bereitschaftsdienst ist der Stufe I zugeordnet. Die 10 Stunden Bereitschaftszeit werden wie 6 Stunden Arbeitszeit gewertet.

Rufbereitschaft leisten Beschäftigte, die sich auf Anordnung des Arbeitgebers außerhalb der regelmäßigen Arbeitszeit an einer dem Arbeitgeber anzuzeigenden Stelle aufhalten, um auf Abruf die Arbeit aufzunehmen. Der Rufbereitschaftsdienst darf angeordnet werden, wenn erfahrungsgemäß lediglich in Ausnahmefällen Arbeit anfällt (§ 7.1 Abs. 8 TVöD-K). Die Rufdienst Leistenden müssen telefonisch erreichbar und innerhalb einer angemessenen Zeit zur Arbeitsaufnahme an ihrem Arbeitsplatz in der Lage sein.

Nachtarbeit ist die Arbeit zwischen 21 Uhr und 6 Uhr.

Mit den hier zitierten Sonderformen der Arbeit und der regulären Arbeitszeit der Beschäftigten muss der Betrieb im Krankenhaus rund um die Uhr im Rahmen der gesetzlichen und tariflichen Vorschriften organisiert werden.

3.4.2 Arbeitszeitmodelle

Im Krankenhaus arbeiten sehr viele unterschiedliche Berufsgruppen, die, je nach Anforderung, bedarfsgerecht eingesetzt werden müssen. Der Dienst ist an 365 Tagen im Jahr rund um die Uhr an 24 Stunden täglich sicherzustellen. Da die durchschnittliche Verweildauer der Patienten immer weiter sinkt (derzeit ca. 6 Tage), verdichtet sich die zu leistende Arbeit deutlich. Die Anzahl der zu behandelnden Patienten ist weiter gestiegen. Dadurch werden die Arbeitsprozesse wesentlich komplexer und müssen aufeinander abgestimmt sein. Die Anforderungen an die Gestaltung der Arbeitszeitmodelle sind dadurch in den letzten Jahren gestiegen. Treten Belegungsschwankungen auf, müssen sie auch bei der Dienstplangestaltung berücksichtigt werden. Nun gilt es, die richtige Anzahl an Mitarbeitern, mit der richtigen Qualifikation, zur richtigen Zeit am richtigen Ort einzusetzen. Der Personaleinsatz muss bedarfsorientiert erfolgen, um die Belastung des Personals zu minimieren, Überstunden zu vermeiden und eine hochwertige Patientenversorgung sicherzustellen. Dies im Rahmen der gesetzlichen und tariflichen Vorschriften zur Arbeitszeit und der sich ständig ändernden Organisationsstrukturen in den Kliniken.

Feste Arbeitszeiten und lange Bereitschaftsdienste gehören der Vergangenheit an. Ebenso sollte es keine Dienste mehr (Arbeitszeit plus Bereitschaftsdienst) von über 24 Stunden geben. Bei der Gestaltung der Arbeitszeitmodelle sind die unterschiedlichen Interessen der Beschäftigten und die Interessen der Klinik möglichst zu vereinen. Die Kliniken wollen eine sehr gute und hochwertige Patientenversorgung sicherstellen.

Die Beschäftigten selbst haben ebenfalls unterschiedliche Interessen und stellen vielfältige Erwartungen an die Arbeitszeitmodelle. Sie wollen zeitgemäße attraktive Arbeitszeitmodelle, die auf ihre persönlichen Verhältnisse eingehen. Einerseits stehen die Vereinbarkeit mit dem Privatleben, familiären Bindungen, Mobilität und Freizeitinteressen mehr im Vordergrund. Andererseits wird der Schwerpunkt eher auf den Verdienst gelegt. Die Entlohnung steht direkt in Zusammenhang mit der Arbeitszeit. Ein drittes Problem kann im Ärztlichen Dienst auftreten, nämlich die Weiterbildung der Assistenzärzte zu Fachärzten. Durch die vielen Dienstmodelle mit normalen Arbeitszeiten kann sich die Weiterbildungszeit im Vergleich zu früher verlängern. In den nicht mehr erlaubten langen Diensten sind die Assistenzärzte in Weiterbildung früher sehr schnell zu den für die Facharztprüfung notwendigen Eingriffen und Untersuchungen gekommen.

Um diesen Spagat zu schaffen und im Hinblick auf die sich ändernden Bedingungen ist eine weitere Flexibilisierung der Arbeitszeit in den Kliniken erfolgt. Der Anteil der Teilzeitbeschäftigten hat stark zugenommen, weil der Frauenanteil unter den Beschäftigten in den Kliniken auf über 75 Prozent gestiegen ist.

Ein zukunftsweisendes Zeitmanagement setzt allerdings voraus, dass sich auch die Führungskräfte und Mitarbeiter über die Kosten der Arbeitszeit im Klaren sind. Die Beschäftigten müssen motiviert sein, bei der Entscheidung über die Verteilung ihrer individuellen Arbeitszeit auch die Interessen der Klinik mit zu berücksichtigen.

Zu den in den Kliniken anzutreffenden Arbeitszeitmodellen gehören die Teilzeitarbeit, Schichtarbeit, Gleitzeit, Arbeitszeitkonten, Telearbeit, Arbeit auf Abruf.

Teilzeitarbeit ist die stundenweise Reduzierung der wöchentlichen Arbeitszeit. Dabei ist eine völlig flexible Gestaltung der Arbeitszeit möglich. Es wird einerseits eine höhere Effizienz beim Personaleinsatz erreicht und andererseits ist ein hoher Freizeitgewinn möglich.

Schichtarbeit können Teilzeit- und Vollzeitkräfte leisten. Sie ist in den Bereichen der Patientenversorgung notwendig.

Bei *Gleitzeit* können die Beschäftigten innerhalb einer bestimmten Zeitspanne (Rahmenzeit) und unter Berücksichtigung der dienstlichen Belange die Lage und die Dauer der Arbeitszeit selbst individuell gestalten und persönliche Belange (Vereinbarkeit von Beruf und Familie) mit berücksichtigen. Eine Verlängerung der betrieblichen Arbeitszeit ist dadurch möglich ohne höheren Personalbestand. Am einfachsten ist die Umsetzung von Gleitzeitmodellen in den administrativen Bereichen.

Arbeitszeitkonten sind ein Instrument der Arbeitszeiterfassung. Sie erfordern zwar einen höheren Verwaltungsaufwand, vermeiden dadurch aber Überstundenzuschläge und bieten schnelle Reaktion auf z. B. schwankende Belegungszahlen. Ein Arbeitszeitkonto kann in jedem Arbeitszeitmodell verwendet werden. Als bewährtes Instrument bei der Steuerung von Arbeitszeitkonten sind sogenannte Ampelregelungen, die den Mitarbeitern mehr Mitverantwortung ermöglichen. Man spricht auch vom Ampelkonto. Die Grenzen werden grün, gelb und rot markiert. Im grünen Bereich ist der Auf- und Abbau von Stunden nach den dienstlichen Belangen und den Wünschen des Mitarbeiters und seiner Arbeitszeit entsprechend möglich. Im gelben Bereich hat der Mitarbeiter zu viele Stunden auf seinem Zeitkonto stehen. Es sind Maßnahmen bei der Dienstplanung zu ergreifen, um das Zeitkonto wieder in den grünen Bereich zurückzuführen. Ein weiterer Aufbau von Plus- oder Minusstunden ist nur nach Genehmigung durch den Vorgesetzten möglich. Der rote Bereich darf eigentlich nicht erreicht werden. Arbeit im roten Bereich muss vorher beim nächsthöheren Vorgesetzten beantragt und genehmigt werden. Meist erfolgt eine schriftliche Vereinbarung von Maßnahmen zum Ausgleich des Zeitkontos und Rückführung in den grünen Bereich. Abbildung 3.9 zeigt ein Arbeitszeitkonto als Ampelkonto.

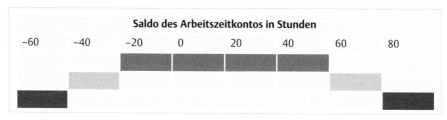

Abb. 3.9 Arbeitszeitkonto.

3.4 Arbeitszeitstrukturen

Bei der *Telearbeit* arbeiten die Beschäftigten ausschließlich oder zeitweise außerhalb der Klinik von zu Hause (Home-Office). Diese Form der Arbeit wird bereits für den Rufdienst im IT-Bereich und der Radiologie genutzt, um z. B. auftretende IT-Probleme außerhalb der Regelarbeitszeit direkt online von zu Hause aus zu lösen. Der Radiologe hat so die Möglichkeit, im Rufdienst von zu Hause die Befundung von Röntgenbildern vorzunehmen und muss nicht für jeden Einzelfall in die Klinik. Die Telearbeit spart durch die schnellere Reaktionsmöglichkeit so Zeit und Geld durch effizienten Einsatz.

Bei der *Arbeit auf Abruf* ist der Arbeitgeber berechtigt, im Rahmen der vertraglich vereinbarten Arbeitszeit die Arbeitsleistung des Arbeitnehmers dem tatsächlichen Arbeitsanfall angepasst abzurufen – kapazitätsorientierte Arbeitszeit. Der Arbeitgeber kann so schnell auf schwankende Belegung oder personelle Engpässe reagieren, der Arbeitnehmer muss flexibel zur Verfügung stehen. Die Umsetzung ist durch die 4-tägige Vorankündigungspflicht für die Kliniken ebenso schwierig wie für Beschäftigte und deren soziales Umfeld.

Aus den genannten Arbeitsmodellen entwickeln sich die verschiedenen täglichen Arbeitszeiten. Diese werden entweder bei der Dienstplanung individuell verwendet oder zu einem Schichtmodell zusammengeführt. Ein Schichtmodell kann für eine Woche aufgestellt werden. Aus verschiedenen Schichtmodellen werden ganze Schichtzyklen zusammengesetzt.

Ein einfaches Beispiel:
Arbeitszeit 1 (F): 08:00 Uhr bis 12:00 Uhr
Arbeitszeit 2 (S): 12:00 Uhr bis 16:00 Uhr

Daraus werden 2 Schichtmodelle gemacht:
Schichtmodell 1: Montag bis Freitag jeweils F.
Schichtmodell 2: Montag bis Freitag jeweils S.

Daraus kann der Schichtzyklus eine Woche Schichtmodell 1 (F) und eine Woche Schichtmodell 2 (S) gebildet werden.
Dies lässt sich mit allen möglichen Arbeitszeitmodellen gestalten.

In den Arbeitszeitmodellen vermischen sich alle Arbeitszeiten und Arbeitsformen. Die vielfältigen Berufsgruppen in den Kliniken haben unterschiedliche Anforderungen an die Arbeitszeiten. Im Ärztlichen Dienst aller Fachrichtungen ist neben der Regelarbeitszeit meistens Rufbereitschaftsdienst und Bereitschaftsdienst zu leisten. Das gleiche gilt für andere Bereiche, wie für das Pflegepersonal der Anästhesie, des Operationsdiensts, der Notaufnahme (Funktionsdienst) oder das Laborpersonal (medizinisch-technischer Dienst). Im Pflegedienst der Stationen wird überwiegend Schichtarbeit oder Wechselschichtarbeit geleistet. Im Wirtschafts- und Versorgungsdienst, zu dem zum Beispiel der Reinigungsdienst und das Küchenpersonal zählt, gibt es überwiegend eine Arbeits-

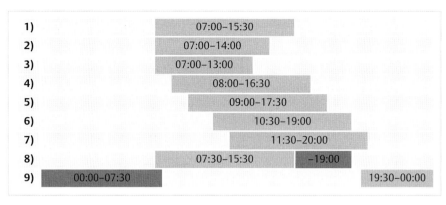

Abb. 3.10 Schichtmodell ohne verlängerte tägliche Arbeitszeiten.

zeit. Die OP-Reinigung leistet Wechselschichtarbeit. In der Verwaltung kommen Gleitzeitmodelle zu Anwendung. Arbeitszeitkonten sind oft bereichsübergreifend eingeführt.

Überaus wichtig ist, dass die einzelnen Arbeitszeitmodelle der unterschiedlichen Bereiche aufeinander abgestimmt werden. So müssen bei den Fachabteilungen, die den OP nutzen, auch ähnliche Arbeitszeiten eingeführt sein. Der OP-Pflegedienst, der Anästhesie-Pflegedienst und der Anästhesie-Arztdienst müssen als Dienstleister für die operativen Fachabteilungen die ganze OP-Zeit abdecken. Dazu gehören noch die OP-Reinigung und andere Dienstleistungen wie Hol- und Bringe-Dienst.

Das folgende Schichtmodell für das Pflegepersonal einer Anästhesieabteilung für einen Arbeitstag mit Bereitschaftsdienst soll schematisch zeigen, wie es möglich ist, ohne eine Verlängerung der täglichen Arbeitszeiten eine Besetzung rund um die Uhr sicherzustellen (Abb. 3.**10**).

Die Zeitmodelle 1) bis 7) veranschaulichen, wie die einzelnen Arbeitszeiten über den Tag verteilt werden können. Als Arbeitszeit ist die Zeit von 07:00 Uhr bis Mitternacht festgelegt. Es ist kein Rückschluss auf die personelle Besetzung der einzelnen Schichten möglich. Der Beschäftigte, der für das Arbeitszeitmodell 8) eingeteilt wird, fährt das Notarzteinsatzfahrzeug und leistet in dieser Funktion von 15:30 Uhr bis 19:00 Uhr Bereitschaftsdienst.

Das Modell 9) ist der Nachtdienst, der von Mitternacht bis nächsten Morgen 07:30 Uhr ebenfalls Bereitschaftsdienst leistet. Der Bereitschaftsdienst ist der Stufe 2 zugeordnet und wird daher mit 75 v. H. als Arbeitszeit bewertet, das ergibt 5,63 Stunden. Für die Abrechnung des Dienstplans erfolgt eine Verrechnung der als Arbeitszeit bewerteten Bereitschaftszeit mit der festgesetzten Sollarbeitszeit von 8 Stunden. Der Beschäftigte arbeitet von 19 : 30 bis 0:00 Uhr, also 4,5 Stunden. Die 3,5 Stunden, die auf die Sollzeit fehlen, werden von der als Arbeitszeit bewerteten Bereitschaftszeit abgezogen, sodass im Dienstplan 8 Arbeitsstunden berechnet werden, also die Sollzeit erfüllt ist. Der Rest von 2,13 Stunden wird als Bereitschaftsdienstvergütung bezahlt. Bei diesem Bereitschaftsdienstmodell ist es möglich, dass der Beschäftigte mehrere Nächte hintereinander ableistet, da die Ruhezeit 12 Stunden beträgt. Eine kontinuierliche Schichtplanung ist damit ebenfalls gegeben, da nicht täglich ein anderer Bereitschaftsdienstleistender einzuteilen ist.

Bei Beginn des folgenden Dienstes müssen die den Dienst beginnenden bzw. die Arbeit aufnehmenden Beschäftigten von den im Bereitschaftsdienst tätig gewesenen Personen darüber unterrichtet werden, welche Ereignisse während des Bereitschaftsdiensts vorgefallen sind. Diese „Übergabe"-Zeit ist für das die Arbeit aufnehmende Personal Arbeitszeit, und zwar normale Arbeitszeit. Für die Bereitschaftsdienst habenden Personen stellt diese Übergabe eine Inanspruchnahme während des Bereitschaftsdiensts dar, die unter die Regelung des § 5 Abs. 3 ArbZG fällt. Es ist also bei der Gestaltung des Dienstplans darauf zu achten, dass diese Übergabezeit nicht außer Betracht bleibt, sondern als Arbeitszeit entsprechend berücksichtigt und eingeplant wird.

Im Ergebnis könnte es damit bei dem im Bereitschaftsdienst Tätigen zu einer Inanspruchnahme während des Bereitschaftsdiensts von mehr als der Hälfte der Ruhezeit kommen. Um dies und die damit verbundenen Folgen zu vermeiden, sind entsprechende Regelungen vorzusehen. Eine andere mögliche Variante ist die, dass die Übergabezeit für den Bereitschaftsdienst Leistenden auch als Arbeitszeit nach dem Bereitschaftsdienst geplant wird.

Der Pflegedienst auf den Pflegestationen leistet Arbeitszeit rund um die Uhr, was je nach Dienstplanung für den einzelnen Beschäftigten Schichtarbeit oder Wechselschichtarbeit bedeutet.

Das obige Dienstmodell (Abb. 3.11) zeigt einen einfachen 3-Schichten-Plan. Die Länge der Arbeitszeit ist auf 7,7 Stunden festgesetzt. Mit der 30-minütigen Pause beträgt die Schichtlänge 8 Stunden und 12 Minuten. Bei der Dienstplanung ist darauf zu achten, dass die 38,5-Stunden im Durchschnitt bei einer 5-Tage-Woche eingehalten werden. Im Pflegedienst gibt es noch viele andere Varianten. So können die Nachtdienste bis zu 10 Stunden lang sein. Ebenso sind kürzere Dienstzeiten für Teilzeitkräfte, die bedarfsorientiert dazwischen geplant werden können, möglich.

Abb. 3.11 Einfacher 3-Schichten-Plan.

Arbeitszeitmodell mit Rufbereitschaftsdienst. Bei diesem Modell fällt erfahrungsgemäß nach der Regelarbeitszeit keine Arbeit an. Für z.B. den Notfall wird Rufbereitschaftsdienst angeordnet. Der Rufdienst Leistende arbeitet an jedem Tag. Durch die tatsächliche Arbeitsleistung innerhalb des Rufbereitschaftsdiensts kann die tägliche Höchstarbeitszeit von 10 Stunden überschritten werden (§§ 3, 7 ArbZG).

Kürzungen der Ruhezeit durch die Inanspruchnahme während des Rufbereitschaftsdiensts können zu einem anderen Zeitpunkt ausgeglichen werden, wenn sie nicht mehr als die Hälfte der Ruhezeit betragen (§ 5 Abs. 3 ArbZG). Das heißt, dass die Ruhezeit im Rufbereitschaftsdienst auf 5 $^1/_2$ Stunden verkürzt werden kann.

Eine spezielle Form von Arbeitszeitmodell ist der sogenannte *familienfreundliche Arbeitsplatz*. Er stellt ein Angebot an die Beschäftigten über die normale Fürsorgepflicht hinaus dar. Dabei werden den Beschäftigten bezogen auf die spezielle familiäre Situation und die daraus resultierenden zeitlichen Bedürfnisse individuelle Zeitfenster innerhalb der Dienstplanung angeboten. Die Vergabe der einzelnen Plätze erfolgt zeitlich befristet, damit das Angebot gerechterweise von möglichst vielen Beschäftigten genutzt werden kann.

3.4.3 Kosten der Arbeitszeit

Die Personalkosten in den Kliniken betragen zwischen 65 und 70% des Gesamtbudgets. Hier lässt sich am schnellsten Geld sparen. Deshalb ist permanent der Druck, Personalkosten zu senken, da. Dies kann u.a. auch durch kostenbewusstes Arbeitszeitmanagement erreicht werden.

Die Personalkosten setzen sich zusammen aus den Kosten für die tariflichen Gehälter, zuzüglich des Arbeitgeberanteils zur Sozialversicherung und der betrieblichen Altersversorgung. Die Kosten der Gehälter setzen sich wiederum zusammen aus dem tariflichen Grundentgelt für die Arbeitsleistung in der Regelarbeitszeit zuzüglich der Kosten für die Arbeitszeit außerhalb der Regelarbeitszeit. Darunter fallen z.B. Überstunden, Bereitschaftsdienst, Rufbereitschaftsdienst und Zuschläge für Sonntags- und Feiertagsarbeit, Nachtarbeit etc.

Tabelle 3.4 zeigt, wie sich der Aufwand für die Gehälter durchschnittlich prozentual verteilt. Die Kosten für Überstunden beinhalten überwiegend die Arbeitseinsätze während der Rufbereitschaftsdienste. Diese sind schwerpunktmäßig im Ärztlichen Dienst zu bezahlen. Andere Überstunden werden in der Regel mit Freizeit ausgeglichen. In den Kosten für die Rufbereitschaftsdienste sind nur die Pauschalen nach § 8 Abs. 3 Sätze 1–3 TVöD-K enthalten.

3.4 Arbeitszeitstrukturen

Tabelle 3.4 Zusammensetzung der Gehälter in Prozent.

	gesamtes Personal	Ärztlicher Dienst	Pflegedienst	med.-techn. Dienst	Funktionsdienst
Grundentgelt	93,0 %	82,7 %	95,3 %	97,9 %	94,5 %
Kosten für Überstunden	1,8 %	6,3 %	0 %	0,5 %	0,5 %
Kosten für Bereitschaftsdienst	1,4 %	4,1 %	0 %	0,4 %	2,6 %
Kosten für Rufbereitschaftsdienst	1,1 %	3,5 %	0,2 %	0,5 %	0,6 %
Zeitzuschläge nach § 8 Abs. 1 Buchst. b bis f TVöD-K	2,7 %	3,4 %	4,5 %	0,7 %	1,8 %
gesamt	100 %	100 %	100 %	100 %	100 %

Tabelle 3.5 Zeitzuschläge nach § 8 Abs. 1 TVöD-K.

für Überstunden mit Freizeitausgleich bis Entgeltgruppe 9	30 v. H.
für Überstunden mit Freizeitausgleich ab Entgeltgruppe 10	15 v. H.
für Nachtarbeit	15 v. H.
für Sonntagsarbeit	25 v. H.
für Feiertagsarbeit ohne Freizeitausgleich	135 v. H.
für Feiertagsarbeit mit Freizeitausgleich	35 v. H.
für Arbeit am 24.12. und 31.12. ab 6 Uhr	35 v. H.
für Arbeit an Samstagen von 13:00 Uhr bis 21:00 Uhr	0,64 €

Beschäftigte erhalten neben ihrem Entgelt auch Zeitzuschläge für die bereits erläuterten Sonderformen der Arbeit. In § 8 Abs. 1 TVöD-K sind folgende Zeitzuschläge je Stunde festgelegt (Tab. 3.5).

Die Kosten des Bereitschaftsdiensts wurden schon dargestellt. Leistet ein Mitarbeiter Bereitschaftsdienst, der der Stufe 3 zugeordnet ist, kostet das 90 % Bereitschaftsdienstentgelt plus 15% Nachtzuschlag bei Bereitschaftsdienst. Im Vergleich dazu würde die Vollarbeit 100% Gehalt plus 15% Nachtzuschlag kosten. Es stehen also 105% Kosten für maximal 49% Arbeitsleistung gegenüber 115% Kosten für 100% Arbeitsleistung. Die Anordnung von Vollarbeit anstatt Bereitschaftsdienst ist trotzdem teurer, weil dazu mehr Personal benötigt wird.

Für die Ableistung von Rufbereitschaftsdienst wird eine tägliche Pauschale bezahlt. Sie beträgt das Zweifache des tariflichen Stundenentgelts für die Tage Montag bis Freitag und das Vierfache des tariflichen Stundenentgelts für Samstage, Sonntage und Feiertage. Die tatsächliche Arbeitsleistung vor Ort während des Rufbereitschaftsdiensts wird inklusive der Wegezeit jeweils auf eine volle Stunde aufgerundet und mit der Überstundenvergütung bezahlt. Ferner werden Zulagen für Schichtarbeit von monatlich 40 € und für Wechselschichtarbeit von monatlich 105 € gezahlt.

Fällt die Überstunde auf einen Feiertag außerhalb der Regelarbeitszeit, die nicht ausgeglichen wird durch Freizeit, sind dafür z. B. bis Entgeltgruppe 9 130% Überstundenentgelt und 135% Feiertagszuschlag zu zahlen. Aufgrund der Deckelung der Protokollerklärung zu § 8 Abs. 1 Satz 2 Buchst. d TVöD-K werden maximal 235% gezahlt. Wird die Überstunde durch Freizeit im vorgegebenen Ausgleichszeitraum ausgeglichen, sind lediglich 35% Zeitzuschlag für Feiertagsarbeit mit Freizeitausgleich zu bezahlen.

Dies ist ein Beispiel, das eindeutig den Einfluss der Arbeitszeitmodelle auf die Personalkosten zeigt. Könnten alle Überstunden mit Freizeit ausgeglichen werden, wäre eine Senkung der Personalkosten möglich, jedoch nur teilweise, weil dafür zusätzliches Personal notwendig wird. Am besten ist natürlich die Vermeidung von zuschlagspflichtigen Arbeitszeiten. Dies ist nicht umzusetzen, weil der Dienst rund um die Uhr sicherzustellen ist.

Die Arbeitszeitorganisation muss sich grundsätzlich nach den Erfordernissen der Patientenversorgung richten. Deshalb ist eine weitere Flexibilisierung der Arbeitszeit unter den genannten Bedingungen unerlässlich.

Literatur

Augurzky B et al. Krankenhaus Rating Report 2007. Die Spreu trennt sich vom Weizen. Essen: RWI Materialien 2007; Heft 32

Fleischer D; Ernst & Young GmbH. Krankenhauslandschaft im Umbruch – Die Ergebnisse der aktuellen Krankenhausstudie der Ernst und Young GmbH und ihre Konsequenzen (2008).

Francis D, Young D. Mehr Erfolg im Team: Ein Trainingsprogramm mit 46 Übungen zur Verbesserung der Leistungsfähigkeit in Arbeitsgruppen. 2. Aufl. Hamburg: Windmühle; 2006

Lewin K. Frontiers in Group Dynamics: Concept, Method and Reality in Social Science; Social Equilibria and Social Change. Human Relations 1947; 1: 5–41

Obst L. Öffentliche Krankenhäuser. Die Grenzen der Privatisierung. Deutsches Ärzteblatt 2009; 106 (19): A924–A926)

Patzak G, Rattay G. Projektmanagement. Leitfaden zum Management von Projekten, Projektportfolios und projektorientierten Unternehmen. 4. Aufl. Wien: Linde Verlag; 2004: 87–94

Ploeg J, Davies B, Edwards N et al. Factors influencing best-practice guideline implementation: lessons learned from administrators, nursing staff, and project leaders. Worldviews Evid Based Nurs 2007; 4(4): 210–219

Ring N, Malcolm C, Coull A et al. Nursing best practice statements: an exploration of their implementation in clinical practice. J Clin Nurs 2005; 14(9): 1048–1058

Rosenthal T, Wagner E. Organisationsentwicklung und Projektmanagement im Gesundheitswesen. Heidelberg: Economica; 2004

Stumpfögger N. Wenn die Gründerzeit zu Ende geht. Hamburg: VSA Verlag; 2009

4 Kreuz und quer

4.1 Prozesse

Michael Korn

4.1.1 Prozesse allgemein

Es ist nachvollziehbar, dass aufgrund der Erwartungen und Hoffnungen des Patienten Medizin und Pflege im Mittelpunkt des Krankenhauses stehen. Die Strukturen und vielfältigen Prozesse im Hintergrund, die notwendig sind, damit ein Patient diagnostiziert, therapiert und gepflegt werden kann, sind dem Patienten, der in der Regel medizinischer Laie ist, weniger bekannt (Abb. 4.1).

Aus der Sicht des Managements ist ein Krankenhaus ein äußerst komplexes System, in dem die Prozesse einen zentralen Stellenwert haben. Unter Prozessen werden hierbei definierte und zielgerichtete Abläufe verstanden, die inhaltlich sehr unterschiedlich sind, aber in ihrer Summe den Patienten von der Aufnahme bis zur Entlassung durch das Krankenhaus führen. Im Rahmen der verstärkten Ökonomisierung der Krankenhäuser (z. B. Verkürzung der Verweildauer) stehen die innerbetrieblichen Prozesse immer mehr im Fokus genauer Analysen.

Für das Krankenhausmanagement ist daher die Prozessoptimierung eine wesentliche und kontinuierliche Aufgabe. Hierbei stehen folgende Aspekte im Vordergrund: Sinnvolle kausale Zusammenarbeit der verschiedenen Subsysteme, Optimierung der Schnittstellen, notwendige quantitative und qualitative Ausrichtung, zeitliche Abstimmung der unterschiedlichen Arbeitsabläufe, Möglichkeiten der Rationalisierung, z. B. durch den Einsatz von EDV-gestützten Systemen oder die Zusammenfassung von bisher getrennten Prozessen zu wirtschaftlich leistungsfähigeren Abläufen.

Grundsätzlich wird das Krankenhaus – als besonderes dynamisches und komplexes Gesamtsystem – in die Kern- und Begleitprozesse eingeteilt. Im neueren Sprachgebrauch hat sich die Sprachregelung von den primären, sekundären und tertiären Prozessen etabliert.

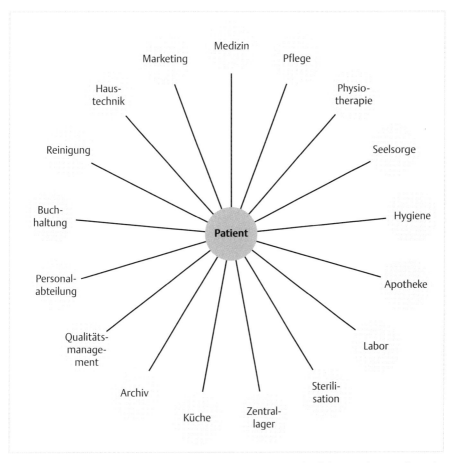

Abb. 4.1 Zur Behandlung eines Patienten im Krankenhaus sind unterschiedliche Bereiche mit aufeinander abgestimmten Prozessen notwendig.

4.1.2 Ausrichtung der Prozesse

Die Frage, wie die Prozesse innerhalb des Krankenhauses auszurichten sind, findet gedanklich eine einfache Antwort in der Feststellung oder sogar in dem Bekenntnis, dass der Patient im Mittelpunkt des Krankenhauses steht. Das heißt, sämtliche Prozesse sollten in effizienter und effektiver Weise um den Patienten kreisen. Mit nüchternem Blick auf die Realität ist zumindest berechtigte Skepsis angesagt, ob dies so zutreffend ist. In der Regel stellt man bei genauerer Betrachtung eher fest, dass die Aufbau- und Ablauforganisationen und die Kern- und Begleitprozesse historisch gewachsen und eindimensional nur einer wirtschaftlichen Zielsetzung gefolgt sind.

4 Kreuz und quer

Erst mit dem Wandel des Gesundheitswesens zu einem Gesundheitsmarkt und dem damit verbundenen Wettbewerb der Krankenhäuser untereinander etablierten sich deutlicher und drängender Fragen nach dem, was ein Patient von einem Krankenhaus erwartet und wie das Krankenhaus mit seinen Kern- und Begleitprozessen eine hohe Patientenzufriedenheit erreichen kann. Daraus folgt, dass das Krankenhaus den Blick für seine Patienten ändern sollte. Den Patienten heute noch als einen hilflosen, unmündigen Bittsteller zu sehen, der mit allem und jedem zufrieden ist, ist weder zeitgemäß, noch ist es eine Sichtweise, die zur wirtschaftlichen Stabilität verhilft. Wenn also von Prozessen, deren Ausrichtung und Zusammenspiel gesprochen wird, dann sollten die Bedürfnisse desjenigen bekannt sein, um den es letztlich geht – der Patient im Mittelpunkt des Geschehens.

Entscheidend für das Funktionieren von Kern- und Begleitprozessen ist, durch welches betriebliche Verhältnis sie miteinander verbunden sind. Begreift sich das Krankenhaus in seiner Gesamtheit gegenüber den Patienten als Dienstleistungserbringer, ist es folgerichtig, dass auch die verschiedenen Prozessebenen untereinander durch das Erbringen von Dienstleistungen verbunden sind. Hierbei sollte im Sinne reibungsloser Abläufe eine klare Hierarchie zur Orientierung erkennbar sein. Die Sekundär- und Tertiärprozesse sind die Dienstleister für die Primärprozesse, sodass diese effizient ihre Dienstleistung für die Patienten erbringen können. Fehlentwicklungen oder kontraproduktive Abläufe liegen dann vor, wenn sich der Kernprozess nach dem Begleitprozess richten muss.

4.1.3 Kernprozesse

Unabhängig davon, welche Qualität zum Beispiel die Verwaltung eines Krankenhauses hat, ist die Existenz eines Krankenhauses eindeutig durch das Leistungspotenzial, welches Medizin und Pflege zur Verfügung stellen, begründet. Diese beiden grundlegenden Bereiche bilden die Kernprozesse, die in engster Zusammenarbeit und in direktester Weise die Patienten behandeln und betreuen. Das heißt, die Kernprozesse bilden auch die Kernkompetenz des Krankenhauses und umfassen letztlich alle Tätigkeiten, die der Wertschöpfung des Unternehmens in direkter Weise dienen.

Zu diesen Kernprozessen kommen, je nach Fachdisziplin, weitere Berufsgruppen hinzu, die ebenfalls in direkter Weise am Patienten tätig werden: z. B. Physiotherapie, Logopädie, Psychotherapie oder Ernährungsberatung.

Innerhalb des Krankenhauses sind die Kernprozesse – Medizin und Pflege – an diversen Phasen, die ein Patienten durchläuft, beteiligt: Notaufnahme und Notfallbehandlung, voll- oder teilstationäre Behandlung, vor- und nachstationäre Behandlung und ambulante Behandlung. Bezüglich der zeitlichen Präsenz im Krankenhaus sind Medizin und Pflege die Bereiche, die rund um die Uhr und jeden Tag im Krankenhaus verfügbar sind, während diese totale Anwesenheit für die sekundären und tertiären Prozesse eingeschränkt oder gar nicht gilt.

In ihrem Grundverständnis verstehen sich die Krankenhäuser immer mehr als Dienstleistungsanbieter, die im großen Sektor Gesundheitswesen dem kranken, leidenden und hilfesuchenden Menschen Diagnostik, Therapie und Pflege zum Zwecke der Wiederherstellung der Gesundheit oder zur Verhinderung der Verschlechterung anbieten. Im Rahmen gesellschaftlicher Veränderungsprozesse, wie z. B. der demografischen Entwicklung, und durch Innovationen aus Forschung und Medizintechnik finden kontinuierlich entsprechende Erweiterungen des Angebotsspektrums statt. Ein Beispiel dafür sind stationäre palliative Einrichtungen, die unheilbar Kranke medizinisch begleiten und die den Patienten nicht therapiert und geheilt entlassen, sondern die Verantwortung für eine professionelle Sterbebegleitung übernehmen.

Das übergeordnete Bemühen um die innerbetriebliche Prozessoptimierung – das effiziente und effektive Zusammenspiel der verschiedenen Prozessebenen – darf nicht außer Acht lassen, dass die einzelnen Prozesse eigene Entwicklungen und Veränderungen durchlaufen. Das gilt in besonderem Maße für den Kernprozess Medizin und Pflege. Gerade die Medizin zeigt in den letzten Jahren zunehmend einen klaren Trend zur Spezialisierung und zur Bildung von Kompetenzzentren. Parallel dazu läuft eine verstärkte Qualifizierung des Pflegepersonals, die den notwendigen Bedarf von immer mehr Pflegeexperten decken muss.

4.1.4 Sekundärprozesse

Die Sekundärprozesse lassen sich aufteilen in patientennahe medizinische Prozesse und in solche, die zwar patientenbezogen, aber nicht medizinisch sind. Das Funktionieren einer stationären Einheit im Krankenhaus hängt von diversen Sekundärprozessen ab. Patientennah zugeordnet sind z. B. die Arzneimittelversorgung, die Labordiagnostik, die Materialversorgung. Patientenbezogen, aber nicht direkt medizinisch und pflegerisch notwendig sind z. B. die Versorgung mit Speisen, die Wäscheversorgung und die Müllentsorgung.

Entscheidend für die Qualität der Sekundärprozesse ist, dass sie in die zeitliche Ablaufstruktur der Kernprozesse eingepasst sind. Bezogen auf die Versorgung einer Station heißt die Kurzformel hierfür: Ausreichend viel Material am richtigen Ort zur richtigen Zeit! Dieses gilt z. B. für Medikamente, Verbandmaterialien, Speisen und Wäsche. Übergeordnetes Ziel ist, die Sekundärprozesse müssen so strukturiert sein, dass die direkte Arbeit am Patienten durch Medizin und Pflege keine Störungen erfährt. Störungen können Wartezeiten auf Materialien sein, die Anlieferung falscher Materialien oder die Belieferung mit zu geringen Mengen.

4.1.5 Tertiäre Prozesse

Keinen direkten Einfluss auf den Kernprozess der Patientenversorgung haben die tertiären Prozesse; ohne die aber kein Krankenhaus funktionieren kann. Mehr oder weniger im Hintergrund versehen sie für die Gesamtorganisation Krankenhaus existenzsichernde Rahmenarbeit. Gegenstand der Arbeit der Tertiärprozesse sind z. B. die Gebäude (Instandhaltung, Raumplanung und -nutzung, Erweiterung, Neubau), die technische Ausstattung (Neuanschaffungen, Wartungen), die Verbrauchsmaterialien, das Personal und die Finanzen.

Je nach Größe des Krankenhauses werden die Aufgaben der unterschiedlichen tertiären Prozesse eigenen Abteilungen zugeordnet, die von entsprechend qualifizierten Leitungen geführt und verantwortet werden. Mit der klaren Tendenz, das Krankenhaus immer mehr auch als Wirtschaftsunternehmen zu etablieren und nach außen und innen den qualitätsorientierten Gedanken der professionellen Dienstleistung in den Vordergrund zu stellen, ändern sich die Bezeichnungen für die tertiären Organisationseinheiten. Ein Beispiel dafür ist die Personalabteilung, die heute oftmals unter der Bezeichnung DLZ-HR (Dienstleistungszentrum Human Resources) fungiert. Die damit implizierte Zielsetzung verdeutlicht einerseits die übergeordnete Ausrichtung, dass die tertiären Prozesse die Kernprozesse zu unterstützen haben, und andererseits, dass die Personalarbeit sich nicht nur auf das klassische Verwalten der Personaldaten bezieht.

Die klare funktionale Hierarchie (primär, sekundär, tertiär) unter den Prozessen ist dabei weniger von dem Aspekt bestimmt, wer Macht in der Gesamtorganisation Krankenhaus hat, als davon, das Verhältnis von Anfordern und Liefern deutlicher zu machen, um übergeordnet den wirtschaftlichen Anforderungen besser zu entsprechen. Im Vergleich zur produzierenden Industrie werden die Krankenhäuser bezüglich ihrer inneren Organisationsstruktur immer noch eher als veraltet und weniger leistungsstark eingestuft. Tertiäre Organisationseinheiten, die sich von ihrem Selbstverständnis als eigenes Machtsystem im Unternehmen verstehen und tendenziell losgelöst von den Bedürfnissen der Kernprozesse agieren, können die Abläufe der Kernprozesse behindern und verzögern. Dieses ist, bezogen auf den wirtschaftlichen Druck, den das Krankenhaus als Gesamtorganisation zu meistern hat, kontraproduktiv.

4.1.6 Prozesse im Überblick (Abb. 4.2)

primäre oder Kernprozesse	sekundäre Prozesse	tertiäre Prozesse
Medizin	Medikamentenversorgung	Personalmanagement
Pflege	Labordiagnostik	Finanzmanagement
Psychotherapie	Speisenversorgung	Gebäudemanagement
Physiotherapie	Wäscheversorgung	Informationstechnologie
Logopädie	Materialversorgung	Öffentlichkeitsarbeit

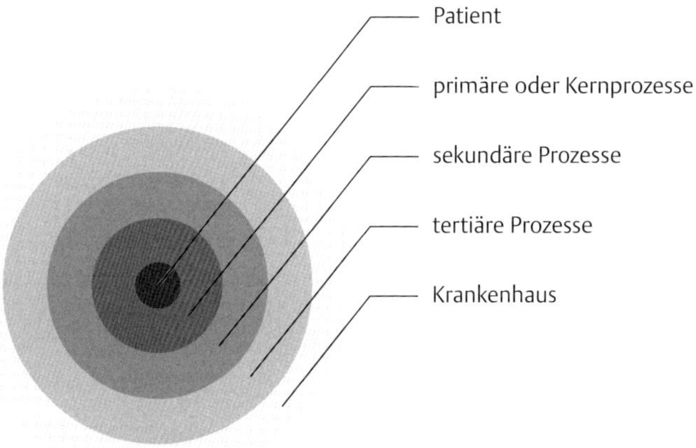

Abb. 4.2 Der Patient im Mittelpunkt der Prozesse.

4.1.7 Logistik

Mit der Größe des Krankenhauses nimmt die Komplexität der Abläufe, der Material- und Personenströme und technischen Einrichtungen und deren Funktionalität zu. Die verschiedenen Bereiche des Kernprozesses – z.B. Notaufnahme, Radiologie, Stationen, OP und Zentralsterilisation – haben spezifische Anforderungen an Materialien, die zeitkonform zu den Arbeitsabläufen dieser Organisationseinheiten geliefert werden müssen. Eindeutig ist, dass neben der medizinischen und pflegerischen Leistung eine effiziente Logistik entscheidend zur Qualität im Krankenhaus beitragen kann. Sie ist dann besonders effizient, wenn sie ihre Funktionen reibungslos erfüllt und für Medizin und Pflege unbemerkt bleibt. Das Hauptziel der Logistik – die Effizienzsteigerung – wirkt darüber hinaus sinnvoll und anerkannt als Möglichkeit der Kostenreduktion, da sie primär nicht die Personalausstattung der patientenbezogenen Bereiche Medizin und Pflege tangiert.

Um den vielfältigen logistischen Anforderungen gerecht zu werden, die nicht nur die innerbetrieblichen Abläufe betreffen, ist es für größere Krankenhäuser zweckmäßig, eine eigene Abteilung Logistik zu etablieren, die sinnvoller Weise mit dem strategischen Einkauf gekoppelt werden kann. Innerhalb des Krankenhauses stellt die Logistik sicher, dass das richtige Produkt, in entsprechender Qualität, zur richtigen Zeit, am richtigen Ort ist, was im Hintergrund die zentrale Lagerhaltung, das Kommissionieren und das Transportieren beinhaltet. Darüber hinaus ist die Logistik verantwortlich für die Planung, Steuerung, Abwicklung und Kontrolle des Materialflusses mit den unterschiedlichsten Lieferanten.

4.1.8 Facility Management

Aufgrund des ständigen Kostendrucks auf die Krankenhäuser hat das Facility Management (engl. facility = Einrichtung, Anlage) zunehmend an Bedeutung gewonnen. Grundsätzlich wird darunter das Anlagemanagement, die Bewirtschaftung von Gebäuden, Anlagen und Einrichtungen verstanden. Hierbei stehen bestimmte Schwerpunkte im Vordergrund: Instandhaltung von Gebäuden und Flächen, Optimierung der Nutzung der Gebäude nach wirtschaftlichen Zielvorgaben, Rentabilitätsprüfungen hinsichtlich Kaufen oder Mieten, räumliche Strukturoptimierung zur Rationalisierung von Arbeitsabläufen, Verbesserungen des räumlichen Umfelds für die Mitarbeiter (Abb. 4.3).

Abb. 4.3 Schwerpunkte des Facility Managements.

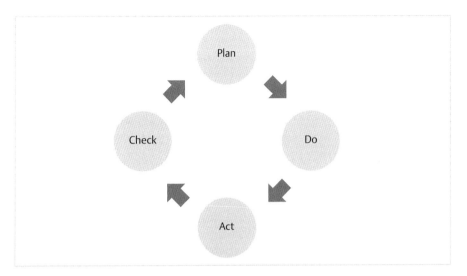

Abb. 4.4 PDCA-Zyklus nach William Edwards Deming (1900–1993).

4.1.9 Managementprozess

Übergeordnet und von elementar strategischer Bedeutung ist der Managementprozess eines Krankenhauses. Auch auf dieser Steuerungsebene des Krankenhauses haben sich in den letzten Jahren deutliche Veränderungen durchgesetzt, die von den traditionellen Konzepten der Führung eines Krankenhauses abweichen. War es früher üblich, dass die Führung des Krankenhauses aus dem Verwaltungsleiter, dem Ärztlichen Direktor und dem Pflegedirektor bestand, hat sich heute das Konzept mit einer vorgesetzten Geschäftsführung durchgesetzt. In der Funktion des Vorstandes ist sie allen Mitarbeitern des Krankenhauses weisungsbefugt und trägt in der Regel alleinverantwortlich die operative Verantwortung gegenüber dem Krankenhausträger. Auch diese Veränderung auf der obersten Managementebene eines Krankenhauses ist das Resultat der verstärkten Ökonomisierung des Gesundheitswesens (Abb. 4.4).

Obwohl der Deming-Kreis mehr mit dem Qualitätsmanagement in Verbindung gebracht wird, bietet er ebenfalls eine sinnvolle Grundlage zum Verständnis von Managementprozessen.
- Plan: Ohne Planung ist kein zielgerichtetes Management erfolgreich.
- Do: In der Praxis tun, konkrete Umsetzung der Schritte, die zum Ziel führen.
- Check: Umgesetzte Maßnahmen werden kontrolliert, evaluiert, korrigiert.
- Act: Analyse des Erreichten, Identifikation von Optimierungspotenzialen.
- Plan: Fortführen der Aktivitäten auf einem zielnäheren Niveau.

Im Rahmen der kontinuierlichen Verbesserung des Unternehmens bildet der PDAC-Zyklus eine permanente Grundlage für das Management.

Die Managementprozesse sollten ergebnisorientiert, ganzheitlich und mit sinnvoller Einbeziehung der Mitarbeiter verlaufen. Eine wesentliche Managementaufgabe hierbei ist die Kommunikation. Bezogen auf die Gesamtheit aller Mitarbeiter stellt der Managementprozess ein vernetztes Informations-Entscheidungssystem dar.

Zur Führung der Mitarbeiter können verschiedene Methoden angewendet werden.
- Management by Delegation: Aufgaben werden an die Mitarbeiter übertragen, die diese vollständig verantworten.
- Management by Objectives: Vorgesetzter und Mitarbeiter vereinbaren gemeinsam Ziele.
- Management by Exception: Vorgesetzte greifen nur in Ausnahmefällen und -situationen ein.
- Management by Results: Führung wird durch Ergebnisüberwachung ausgeübt.
- Management by Motivation: Führung erfolgt durch bewusste Motivation der Mitarbeiter.

Der Managementprozess als innerbetriebliche Steuerung bildet nur einen Teil der Managementaufgaben im Krankenhaus ab. Darüber hinaus befindet sich ein Krankenhaus in permanenter Interaktion mit unterschiedlichen Partnern und Interessengruppen, z.B.: Krankenkassen, niedergelassene Ärzte, ambulante Dienste, Selbsthilfegruppen, lokale Politik, öffentliche Medien, Pharmaindustrie und Medizintechnik.

Die übergeordnete Aufgabe des Managements ist es, sowohl die innerbetrieblichen als auch die außerbetrieblichen Bedürfnisse und Impulse derart in die Managementprozesse zu integrieren, dass das Unternehmen Krankenhaus seine gesetzten Ziele wirtschaftlich erreicht und sich gleichzeitig qualitativ weiter entwickelt.

4.1.10 Zusammenfassung

Am Gesamtprozess – Aufnahme bis zur Entlassung des Patienten – sind im Krankenhaus diverse Organisationseinheiten mit ihren jeweils spezifischen Arbeitsabläufen beteiligt. Spätestens mit der Einführung der Diagnosis Related Groups (DRG) mussten sich die Krankenhäuser mit der Optimierung ihrer Strukturen und Prozesse auseinandersetzen. Die wirtschaftliche Rahmenbedingungen verlangen schlanke Strukturen und kosteneffiziente Prozesse. Auf der übergeordneten Managementebene hat daher das innerbetriebliche Prozessmanagement einen zentralen Stellenwert. Aufeinander abgestimmte Prozesse beachten bewusster die Bedürfnisse der Patienten und sparen Ressourcen in den Bereichen Zeit und Personal. Hilfsmittel für effektive Arbeitsprozesse sind fachspezifische Standards, Behandlungspfade, Checklisten und Controlling-Instrumente, die Abweichungen von den gesetzten Zielen anzeigen.

Das Krankenhaus als Dienstleistungsunternehmen ist ein überaus komplexes und dynamisches soziales System. Die Mitarbeiter setzen sich mit kranken Menschen auseinander, die mit einer Vielzahl von Erwartungen und Hoffnungen ins Krankenhaus kommen. Die Kunst des erfolgreichen Krankenhauses besteht darin, mit klaren Strukturen und zielgerichteten Prozessen Behandlungserfolge zu erzielen und gleichzeitig so viel Flexibilität zu bieten, dass sich der Patient als individuelle Persönlichkeit angenommen fühlt.

4.2 Der menschliche Faktor

Nina K. Schurz

4.2.1 Der Faktor Mensch – vom Kostenfaktor zum Erfolgsfaktor

Legt man die Theorie der betriebswirtschaftlichen Produktionsfaktoren von Gutenberg zugrunde (Gutenberg 1984), dann sind die elementaren Faktoren, die zur Erstellung eines Produkts oder einer Dienstleistung notwendig sind, Betriebsstoffe, Werkstoffe und objektbezogene Arbeitsleistungen. Der Mensch als Träger der objektbezogenen Arbeit wird in diesem Kontext mit einem Produktionsfaktor gleichgesetzt. Grundlage dieser Sichtweise ist unter anderem, dass ein Mitarbeiter seine Arbeitskraft für Geld an eine Organisation „verkauft". Das erfolgt in diesem Zusammenhang durch die Einhaltung vorgegebener Regeln mit einem minimalen persönlichen Anteil, das heißt ein menschlicher Aspekt in Bezug auf die Arbeitsleistung wird bei dieser Sichtweise nicht als ausschlaggebend für die Qualität des Outputs gesehen. Aus der Theorie von Gutenberg entspringt die Meinung, dass Menschen, die Arbeit in einer Organisation verrichten, als Kostenfaktor dargestellt werden.

Vor allem im Krankenhaus könnte dies begründet sein, da Personalkosten mit 60–70 % der Gesamtkosten einen hohen Anteil innehaben. Unter Berücksichtigung der Finanzierungssituation der deutschen Krankenhäuser wird klar, dass sämtliche Kosten nach Effektivitäts- und Effizienzgesichtspunkten eingesetzt werden müssen und jegliche Verschwendung – auch unter ethischen und moralischen Gesichtspunkten – zu vermeiden ist. Es handelt sich bei den Erstattungsbeträgen für die Behandlung der Patienten der gesetzlichen Krankenversicherung schließlich um Mittel, die von der Allgemeinheit aufgebracht und unter Wirtschaftlichkeitsgesichtspunkten verwendet werden müssen. Das Sozialgesetzbuch V regelt in diesem Zusammenhang in § 12, Absatz 1, Satz 1: „Die Leistungen sollen ausreichend, zweckmäßig und wirtschaftlich sein; sie dürfen das Maß des Notwendigen nicht überschreiten." Hohe Tarifsteigerungen, eine Deckelung der Budgets und ein Investitionsstau bei der öffentlichen Hand zwingen die deutschen Krankenhäuser deshalb zu ökonomischem Handeln und zu einem hohen Kostenbewusstsein, da die prognostizierte Kostenentwicklung voraussichtlich auch in der Zukunft nicht durch entsprechende Erlössteigerungen ausgeglichen werden kann. Im Krankenhaus Rating Report 2011 wird dazu Folgendes beschrieben: „Der Personalkostenanteil der Krankenhäuser betrug 2005 64%, 2009 noch 60% der Gesamtkosten. (…) Unter Berücksichtigung der erwarteten Veränderungen der Zahl der Fälle und der Personalmenge würden die Personalkosten von 2009 bis 2020 um 44% bzw. 3,4% p.a. wachsen, die Sachkosten um 26% bzw. 2,1% p.a. und die gesamten Kosten um 37% bzw. 2,9% p.a. (…) Bis 2020 rechnen wir aber nur mit um 33% höhere Gesamterlöse als 2009." (Augurtzky et al. 2011). Aufgrund dieser Aussage kann geschlussfolgert werden, dass, aufgrund der prognostizierten stärkeren Steigerungsrate auf der Kostenseite, Krankenhäuser eine gesunde Kostenstruktur und möglichst geringe Personalkosten nachdrücklich anstreben sollten, um ihre Zukunftsfähigkeit zu sichern.

Qualifizierte und motivierte Mitarbeiter stellen im Dienstleistungsunternehmen Krankenhaus aber das wichtigste Kapital zu einer qualitativ hochwertigen Erfüllung des Versorgungsauftrags dar. Die Güte der erbrachten Leistung zur Patientenbehandlung ist vom Wissen, von der Leistungsfähigkeit und der Leistungsbereitschaft der agierenden Mitarbeiter abhängig. Entgegen der oben beschriebenen Produktionsfaktorentheorie, die sich gegebenenfalls für einen rein mechanisch arbeitenden Mitarbeiter in einem automatisierten Produktionsbetrieb eignen mag, erbringt der Beschäftigte im Krankenhaus in der Regel nicht nur mechanische Arbeit zur Erstellung eines Produkts, sondern es ist auch hochspezialisiertes Wissen und eine persönliche Identifikation mit der zu verrichtenden Arbeit notwendig. So können bei Defiziten in Fachwissen, Leistungsfähigkeit und Leistungsbereitschaft durch das menschliche Verhalten im Arbeitsumfeld unnötige Kosten verursacht werden. Dies bezieht sich insbesondere auf nicht direkt quantifizierbare Kosten, die beispielsweise durch mangelnden Teamgeist, hohe Fehlzeiten, eine hohe Fluktuationsrate, Arbeitsunfälle, zeitintensive Konflikte mit der Personalvertretung, falsche Delegation oder durch ein Festhalten an überholten Vorgehensweisen entstehen (Lampferhoff 2006). Unqualifizierte oder unmotivierte Mitarbeiter können zudem ein hohes Risiko für Patientenversorgung und Patientenzufriedenheit darstellen.

Mitarbeiter lediglich als Kostenfaktor zu betrachten und am Personal „falsch zu sparen", bringt den Fachkräften im Krankenhaus nicht das nötige Maß an Wertschätzung und Anerkennung entgegen. Dies kann sich unmittelbar negativ auf die Qualität der Dienstleistung und weiter auf die Erreichung ökonomischer Ziele auswirken. Das Geheimnis wirtschaftlich gesunder Krankenhäuser liegt im „richtigen Ausgeben" durch die Gestaltung der Arbeitsbedingungen im Sinne einer hohen Arbeitgeberattraktivität bei gleichzeitiger Personalkosteneffizienz und in der Wahrnehmung des Menschen als zentralen Erfolgsfaktor.

Der Erfolgsfaktor Mensch ist zudem zu einer knappen Ressource geworden. Insbesondere durch die demografische Entwicklung stehen zukünftig immer weniger junge Erwerbstätige und Fachkräfte zur Verfügung. Nach Angaben der Statistischen Ämter des Bundes und der Länder geht bis 2030 die Erwerbspersonenzahl in Deutschland um ca.

15% zurück (Statistische Ämter des Bundes und der Länder, 2011). Der daraus resultierende Mangel an Fach- und Führungskräften ist für Krankenhäuser heute vor allem im ärztlichen Bereich bereits spürbar und wird sich durch die weiteren Entwicklungen tendenziell weiter verstärken. So stellt in der Umfrage 2011 zum Deutschen Krankenhaus-Barometer der Fachkräftemangel bzw. sich daraus ergebende Stellenbesetzungsprobleme eine zentrale Herausforderung für die stationäre Krankenhausversorgung in Deutschland dar (Blum et al. 2011). Diesbezüglich wird der Wettbewerb um qualifiziertes Personal und gegenseitiges Abwerben von Fach- und Führungskräften weiter zunehmen. Besonders im Krankenhaus kann Personalmangel zu kritischen Situationen führen, da es durch Unterbesetzung zu Problemen in der Arbeitsorganisation, zu einer Einschränkung der stationären Versorgungsmöglichkeiten für Patienten, zu Qualitätsproblemen und im schlimmsten Fall zur Gefährdung von Patienten kommen kann. Ein ungewünschter Effekt bei Unterbesetzung ist auch die Erhöhung der Arbeitsbelastung für das vorhandene Personal, was potenziell weiter zu Unzufriedenheit der aktiven Mitarbeiter führen und in deren Kündigung münden kann. Um als Krankenhaus zukunftsfähig zu sein und um Stellenbesetzungsprobleme zu vermeiden, müssen also Strategien entwickelt werden, um die Risiken eines Mangels an Fach- und Führungskräften zu reduzieren. Aus diesem Grund werden Maßnahmen aus dem Bereich des Human Resources-Managements wie Employer Branding-Maßnahmen, Konzepte zur strategischen Personalentwicklung, Aufbau eines betrieblichen Gesundheitsmanagements und Instrumente zur Vermittlung von Wertschätzung und Anerkennung weiter an Bedeutung zunehmen. Der Schlüssel zum Erfolg liegt darin, durch eine hohe Arbeitgeberattraktivität eine hohe Mitarbeiterbindung zu erzeugen, die Menschen im Krankenhaus zur gewünschten Leistung zu motivieren und möglichst lange produktiv in der Organisation zu halten. Beachtet man die Tatsache, dass bei einer vakant gewordenen Stelle für die Nachbesetzung ein Vielfaches eines Mitarbeiter-Jahresgehalts veranschlagt werden muss, wird die Bedeutung einer niedrigen Fluktuation auch aus Kostenaspekten ersichtlich. Deshalb muss der Faktor Mensch weiter in den Mittelpunkt rücken und Rahmenbedingungen geschaffen werden, die geeignet sind, menschliches Verhalten von Mitarbeitern positiv zu beeinflussen und als Arbeitgeber im „War for Talents" wettbewerbsfähig zu sein.

4.2.2 Der arbeitende Mensch im Krankenhaus – ein komplexes Wesen

Um den Faktor Mensch und seine Rolle als Mitarbeiter im Krankenhaus verstehen zu können, bedarf es eines Exkurses in die Organisations- und Personalpsychologie. Im Zentrum der Organisationspsychologie steht die Fragestellung, wie sich die Umwelt einer „Organisation" auf menschliches Verhalten auswirkt (Schuler 2004). „Die Personalpsychologie betrachtet das Individuum in seinen Verhaltens-, Befindens-, Leistungs- und Entwicklungszusammenhängen als Mitarbeiter einer Organisation." (Schuler 2006). Sowohl Organisations- als auch Personalpsychologie beschäftigen sich somit insgesamt mit dem Verhalten von Menschen am Arbeitsplatz und mit dessen Beeinflussung. Der Mensch als komplexes Wesen wird in beiden Disziplinen in den Mittelpunkt gestellt. Mitarbeiter sind hiernach nicht nur auswechselbare Bestandteile einer durch Strukturen,

Regeln und Prozesse vorgegebenen Institution. Vielmehr werden Menschen in der Regel freiwillig Mitglied einer Organisation, sie repräsentieren diese, leisten Beiträge zum Erfolg und sind Ausgangspunkt für Veränderung und Innovation und somit die Quelle der Wertschöpfung im Dienstleistungsunternehmen Krankenhaus.

Ein wichtiges Ziel bei der Gestaltung der Umwelt einer Organisation ist insgesamt die Erhöhung der Arbeitszufriedenheit. Arbeitszufriedenheit wird bezeichnet als „positive Gefühle und Einstellungen eines Beschäftigten gegenüber seiner Arbeit" (Weinert 2004). Zufriedene Mitarbeiter fühlen sich am Arbeitsplatz wohl und sind gegenüber ihrem Unternehmen positiv gestimmt. Es bestätigt sich darüber hinaus, dass Arbeitszufriedenheit wiederum einen positiven Effekt auf Fehlzeiten, Kündigungshäufigkeit und auf die Bereitwilligkeit zur Kooperation ausüben kann. Mitarbeiter, die zufrieden sind und sich stark mit einem Unternehmen identifizieren, erleben weniger Stress und fühlen sich gesünder (van Dick 2004). Daraus entsteht auch ein betriebswirtschaftlicher Nutzen für die Organisation. Krankenhäuser sollten also die Zufriedenheit und die Identifikation ihrer Beschäftigten durch bestimmte Maßnahmen fördern.

Relevante Rollenbilder, Werte, Einstellungen und Verhaltensweisen von arbeitenden Menschen im Krankenhaus und somit Hintergründe für die Gestaltung von Arbeitsbedingungen werden in dem vorliegenden Kapitel beschrieben.

4.2.2.1 Rollenverständnis
Die organisatorische Rolle eines Mitarbeiters, ein Begriff aus der Soziologie, wird nach Jost als „(…) die Gesamtheit der Erwartungen aller anderen Organisationsteilnehmer bezüglich seines aufgabenbezogenen Handelns innerhalb der Unternehmung" bezeichnet (Jost 2000). Die Rolle eines Menschen entsteht demnach durch Aktionen, Tätigkeiten und Verhaltensweisen, die die Organisation von ihm erwartet. Der Mensch prägt aber ebenfalls seine berufliche Rolle, da jede Person eine eigene Vorstellung davon hat, wie die Erfüllung der Rollenerwartungen zu erfolgen hat. Beispielsweise hat jeder Arzt eine ganz persönliche Auffassung davon, was einen guten Arzt ausmacht, und jede Pflegekraft interpretiert die pflegende Hinwendung zum Menschen aus einer persönlichen Ideologievorstellung heraus. Man beobachtet, dass die Ausprägung einer Rolle ebenfalls durch Nachahmung der Verhaltensweisen von Rollenvorbildern, dies sind in der Regel Führungskräfte, beeinflusst wird.

Im Krankenhaus kann festgestellt werden, dass eine sehr heterogene Struktur verschiedener Rollen an dem Prozess der Patientenbehandlung beteiligt ist. Vom Chefarzt als hochqualifiziertem Akademiker bis zur ungelernten Servicekraft sind annähernd alle gesellschaftlichen Schichten im Krankenhaus tätig. Eine Übersicht der im Krankenhaus beschäftigten Dienstarten, angelehnt an die Anlage 4 der Krankenhausbuchführungsverordnung, liefert die nachfolgende Abbildung (Abb. 4.**5**).

Die ausgeprägte Arbeitsteilung und eine traditionell starre Organisationsstruktur gibt jedem Mitarbeiter seine fest definierte Aufgabe im Krankenhaus. Die verschiedenen Rollen

Abb. 4.5 Dienstarten im Krankenhaus.

sind demnach in ihrem beruflichen Verständnis in Bezug auf Tätigkeiten und Teamstrukturen stark voneinander abgegrenzt. Dies führt zu Bereichsdenken, Doppelstrukturen und zu fehlendem Verständnis dafür, dass Arbeitsorganisation und Prozesse zwischen Bereichen abgestimmt werden müssen. Gründe dafür liegen an der historisch gewachsenen Trennung der Berufsgruppen im Krankenhaus mit parallelen Hierarchiestrukturen. Diese Unterteilung repräsentierte in der traditionellen Form die 3 Säulen: Ärzte, Pflegedienst und Verwaltungsdienst. Heute werden in der Organisationsstruktur von Krankenhäusern aber gelegentlich schon interdisziplinäre Führungskonzepte realisiert. Rechtliche Vorgaben und Berufsordnungen bilden allerdings immer noch häufig Grenzen für eine stärkere interdisziplinäre Zusammenarbeit. Beispielsweise dürfen Pflegekräfte, unabhängig von der subjektiven Qualifikation, keine medizinischen Leistungen wie Anamnese oder Aufklärung durchführen. Obwohl es von ärztlicher Seite auch auf politischer Ebene den Ruf nach Entlastung gibt, kann also die Organisation eines Krankenhauses nur eingeschränkt intern durch eine Verschiebung von Tätigkeiten gegensteuern. Ebenfalls sieht man im Krankenhaus sehr selten Positionswechsel von einer Dienstart in eine andere, und Karriereperspektiven sind regelmäßig vor allem bereichsbezogen vorgezeichnet.

Speziell die ärztliche und pflegerische Rolle wird, neben einer starken Ideologieverbundenheit mit der eigenen Arbeit, von weiteren charakteristischen Merkmalen gekennzeichnet. Wir erleben im Umgang mit Patienten, manchmal auch mit Mitarbeitern und Kollegen, eine starke emotionale Neutralität. Vor allem bei Ärzten kann darin die dominierende naturwissenschaftliche Ausrichtung der eigenen Arbeit begründet sein. Das bedeutet, der Arzt sieht die anforderungsbezogene Erfüllung seiner berufsbezogenen Rolle in der Diagnose und Therapie einer Erkrankung und weniger in der ganzheitlichen Sicht des Kranken als Person. Die Ganzheitlichkeit wird eher im Bereich der Pflegerolle angesiedelt, wo ein persönlicher Austausch mit dem Patienten als sinnstiftend und innerhalb der Profession als wichtige Aufgabe gesehen wird. Ein weiterer Erklärungsversuch zur „emotionalen Abgrenzung" von Mitarbeitern kann sein, dass Beschäftigte im Rahmen der Patientenbehandlung mit extremen Schicksalen konfrontiert werden. Um eine eigene psychische Belastung zu vermeiden, entwickelt sich eine Schutzfunktion, die eine private Einstellung in der Ausübung der beruflichen Rolle vollständig unterdrückt. Durch die starke medizintechnische und funktional gesteuerte Krankenhausorganisation und den durch politische Entwicklungen steigenden ökonomischen Druck in der täglichen Arbeit wird eine persönliche karitative Hinwendung zum kranken Menschen für den einzelnen Mitarbeiter weiter erschwert. Dies führt häufig zu Stress und zu Unzufriedenheit mit den Rahmenbedingungen bei der Ausübung des Berufs (Weidmann 2001).

Zusätzlich erleben wir in der Außenwirkung der im Krankenhaus agierenden Rollen seit einiger Zeit eine tiefgreifende Veränderung in Bezug auf den gesellschaftlichen Status. War früher beispielsweise der Arzt der sogenannte „Gott in Weiß", dessen Aussagen und Anweisungen man als Patient und unterstellter Mitarbeiter kritiklos annahm, ist diese Ansicht heute insbesondere vonseiten der Patienten häufig eine andere. Patienten fordern, im Krankenhaus ebenfalls als Mensch mit eigenen Bedürfnissen wahrgenommen und auch als solcher ganzheitlich behandelt zu werden. Sie bestehen auf wertschätzender Kommunikation, Interaktion und Teilhabe am Behandlungsprozess. Durch die Entwicklung hin zu einem mündigen und teilhabenden Patienten und durch zusätzlich steigende Anforderungen an Führungskräfte im Umgang mit unterstellten Mitarbeitern, entsteht für die betroffenen Beschäftigten ein Druck, sich selbst und die eigene persönliche Rollenvorstellung auf den Prüfstand zu stellen und gegebenenfalls den neuen Erfordernissen anzupassen.

Bei Mitarbeitern im Krankenhaus, die sich, im Sinne einer professionellen Ausübung des Berufs, ihrer fachlich zugewiesenen Rolle verpflichtet fühlen, kann durch die vorgenannten Rahmenbedingungen ein Rollenkonflikt entstehen. Mitarbeiter vor auftretenden Rollenkonflikten zu schützen, Rollenanforderungen zu definieren und Rahmenbedingungen für eine zufriedenstellende Berufsausübung zu verbessern, ist eine schwierige Aufgabe, die durch entsprechende Organisationskonzepte, eine stärkere interdisziplinäre Zusammenarbeit, die Schaffung eines Leitbilds, einer Führungsphilosophie und durch die Gestaltung von Arbeitsbedingungen im Krankenhaus bewältigt werden sollte.

4.2.2.2 Bedürfnisse
Ein Aspekt zur Erklärung menschlichen Verhaltens bei der Arbeit, neben den bereits geschilderten Rollen, sind Bedürfnisse. Menschen treten als Mitarbeiter in eine Organisation ein, um individuelle Ziele zu erreichen. Der Wunsch, ein Ziel zu erreichen, liegt an den zugrunde liegenden Bedürfnissen. Beschäftigte wünschen sich, neben der Möglichkeit zur Bestreitung des Lebensunterhalts durch die Arbeit, die Erfüllung ihres Bedürfnisses nach Anerkennung und Leistung. Will ein Krankenhaus für Mitarbeiter attraktive Arbeitsbedingungen bieten, müssen die individuellen Ziele berücksichtigt werden.

4.2 Der menschliche Faktor

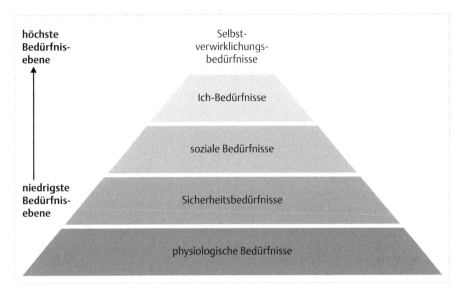

Abb. 4.6 Bedürfnispyramide von Maslow (Maslow 1954).

Eine wissenschaftliche Theorie zur hierarchischen Ordnung von persönlichen Bedürfnissen liefert die nachfolgend abgebildete Bedürfnispyramide von Maslow (Abb. 4.6).

Die Theorie von Maslow (Maslow 1954) lässt sich auf die Arbeitswelt übertragen und bewertet die für die berufliche Arbeit wesentlichen Bedürfnisse. Jeder Mitarbeiter im Krankenhaus hat demnach das Bedürfnis, mit einem angemessenen Gehalt aus seiner Tätigkeit seinen Lebensunterhalt bestreiten zu können. Lebensunterhalt bedeutet in erster Linie die Möglichkeit zur Befriedigung physiologischer Bedürfnisse, Sicherheitsbedürfnisse und sozialer Bedürfnisse. Ein sicherer Arbeitsplatz stellt dabei die Perspektive dar, den Standard auch zukünftig aufrechterhalten zu können. Da Menschen einen Großteil ihres Lebens am Arbeitsplatz verbringen, wünschen sie sich darüber hinaus soziale Achtung und Anerkennung für die Leistung sowie in die Organisation integriert zu sein. Möglichkeiten für Mitarbeiter zur Beeinflussung des eigenen Arbeitsumfelds und ein Rahmen für persönliche Selbstverwirklichung sind weitere wichtige Aspekte bei der Gestaltung der Arbeitsbedingungen im Krankenhaus.

4.2.2.3 Werte und Einstellungen – Generation Y

Erwerbstätige erwarten heute mehr von der Arbeit als früher. Dies liegt an veränderten Wertestrukturen. Wertestrukturen verschiedener Generationen stellen dabei eine Herausforderung im Zusammenhang mit der Personalführung im Krankenhaus dar. Der Begriff „Generation Y" beschreibt in diesem Zusammenhang typische Verhaltensweisen und Einstellungen der nach 1980 geborenen Mitarbeiter.

War es für die vorhergehenden Generationen der sogenannten Babyboomer und der Generation X völlig normal, sich für einen Beruf aufzuopfern und das Privatleben unterzuordnen, existieren für die „Generation Y" andere Anforderungen an die Arbeitswelt. Bereits ihre Kindheit war, im Gegensatz zu der ihrer Eltern, geprägt durch eine Vielzahl von Möglichkeiten und Alternativen. Soziale Vernetzung und die ständige Verfügbarkeit von aktuellem Wissen ist für diese Mitarbeiter essenziell, und Arbeit ist weniger Pflicht als Möglichkeit zur Selbstverwirklichung. Ein Arbeitsplatz mit einer fordernden, sinngebenden Aufgabe und mit Gestaltungsmöglichkeit wird deswegen bevorzugt. Die Mitarbeiter der Zukunft sind nicht mehr bereit, auf Familie und Freunde wegen der Arbeit zu verzichten. Deshalb spielt in einer Ausrichtung der Arbeitsbedingungen auf diese neue Erwerbsgeneration die Sicherstellung der Vereinbarkeit von Beruf und Privatleben eine große Rolle. Gefordert werden zudem Karriereperspektiven sowie Arbeitsbedingungen mit flachen Hierarchien und Möglichkeiten zur Mitsprache. Die neue Generation von Mitarbeitern ist sehr selbstbewusst. Sie fordert von den übergeordneten Führungskräften mehr Feedback, abwechslungsreiche, interessante Arbeitsaufgaben sowie eine intensive Kommunikation und Information. Bei Unzufriedenheit oder fehlender Identifikation mit der zugewiesenen Aufgabe oder mit dem Arbeitgeber wird, im Gegensatz zu den früheren Jahrgängen, nicht lange gezögert, den Arbeitsplatz zu wechseln. Die bisherige Loyalität zu einem Unternehmen, wie wir sie früher kannten, wird zunehmend verschwinden. Diesen neuen Anforderungen der „Generation Y" müssen sich Krankenhäuser stellen, um zukünftig im schwierigen Wettbewerb um Fachkräfte geeignete Mitarbeiter akquirieren zu können. Lösungen, um die Arbeitgeberattraktivität für nachkommende Mitarbeitergenerationen zu erhöhen, liegen zum Beispiel in der Gestaltung von Angeboten zur Unterstützung der Work-Life-Balance, in der Vermittlung von Organisationskultur, in einer offenen Kommunikation mit Nutzung moderner Kommunikationsmittel (z. B. Blogs, virtuelle Communities), transparenten Entscheidungsprozessen und in der positiven Beeinflussung von Einstellungen und Arbeitszufriedenheit durch die Implementierung neuer Anreizsysteme. Da sich die potenziellen Mitarbeiter zunehmend bei der Stellensuche über die möglichen Arbeitgeber ein Bild machen möchten, bietet es sich an, für diese Zielgruppen Informationen zur Verfügung zu stellen. Beispiele dafür sind Jobbörsen oder Kontakte zu Ausbildungsstätten und Universitäten (Meinert 2008).

4.2.2.4 Motivation
Der Weg zu den erwünschten Werten, Einstellungen und dem daraus resultierenden Verhalten im Sinne der Organisation führt über die Motivation bzw. Motivierung. Sie wird nach Weinert definiert als „(…) eine Reihe von energetischen Kräften, die ihren Ursprung sowohl innerhalb als auch außerhalb einer Person haben, um arbeitsbezogenes Verhalten einzuleiten und dessen Form, Richtung, Stärke und Dauer zu bestimmen." (Weinert 1992). Ziel der Motivierung ist die Leistungsoptimierung.

Es gibt in der Organisations- und Personalpsychologie zahlreiche Theorien, die sich für die Erklärung der Zusammenhänge eignen. Die Zwei-Faktoren-Theorie von Herzberg ist die wohl populärste im Kontext der Arbeitsmotivation. Man unterscheidet hier 2 Dimen-

Motivationsfaktoren	Hygienefaktoren
▸ Leistungserfolg ▸ gefordert sein ▸ Selbstbestätigung ▸ berufliche Perspektiven ▸ Anerkennung	▸ Unternehmenspolitik und -organisation ▸ Führungsverhalten ▸ soziale Beziehungen ▸ Arbeitsbedingungen ▸ Status ▸ Arbeitsplatzsicherheit

Abb. 4.7 Zwei-Faktoren-Theorie von Herzberg. Quelle: eigene Darstellung.

sionen, die die Motivation bestimmen. Es wird zwischen Motivatoren und Hygienefaktoren unterschieden (Abb. 4.7).

Die Zwei-Faktoren-Theorie postuliert folgende Annahmen: Der arbeitende Mensch hat Hygienebedürfnisse und Motivationsbedürfnisse. Werden die Hygienebedürfnisse nicht erfüllt, so ist der Beschäftigte unzufrieden; werden sie aber erfüllt, so ist er noch nicht zufrieden, sondern nur nicht unzufrieden (neutraler Zustand). Nur wenn auch die Motivationsbedürfnisse erfüllt sind, sind Arbeitnehmer zufrieden und motiviert (Bröckermann 2009).

Demnach muss ein Krankenhaus, das eine hohe Arbeitszufriedenheit und Motivation der Mitarbeiter fördern möchte, gezielt die Motivationsfaktoren beachten. Durch Motivierung kommt es zu einer Erhöhung der Arbeitszufriedenheit. Diese trägt wiederum zur Leistungssteigerung bei und wirkt dabei produktivitätssteigernd und fluktuationssenkend. Für Krankenhäuser besteht demnach die besondere Herausforderung darin, vor allem durch Karriereperspektiven, Arbeitsbedingungen sowie Wertschätzung und Anerkennung die Motivation und dadurch die Arbeitszufriedenheit positiv zu beeinflussen.

4.2.2.5 Mensch und Veränderung

Durch sich rasant verändernde Rahmenbedingungen im deutschen Gesundheitswesen werden Krankenhäuser zukünftig immer flexibler und schneller auf Veränderungen reagieren müssen, um zukunftsfähig zu bleiben. Es stellt sich die Frage, warum aber Organisationen häufig Probleme haben, Veränderungs- und Innovationsprozesse effizient zu gestalten.

Klar ist, dass der Faktor Mensch im Veränderungsprozess nicht vernachlässigt werden darf, weil häufig Interessen der Mitarbeiter und subjektive Befindlichkeiten einer Veränderung im Unternehmen entgegenstehen. Krankenhaustypische Strukturen wie ausgeprägtes Bereichsdenken, Betriebsblindheit, starre Hierarchien, familienähnliche Teamstrukturen, schwache Führungskräfte, nicht messbare Ziele und eine extreme Angst vor Fehlern verstärken die Blockadehaltung bei Innovation und Veränderung (Wöhrle 2002). Eine weitere beobachtbare Verhaltensweise führt ebenfalls zu Inflexibilität im Krankenhaus. Es wird in vielen Teams Zeit dafür investiert, um sich über nachteilige Rahmenbedingungen zu beklagen und über Gründe dafür zu spekulieren. Als schlimm empfundene Bedingungen fungieren hierbei oft als Stifter für ein Zusammengehörigkeitsgefühl. Anstatt also die Rahmenbedingungen zu akzeptieren und die Organisation zielgerichtet und sinnvoll daran auszurichten, überwiegt häufig das Interesse, in den unbeliebten, aber dafür bekannten Bedingungen zu verbleiben.

In dem Moment, in dem akzeptierte und bekannte Normen, Werte oder Regeln geändert werden sollen, stoßen Innovationen aus den vorgenannten Gründen also an individuelle Grenzen, und es entsteht ein Spannungsfeld zwischen Organisation und Mitarbeiter. Menschen werden in Organisationen auf Basis eines Anpassungsmechanismus integriert, bei dem Rollen und Regeln sowie Sinn und Zweck der Tätigkeit auf der Basis persönlicher Bedürfnisse mit den Zielen der Organisation in Übereinstimmung gebracht werden. Den Anpassungsmechanismus nennt man organisationale Sozialisation. Diese erzeugt beim Menschen vor allem Sicherheit, Rollenklarheit und festigt Macht und Einfluss. In der Situation der Veränderung werden die Beziehung der Menschen zu der Organisation sowie das gewohnte Umfeld auf den Prüfstand gestellt. Wenn Mitarbeiter sich in der Organisation an ihr stabiles Umfeld gewöhnt haben, verursacht jede Veränderung neue Anforderungen, Unsicherheit und gegebenenfalls Machtverlust oder einen unkalkulierbaren Aufwand.

Die genannten Charakteristika erzeugen Widerstand, wenn Veränderungen oder Innovationen geplant werden. Auch durch passives Verhalten, in der Reduzierung der Arbeitsleistung, in der Zunahme von Schlechtleistungen, Bildung von sich isolierenden Grüppchen und in einer erhöhten Fluktuations- und Ausfallquote kann sich Widerstand ausdrücken. Aus diesem Grund müssen von der Krankenhausleitung Reformen offen kommuniziert werden, Betroffene an den Entscheidungen beteiligt und entsprechende Anreize gesetzt werden, dass Veränderung von Mitarbeitern akzeptiert werden können.

4.2.3 Der Mensch im Fokus des Human Resources Management

Die zielgerichtete Gestaltung der menschlichen Arbeit im Krankenhaus ist eine Aufgabe des Human Resources Management, welches sich in einem diffizilen Spannungsfeld zwischen ökonomischen und sozialen Herausforderungen und einer Anpassung an sich verändernde Rahmenbedingungen befindet. Im Zentrum steht die Aufgabe, unternehmerisches Verständnis, Leistung und Motivation beim Mitarbeiter zu fördern, weiterzuentwickeln und zu erhalten, wobei die Wertschöpfung das oberste Ziel ist. Human Resources Management umfasst als Begriff alle Tätigkeitsfelder des operativen und strategischen Personalmanagements. Personalmanagement umfasst die „Gesamtheit der mitarbeiterbezogenen Gestaltungs- und Verwaltungsaufgaben im Unternehmen" (Olfert 2008). Im Krankenhaus wird die Personalarbeit noch häufig mit einer verwaltenden Tätigkeit in Verbindung gebracht. Man sieht aber, dass erfolgreiche Organisationen und Branchen ihre Personalarbeit eher nachgeordnet unter dem Verwaltungsgesichtspunkt betrachten und vor allem den gestaltenden Aspekt unter strategischen Gesichtspunkten in den Mittelpunkt stellen. Personalmanagement ist hier eine Komponente des gesamten Managementprozesses. Wird man sich den schwierigen ökonomischen Rahmenbedingungen der deutschen Krankenhäuser und der Tatsache, dass Erfolg immer stärker von einer bedarfsgerechten Anzahl an qualifizierten und motivierten Mitarbeitern abhängig ist, bewusst, dann erschließt sich der Ansatz eines Human Resources Management als übergreifende, gestaltende und strategische Aufgabe. Ein erfolgreiches Human Resources Management stellt den Faktor Mensch in den Mittelpunkt und leistet somit Beiträge für einen strategischen Wettbewerbsvorteil von Krankenhäusern. Wichtige aktuelle Handlungsfelder, Employer Branding, strategische Führungskräfteentwicklung, Gestaltungsansätze zur Vermittlung von Wertschätzung und Anerkennung und die Etablierung eines betrieblichen Gesundheitsmanagements sollen nachfolgend beschrieben werden.

4.2.3.1 Employer Branding

Insbesondere der sich zukünftig weiter verstärkende Mangel an qualifizierten Fach- und Führungskräften zwingt Krankenhäuser, als attraktiver Arbeitgeber bei Mitarbeitern und potenziellen Beschäftigten wahrgenommen zu werden. Der Gedanke des Employer Branding hat seinen Ursprung im Bereich des Personalmarketings. Personalmarketing zieht alle Unternehmensaktivitäten bezüglich Wirkungen auf potenzielle und aktuelle Beschäftigte ins Kalkül und ist somit als Leitbild, Denkweise und Orientierungsrahmen in allen Aufgabenfeldern des Human Resources Management präsent (Bröckermann 2003). Ziel ist eine Stärkung des Images als attraktiver Arbeitgeber, die Rekrutierung zukünftiger Mitarbeiter, die Bindung gegenwärtiger Mitarbeiter und die Steigerung des Ansehens der Berufsgruppen (Naegler 2011).

Der neuere Begriff des Employer Branding greift dabei die Personalmarketing-Ziele auf und geht weiter, indem die Bildung einer individuellen Arbeitgebermarke durch Arbeitgeberattraktivität in den Vordergrund gestellt wird. Die Deutsche Employer Branding Akademie (DEBA) definiert den Begriff folgendermaßen: „Employer Branding ist die identitätsbasierte, intern wie extern wirksame Entwicklung und Positionierung eines Unternehmens als glaubwürdiger und attraktiver Arbeitgeber. Kern des Employer Branding ist immer eine die Unternehmensmarke spezifizierende oder adaptierende Arbeitgebermarkenstrategie. Entwicklung, Umsetzung und Messung dieser Strategie zielen unmittelbar auf die nachhaltige Optimierung von Mitarbeitergewinnung, Mitarbeiterbindung, Leistungsbereitschaft und Unternehmenskultur sowie die Verbesserung des Unternehmensimages. Mittelbar steigert Employer Branding außerdem Geschäftsergebnis sowie Markenwert." (DEBA 2008). Durch die externe Kommunikation von attraktiven Arbeitsbedingungen, besonderen Leistungen und einer spezifischen Organisationskultur soll ein Alleinstellungsmerkmal und ein Wiedererkennungswert entwickelt werden. Im Wettbewerb zwischen Krankenhäusern um Fachkräfte kann dadurch ein Vorteil im Vergleich zur Konkurrenz erfolgen, da detaillierte Informationen für Außenstehende zur Verfügung gestellt werden. Das Ansehen des Krankenhauses in der Öffentlichkeit wird damit verbessert, und etwaig bestehende Standortnachteile können abgemildert werden. Neben der Reduzierung von Schwierigkeiten bei der Personalgewinnung dient dies auch der Bindung gegenwärtiger Mitarbeiter, die durch den entstehenden Stolz, bei einem angesehenen Arbeitgeber beschäftigt zu sein, zu höheren Leistungen in der Lage sind. Fakt ist, dass die aktuellen Mitarbeiter wichtige „Markenbotschafter" darstellen und deren Haltung ausschlaggebend für die Glaubwürdigkeit des Unternehmens ist. Das bedeutet, was das Krankenhaus nach außen kommuniziert, muss auch intern bekannt sein und von den Mitarbeitern als positiv eingeschätzt werden. Eine Diskrepanz zwischen Außendarstellung und Realität im Unternehmen wirkt unglaubwürdig und führt zu Enttäuschungen. Man sieht also, dass eine interne und externe Sichtweise vorhanden ist, die in Einklang zu bringen ist.

Bei der Konzeptionierung einer Employer Branding-Strategie nutzt man Maßnahmen aus dem Bereich des Personalmarketing. Externe Maßnahmen beziehen sich insbesondere auf Kommunikations- oder Werbemaßnahmen für Bewerber und Interessierte wie beispielsweise die Teilnahme an Rekrutierungs- und Karrieremessen, Imagekampagnen, die Gestaltung von Stellenanzeigen oder auch die Organisation eines Tages der offenen Tür. Aber auch die professionelle Organisation des Bewerbermanagements, die damit verbundene Präsentation des Krankenhauses oder die Vorgehensweise bei Absagen von Bewerbern dient einer attraktiven Außendarstellung. Zur Nachwuchssicherung bietet es sich an, Kontakte zu Universitäten und weiteren Ausbildungsstätten zu pflegen und z. B. Studenten bereits während des Studiums einen Einstieg in Form von Praktika bzw. Famulaturen oder durch die Betreuung von Abschlussarbeiten anzubieten. Um einen nachhaltig positiven Effekt zu erzielen, müssen daneben zusätzlich interne Bedingungen geschaffen werden, welche die Arbeitgeberattraktivität erhöhen. Aufgabe des internen Employer Branding ist es, durch attraktive Arbeitsbedingungen Arbeitszufriedenheit und Identifikation der Beschäftigten positiv zu beeinflussen und somit die Leistungsbereitschaft zu erhöhen und einer ungewollten Fluktuation entgegenzuwirken. Geeignete interne Maßnahmen können beispielsweise eine mitarbeiterorientierte Gestaltung der Arbeitsbedingungen, die Etablierung von Führungsgrundsätzen, Investitionen in Personalentwicklung, ein Angebot freiwilliger sozialer Leistungen, Umgang mit ausscheidenden Mitarbeitern und eine offene Kommunikation, beispielsweise durch ein schwarzes Brett oder einen Newsletter, sein. Um Mitarbeitern eine Profilierungsmöglichkeit zu geben, dient beispielsweise die Förderung von Vorträgen und Publikationen (Naegler 2011).

4.2.3.2 Strategische Führungskräfteentwicklung

„Die Personalentwicklung dient der Vermittlung jener Qualifikationen und Kompetenzen, die zur optimalen Verrichtung der derzeitigen und der zukünftigen Aufgaben erforderlich und beruflich, persönlich sowie sozial förderlich sind." (Bröckermann 2009). Ziel der Personalentwicklung ist der Aufbau von Qualifikationen zur Bewältigung der tätigkeitsbezogenen Aufgaben.

Generell werden im Gesundheitswesen neben fachlichen Kompetenzen gerade persönliche und soziale Kompetenzen immer wichtiger. Strategische Aspekte der Personalentwicklung beziehen sich aktuell vor allem auf den Aspekt der Führungskräfteentwicklung. Der Bedarf an der Qualifizierung von Führungskräften wird insbesondere deutlich, wenn man berücksichtigt, dass im Krankenhaus die Auswahl von Führungskräften immer noch lediglich auf Basis fachlicher Fähigkeiten stattfindet. Leistung fordern und Leistung fördern bilden aber den Kern der Zusammenarbeit zwischen Führung und Mitarbeitern. Um diese Anforderung zu erfüllen, fehlen vielen Führungskräften wichtige Werkzeuge, um das Arbeitsverhalten der unterstellten Mitarbeiter in gewünschter Weise positiv zu beeinflussen. Neben der Fähigkeit zur Motivation der Mitarbeiter fehlt gelegentlich das Bewusstsein über die Vorbildfunktion und die Aufgabe, als Vermittler zwischen Unternehmens- und Mitarbeiterinteressen zu fungieren. Führungskräfte im Krankenhaus verstehen ihre Rolle meist als Fachspezialist und Interessenvertreter der zu leitenden Gruppe gegenüber der Krankenhausleitung und sind mit den modernen Anforderungen an eine Führungskraft überfordert. Dabei muss sich eine erfolgreiche Führungskraft auch mit dem Unternehmen und seiner Kultur identifizieren, um ihre Aufgabe erfolgreich erfüllen zu können.

Zukünftig müssen deshalb Führungskräfte stärker Vorbild sein, Visionen und Ziele des Krankenhauses in Form von Werten und Überzeugungen vorleben, Erklärungsansätze geben und dadurch die Werte der Beschäftigten prägen, damit sich die Mitarbeiter mit den Zielen des Krankenhauses identifizieren können. Führungskräfte sind dafür verantwortlich, in ihrem Bereich den Personaleinsatz verantwortungsbewusst zu steuern und Menschen vor Unter-, vor Überforderung und vor Rollenkonflikten zu schützen. Gerade die nachkommende Mitarbeitergeneration wird anspruchsvoller, toleriert kein „blindes Gehorsam" und erwartet von ihren Vorgesetzten Kommunikation, Interaktion, Koordination und vor allem Wertschätzung und Anerkennung. Wenn Mitarbeiter ein Unternehmen verlassen, dann häufig, weil sie von ihrer Führungskraft enttäuscht sind.

In Zeiten von Fachkräftemangel können sich Krankenhäuser den Verlust von qualifizierten Mitarbeitern aufgrund von Führungsdefiziten der Vorgesetzten nicht mehr leisten. Unter dem Aspekt der strategischen Personalentwicklung werden somit Konzepte zur Führungskräfteentwicklung und Nachfolgeplanung im Krankenhaus weiter an Bedeutung gewinnen.

Inhalte der Führungskräfteentwicklung beziehen sich im Krankenhaus neben der Vermittlung von fachlichen Fähigkeiten (v. a. ökonomische Grundlagen, fundierte Kenntnisse zum Krankenhaus, zum organisatorischen Aufbau und zur Gestaltung der betrieblichen Kernprozesse) auf methodische, soziale und interkulturelle Fähigkeiten (z.B. zur Problemlösung, zur Mitarbeiterführung, zur Gesprächsführung, zur innerbetrieblichen Zusammenarbeit und zur sozialen Verantwortung) sowie auf die Bildung von Einstellungen durch vorbildhaftes Verhalten, durch Respekt vor der Unternehmenskultur sowie deren Beachtung bei Entscheidungen (Naegler 2011).

Die Konzeptionierung eines Führungskräfteprogramms hat „erhebliche positive Auswirkungen auf die Motivation, Produktivität und Zufriedenheit von Mitarbeitern und Führungskräften" (Wichels 2012). Somit kann hierdurch ein strategischer Wettbewerbsvorteil durch Verbesserung der Rekrutierungsmöglichkeiten und durch die Bindung gegenwärtiger Mitarbeiter generiert werden.

4.2.3.3 Wertschätzung und Anerkennung

In allen Aspekten des Human Resources Management spielt der Gedanke von Wertschätzung und Anerkennung eine Rolle. Arbeitende Menschen im Krankenhaus tragen im Rahmen ihrer Tätigkeit eine hohe Verantwortung für die sich in unsere Obhut begebenden Patienten. Die Bedeutung einer entsprechenden Wertschätzung und Anerkennung darf vonseiten des Arbeitgebers nicht unterschätzt werden. Gerade die vorgenannten Anforderungen von Mitarbeitern der Generation Y zwingen Unternehmen zu einem Umdenken. Übergeordnete Maßnahmen können die Etablierung einer wertschätzenden Unternehmenskultur mit Verhaltensgrundsätzen und einer Führungsphilosophie sein. Wertschätzung und Anerkennung wird vermittelt, indem Unternehmensziele und Visionen klar kommuniziert werden, Mitarbeiter an Entscheidungen mitwirken und Führungsgrundsätze gelebt und eingefordert werden können. Regelmäßige Durchführung von Mitarbeitergesprächen zwischen Vorgesetzten und Mitarbeitern, ein innerbetriebliches Vorschlagswesen bzw. leistungsbezogene Honorierung auf der Basis von Zielvereinbarungen sind mögliche Instrumente, um die Entwicklung zu einer wertschätzenden und anerkennenden Unternehmenskultur zu fördern.

Mitarbeiter erwarten in diesem Zusammenhang vor allem, dass Arbeitgeber Angebote zum Thema „Work–Life Balance" vorweisen können. Die Vereinbarkeit von Beruf und Familie steht hier besonders im Fokus und Krankenhäuser werden in Zukunft noch stärker das Bedürfnis ihrer Mitarbeiter, Privatleben und Karriere in Einklang zu bringen, unterstützen müssen. Dies ist wichtig, weil viele Mitarbeiter im Krankenhaus mit der Gestaltung von Arbeitszeiten unzufrieden sind. Das liegt zum einen an der allgemeinen Belastung durch Schichtdienst und zum anderen oft an Unwägbarkeiten im Zusammenhang mit der Dienstplanung. Insgesamt kann man also durch Familienfreundlichkeit (z. B. Betriebskinderkrippe, Betriebskindergarten, Betreuungsmöglichkeiten in Ferienzeiten und für Notfälle), durch attraktive und flexible Arbeitszeitmodelle insbesondere für den Schichtdienst (z. B. Entgegenkommen bei individuellen Bedürfnissen im Rahmen des betrieblich Möglichen, Grundsätze bei der Urlaubsplanung), durch die Schaffung von Perspektiven und Karrieremöglichkeiten für Eltern, durch die Kontaktpflege mit Mitarbeitern in der Familien- oder Pflegezeit sowie durch die Beratung und Unterstützung bei der Lösung privater Probleme, beispielsweise durch eine Familienbeauftragte, einen positiven Effekt erzielen. Die Konzeptionierung und Gestaltung derartiger Arbeitsbedingungen zeigt, dass ein Unternehmen seinen Mitarbeitern in einer wertschätzenden und anerkennenden Haltung gegenübersteht.

Anzumerken ist allerdings, dass eine besondere Verantwortung bei der Vermittlung von Wertschätzung und Anerkennung dabei immer beim direkten Vorgesetzten liegt, der in der Lage sein muss, durch eine mitarbeiterorientierte und motivierende Kommunikation auf die Bedürfnisse des unterstellten Personals einzugehen. Auch wenn im betrieblichen Umfeld ein positives Arbeitsklima herrscht, so kann nur dadurch letztlich eine hohe Arbeitszufriedenheit und Identifizierung mit dem Arbeitgeber erreicht werden.

4.2.3.4 Betriebliches Gesundheitsmanagement

Durch die eingangs beschriebene demografische Entwicklung werden die zu versorgenden Patienten im Krankenhaus älter, was eine Aufwandssteigerung für das in der Patientenversorgung tätige Personal bedeutet. Gleichzeitig steigt auch das Durchschnittsalter der beschäftigten Mitarbeiter durch eine längere Erwerbstätigkeit bis zum Renteneintritt. Der älter werdenden Belegschaft muss durch Maßnahmen eine Unterstützung geboten werden, bis zur Rente einer produktiven Tätigkeit nachgehen zu können. Der Erhaltung der Beschäftigungsfähigkeit durch Prävention, gesundheitsfördernde Arbeitsbedingungen und durch die Schaffung von Perspektiven für ältere Mitarbeiter durch „lebenslanges Lernen" und altersgerechte Arbeitsplätze, widmet sich das betriebliche Gesundheitsmanagement.

Vor allem im Krankenhaus umgeben unsere Mitarbeiter häufig Risikofaktoren für tätigkeitsverursachte Gesundheitsbeeinträchtigungen. Diese sind zum Beispiel hohe physische Arbeitsanforderungen, insbesondere durch Lagern von Patienten im Pflegebereich, eine belastende und gefährliche Arbeitsumgebung, beispielsweise beim Umgang mit Gefahrstoffen, oder psychische Belastungen durch die Konfrontation mit Patientenschicksalen. Weitere Risikofaktoren entstehen durch Mängel in der Arbeitsorganisation und durch Führungsdefizite (Ilmarinen u. Tempel 2003). Ansatzpunkte für Gesundheitsförderung und Prävention liegen in der Reduzierung dieser Krankheitsrisiken. Da auch der Anteil an psychischen Erkrankungen an den Ausfallzeiten weiter zunimmt, müssen neben körperlichen Belastungen am Arbeitsplatz weitere Risikofaktoren, wie zum Beispiel Stress, ungelöste Konflikte, Unzufriedenheit oder ein schlechter Umgang im Team bei der Konzeptionierung stärkere Beachtung finden.

Gesundheitsförderung für Mitarbeiter wird idealerweise im Rahmen einer Kernstrategie auch als Managementgrundsatz festgehalten. Dies kann im Leitbild des Krankenhauses aufgenommen werden. Die Führungskräfte müssen ein Bewusstsein entwickeln, dass sie für die Umsetzung alternsgerechter und gesundheitsfördernder Arbeitsbedingungen mit verantwortlich sind. Es bietet sich der Aufbau eines Überwachungssystems für den Gesundheitsstatus der Belegschaft in Form von Kennzahlen an. Geeignete Kennzahlen können beispielsweise durch die Analyse krankheitsbedingter Ausfallzeiten oder aus der betrieblichen Alters- und Qualifikationsstruktur generiert werden. Auch eine jährliche Gesundheitsberichterstattung der Krankenkassen kann Hinweise liefern. Über eine systematische Bedarfsanalyse sollte zunächst der Status quo im Krankenhaus festgestellt werden. Im weiteren Verlauf bietet sich an, im Rahmen einer Projektgruppe, bestehend aus Vertretern aus dem Human Resources Management, der Mitarbeiter- und Schwerbehindertenvertretung, der Fachkraft für Arbeitssicherheit und dem Betriebsarzt, ein Maßnahmenpaket zu erarbeiten, umzusetzen und regelmäßig zu evaluieren.

Für die Gestaltung von gesundheitsfördernden und alternsgerechten Rahmenbedingungen gibt es zahlreiche Ansätze. Dies kann im Rahmen eines betrieblichen Angebots an Präventionsmaßnahmen erfolgen, z. B. durch betriebsärztliche Angebote, Arbeitsschutzmaßnahmen, Sportangebote, Seminare zum Umgang mit Stress, Informationsveranstaltungen zur Vorbeugung von Suchterkrankungen oder Burn-out, Konfliktberatung, gesunde, altersgerechte Führung, regelmäßige Arbeitsplatzbeurteilungen und lebensphasengerechte Personalentwicklungsmaßnahmen. Bei dem Aspekt „lebenslanges Lernen" müssen sich die Mitarbeiter selbst am Entwicklungsprozess beteiligen. Dies erfordert eine höhere Flexibilität und insbesondere die Bereitschaft, neue Herausforderungen anzunehmen, um sich produktiv weiter ins Unternehmen einbringen zu können. Das Human Resources Management übernimmt dabei Beratung, Organisation und Unterstützung. Zur Wiederherstellung der Leistungsfähigkeit erkrankter Mitarbeiter und deren Re-Integration in den Arbeitsprozess dient beispielsweise ein strukturiertes betriebliches Eingliederungsmanagement.

4.2.3.5 Fazit

In den vorangegangenen Ausführungen wird die besondere Bedeutung des Faktors Mensch im Dienstleistungsunternehmen Krankenhaus aufgezeigt. Die Krankenhausleitung und das Human Resources Management sehen sich mit einer großen Zahl von Entwicklungen konfrontiert, die neue Voraussetzungen für unternehmerische und personalpolitische Entscheidungen schaffen. Insbesondere durch die Ökonomisierung der Gesundheitsversorgung, die Verknappung von Fach- und Führungskräften, veränderte Anforderungen der Generation Y und durch weitere demografische Entwicklungen wird die Personalarbeit auf eine neue Basis gestellt. Das Human Resources Management muss in diesem Rahmen einerseits einen effizienten und wirtschaftlichen Personaleinsatz zu angemessenen Kosten sicherstellen und gleichzeitig einen Beitrag zur Erhöhung der Arbeitgeberattraktivität und Arbeitszufriedenheit leisten. Diese im Regelfall konkurrierenden Ziele sind durch die Erarbeitung von zukunftsorientierten Konzepten zu verfolgen, wodurch für das Krankenhaus ein wichtiger strategischer Wettbewerbsvorteil entwickelt werden kann.

Literatur

Augurtzky B, Gülker R, Krolop S et al. Krankenhaus Rating Report 2011. Die fetten Jahre sind vorbei. Executive Summary. Essen: RWI-Materialien 2011; 67: 15

Blum K, Löffert S, Offermanns M et al. Krankenhaus Barometer. Umfrage 2011. Deutsches Krankenhaus Institut. Düsseldorf; 2011: 6

Bröckermann R. Personalwirtschaft. Lehr- und Übungsbuch für Human Resource Management. 3. Aufl. Stuttgart: Schäffer-Poeschel; 2003: 23

Bröckermann R. Personalwirtschaft. Lehr- und Übungsbuch für Human Resource Management. 5. Aufl. Stuttgart: Schäffer-Poeschel; 2009: 19

Deutsche Employer Branding Akademie (2007). Definition Employer Branding. Im Internet:http://www.employerbranding.org/employerbranding.php?PHPSESSID=f03d0725adb783c08035a3f75f4d3f51; Stand: 22.05.2012

Dick van R. Commitment und Identifikation mit Organisationen. In: Schuler H et al. Hrsg. Personalpsychologie. Human Resources Management kompakt. Band 5. Göttingen Bern Toronto Seattle: Hogrefe; 2004: 10

Gutenberg E. Grundlagen der Betriebswirtschaftslehre. Band 1. 17. Aufl. Berlin: Springer; 1984

Ilmarinen J, Tempel J. Erhaltung, Förderung und Entwicklung der Arbeitsfähigkeit – Konzepte und Forschungsergebnisse aus Finnland. In: Badura B, Hrsg. Fehlzeitenreport 2002. Berlin: Springer; 2003: 85–99

Jost P. Organisation und Motivation. Eine ökonomisch-psychologische Einführung. 1. Aufl. Wiesbaden: Gabler; 2000: 18

Lampferhoff HG. People make the difference. Erfolgsfaktor Personal. Ludwigshafen (Rhein): Friedrich Kehl; 2006

Maslow A. Motivation and Personality. New York: Harper; 1954: 69

Meinert S. Arbeitsmarkt-Entwicklung. Die Besten der Generation Y rekrutieren (18.09.2008). Im Internet: http://www.ftd.de/karriere-management/karriere/:arbeitsmarkt-entwicklung-die-besten-der-generation-y-rekrutieren/413901.html; Stand: 22.05.2012

Naegler H. Personalmanagement im Krankenhaus. Grundlagen und Praxis. 2. Aufl. Berlin: MWV; 2011: 198, 217

Olfert K. Personalwirtschaft. 13. Aufl. Ludwigshafen: Kiehl; 2008: 24

Schuler H. Lehrbuch der Personalpsychologie. 2. Aufl. Göttingen Bern Wien Toronto Seattle Oxford Prag: Hogrefe; 2006: 4

Schuler H. Organisationspsychologie. Grundlagen der Personalpsychologie. In: Birbaumer N et al. Enzyklopädie der Psychologie. Serie III. Wirtschafts- Organisations- und Arbeitspsychologie. Band 3. Göttingen Bern Toronto Seattle: Hogrefe; 2004: 7

SGB V, § 12, Absatz 1, Satz 1

Statistische Ämter des Bundes und der Länder. Demografischer Wandel in Deutschland. Bevölkerungs- und Haushaltsentwicklung im Bund und in den Ländern. Heft 1. Wiesbaden: Statistisches Bundesamt; 2011: 8

Verordnung über die Rechnungs- und Buchführungspflichten von Krankenhäusern (Krankenhaus-Buchführungsverordnung – KHBV). Anlage 4. Kontenrahmen für die Buchführung.

Weinert AB. Motivation. In: Gaugler E, Weber W. Handwörterbuch des Personalwesens. 2. Aufl. Stuttgart; 1992: 386, 1430

Weinert AB. Organisations- und Personalpsychologie. 5. Aufl. Weinheim Basel: Beltz; 2004: 245

Weidmann R. Rituale im Krankenhaus. Organisationen verstehen und verändern. 3. Aufl. München Jena: Urban Fischer; 2001: 13–37

Wichels R. Führungskräfteentwicklung schafft Wettbewerbsvorteile. Health & Care Management 2012; 3 (1–2): 28–29

Wöhrle A. Change Management. Organisationen zwischen Hamsterrad und Kulturwandel. 1. Aufl. Augsburg: ZIEL; 2002: 76 ff.

4.3 Zahlen – Daten – Fakten

Silvan Uick

4.3.1 Controlling

4.3.1.1 Vorbemerkung
In diesem Kapitel wird ein Überblick über die gängigen Meinungen zum und über das Controlling sowie die wesentlichsten Controllinginstrumente im Krankenhaus gegeben. Nach Beantwortung der Fragestellung „Was ist Controlling?", wird die Rolle und das Selbstverständnis des Controllings erläutert. Wer Controlling macht und welche Organisationsformen es gibt, wird anschließend dargestellt. Es folgen die Teilbereiche Finanz- und Medizincontrolling sowie die Abgrenzung zwischen operativem und strategischem Controlling. Ein Ausblick auf die weitere Entwicklung im Krankenhauscontrolling bildet den Abschluss dieses Unterkapitels.

4.3.1.2 Was ist Controlling?
Zum Begriff „Controlling" gibt es keine gesetzliche Definition, Norm oder Ähnliches. Liest man die verschiedenen Fach- und Lehrbücher sowie die sonstigen Veröffentlichungen, wird deutlich, dass jeder Autor eine etwas andere, mehr oder weniger weit gefasste Sicht auf die Frage „Was ist Controlling?" hat. Zudem wird Controlling in jedem Unternehmen individuell gelebt/umgesetzt.

Controlling mit Kontrolle zu übersetzen oder darauf zu reduzieren, ist naheliegend und häufig der erste Gedanke, aber inhaltlich falsch. Gleiches gilt, wenn Controlling nur mit Kostenreduzierung, Personalabbau, Arbeitsverdichtung usw. assoziiert wird.

Selbstverständlich hat Controlling auch mit Kontrolle zu tun, z. B. wenn es darum geht, den Iststand mit dem Sollstand zu vergleichen. Es geht jedoch nicht darum zu kontrollieren, ob jemand seine Arbeit macht oder nicht. Das ist eine der Aufgaben des jeweiligen Vorgesetzten.

Wenn von der Unternehmensführung die Ziele für das kommende Quartal, das folgende Jahr, den nächsten 5-Jahres-Zeitraum, ... festgelegt werden, wird eine Unterstützung benötigt, welche die Einhaltung dieser Ziele/Pläne regelmäßig prüft und bei Abweichungen, je nach unternehmensinternen Richtlinien, entsprechend handelt. Dieser Plan-Ist-Vergleich ist eine der Kernaufgaben des Controllings, denn es kam schon häufig genug vor, dass negative Entwicklungen nicht erkannt oder von der verantwortlichen Person zwar erkannt, aber weder beseitigt noch weitergemeldet wurden. Insofern gilt: Vertrauen ist gut, Controlling ist besser.

Ein Plan-Ist-Vergleich kann immer nur vergangenheitsbezogen erfolgen. Ein weiterer wesentlicher Aufgabenbereich des Controllings ist aber auch der Blick nach vorne. Dies beinhaltet unter anderem die

- Prognose ausgehend vom aktuellen Iststand (Wird der Plan eingehalten, wenn alles unverändert weiterläuft? Wenn nein, was muss wie von wem bis wann gemacht werden?),
- Beurteilung neuer Entwicklungen (Wie wirken sich Gesetzesvorhaben, neue Behandlungsmethoden, Aktivitäten anderer Krankenhäuser, … auf das eigene Krankenhaus aus?),
- Erstellung von Wirtschaftsplänen für das Krankenhaus und Teilpläne/Budgets für einzelne Bereiche sowie Vorbereitung der Budget-/Pflegesatzverhandlungen,
- Chancen-/Risikoeinschätzungen von geplanten krankenhausinternen Veränderungen (z. B. Stationsvergrößerungen, Veränderungen im medizinischen Spektrum),
- Unterstützung der Unternehmensführung bei der Festlegung von Unternehmenszielen.

Aus den beiden genannten Aufgabenfeldern (Plan-Ist-Vergleiche und „Blick nach vorne") ergeben sich Daten/Informationen, welche die Entscheidungsträger für ihre Tätigkeit benötigen. Somit ist eine weitere Kernaufgabe des Controllings die Informationsversorgung der Führungskräfte (und auch, je nach Unternehmensphilosophie, der Mitarbeiter).

Die Informationsversorgung kann auf unterschiedlichsten Wegen geschehen. Es ist an dieser Stelle unerheblich, ob es sich um ein standardisiertes Berichtswesen in elektronischer Form, um einen mündlichen Ad-hoc-Bericht oder um eine Präsentation handelt.

Wichtig sind in diesem Zusammenhang lediglich 3 Faktoren:
- Schnelligkeit
- Verlässlichkeit
- Relevanz

Wenn z. B. der Bericht für April erst Anfang Juni dem Management zur Verfügung gestellt wird, sind schon wieder mehrere Wochen vergangen, in denen sich eine eventuell bestehende negative Planabweichung unerkannt weiterentwickelt hat. Die einzuleitenden Gegenmaßnahmen greifen somit erst später und müssen mehr aufholen, um wieder den Plan zu erreichen, als wenn die Abweichung früher erkannt/berichtet worden wäre.

Sinn und Zweck eines Controllingberichts ist es, hierauf basierende Entscheidungen zu treffen. Diese Entscheidungen ziehen Konsequenzen nach sich (es werden bei negativen Planabweichungen Gegenmaßnahmen eingeleitet, wie z. B. ein Einstellungsstopp bei zu hohen Personalkosten), und auch diese Konsequenzen haben Auswirkungen (z. B. Mehrbelastung der vorhandenen Arbeitskräfte).

Sollten die Berichte des Controllings häufig korrigiert werden (z. B. durch fehlerhafte Auswertungen wird die Fallzahl zu niedrig mitgeteilt), werden nicht nur die Berichte angezweifelt, auch die Glaubwürdigkeit des Controllings insgesamt leidet hierdurch.

Die Folge ist, dass die Entscheidungsträger kein Vertrauen mehr in die Berichte und somit auch keine Grundlage für ihre Entscheidungen haben. Es ist auch vorstellbar, dass sich z. B. ein Kostenstellenverantwortlicher, der mit seinen Kosten ohne inhaltliche Begründung über dem Plan liegt, mit dem Hinweis „die Zahlen stimmen ja eh nicht" aus der unmittelbaren Handlungsverantwortung entzieht.

Alle Berichtsempfänger sollen die Informationen bekommen, die sie für ihre Arbeit benötigen. So einfach, wie es sich hier liest, ist es in der Praxis häufig nicht.

Entweder es fehlen aus unterschiedlichsten Gründen Daten oder der Bericht ist so umfangreich, dass es schwer fällt, die benötigten Fakten auf einen Blick zu erfassen.

In beiden Fällen hilft es, mit den Berichtsempfängern eine Vereinbarung darüber zu treffen, was sie brauchen. Stellt sich heraus, dass z. B. Daten benötigt werden, die bisher weder berichtet noch erfasst werden, kann die Lösung eventuell in der Erfassung der Daten liegen, sofern der Aufwand hierzu nicht größer ist als der zu erwartende Nutzen. Melden die Berichtsempfänger hingegen, welche Daten sie künftig nicht mehr benötigen, können diese Informationen schon beim nächsten Bericht weggelassen werden.

Durch die 3 bisher genannten Aufgabenbereiche ergibt sich zwangsläufig eine Kommunikation zwischen dem Controlling und seinen Kunden. Dies ist der 4. Kernbereich des Controllings, der Beratung, Koordination/Moderation und Steuerung beinhaltet.
- Die **Beratung** umfasst alle Fragen der Führungskräfte, die mit der Planung und Steuerung ihres Verantwortungsbereichs im Zusammenhang stehen.
- **Koordination/Moderation** bedeutet insbesondere die Abstimmung der Teil-/Bereichspläne auf die Unternehmensplanung.
- Bei der **Steuerung** geht es um das aktive Eingreifen in Entscheidungen und operative Abläufe. Üblicherweise hat das Controlling keine Entscheidungsbefugnisse. Es kann jedoch Entscheidungen durch das Vertreten der eigenen Meinung beeinflussen oder auch das Umsetzen von Entscheidungen verhindern (z. B., indem durch eine Budgetsperre eine Einstellung nicht vorgenommen werden kann), bis eine Klärung erfolgt ist.

Zusammengefasst sind die 4 Hauptaufgabenfelder des Controllings als Instrument zur Führungsunterstützung somit:
- das Erstellen von Plan-Ist-Vergleichen (inkl. Analysen und Maßnahmenempfehlungen),
- der „Blick nach vorne",
- die Informationsversorgung des Managements,
- die Kommunikation mit seinen Kunden.

4.3 Zahlen – Daten – Fakten

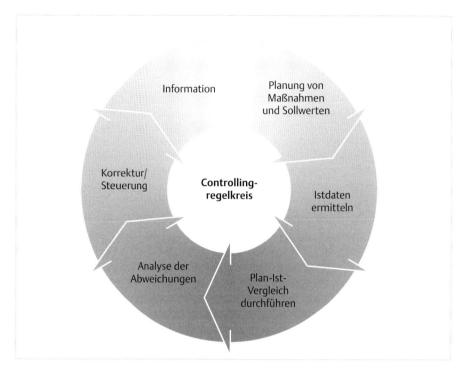

Abb. 4.8 Controllingregelkreis.

Controlling soll auch nachhaltig wirken, d. h. es wird nicht nur einmal ein Plan-Ist-Vergleich oder ein Bericht erstellt, sondern wiederkehrend. Durch die Wiederholung der einzelnen Aufgaben entsteht ein Kreislauf, der für die erforderliche Nachhaltigkeit sorgt (Abb. 4.8).

4.3.1.3 Rolle und Selbstverständnis des Controllings

Als das Controlling in Deutschland noch in den Kinderschuhen steckte, sah sich ein Controller überwiegend als Lieferant von Zahlen/Daten für Geschäftsführer und Vorstände. Die Fremdwahrnehmung war jedoch eher die des Erbsenzählers oder Buchhalters mit Sonderaufgaben.

Dann folgte eine Phase, in der der Controller mit einem Lotsen verglichen wurde, der dem Kapitän half, das (Unternehmens-)Schiff auf Kurs zu halten.

In den letzten 10 bis 15 Jahren hat sich dies wiederum weiterentwickelt und der Wandel zu einem Berater, der auch (dezentral) für die operativen Bereiche Unterstützung leistet, wurde vollzogen. Die Berichtsempfänger wurden zu Kunden und sehen auch aus diesem Grund den Controller nicht mehr als „Zahlenknecht" an, sondern als Coach zur Ergebnisoptimierung. Aus den Zahlenfriedhöfen der Vergangenheit wurden dank der technischen Entwicklung Managementinformationssysteme, die im Hintergrund durch ein Datawarehouse oder ein umfassendes Krankenhausinformationssystem gespeist werden.

In seiner Rolle als Dienstleister muss das Controlling somit seine Leistungen auf die Kundenbedürfnisse ausrichten, eine gute Servicequalität liefern und auch die eigenen Kosten im Griff haben. Ansonsten kann hier, wie auch in anderen Servicebereichen bereits üblich, das Thema Outsourcing schnell eine Rolle spielen.

Der Gründer der Controller Akademie in Gauting/München, Herr Dr. Albrecht Deyhle, hat dieses neue Selbstverständnis, bezogen auf das Krankenhaus und in die medizinische Sprache „übersetzt", in seinen Seminaren so formuliert, dass der Controller wie ein Mediziner zum Hausbesuch bei seinen Kunden (Patienten) kommen möge. Bevor z.B. bei einer Planabweichung Gegenmaßnahmen umgesetzt werden, erfolgt hier auch zunächst die Anamnese (Was ist die Vorgeschichte zur Planabweichung?), dann die Diagnose (Ursache der Planabweichung feststellen) und erst zum Schluss die Therapie, sprich die Gegensteuerung.

4.3.1.4 Wer macht Controlling?
Um diese Frage zu beantworten, muss als Erstes verdeutlicht werden, dass der Begriff „Controlling" doppelt belegt ist und um welchen Inhalt es bei der Fragestellung geht.

Zunächst gibt es die Organisationseinheit „Controlling", die verschiedene Aufgaben wahrnimmt. Zur Abgrenzung könnte der Begriff „Abteilung Controllerservice" benutzt werden. Dann gibt es die Aufgabe/Tätigkeit „Controlling". Diese wurde in den vorherigen Absätzen beschrieben. Die Fragestellung geht inhaltlich also um die Aufgabe/Tätigkeit. Die natürliche Schlussfolgerung wäre deshalb: Der Controller aus dem Controlling macht das Controlling. Leider ist diese einfache Lösung falsch. Vielmehr müssen zur Beantwortung der Fragestellung als Zweites auch noch die Aufgaben-/Verantwortungsbereiche der beteiligten Funktionsträger betrachtet werden. Auf der einen Seite ist der Controller, der verschiedene Serviceleistungen (z.B. Informationsversorgung, Planungen, Prognosen, …) erbringt. In aller Regel trifft ein Controller aber keine Managemententscheidungen, sondern gibt seinen Bericht mit Empfehlungen ab. Auf der anderen Seite befindet sich der Manager (Kostenstellenverantwortlicher, Chefarzt, Geschäftsführer, …), der entscheiden soll, aber in der Regel keine Berichte erstellt. Controlling kann also nur in der Schnittmenge zwischen Controller und Manager stattfinden, d.h., wenn der Bericht und die Entscheidung zusammentreffen.

Deshalb gibt es bei einer Aufgabenverteilung keine einzelne Person, die „Controlling macht". Aber es gibt mehrere Beteiligte, die zu verantworten haben, dass Controlling gemacht wird. Nur wenn durch einen Entscheider der Plan-Ist-Vergleich sowie die Analyse selber erfolgen und im Anschluss von ihm die Entscheidung getroffen wird, wird durch eine Person Controlling umgesetzt.

4.3.1.5 Controllingorganisation
Die Organisation des Controllings kann zentral, aber auch dezentral erfolgen und sich zudem auch noch durch das Maß der Eigenständigkeit und der Ansiedlung in der Unternehmenshierarchie unterscheiden.

Eine optimale und gleiche Organisationsform für alle Krankenhäuser kann es nicht geben, da die Verhältnisse vor Ort jeweils unterschiedlich sind. Von Bedeutung ist, dass das Controlling die ihm übertragenen Aufgaben umfänglich wahrnehmen kann.

Folgende Organisationsformen sind in den Krankenhäusern in der Regel anzutreffen:

Zentrales Controlling: In einem Bereich sind alle Controllingfunktionen angesiedelt, und innerhalb des Bereichs wird nach Aufgaben/Zuständigkeiten unterschieden. In größeren Krankenhäusern wird diese Organisationsform häufiger gewählt, wobei der Bereich überwiegend als Stabsstelle bzw. Stabsabteilung des Geschäftsführers/Vorstands fungiert.

Dezentrales Controlling: Die Controllingfunktionen sind entweder einzelnen Sparten zugeordnet (z. B. das Personalcontrolling der Personalabteilung, das Finanzcontrolling der Finanzabteilung usw.) oder sog. Bereichscontroller sind umfänglich für den ihnen zugehörigen Bereich zuständig (z. B. einer Fachabteilung, dem Labor usw.). In kleineren Krankenhäusern wird in diesen Fällen die jeweilige Controllingaufgabe oft vom Abteilungsleiter als weitere Aufgabe übernommen. In Häusern der mittleren Größe gibt es zum Teil „Abteilungsspezialisten", welche die Controllerfunktion ausüben.

Mischformen: Ein zentrales Controlling sorgt für eine einheitliche Vorgehensweise und übernimmt fachlich übergreifende Controlling- bzw. Serviceaufgaben für die dezentralen Controllingstellen. Die fachliche Unterstellung der dezentralen Controller sollte auf jeden Fall beim zentralen Controllingleiter erfolgen, während die disziplinarische Unterstellung auch beim jeweiligen Spartenleiter liegen kann.

Eine weitere Mischform ist bei Klinikverbünden/-ketten vorhanden. Hier gibt es ein zentrales Controlling, das fachlich gegenüber den ansonsten vor Ort eigenständigen Controllingbereichen, die aufgrund ihrer Personalstärke eventuell über eigene (de-)zentrale Organisationsformen verfügen, weisungsbefugt ist.

4.3.1.6 Finanzcontrolling
Das Finanzcontrolling bildet zusammen mit dem Personalcontrolling den größten Teil des betriebswirtschaftlichen bzw. kaufmännischen Controllings in einem Krankenhaus ab.

Das Finanzcontrolling im engeren Sinne soll die monetären Verläufe berichten und die Zahlungsfähigkeit gewährleisten. Vereinfacht ausgedrückt werden die Einnahmen und die Ausgaben verglichen, und es soll dafür gesorgt werden, dass die Ausgaben nicht höher sind als die Einnahmen.

Zur Unterstützung dieser Aufgabe werden Wirtschafts-, Finanz-, Investitions- und Kapitalbindungspläne verwendet.

Finanzcontrolling im weiteren Sinne beinhaltet u.a. auch die innerbetriebliche Leistungsverrechnung (ILV), Rentabilitätsberechnungen/Kosten-Nutzen-Analysen, Deckungsbeitrags- und Profit-Center-Rechnungen sowie die Prozesskostenrechnung.

Mit der ILV werden z.B. Kosten, die ein Servicebereich für andere Kostenstellen verursacht, auf diese Kostenstellen verrechnet. Wenn also z.B. aus der Inneren Medizin vom Labor Analysen angefordert werden, werden diese Kosten nach einem vorher vereinbarten Verfahren der Inneren Medizin berechnet. Das hört sich zunächst nach viel (Verwaltungs-)Arbeit an, ist es in der Praxis durch die EDV-Vernetzung jedoch nicht. Der Vorteil der ILV besteht nicht nur in der Schaffung von Transparenz für die Fragestellung: „Wer ist der eigentliche Verursacher der Kosten?", sondern auch darin, dass die anfordernde (kostenauslösende) Stelle zweckmäßigerweise nur noch die Dinge beauftragt und „bezahlen" will, die unbedingt nötig sind, damit das eigene Kostenstellenergebnis nicht mehr als erforderlich belastet wird. Natürlich kommt es zu Diskussionen darüber, ob die erbringende Stelle die verrechneten Kosten überhaupt in der Höhe verursachen muss oder ob es nicht günstiger geht. Auch die Qualität der Serviceleistung wird, wenn dafür eine Gegenleistung (Kostenverrechnung) erforderlich ist, von der beauftragenden Stelle näher betrachtet werden. Die ILV führt somit zu einer Verringerung der Kosten für das Krankenhaus.

Rentabilitätsberechnungen und Kosten-Nutzen-Analysen sind eine wichtige Grundlage, um aus betriebswirtschaftlicher Sicht eine Entscheidung treffen zu können. Wenn z.B. über eine Stationserweiterung entschieden werden soll, sollte vor dem Beschluss bekannt sein, welche Kosten (einmalige Kosten wie z.B. Investitionen, laufende Kosten wie z.B. für mehr Personal, erhöhter Verbrauch von Arzneimitteln, ...) und welche Erlöse hierdurch zu erwarten sind. Gerade die Frage der geplanten Erlöse führt zu weiteren Überlegungen (z.B. Sind die benötigten Betten mit dem Versorgungsauftrag und dem Krankenhausplan vereinbar? Wie stehen die Krankenkassen dazu und was ist in der nächsten Budget-/Pflegesatzverhandlung zu erwarten? Wie werden die Konkurrenzkrankenhäuser reagieren? Wie wird die dauerhafte Auslastung der Betten sichergestellt?).

Durch die Deckungsbeitragsrechnung kann beurteilt werden, wie z.B. ein bestimmtes Leistungsangebot (z.B. eine Appendektomie/Blinddarmentfernung) zum Unternehmensergebnis beiträgt. Es kommt bei dieser Berechnung nicht auf den Einzelfall, d.h. das betriebswirtschaftliche Ergebnis für einen bestimmten Patienten an, sondern auf das durchschnittliche Ergebnis aller Patienten, für die das Ergebnis des jeweiligen Leistungsangebots berechnet wird.

Da es keine Vorschrift darüber gibt, wie eine Deckungsbeitragsrechnung durchgeführt werden soll, gibt es in Theorie und Praxis unterschiedlichste Ausprägungen. Die hier gezeigte „Formel" ist deshalb als eine Möglichkeit zu verstehen, die an die individuellen Bedürfnisse des Krankenhauses anzupassen ist (Gibt es z. B. keine ILV in dem Krankenhaus, muss die Berechnung geändert werden.).

Summe der Erlöse aus dem zu analysierenden Leistungsangebot
./. direkte Kosten (anteilige Personalkosten wie z. B. der behandelnden Ärzte, unmittelbare Sachkosten wie z. B. Arzneimittel)
= Deckungsbeitrag I
./. ILV der medizinischen Servicebereiche (z. B. Labor)
= Deckungsbeitrag II
./. ILV der nicht medizinischen Servicebereiche (z. B. Buchhaltung)
= Deckungsbeitrag III
./. anteilige Abschreibungen, Zinsen, Steuern
= Ergebnis bzw. Deckungsbeitrag IV

Wenn als Berechnungsergebnis feststeht, dass die Behandlung einen negativen Deckungsbeitrag hat oder der Gewinn nicht so hoch ist, wie erwartet, besteht Handlungsbedarf für den Controller. Dieser kann aufgrund der Berechnungssystematik schnell erkennen, ob der Erlös zu niedrig ist oder ob im Kostenbereich eine Veränderung erforderlich wird.

Die Profit-Center-Rechnung ist – vereinfacht ausgedrückt – die Fortführung der Deckungsbeitragsrechnung, jedoch bezogen auf eine Organisationseinheit, wie z. B. eine Fachabteilung (Orthopädie, Innere Medizin, ...). Sie zeigt somit das betriebswirtschaftliche Ergebnis des Bereichs an.

Bei der Prozesskostenrechnung werden die Kosten (in einigen Fällen auch die Erlöse) eines Prozesses/einer Arbeitsablaufkette zusammengeführt. Wie der zu betrachtende Prozess definiert wird, kann individuell entschieden werden. Es kann z. B. die Behandlung eines Patienten als ein durchgehender Prozess beschrieben (und berechnet) werden. Es kann jedoch auch eine Aufteilung in Haupt- und Neben-/Teilprozesse geben (z. B. Aufnahme – Behandlung – Entlassung als 3 Hauptprozesse und Aufklärungsgespräch, OP-Planung, Entlassungsbrief schreiben als Neben-/Teilprozesse).

Wiederum vereinfacht zusammengefasst ist die Prozesskostenrechnung eine andere Betrachtungsweise einer sehr detaillierten Deckungsbeitragsrechnung. Der Vorteil einer Prozesskostenrechnung im Vergleich zur Deckungsbeitragsrechnung ist jedoch, dass die wirtschaftlichen Auswirkungen von Veränderungen im Arbeitsprozess bereits vor deren Umsetzung berechnet werden können, da die Kosten für den aktuellen und für den geplanten Stand bekannt sind. Behandlungspfade und andere Arbeitsabläufe (z. B. in der Verwaltung) können somit sowohl unter qualitativen als auch unter wirtschaftlichen Aspekten optimiert werden.

4 Kreuz und quer

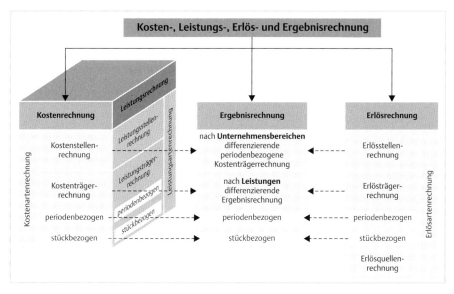

Abb. 4.9 Bereiche der Kosten-, Leistungs-, Erlös- und Ergebnisrechnung (Quelle: in Anlehnung an Männel W, 1992, S. 631 ff).

Für die Durchführung behandlungs-/leistungsbezogener Berechnungen benötigt das Finanzcontrolling die Unterstützung des Medizincontrollings (siehe nächster Abschnitt), da dort die erforderliche medizinische und pflegerische Kompetenz angesiedelt ist.

Zu den wichtigsten Datengrundlagen im Finanzcontrolling zählen:
- Kostenartenrechnung (Welche Kosten sind entstanden?),
- Kostenstellenrechnung (Wo sind die Kosten entstanden?),
- Kostenträgerrechnung (Wofür sind die Kosten entstanden?),
- Leistungsrechnung,
- Erlösrechnung und die
- Ergebnisrechnung.

Die Zusammenhänge sind in Abb. 4.9 dargestellt.

4.3.2 Medizincontrolling

Analog zum Finanzcontrolling, dessen Kernaufgabengebiet die betriebswirtschaftliche Seite des Controllings ist, ist das Medizincontrolling überwiegend auf die medizinische Seite des Controllings ausgerichtet. Zwischen beiden Bereichen gibt es jedoch Schnittmengen, und in der Praxis gibt es kaum noch eine Aufgabenstellung im Krankenhauscontrolling, die nicht in enger Zusammenarbeit bearbeitet werden muss.

Die Aufgaben im Medizincontrolling sind – wie fast alles im Controlling – nicht abschließend und einheitlich geregelt. Somit können Aufgabenumfang und Befugnisse von Krankenhaus zu Krankenhaus unterschiedlich sein.

Grundsätzlich wird die Zuständigkeit des Medizincontrollings jedoch für folgende Themen gesehen:
- Optimierung der Kodierung von Diagnosen und Prozeduren (einschließlich Schulung der dafür verantwortlichen Mitarbeiter),
- Freigabe der Fälle zur Abrechnung,
- Bearbeitung von Anfragen des medizinischen Dienstes der Krankenversicherung (MDK),
- Erstellen von Widersprüchen und Vorbereitung von Klagen im Zusammenhang mit Kostenübernahmeablehnungen,
- Analyse des Leistungs- und Diagnosespektrums sowie des Fehlbelegungspotenzials,
- Leistungsplanung und Vorbereitung der Budget-/Pflegesatzverhandlungen,
- Steuerung der Verweildauer,
- Vorbereitung und Unterstützung bei Zertifizierungen, dem Qualitätsmanagement und der Erstellung der Qualitätsberichte,
- Durchführung des Antragverfahrens „Neue Untersuchungs- und Behandlungsmethoden",
- Datenanalysen, Berichtswesen (inklusive Benchmarking) und Beratungen aus der Sicht des Medizincontrollers.

Zusammengefasst soll das Medizincontrolling die medizinischen Leistungen steuern, die zur Patientenbehandlung erforderlichen Abläufe effizient gestalten und Transparenz im Leistungsgeschehen des Krankenhauses schaffen.

Die hierfür erforderlichen Daten sind jedoch häufig noch nicht elektronisch vorhanden, sondern handschriftlich in den Patientenakten eingetragen. Anders als im Finanzcontrolling, dessen überwiegende Anzahl der benötigten Daten aus gebuchten oder anders erfassten Werten besteht, muss das Medizincontrolling oftmals noch Daten nacherfassen, um sie auswerten zu können. Insgesamt gehen die Krankenhäuser jedoch dazu über, eine elektronische Patientenakte einzuführen, sodass künftig auch das Medizincontrolling ohne größeren Zusatzaufwand über die benötigte Datenbasis verfügt.

Nur durch vollständige Daten kann das Medizincontrolling klinische Prozeduren analysieren und optimieren, sodass anschließend mit einem geringeren Ressourcenverbrauch mindestens das gleiche Ergebnis erzielt wird, ohne sinkende Qualität in Kauf zu nehmen.

Da die vorrangige Aufgabe eines Krankenhauses die Behandlung von Patienten ist, ist die Sicherstellung der Behandlungsqualität eines der wesentlichen Aufgabenfelder des Medizincontrollings. Dies geschieht in enger Abstimmung mit dem Qualitätsmanagement der jeweiligen Klinik.

4 Kreuz und quer

Die Daten, die das Medizincontrolling nutzt, beziehen sich grundsätzlich auf die Patienten als Gesamtheit. Berechnungen für einen einzelnen Fall sind äußerst selten (z.B., wenn ein Angebot für jemanden berechnet werden soll, der eine Behandlung, die nicht von der Krankenkasse übernommen wird, selber bezahlen möchte).

Das Berichtswesen des Medizincontrollings liefert somit in der Regel Durchschnittswerte aus den Behandlungs-/Falldaten vieler Patienten oder die Summen von verschiedenen Einzelmerkmalen.

Beispiele für übliche Daten im Berichtswesen des Medizincontrollings (nicht abschließend):
- Case-Mix
- Case-Mix-Index
- Alter
- Fallzahl insgesamt
- Schweregrad der Fälle in Relation zur Verweildauer
- Anzahl der Fälle mit ambulantem Potenzial
- Gründe für Rechnungsänderungen durch die Kostenträger

Die Summe der von einem Krankenhaus abgerechneten Relativgewichte wird als Case-Mix bezeichnet. Diese Summe dividiert durch die Anzahl der zugrunde gelegten Fälle ergibt den Case-Mix-Index, der die durchschnittliche Fallschwere der Behandlungsfälle angibt. Das Relativgewicht ist eine Vergleichszahl, die den Aufwand für einen Behandlungsfall im Verhältnis zu anderen Behandlungen angibt.

Dem Controlling insgesamt wird eine starke Kommunikationsrolle innerhalb des Krankenhauses zugesprochen. Das Medizincontrolling ist darüber hinaus dafür prädestiniert, ein Bindeglied bzw. Vermittler zwischen den medizinischen/pflegerischen Abteilungen und den Verwaltungsbereichen zu sein, da es hier aufgrund der unterschiedlichen Aufgaben und Ausbildungen oftmals zu Reibungsverlusten kommt.

Mitarbeiter im Medizincontrolling haben überwiegend einen medizinischen/pflegerischen Hintergrund und kennen somit aus der Praxis diese Bereiche. Gleichzeitig haben sie durch ihre Tätigkeit im Controlling viele Kontakte mit der Verwaltung und kennen deshalb auch die dort bestehenden komplexen Aufgabenfelder. Durch dieses Wissen besteht ein Verständnis für die gegenseitigen Erwartungen und Sichtweisen, sodass bei unterschiedlichen Meinungen zu einem Sachverhalt das Medizincontrolling unterstützend/vermittelnd tätig sein kann.

Im Aufgabenfeld der Verweildauersteuerung ist es für einen Controller mit einem Humanmedizinstudium natürlich auch einfacher, einen Mediziner zu beraten, als wenn dies ein Betriebswirt machen würde. Die Akzeptanz der Argumente ist aufgrund der gleichen Erfahrungen und des Ausbildungshintergrunds einfach höher, als wenn jemand dieselben Argumente vorbringt, diese aber nicht durch Praxiswissen untermauert werden können. Gleiches gilt aber auch umgekehrt, d.h. ein Betriebswirt hat es in der Verwaltung einfacher.

4.3.2.1 Operatives und strategisches Controlling
Zur Verdeutlichung der Aufgabenvielfalt im Controlling sollen die Unterschiede zwischen dem operativen und dem strategischen Controlling erläutert werden.

Das operative Controlling ist auf die Steuerung des „Tagesgeschäfts" ausgerichtet, d.h. eher auf kurz- bis mittelfristige Plan-Ist-Vergleiche und das Periodenergebnis. Damit soll die Existenz- und Überlebensfähigkeit der Klinik sowie die laufende Liquidität sichergestellt werden. Insbesondere die Verhältnisse von Aufwand zu Ertrag und von Kosten zu Leistung spielen hierbei eine Rolle.

Im strategischen Controlling werden mittel- bis langfristige Planungen erarbeitet und die dafür notwendigen Steuerungsinstrumente zur Verfügung gestellt. Ziele des strategischen Controllings sind deshalb der langfristige Erhalt der Klinik, der Ausbau der Marktposition und die Entwicklung neuer Angebote. Unter Berücksichtigung sich wandelnder interner und externer Bedingungen (Gesetzesänderungen, Angebotsveränderungen der Konkurrenzkliniken, demografische Entwicklung der Bevölkerung, neue Behandlungsmethoden, Personalwechsel, …) sind die Analysen von Chancen und Risiken sowie von Stärken und Schwächen dabei von besonderer Bedeutung.

Der aktuelle Stand des Controllings ist in vielen Krankenhäusern noch überwiegend von operativen Aufgaben geprägt. Die standardmäßige Anwendung von strategischen Instrumenten ist eher in größeren Häusern und Klinikketten/-verbünden anzutreffen.

In kleineren Häusern kommt es in der Regel bei Wechseln in der Geschäftsführung oder (nur) durch Impulse aus dem Aufsichtsgremium zu umfassenden strategischen Überlegungen. Die dabei erzielten Erkenntnisse bleiben dann jedoch zum Teil über Jahre bestehen und werden nicht mehr überprüft. Allerdings setzt sich auch hier die Erkenntnis durch, dass man regelmäßig wissen muss, wohin die Entwicklung im Krankenhausumfeld geht, damit die Klinik auch in naher Zukunft noch am Markt bestehen kann. Insofern ist verstanden worden, dass der routinemäßige „Blick nach vorn" durch das Controlling ein (wenn nicht sogar der) wichtiger Faktor für die Existenz eines jeden Krankenhauses ist.

4.3.2.2 Weitere Entwicklung im Controlling
Der deutsche Gesundheitsmarkt hat sich in den letzten Jahren sehr stark verändert und die Krankenhauslandschaft mit ihm. Viele traditionelle Organisationsstrukturen wurden und werden den neuen Bedingungen angepasst und auch das Controlling entwickelt sich weiter.

Aufgrund des noch erforderlichen Spezialistenwissens, dem Arbeitsaufwand bei der Datengewinnung und -interpretation sowie der Arbeitsbelastung der Führungskräfte werden Mitarbeiter, die die Aufgaben eines Controllers wahrnehmen, auch noch in naher Zukunft benötigt.

Als weitere Entwicklung ist jedoch heute bereits erkennbar, dass sich die Informationsgewinnung deutlich vereinfachen wird. Das Berichtswesen ist zudem schon in vielen Krankenhäusern nicht mehr in Papierform, sondern in einem täglich aktuellen Management-Informationssystem verfügbar und damit automatisiert. Die manuelle Erstellung eines Standardberichts im Controlling, als Arbeitsaufgabe mit einem hohen zeitlichen Ressourcenanteil, ist in diesen Häusern somit nicht mehr vorhanden. Die Interpretation der Daten kann von den Führungskräften selber wahrgenommen werden. Der Trend zum „Selfcontrolling" wird sich weiter fortsetzen. Trotzdem wird weiterhin jemand benötigt, der Sonderauswertungen macht, das Berichtswesen weiterentwickelt und als Moderator bei Interessenkonflikten zwischen einzelnen Krankenhausbereichen zur Verfügung steht. Controlling wird es also auch noch in Zukunft geben, allerdings in geänderter Form und auf noch mehr Schultern verteilt.

4.3.3 Zertifizierungen

Jana Petersik

Es gibt viele Möglichkeiten, die Leistungserbringung in einem Krankenhaus zu strukturieren, zu leiten und weiterzuentwickeln. Die Durchführung einer Zertifizierung steht meist am Ende eines langen Arbeitsprozesses, der maßgeblich durch einen Managementbeauftragten gestaltet wurde. In der Folge erfährt die geleistete Arbeit zu einem bestimmten Zeitpunkt eine Auszeichnung in Form eines Zertifikats und Prüfzeichens.

Es stellt sich die Frage, ob und unter welchen Bedingungen eine Zertifizierung im Krankenhaus sinnvoll ist.

4.3.3.1 Begriff und Vorteile
Bevor fortfolgend näher auf die Inhalte einer Zertifizierung und den Aufbau eines Managementsystems zur Zertifizierung eingegangen wird, gilt es zunächst, den Begriff der Zertifizierung zu erläutern.

Eine Zertifizierung ist immer ein Abgleich des Ist-Zustands am Tag der Zertifizierung mit einer definierten Norm und den selbst gesetzten Vorgaben. Dies hat den Vorteil, dass die gewählte Norm immer als Basis dient und jede Einrichtung zusätzlich ihre individuellen Bedürfnisse abbilden kann. Die Anforderungen des Einzelnen werden im Managementhandbuch dargestellt und können so durch einen Dritten, z.B. durch die Mitarbeiter oder den Auditor bei der Zertifizierung, immer nachvollzogen werden.

Neben der Erlangung eines unabhängigen Prüfzeichens bringt eine Zertifizierung noch eine Reihe weiterer Vorteile mit sich, die es im besten Fall alle zu nutzen gilt. Durch die Festlegung bestimmter Verfahrensweisen und deren systematische Überprüfung in der Folge werden Verbindlichkeiten für alle im Managementsystem Beteiligten geschaffen. Handeln wird berechenbar und somit auch systematisch. Die Systematik kann wiederum auf ihre Funktionsweise im Rahmen einer Zertifizierung überprüft werden. Betriebsblindheit wird durch den „Systemaußenstehenden" überwunden, und Anregungen für die Weiterentwicklung des Managementsystems können im Gespräch zwischen Auditor und Krankenhaus erörtert werden.

Aber nicht nur der Abgleich der bis zum Tag der Zertifizierung erbrachten Leistung stellt einen Vorteil dar, sondern auch der Austausch mit den Auditoren bzw. Fachexperten der Zertifizierungsstelle. Die durch eine Zertifizierungsstelle zugelassenen Auditoren müssen allen festgelegten Kompetenzanforderungen je Standard und Branche gerecht werden, um eine Zertifizierung durchführen zu können. Dies bedeutet, dass eine Zertifizierung zwar grundsätzlich einen Prüfcharakter besitzt, der fachliche Austausch jedoch ebenso einen deutlichen Mehrwert für das Krankenhaus darstellt.

4.3.3.2 Ablauf
Nach Klärung der Begrifflichkeit und den Vorteilen einer Zertifizierung stellt sich die Frage nach dem Ablauf. Die Zertifizierung eines Managementsystems läuft im akkreditierten Bereich immer nach dem gleichen Schema ab. Akkreditierung bedeutet dabei, dass die Zertifizierungsstelle durch die Deutsche Akkreditierungsstelle (DAkkS), die nach der Verordnung (EG) Nr. 765/2008 und dem Akkreditierungsstellengesetz (AkkStelleG) im öffentlichen Interesse der Bundesrepublik Deutschland handelt, zugelassen ist und einer ständigen Überwachung unterliegt.

Zunächst erfolgt im 1. Jahr der Zertifizierung ein sog. Zertifizierungsaudit, dem in den folgenden 2 Jahren jeweils ein Überwachungsaudit folgt. Das Zertifizierungsaudit dient der Erlangung des Zertifikats. Die Überwachungsaudits in den beiden Folgejahren bestätigen das erworbene Zertifikat. Im 3. Jahr nach der 1. Zertifizierung steht ein Rezertifizierungsaudit zum Ziel der erneuten Erlangung des Zertifikats an. Überwachungsaudits in den beiden folgenden Jahren bestätigen dies wiederum und der 3-Jahres-Zyklus beginnt von Neuem.

4.3.3.3 Wahl der Zertifizierungsnorm
Trifft man die Entscheidung, ein Managementsystem einzuführen, ist zeitgleich die Frage nach der Richtung zu beantworten. D.h. durch die konsequente Bearbeitung welches Themas erhofft man sich mittelfristig Vorteile für die Einrichtung zu generieren? Während in anderen Branchen vorgeschrieben ist, welche Zertifizierungen ein Unternehmen vorweisen muss, um beispielsweise Aufträge zu erhalten oder überhaupt das Betriebsgelände eines Kunden betreten zu dürfen, gibt es im Krankenhaus nur an wenigen Stellen derartige Vorgaben. Ausnahmen stellen z. B. die Aufbereitung von Medizinprodukten für Dritte (DIN EN ISO 13 485), die Berechtigung zur Führung von offiziellen Zentrumsbe-

griffen (Vorgaben Fachgesellschaften) oder die Zertifizierung von stationären Rehabilitationskliniken dar. Daher ist es umso wichtiger, sich anhand der eigenen Ziele und externen Vorgaben zu überlegen, welches Thema im Kern bearbeitet werden soll und ggf. auch muss.

Im Wesentlichen empfiehlt es sich für ein Krankenhaus, in den folgenden Themenfeldern ein Managementsystem aufzubauen und eine Zertifizierung anzustreben:
1. Qualitätsmanagement: Ziel ist die Erlangung der Zufriedenheit der Patienten, d. h. den Anforderungen der Kunden nachzukommen und sie zu erfüllen.
Im Fokus steht der Patient als Kunde.
2. Arbeitssicherheitsmanagement und betriebliches Gesundheitsmanagement: Aufbauend auf den zahlreichen gesetzlichen Bestimmungen, die auch in einem Krankenhaus eingehalten werden müssen, bietet es sich durchaus an, die Vermeidung von Unfällen sowie das Ausschalten von Gefahrenpotenzialen systematisch anzugehen. Will man ein wenig mehr investieren, so kann man weiter die Gesundheit der Mitarbeiter präventiv durch verschiedene Maßnahmen im Rahmen eines betrieblichen Gesundheitsmanagements fördern.
Im Fokus steht der Mitarbeiter.
3. Umweltmanagement: Hier steht der nachhaltige Umgang mit Ressourcen im Sinne einer Gesamtverantwortung für die Umwelt im Vordergrund. Ein zunehmend wichtiges Thema, da auch Krankenhäuser den rechtlichen und politischen Anforderungen ausgesetzt sind und im Fokus der Öffentlichkeit stehen. Interessant ist dieses Thema oft für die ausgegliederten Servicegesellschaften, die als Dienstleistungsunternehmen im Hintergrund für einen reibungslosen Ablauf bei der Erbringung von medizinischen Leistungen arbeiten.
Im Fokus steht die stete Verbesserung nachteiliger Umweltauswirkungen.

Unabhängig von den Details der einzelnen Managementsysteme zielen alle im Kern auf das Selbe: Weg von Zufälligkeiten hin zu geregelten Strukturen und Abläufen.

Wie zuvor beschrieben, ist die Wahl der Norm essenziell und geschieht immer in Einklang mit dem Motiv der Einrichtung. Bis auf eines der oben genannten Managementsysteme gibt es zu jedem System eine international oder zum Teil zahlreiche national gültige Zertifizierungsnormen. Zu den gängigen Normen im stationären Akutbereich gehören DIN EN ISO 9001, KTQ (Kooperation für Transparenz und Qualität im Gesundheitswesen), Joint Commission, spezielle Fachanforderungen (für die Zertifizierung von Organ- und Krebsfachzentren), OHSAS 18 001, DIN EN ISO 14 001 sowie im stationären Rehabilitationsbereich zusätzlich ca. 30 nationale Normen.

Einzig das betriebliche Gesundheitsmanagement kann noch nicht auf ein nationales Regelwerk zurückgreifen. Im Rahmen des Fachkräftemangels und des steigenden Renteneintrittsalters entwickelt sich das Thema aktuell jedoch branchenunabhängig so rasant, dass eine national einheitliche Zertifizierungsnorm in greifbarer Nähe ist.

Wie die Anzahl der nationalen Normen im Bereich der Rehabilitation zeigt, gibt es im Gesundheitswesen eine regelrechte Flut an sog. „Hausnormen", die z. B. durch Zertifizierungseinrichtungen, Verbände oder auch Beratungseinrichtungen angeboten werden. In der Regel stehen bei diesen Normen die Interessen der Organisation im Vordergrund, die den Standard entwickelt hat. Soll daher eine interessensneutrale Meinung das Ziel einer Zertifizierung sein, so gilt als Grundregel, sich an der höchsten Stufe der Normung zu orientieren, d. h. einer international gültigen Norm oder einer Norm, die nach den international gültigen Regeln zum Aufbau von Managementsystemen entwickelt wurde. Hier ist auch gewährleistet, dass das Regelwerk einer ständigen, umfassenden Überarbeitung unterliegt. Die Eingaben zur Verbesserung der Norm erfolgen unabhängig und weltweit.

Wählt man eine solche Norm, so ist die Basis für den Aufba eines Managementsystems geschaffen, bei dem zahlreiche unkomplizierte Möglichkeiten der Erweiterung oder Anpassung an neue Themenfelder bestehen. Eine Erweiterung eines bestehenden Managementsystems (integriertes Managementsystem) ist stets mit regressivem Aufwand verbunden.

Einzig die „Übersetzung" der Normensprache, die bei internationalen Normen stets branchenunabhängig ist, muss selbstständig vorgenommen werden. Bei „Hausnormen" ist die Norm meist bereits in der Fachsprache gehalten.

4.3.3.4 Aufbau des Managementsystems

Unabhängig davon, ob im Gesundheitswesen oder bei der Produktion von Stahl, müssen immer dieselben Voraussetzungen vorliegen, um ein systematisches Handeln in Verbindung mit einem kontinuierlichen Verbesserungsprozess (KVP) zu erreichen:

1. Oberste Leitung: Hat die Geschäftsführung nicht das Ziel einer Zertifizierung festgelegt und steht hinter diesem, so ist es sehr schwierig, ein effektives Managementsystem aufzubauen. Nur wenn die Ziele der obersten Leitung in Einklang mit dem Aufbau und der Umsetzung des Managementsystems stehen, stehen Aufwand und Nutzen mit hoher Wahrscheinlichkeit in einem positiven Verhältnis. Andernfalls steuert man konsequent eine Ressourcenverschwendung in Form von Zeit und Personal an, das dem Aufwand einer Zertifizierung keinesfalls gerecht wird.
2. Ressourcen: Liegt die Entscheidung der obersten Leitung für die Einführung eines Managementsystems und die Durchführung einer Zertifizierung vor, bedarf es ausreichender Ressourcen in Form von Zeit und Erlangung von Kompetenzen. Dies gilt nicht nur für den Managementbeauftragten, der das Managementsystem grundlegend koordiniert und die Einhaltung der Konformität mit der Norm und den selbst gesetzten Vorgaben gewährleistet, sondern auch für alle im Managementsystem agierenden Mitarbeiter. Systematisches Vorgehen ist im Anfangsstadium kein Selbstläufer, und interne Schulungen zur Ausrichtung und Funktionsweise des Systems sind zwingend erforderlich. Das Ziel der Zertifizierung und damit verbundene Vorteile sind von Beginn an transparent darzustellen. Vorbehalte sollten schnell angesprochen werden und den Mitarbeitern eine eindeutige Funktion im System gegeben werden.

3. **Ziele:** Wie im Kontext immer wieder darauf verwiesen wurde, sind die Ziele die Grundlage jedes Systems. Von der obersten Leitung getragen, unterscheiden sich die Ziele in einem Managementsystem nicht von den grundsätzlichen Zielen des Krankenhauses. Vielmehr ergänzen die themenspezifischen Ziele die allgemeinen Ziele des Krankenhauses oder spezifizieren diese. Die Ziele werden mindestens einmal im Jahr im Dialog zwischen oberster Leitung und Managementbeauftragten mittels eines geregelten Verfahrens analysiert (Management Review). Abweichungen positiver wie negativer Art werden bewertet und die Ziele für das nächste Jahr angepasst. Dies schafft Transparenz und bewertet die getane Arbeit hinsichtlich der Zielerreichung.
4. **Verpflichtende Verfahren:** Um dem Ansatz eines Systems nachkommen zu können, gibt es in allen Managementsystemen bestimmte Verfahren, die zwingend in der Einrichtung geregelt und auch so umgesetzt werden müssen. Sie bilden die Basis für das Funktionieren eines Systems. Gemeint sind hier die Verfahren zur Lenkung von Dokumenten und Aufzeichnungen, zum Umgang mit Fehlern, zur Organisation von Verbesserung- und Korrekturmaßnahmen sowie zur Durchführung von internen Audits zur eigenen Kontrolle. Die Umsetzung dieser Verfahren kann nahezu in jeder Einrichtung anders gestaltet werden. Die Normen geben hierzu Rahmenbedingungen vor, jedoch keine Handlungsanweisungen.

4.3.3.5 Funktion des Managementbeauftragten

Offen ist noch die Frage, welche Aufgaben einem Managementbeauftragten zukommen und welche Eigenschaften dieser mitbringen sollte.

Der Managementbeauftragte nimmt in der Umsetzung und bei der Weiterentwicklung des Managementsystems eine tragende Rolle ein. Von ihm hängt im Wesentlichen ab, ob das System nur verwaltet oder auch aktiv gestaltet wird. Dabei spielen nicht unbedingt Fachwissen oder ausschließlich methodische Kompetenzen die entscheidende Rolle, sondern vor allem kommunikative und soziale Fähigkeiten im Umgang mit anderen Menschen. Das Eindenken in die zahlreichen, oftmals komplexen Prozesse, die damit einhergehende schnelle Auffassungsgabe und Überzeugung, sich als Servicegeber für alle im Managementsystem Arbeitenden zu verstehen, sind entscheidende Eigenschaften auf dem Weg zum Erfolg.

Die Umsetzung gleich welches Managementsystems wird im Krankenhaus oftmals im ersten Moment durch die Mitarbeiter als störend empfunden. Hier trifft man häufig auf die Einstellung, dass die Umsetzung eines Qualitätsmanagements zum Tagesgeschäft dazu gehöre und dies somit bereits „automatisch" erledigt werde. An diesem Punkt treffen Wirklichkeit und Wunschdenken so hart aufeinander, dass zwangsläufig Konflikte mit dem Managementbeauftragten an irgendeiner Stelle entstehen. Dies ist hierarchieunabhängig und durchaus dienlich, da sich so dem Managementbeauftragten anhand von konkreten Alltagssituationen die Möglichkeit bietet, Informationsarbeit im Sinne des Managementsystems zu leisten. Das notwendige Fingerspitzengefühl gepaart mit Fachwissen und einer ganzheitlichen Betrachtung der Prozesse über das gesamte Krankenhaus helfen hier weiter.

4.3.3.6 Beratung und/oder Zertifizierung
Besteht durch externe oder interne Vorgaben keine Notwendigkeit zur Zertifizierung, ist zu überlegen, ob eine reine Beratung nicht auch zielführend ist.

Der Unterschied liegt im Wesentlichen darin, dass eine Beratung oftmals eine themenspezifische einmalige Aktion ist. Man muss sich immer die Frage stellen, zu welcher Fragestellung beraten wird. Eine Zertifizierung hingegen ist ein regelmäßiger Abgleich mit definierten Vorgaben und nach festgelegten Regeln, um einen transparenten Abgleich zu erhalten. Verbesserungen am Managementsystem müssen im laufenden Zertifizierungsverfahren nachweislich und nachhaltig eigenständig bearbeitet werden.

Gerade diese Konsequenz erreicht man nicht durch eine Beratungsleistung. Geht es um die Lösung konkreter Probleme, wofür auch der Einsatz eines neutralen Dritten notwendig erscheint, oder wird gezielt eine besondere Methodenkompetenz benötigt, so kann der Aufwand für eine Beratungsleistung zweckmäßig sein.

Auch bei der Beantwortung dieser Fragestellung ist es wieder angebracht, sich zunächst zu überlegen, was erreicht werden soll. Eine Kombination von grundlegender Zertifizierung des Managementsystems und Beratung zu einem spezifischen Thema sind in der Praxis daher üblich.

4.3.3.7 Zusammenfassung
Im besten Fall ist ein Managementsystem so aufgebaut, dass jeder Mitarbeiter in diesem arbeitet, ohne es jedoch zu merken. Die Regeln, die aufgestellt werden und die Prozesse, die umgesetzt werden, kommen grundsätzlich den übergeordneten Zielen nach. Die oberste Leitung hat sich nicht nur für die Einführung eines Managementsystems entschieden, sondern trägt und gestaltet dies im Tagesgeschäft aktiv mit.

Hinsichtlich des Teamgedankens ist die Erlangung eines Zertifikats in einem geregelten Zertifizierungsprozess mit Unterstützung durch Fachexperten im Sinne des „gemeinsamen Erreichens von Zielen" durchaus förderlich. Die unterschiedlichen Berufsgruppen sind dazu angehalten, über ein nicht fachspezifisches Thema, wie dem Qualitätsmanagement, übergreifend zusammenzuarbeiten. Eine koordinierende und beratende Funktion nimmt der Managementbeauftragte ein, bei dem alle Fäden zusammen laufen. Dieser hat auch die direkte Verbindung zur obersten Leistung, sodass notwendige Entscheidungen zeitnah getroffen werden können.

Grundsätzlich sind immer im Vorfeld zum Aufbau eines Managementsystems die Motive einer geplanten Zertifizierung zu klären und der Nutzen oder gar die Notwendigkeit für das Krankenhaus zu erörtern. Geschieht dies, so steht der Zertifizierung mit dem Mehrwert der kontinuierlichen Weiterentwicklung der Einrichtung nichts mehr im Wege.

Literatur

Männel W. Bedeutung der Erlösrechnung für die Ergebnisrechnung. In: Männel W, Hrsg. Handbuch Kostenrechnung. Wiesbaden: Gabler; 1992: 631 ff

4.4 Sicherheit

Peter Gausmann

In Sicherheit fühlt sich ein Mensch, wenn er sich frei von Gefahren und Bedrohungen entfalten kann. Sicherheit ist eines der höchsten Güter neben Gesundheit, Wertschätzung und sozialer Integration. Risiken bedrohen die Sicherheit – und insbesondere Medizin und Pflege sind keinesfalls frei von Risiken und Gefährdungen. Die folgenden Ausführungen beziehen sich daher in erster Linie auf die Sicherheit für Patienten, also für die Empfänger der Primärleistung von Gesundheitseinrichtungen. Mit der Herstellung, Stabilisierung und kontinuierlichen Weiterentwicklung der Patientensicherheit beschäftigt sich das klinische Risikomanagement. Die in diesem Konzept im Mittelpunkt stehenden Präventionsmaßnahmen tangieren aber nicht nur Prozesse zum Schutz der Patienten, sondern gleichzeitig auch solche zum Schutz von Mitarbeitern und zur Wahrung von Werten der Gesundheitseinrichtung im ökonomischen Sinne.

4.4.1 Patient

Sicherheit in der Versorgung von Patienten in Gesundheitseinrichtungen ist insbesondere in den letzten Jahren stark in den Mittelpunkt der öffentlichen Betrachtung gerückt worden. Gefahrenabwehr und Sicherheitsentwicklung gehören heute zu den zentralen Managementaufgaben der Unternehmen der Gesundheitswirtschaft. Sicherheit hat sich zu einem „Wert an sich" entwickelt.

Patienten erwarten nicht nur eine gute bzw. sehr gute medizinische Versorgung, in Diagnostik, Therapie und Pflege, die auf Erkenntnissen internationaler Studienergebnisse basieren, sondern sie erwarten eine gute **und** sichere Medizin und Pflege. Diesem Anspruch folgend haben die Gesundheitseinrichtungen in den letzten Jahren vielfältige Initiativen ergriffen. Dies ist auch nötig in einer Zeit, in der sich Patienten zunehmend verunsichert fühlen.

Dieser Eindruck wird durch Medienberichterstattung regelmäßig verstärkt. *Robert Wachter* hat das Problem treffend in seinem 2008 veröffentlichten Buch „Understanding Patient Safety" formuliert [1]:

„Die Patientensicherheit konnte enorm gesteigert werden, aber wir sollten nicht ruhen, bis sich Patienten ausschließlich mit der Angst und der Sorge um ihre Krankheit und der damit verbundenen möglichen Folgen in unsere Obhut begeben. Sie sollten frei sein von allen Befürchtungen und Sorgen, Schaden zu erleiden oder gar zu sterben an einer Medizin, die ihnen eigentlich helfen möchte. Bis dahin ist noch ein weiter Weg!"

Eine Untersuchung aus Niederösterreich zeigt in diesem Kontext eine besondere Problematik auf [2]:

Patienten wurden gefragt, wovor sie sich im Zusammenhang mit ihrem Klinikaufenthalt fürchten. Sie gaben an, dass sie
1. Angst vor einer Eskalation der Krankheit mit der potenziellen Folge des Todes haben.
2. dass sie Angst vor Schmerzen im Zusammenhang mit der Behandlung der Krankheit haben und
3. dass sie Angst vor zusätzlichen Erkrankungen haben.

Letztgenannter Punkt ist eine wesentliche Herausforderung für die Initiativen der Patientensicherheit. Denn eines hat sich in der Bevölkerung ganz deutlich etabliert: Die Angst davor, sich während einer Behandlung mit Symptomen konfrontiert zu sehen, die mit der primären Erkrankung nichts zu tun haben. Die Öffentlichkeit ist z.B. gut informiert über potenziell übertragbare multiresistente Keime, über postoperative Thrombosen infolge von Fehlern im Gerinnungsmanagement oder über dramatische Folgen von Sturzereignissen, die ohne entsprechenden Schutz während einer Behandlungsphase folgenreiche Schäden verursacht haben. Diese Sicherheit zu fördern, bedarf spezifischer Anstrengungen.

4.4.1.1 Patientensicherheit

Das Aktionsbündnis Patientensicherheit (APS) definiert Patientensicherheit als Abwesenheit unerwünschter Ereignisse und lehnt sich dabei an die Begriffsbestimmung des amerikanischen Institute of Medicine an, das „Patient Safety" als „Freedom of Accidental Injury" bezeichnet. Patientensicherheitsmanagement ist lt. Ennker, Pietrowski und Kleine [3] die „Summe aller Maßnahmen, die darauf gerichtet sind, Patienten vor vermeidbaren Schäden zu bewahren, die im Zusammenhang mit der Heilbehandlung stehen". In jedem Fall ist es wichtig, in der Patientensicherheitsdiskussion die Perspektive des Patienten zu kennen und zu berücksichtigen. Dieser „Kunde" definiert Sicherheit in der Gesundheitsversorgung möglicherweise anders als die Leistungserbringer. Für den Chirurgen ist es wichtig, ein Operationsverfahren zu wählen, das den Patienten vor einer Anastomoseninsuffizienz bewahrt. Für den Patienten selbst ist diese Komplikation der Darmchirurgie unbekannt und auch „unvorstellbar". Er selbst hat Erwartungen an die Sicherheit beispielsweise in der unmittelbaren postoperativen Versorgung nach der Narkose und stellt die Frage nach der Qualifikation und Verfügbarkeit des Pflegepersonals im Aufwachraum oder in der ersten Zeit der postoperativen Überwachung im stationären Pflegebereich.

Beide Perspektiven sind in der Sicherheitsarchitektur der Gesundheitseinrichtung wichtig. Die Sicherheitsstandards definiert die Ärzteschaft und das Pflegeteam i.d.R. selbst, und sie sind häufig abgeleitet aus der evidenzbasierten Medizin (EBM).

Die Sicherheitsperspektive der Patienten variiert nach Lebensalter, Bildung und sozialem Umfeld. Die Weltgesundheitsorganisation WHO hat unter dem Dach der „World Alliance for Patient Safety" bereits Mitte der 2000er-Jahre das Projekt „Patient for Patient Safety" auf den Weg gebracht. Durch internationale Initiativen soll es in stärkerem Maße gelingen, Patienten in die Förderung der Patientensicherheit zu integrieren. Heute werden in Pilotprojekten, aber zunehmend auch im Routinebetrieb Informationsbroschüren an Patienten weitergegeben, mit denen diesen mitgeteilt wird, wie sie sich in diese Förderung der Patientensicherheit einbringen können.

Die Plattform Patientensicherheit in Österreich initiierte im Jahr 2011 das Projekt „Involve yourself in your Care". Als Ergebnis eines Pilotprojekts im Land Niederösterreich wurde der Folder „Sicher ist sicher" entwickelt, der Patienten sensible Bereiche des Behandlungsprozesses erläutert und ihnen darstellt, wie sie konkret die Sicherheitsbemühungen unterstützen können (Abb. 4.10). Themenbereiche sind hier beispielsweise die Information rund um die eigene Erkrankung, die Kommunikation mit Krankenhausmitarbeitern, Hygienemaßnahmen sowie Wissenswertes zur Medikamenteneinnahme, der allgemeinen Gefahrenvermeidung und der Vorbereitung der Entlassung.

Die Ergebnisse der Untersuchungen in den Pilotkrankenhäusern zeigten, dass 75% der Patienten Verständlichkeit und Anwendbarkeit des Folders als sehr gut und gut bezeichneten und davon überzeugt sind, durch die Anwendung der Empfehlungen dazu beizutragen zu können, Fehler der Therapeuten zu vermeiden [4].

In Dänemark wurde 2010 von der Danish Society for Patient Safety (DSFP) ein Handbuch für Patienten „A patient's guide to a safer hospital stay" entwickelt, mit dem der Patient umfassend informiert wird, wie er die eigene Sicherheit in der Gesundheitsinstitution fördern kann. Dieses Handbuch gibt einfache Anleitungen, worauf Patienten achten sollten und wie sie selbst einen Beitrag zu mehr Patientensicherheit leisten können (www.patientsikkerhed.dk).

Patienten als primäre Kunden von Gesundheitsunternehmen erwarten qualitativ hochwertige Leistungen der Gesundheitsvorsorge, der Diagnose und Therapie sowie der Rehabilitation. Die Erwartungen an Sicherheit sind in diesem Kontext aufgrund des Beobachtungs- und Wahrnehmungsrahmens der Patienten eingeschränkt. Diese gehen davon aus, dass durch professionelle Intervention ihre Krankheitssymptomatik gelindert und beseitigt wird. Was Patienten während der Behandlung persönlich erleiden und für sich selbst als Schaden empfinden, ist subjektiv und individuell unterschiedlich. Ennker und Pietrowski [3] fordern eine stringente Informationsstrategie für die Patienten, um deren Sicherheit zu gewährleisten. Diese beinhaltet u. a.:
- die Information bez. Krankheit und Aufenthalt in verständlicher Form und Sprache,
- die patientenorientierte Organisation der Prozesse, damit vermeidbare Verzögerungen nicht zu Beeinträchtigungen führen und
- eine Verlässlichkeit im Routinebetrieb, wenn dieser durch Notfallinterventionen gestört wird.

Abb. 4.**10** Folder „Sicher ist sicher" der Plattform Patientensicherheit Österreich.

Liebe Patientin, lieber Patient,

ist eine Initiative unseres Krankenhauses für Ihre Sicherheit. Sie haben in unserem Spital mit vielen Menschen zu tun, führen viele Gespräche, werden behandelt und gepflegt.

Medizin und Pflege sind aber nicht frei von Risiken.

Wir tun alles uns Mögliche für Ihre Sicherheit – aber auch Sie können Ihren Beitrag leisten!

Information

Sie erhalten von uns viele wichtige Informationen über Ihre Behandlung – vielleicht haben Sie Fragen dazu:

- Wer sind die für mich zuständigen Mitarbeiter?
- Was ist mein gesundheitliches Problem?
- Was kann ich zu meiner Behandlung beitragen?
- und warum soll ich dies tun?

Sorgen Sie dafür, dass Sie Antworten bekommen. Fragen Sie nach, wenn Sie etwas nicht verstanden haben. Jede Frage ist es wert, gestellt zu werden.

Hygiene

Eine gute Krankenhaushygiene fördert den Heilungsprozess und schützt Sie vor weiteren Erkrankungen. Machen Sie uns aufmerksam, wenn Sie den Eindruck haben, dass es Hygienemängel gibt; wie etwa in Zusammenhang mit Händedesinfektion oder Wundversorgung.

Medikamente

Die Medikamente die Sie erhalten, fördern Ihre Gesundung und lindern Ihre Beschwerden. Fragen sie uns, wenn Sie Bedenken haben.

Gefahrenvermeidung

Uns ist es ein Anliegen, dass Sie sich in unserer Klinik gefahrlos bewegen können. Machen Sie uns aufmerksam, wenn Ihnen Hilfsmittel fehlen, wenn Sie Unfallrisiken entdecken oder Sie sich in Ihrer Sicherheit eingeschränkt fühlen.

4.4 Sicherheit

Eine angemessene Kommunikation zwischen Patienten und medizinischem Personal beeinflusst dabei den Sicherheitseindruck entscheidend. Die Autoren fordern eine kommunikationswissenschaftliche Qualifikation des behandelnden Personals und insbesondere die Förderung seiner Sozialkompetenz.

4.4.1.2 Konkrete Maßnahmen zur Förderung der Sicherheit

Die Erfahrungen aus Schadendatenbanken der Versicherungswirtschaft zeigen, dass in der klinischen Versorgung Hochrisikodisziplinen zu identifizieren sind.

So zählt die Fachabteilung für **Unfallchirurgie** zu den Disziplinen mit der höchsten Frequenz an angemeldeten Anspruchstellungen.

Weitere „High Risk-Bereiche" sind
- Allgemein- und Viszeralchirurgie
- Orthopädie
- Innere Medizin
- Geburtshilfe

Kumuliert werden in der Chirurgie 37,5% der Anspruchstellungen von Patienten gegen Krankenhäuser angemeldet, wobei der Anteil am Regulierungsaufwand (Schadensersatzzahlungen bei bestehender Kausalität zwischen Fehler und Schaden) bei 42,4% liegt.

Die Fachdisziplin Innere Medizin hat einen Anteil von 12,5% an den Anspruchstellungen, der Regulierungsaufwand liegt bei 11,9%.

In der Orthopädie liegt das Verhältnis 8,8 zu 7,8% und in der Geburtshilfe zeigt sich eine eindrucksvolle Verteilung:

Der Anteil an den Anspruchstellungen liegt bei 3,4% – der Anteil am Regulierungsaufwand allerdings bei 16,6% [5] (Tab. 4.1).

Tabelle 4.**1** Schadenmeldungen und Aufwand nach Fachdisziplinen/Ecclesia Versicherungsdienst (2010).

Fachabteilung	Anteil Anspruchstellungen in %	Anteil Regulierungsaufwand in %
Chirurgie	37,9	42,2
Innere Medizin	12,4	11,9
Orthopädie	8,0	7,8
Geburtshilfe	3,4	16,6

Tabelle 4.2 Ursachen für Behandlungsfehler/Ecclesia Versicherungsdienst 2010.

Ursachen	Verteilung (%)
falsch durchgeführte Therapie	32,5
falsch gestellte Diagnose	9
nicht oder zu spät eingeleitete Therapie	7,5
falsche Therapiewahl	6
Nichterhebung erforderlicher Befunde	6
Sturzereignisse	5
Hinterlassen von Fremdkörpern	4
Nervverletzung/-durchtrennung	3,5
fehlerhafte pflegerische Intervention/Prophylaxe	3
fehlerhafte Lagerung	2
fehlerhafte Medikamentenverabreichung	2
alle anderen (Aufsichtspflichtverletzung, Gefäßdurchtrennung, Hygienefehler, Überwachungsfehler, Aufklärungsfehler, Dokumentationsfehler, …)	19,5 %

In der Geburtshilfe zeigt sich deutlich, dass bei einer geringen Schadensfallfrequenz das Schadenausmaß und damit der „Regulierungsaufwand" sehr hoch sind. Wenn es im Zusammenhang mit einem Fehler im Geburtsmanagement zu einer schweren Schädigung des Kindes kommt, geht dieses tragischerweise häufig einher mit einer lebenslangen Behinderung und entsprechender Pflegebedürftigkeit.

Vor dem Hintergrund dieser bekannten Schadenprofile lassen sich Präventionskonzepte entwickeln, die ein systematisches klinisches Patientensicherheitsmanagement ermöglichen und unterstützen.

Schaut man auf die Ursachen von Behandlungsfehlern, so verteilen sich diese zu etwa 50 % auf den Komplex der Therapie- und Diagnosefehler (falsch durchgeführte Therapie, falsch gestellte Diagnose, nicht oder zu spät eingeleitete Therapie, falsche Therapiewahl und Nichterhebung erforderlicher Befunde (Tab. 4.2).

Weitere Ursachen sind Verwechselung, Hinterlassen von Fremdkörpern, fehlerhaft durchgeführte Prophylaxen oder falsche Lagerung von Patienten.

Die weiter oben bereits zitierte WHO hat in der Initiative „World Alliance for Patient Safety" die sogenannte „High Five"-Empfehlung erarbeitet. Dabei handelt es sich um Handlungsfelder, die lt. WHO weltweit standardisiert organisiert werden müssen, um die Patientensicherheit zu fördern.

Dies sind:
- das Management von konzentrierten und injizierbaren Medikamenten
- die Sicherstellung der richtigen Medikation bei Übergaben im Behandlungsprozess
- die richtige Kommunikation bei Dienstübergaben
- die verbesserte Handhygiene zur Vermeidung von krankenhausassoziierten Infektionen
- Maßnahmen zur Vermeidung von Eingriffsverwechselungen

Das deutsche Aktionsbündnis Patientensicherheit (APS) hat eine Vielzahl von pragmatischen Handlungsempfehlungen zur Förderung der Patientensicherheit entwickelt, die in vielen Einrichtungen der Gesundheitswirtschaft zwischenzeitlich zum Einsatz kommen. Es sind Leitfäden, die in Expertengruppen erarbeitet wurden und die sich auf internationale Erkenntnisse stützen:

Beispiele

1. **Jeder Tupfer zählt.**
   Diese Handlungsempfehlung beschäftigt sich mit der Vermeidung unbeabsichtigt belassener Fremdkörper im OP und stellt entsprechende Sicherheits- und Prüfstandards dar.
2. **Vermeidung von Eingriffsverwechselungen in der Chirurgie.**
   Diese Empfehlung gibt einen Überblick über Maßnahmen, die sicherstellen, dass stets der richtige Eingriff am richtigen Patient durchgeführt wird.
3. **Empfehlung zur sicheren Patientenidentifizierung.**
   Mit der Umsetzung dieser Empfehlung soll garantiert werden, dass jeder Patient von jedem Mitarbeiter im therapeutischen Team beispielsweise vor der Gabe von Medikamenten, vor der Durchführung von diagnostischen Maßnahmen oder im Rahmen der OP-Vorbereitung eindeutig erkannt wird.
4. **Einführung von CIRS im Krankenhaus.**
   Beim Critical Incident Reporting System handelt es sich um ein Fehlerkommunikationssystem, das dazu beitragen kann, Risiken rechtzeitig zu erkennen und effizient zu vermeiden. Fehlerkommunikationssysteme haben sich mittlerweile in zahlreichen Gesundheitseinrichtungen der stationären und ambulanten Versorgung etabliert.
5. **Arzneitherapiesicherheit im Krankenhaus.**
   Diese Handlungsempfehlung trägt bei Anwendung dazu bei, dass der Patient die richtige Medikation zum richtigen Zeitpunkt und in der richtigen Darreichungsform erhält.

In ähnlicher Form wie das deutsche Aktionsbündnis Patientensicherheit veröffentlichen auch die Stiftung für Patientensicherheit in der Schweiz und die Plattform Patientensicherheit Österreich Empfehlungen zur Prävention von Patientenschädigungen, die mit mehr oder weniger intensiver Durchdringung in Gesundheitseinrichtungen umgesetzt werden. In der Ergänzung zu diesen o.g. Themen sind dies Hinweise zur Sicherheit in der Onkologie, zur Sturzprävention oder zum Hygienemanagement.

Die Empfehlungen stehen den Patienten über die jeweiligen Homepages zur Verfügung:
- www.aktionsbündnis-patientensicherheit.de
- www.patientensicherheit.ch
- www.plattformpatientensicherheit.at

Ein Blick auf die in Tab. 4.2 dargestellten Ursachenkonzentrationen aus den Datenbanken der Versicherungswirtschaft zeigt, dass viele der bereits skizzierten Präventionsmaßnahmen wichtig sind, jedoch nicht das gesamte Spektrum der Schadenursachenbekämpfung abdecken.

Daher ist es wichtig, einen klinischen Risikomanagement-(RM-)Prozess zu installieren, der eine möglichst umfassende Sicherheitsoptimierung unter Zuhilfenahme geeigneter Instrumente garantiert.

Grundsätzlich sollten sie den RM-Prozess mit den Phasen „Risikoidentifizierung", „-bewertung", „-bewältigung" und „-kontrolle" aktiv unterstützen. Verschiedene Instrumente greifen an bestimmten Stellen in diesen Prozess ein, ergänzen sich aber im Hinblick auf die Wirkung. Diese besteht darin, dass Sicherheitslücken aufgezeigt und darauf aufbauend Präventionsmaßnahmen eingeleitet werden können.

Retrospektiv ausgerichtete Verfahren konzentrieren sich auf die Analyse von Ereignissen der Vergangenheit. So dienen etwa die Root Cause Analysis oder die Mortalitäts- und Morbiditäts-Konferenz der retrospektiven Betrachtung tatsächlicher Schadensereignisse. Das Critical Incident Reporting System (CIRS) wie auch ein Beschwerde- oder Feedback-Managementsystem konzentrieren sich auf das aktuelle Leistungsgeschehen: Möglichst simultan zum Behandlungsprozess werden Fehler ohne Schadenfolge und Beschwerden von Patienten ausgewertet. Die Analyse solcher Fehler und Vorkommnisse führt zur Entwicklung von Präventionsmaßnahmen.

Prospektiv ausgerichtete Instrumente versuchen, Schadensereignisse bereits vor der Entstehung zu verhindern, indem risikoreiche Arbeitsabläufe oder Strukturen im Hinblick auf die Schadeneintrittswahrscheinlichkeit und das potenzielle Schadensausmaß klassifiziert werden. Mit einem Sicherheits- und Risikoaudit werden Szenarien entwickelt und analysiert, um daraus Präventionsmaßnahmen abzuleiten.

Es ist eine der vorrangigen Aufgabe der Verantwortlichen für das klinische Risikomanagement, diese verschiedenen Instrumente und Verfahren situationsbezogen gezielt einzusetzen [6].

4.4.2 Mitarbeiter

Ärzte und Pflegende stehen unter erheblichem Druck, keine Fehler zu machen. Dieser Anspruch resultiert lt. Thomeczek et al. [7] vor allem aus der in der Medizin traditionell verankerten autoritären Denkweise und auf klar strukturierten und manifestierten Hierarchien. Der Umgang mit „Versagen" beschränkte sich demnach in der Vergangenheit auf die Suche nach dem Schuldigen.

Durch den rasanten medizinischen Fortschritt und die Perfektionierung der Technik sind die Therapiechancen für den Patienten in den letzten Jahren stetig gestiegen, ebenso aber auch das haftungsrechtliche Risiko für den Arzt, d. h. die Gefahr, in Schadensersatzverfahren und staatsanwaltschaftliche Ermittlungen involviert zu sein [8]. Die Möglichkeit, ohne direktes eigenes Verschulden in einen Schadensfall verwickelt zu werden, führt bei Ärzten zur Verunsicherung und einer daraus resultierenden Tendenz zur Defensivmedizin, die die Absicherung des Arztes und nicht die optimale Versorgung des Patienten in den Vordergrund stellt.

In Hochsicherheitsunternehmen wie Krankenhäusern wird von den Mitarbeitern solides Fachwissen und manuelles Geschick erwartet. Daneben sollten sie trainierte Kompetenzen als wichtiges Merkmal für Flexibilität und situationsspezifisches Handeln besitzen. Weick und Sutcliffe [9] betonen in diesem Zusammenhang, dass es für den Erwerb solcher Kompetenzen notwendig ist, zeitnah aus vergangenen Situationen (Komplikationen und Fehler) zu lernen, neue Erkenntnisse zu gewinnen und diese schnell und präzise im Team zu kommunizieren.

Gleichwohl unterliegen viele Arbeitsabläufe im Krankenhaus lt. Wachter [1] einer fehlerträchtigen ärztlichen Denkweise und einer Vielzahl individueller Faktoren wie einer unzureichenden Ausbildung, mangelnder Erfahrung, persönlichen oder beruflichen Vorlieben, herabgesetztes Denkvermögen aufgrund von Überlastung oder Erschöpfung und persönlicher Risikobereitschaft. All dies sind Faktoren, die ggf. das Risiko für den Patienten erhöhen.

Behandlungsfehler mit Schadenfolge beeinträchtigen physisch und psychisch den Patienten, aber auch in oft erheblicher Weise den verursachenden Therapeuten. Mit dem Phänomen des „zweiten Opfers" (Second Victim) beschäftigt sich in diesem Zusammenhang eine Schweizer Forschungsgruppe der Stiftung für Patientensicherheit. Sie untersuchte die emotionale und gesundheitliche Belastung von Ärztinnen und Ärzten nach Beteiligung an Zwischenfällen und Fehlern. Eine Befragung von Assistenten in der Not-

fallmedizin zeigte, dass über die Hälfte der Befragten, die einen Fehler zu verantworten hatten, stark belastet sind durch [10]:
- „Reue" (68%)
- „Verzweiflung" (63%)
- „Unzulänglichkeit" (58%)
- „Frustration" 55%)
- „Schuld" (53%)

Folgenreiche Fehler hinterlassen emotionale Narben, und dies gipfelt in extremen Fällen in einer Arbeitsunfähigkeit bis zur Berufsaufgabe. Die Sicherheitsförderung in einer Einrichtung der Gesundheitswirtschaft (s.o.) ist daher auch immer ein Instrument der Personalentwicklung und der Personalbindung.

Ein auf die Ebene der Sicherheitsmotive der Mitarbeiter des therapeutischen Teams ausgerichtetes klinisches Risikomanagement muss daher
1. die Fehlerquote in den Arbeitsprozessen senken,
2. den mitarbeiterorientierten und bestrafungsfreien Umgang mit Fehlerereignissen trainieren (CIRS),
3. ein Lernen aus Fehler stimulieren,
4. das haftungsrechtliche Risiko für den Arzt und das therapeutische Team reduzieren und
5. die Gefahr senken, dass ein Arzt oder ein Mitglied des therapeutischen Teams selbst zum „Second Victim" seines Fehlers wird.

4.4.3 Unternehmen

Die Förderung der Sicherheit in einem Unternehmen (der Gesundheitswirtschaft) setzt eine Sicherheitskultur in der Interaktion der Akteure im therapeutischen Team voraus. Pfaff definiert Sicherheitskultur als einen Wissens-, Werte- und Symbolvorrat einer Einrichtung, der deren Kapazität erhöht, die Sicherheit zu fördern [11]. Eine solche Sicherheitskultur aufzubauen erfordert Kenntnisse und Fertigkeiten sowie die Entwicklung und Einhaltung von Standards und sicherheitsrelevanten Verhaltensregeln. Hoffmann und Rohe klassifizieren treffend 5 Reifegrade der Sicherheitskultur eines Unternehmens der Gesundheitswirtschaft [12]:
1. **Ablehnende Sicherheitskultur (Reifegrad 1)**
   Patientensicherheit wird nur zögerlich beachtet. Bei kritischen Ereignissen werden vor allem schuldige Personen gesucht und sanktioniert. Ein Lernen aus den Fehlern findet nicht statt.
2. **Reaktive Sicherheitskultur (Reifegrad 2)**
   Die Organisation handelt nur bei Auftreten von kritischen Ereignissen.
3. **Vorschriftmäßige Sicherheitskultur (Reifegrad 3)**
   Qualitäts- und Risikomanagementmodelle und -systeme werden aufgrund des Druckes externer Vorgaben (z.B. gesetzlicher Regelungen) erfüllt.

4. **Initiative Sicherheitskultur (Reifegrad 4)**
   Es werden Maßnahmen zur Steigerung der Patientensicherheit initiiert, ohne dass es zu einem kritischen Ereignis gekommen ist.
5. **Zukunftsweisende Sicherheitskultur (Reifegrad 5)**
   Patientensicherheit ist selbstverständlicher und routinierter Teil der Arbeit aller in der Organisation Tätigen.

Die meisten Einrichtungen in der Gesundheitswirtschaft befinden sich heute wahrscheinlich in einem Zustand zwischen Reifegrad 2 und Reifegrad 3, obgleich viele Unternehmen damit begonnen haben, Systeme zu installieren und Instrumente zur Anwendung zu bringen, mit dem Ziel der Erreichung des Reifegrads 4 der Sicherheitskultur.

Anlässlich einer Veranstaltung des „Institute for Health Care Improvement" resümierte die Vizepräsidentin im November 2011 in Orlando [13], dass sich in vielen amerikanischen Krankenhäusern eine Kultur der Unzufriedenheit eingestellt habe, da eine Vielzahl von Regelungen und Vorgaben zur Förderung der Patientensicherheit umgesetzt werden müssen. Es sei dabei allerdings versäumt worden, bei all den Initiativen zu definieren, was eigentlich gut für den Patienten ist und was nicht. Erfreulicherweise habe sich aber in den letzten Jahren ein starkes Umdenken mit Blick auf die Identifizierung von Risiken ergeben, dass man mit der Vergabe klarer Verantwortlichkeit Risiken eliminieren kann. Dies sei ein wesentlicher Schritt zur Entwicklung einer Sicherheitskultur gewesen. Sie stellte dar, dass es wesentlich ist, dass Verantwortungsträger zur Rechenschaft gezogen werden, wenn Abweichungen von definierten Sicherheitsstandards Gefährdung provozieren. Hier stellt sich ein deutlicher Zusammenhang zwischen Entwicklung und Personaleinsatzplanung und Personalentwicklung dar.

Risikogeneigte Dienstleistungs- und Industrieunternehmen (aber auch Gesundheitseinrichtungen) etablieren in ihren Organisationsstrukturen zunehmend systematische Präventionsmaßnahmen, die ein Höchstmaß an Sicherheit garantieren sollen. Betriebe mit einer maximalen Zuverlässigkeit in den Leistungsprozessen werden international als High Reliability Organisation (HRO) bezeichnet. Es sind Organisationen, die unter sicherheitstechnischen Gesichtspunkten als gefährlich anzusehen sind und in denen ein personelles und auch organisatorisches Fehlverhalten zu dramatischen Auswirkungen für Leib, Leben und Umwelt führen kann [14]. Beispiele sind Kernenergieanlagen, Militäreinrichtungen oder Notaufnahmen in Kliniken. Obwohl hier immer unter erschwerten Bedingungen gearbeitet wird, treten aufgrund etablierter Sicherheitsmaßnahmen relativ wenig Komplikationen, Störungen und Schadensfälle auf. HRO betrachten kontinuierlich ihre komplexen, internen und externen Bedingungen und definieren, neben technischen und organisatorischen, insbesondere soziale Faktoren als Einflussgrößen für Unsicherheit. Sie sind aufgrund ihrer Bedingungen stets darauf vorbereitet, auf unterschiedlichste Störungen zu reagieren und sie zeichnen sich insbesondere dadurch aus, institutionalisiert über mögliche Störungen im Vorfeld nachzudenken [15].

Die Umsetzung der Kriterien der HRO-Theorie stellt in Zukunft eine Herausforderung für die Gesundheitsunternehmen dar. Patienten werden Zuverlässigkeit zunehmend einfordern. Es ist gleichwohl ein Ansatz die Sicherheit für Patienten, für Mitarbeiter und das Unternehmen selbst vernetzt zu organisieren und kontinuierlich zu entwickeln.

Literatur

Wachter RM. Understanding Patient Safety. New York: Mc Graw Hill Lange; 2008
Griessner R. Unveröffentlichtes Vortragsskript. St. Pölten: 2011
Ennker J, Pietrowski D, Kleine P. Risikomanagement in der operativen Medizin. Darmstadt: Steinkopff Verlag; 2007
Bachinger G. Pressekonferenz der Plattform Patientensicherheit Österreich. 15.03.21012
Koppenberg J, Gausmann P, Henninger M. Sicherheit und Qualität in der Gesundheitsversorgung. In: Harrison S. Innere Medizin. Daten Ecclesia Versicherungsdienst. Berlin; ABW Wissenschaftsverlag GmbH: 2012
Gausmann P. Vom Risiko- zum Patientensicherheitsmanagement. Arzt und Krankenhaus 2011; 84
Thomeczek C, Hart D, Hochreutener MA et al. Kommunikation: „Schritt 1" zur Patientensicherheit. Chir. Praxis 2009; 70: 691–700
Petry FM. Haftplichtschäden in chirurgischen Abteilungen deutscher Krankenhäuser – Zahlen, Ursachen und Konsequenzen. Der Chirurg. Berlin: BDC; 2009
Weick KE, Sutcliffe KM. Das unerwartete Managen: Wie Unternehmen aus Extremsituationen lernen. Stuttgart: Schaeffer-Poeschel; 2003
Schwappach D, Hochreutener MA. Das zweite Opfer: Entwicklung eines Handlungsrahmen für den betriebsinternen Umgang mit Zwischenfällen. Schweizer Ärztezeitung 2008; 89 (33): 1404–1408
Pfaff H, Hammer A, Ernstmann N et al. Sicherheitskultur: Definition, Modelle und Gestaltung. Zeitschrift für Evidenz, Fortbildung und Qualität im Gesundheitswesen 2009; 103
Hoffmann B, Rohe J. Patientensicherheit und Fehlermanagement. Deutsches Ärzteblatt 2010; 107
Haraden C. Becoming Deeply Safe. Vortragsskript Kongress der IHI. Orlando, Fl, 2011
Pawlowsky P, Mistele P, Hrsg. Hochleistungsmanagement. Wiesbaden: Gabler; 2008
Gausmann P. Safety Clip: Chirurgie und Zuverlässigkeit, Passion Chirurgie. Berlin: BDC online; 03/2012